Forschungs- und Anwendungsfelder der Soziologie

Eva Flicker, Michael Parzer (Hg.)
unter Mitwirkung von Lisa Bock

Forschungs- und Anwendungsfelder der Soziologie

facultas

Bibliografische Information der Deutschen Nationalbibliothek

Die Deutsche Nationalbibliothek verzeichnet diese Publikation
in der Deutschen Nationalbibliografie;
detaillierte bibliografische Daten sind im Internet unter
http://d-nb.de abrufbar.

3., aktualisierte und erweiterte Auflage 2020

facultas Verlag, Stolberggasse 26, 1050 Wien

Umschlagbild und Fotobearbeitung: Lisa Bock
Satz: Wandl Multimedia-Agentur
Druck: FINIDR
Printed in Europe

ISBN 978-3-7089-2026-9

Inhaltsverzeichnis

Vorwort

Dieses Lehrbuch richtet sich mit der gleichnamigen Vorlesung an Studienanfänger*innen der Soziologie und im Erweiterungscurriculum an Studierende anderer Studienrichtungen an der *Universität Wien.* Auch weiteren Interessierten bietet es mit theoretischen Perspektiven und empirischen Befunden einen Einblick in Forschungs- und Anwendungsfelder der Soziologie, die in Forschung und Lehre am *Institut für Soziologie*, an weiteren Instituten der *Fakultät für Sozialwissenschaften* der *Universität Wien* oder an anderen österreichischen Universitäten und Forschungseinrichtungen vertreten sind.

Diese dritte, vollständig überarbeitete und ergänzte Auflage folgt dem Konzept des ersten Buches, 2008 herausgegeben von unserem Kollegen Rudolf Forster, mittlerweile im Ruhestand. Ihm gilt unser großer Dank, dass wir sein bewährtes Lehrbuchkonzept ein weiteres Mal als Grundlage verwenden durften.

Von der vorangehenden zweiten, überarbeiteten und aktualisierten Version (2013 herausgegeben von Eva Flicker und Rudolf Forster unter Mitarbeit von Sarah Miriam Pritz) unterscheidet sich die vorliegende Auflage wesentlich: 15 Kapitel wurden überarbeitet und aktualisiert, sechs Kapitel sind neu hinzugekommen, drei wurden nicht fortgeführt. Die neue Kapitelvielfalt ist einerseits der Entwicklung der Soziologie zuzuschreiben, aber auch darauf zurückzuführen, dass das Institut einem personellen und inhaltlichen Wandel unterliegt.

Jede Buchredaktion und Herausgeber*innenschaft erlebt turbulente und komplizierte Phasen. Unser Buchprojekt wurde im Frühjahr 2020 im COVID-19 bedingten Lockdown durch Home Office und durch strapaziöses Online Teaching besonders dicht. Umso mehr sind wir allen Beteiligten außerordentlich dankbar, dass wir mit vereinten Kräften das Vorhaben unverändert umsetzen und auch zeitlich im geplanten Rahmen halten konnten. Daher gilt für das Zustandekommen des Buches unser ganz besonderer Dank den Autor*innen, die sich zur erstmaligen Abfassung eines Beitrags bzw. zu einer Überarbeitung ihrer früheren Beiträge bereit erklärt haben und unsere Vorgaben und Überarbeitungswünsche geduldig erfüllten.

Unser ganz besonders herzlicher Dank geht an Lisa Bock, die durch ihre Begleitung der Ringvorlesung als Studienassistentin viele wertvolle Erfahrungen zur Verständlichkeit und Verwendbarkeit des Lehrbuches gesammelt und beigetragen hat: Ihre inhaltlichen Anregungen, ihre redaktionellen Korrekturvorschläge sowie ihr Beitrag zur ästhetischen Gestaltung (Foto des Buchcovers) sind uns und dieser dritten Neuauflage zugute gekommen.

Für die erfreulich unkomplizierte, effiziente und unterstützende Kooperation sowie das Lektorat danken wir Sabine Kruse und Sandra Illibauer-Aichinger vom *facultas* Verlag vielmals.
Möge das Buch vielen Leser*innen, Soziolog*innen und insbesondere jenen, die es werden wollen, Freude bereiten und gute Studienbegleitung sein.

Eva Flicker und Michael Parzer — Wien, im Juli 2020

Einleitung

Eva Flicker und Michael Parzer

Alter und Altern, Arbeit, Armut, Bild- und Filmwelten, Digitalisierung, Entwicklung und globale Ungleichheiten, Familien, Geschlecht, Gesundheit und Medizin, Kriminalität und soziale Kontrolle, Kultur, Medien, Migration, Organisation, Sozialpolitik, Stadt, Technik und Technikentwicklung, Umwelt und soziale Ökologie, Wirtschaft, Wissen, Wissenschaft: Diese gesellschaftlichen Bereiche stehen als Forschungs- und Anwendungsfelder der Soziologie im Fokus dieses Lehrbuches und zählen – gemeinsam mit unzähligen weiteren – zur spezialisierten soziologischen Forschung. Für jedes dieser Forschungs- und Anwendungsfelder bietet die Soziologie ein umfangreiches Repertoire an theoretischen Perspektiven ebenso wie aktuelle empirische Befunde. Das daraus resultierende Fachwissen trägt nicht nur zur Weiterentwicklung der Soziologie bei, sondern findet auch Anwendung in unterschiedlichen Feldern gesellschaftlicher Praxis.

Spezielle Soziologien – Bindestrich-Soziologien – Forschungs- und Anwendungsfelder

Für die Bezeichnung dieser soziologischen Spezialgebiete existieren eine ganze Reihe von Begriffen: Am meisten verbreitet ist der Terminus „Spezielle Soziologien". Damit ist nicht nur der Hinweis verknüpft, dass es um Spezialisierung innerhalb der Soziologie geht, vielmehr wird auch eine Abgrenzung gegenüber der „Allgemeinen Soziologie" markiert. Unter *Allgemeiner Soziologie* wird die Beschäftigung mit den theoretischen Grundlagen und den Kernfragen der Disziplin verstanden, während sich die *Speziellen Soziologien* unterschiedlichen Themenbereichen widmen. Mitunter werden die Teilgebiete auch als *Bindestrich-Soziologien* bezeichnet, wobei dieser Begriff auch als abwertend, im Sinne eines „Anhängsels", verstanden wird. Im jüngeren soziologischen Diskurs ist von *Praxis- und Anwendungsfeldern* oder auch *Forschungsfeldern* die Rede, eine Terminologie, die auch Eingang in den Titel dieses Buches gefunden hat, zumal damit die wichtige Frage nach der Praxisrelevanz der soziologischen Forschung in den Vordergrund gerückt wird.

Ungeachtet der hier nur angedeuteten Begriffsdebatten bilden die im Folgenden als „Forschungs- und Anwendungsfelder" bezeichneten Spezialgebiete ein bedeutsames „Bauelement" im „Haus der Soziologie". Nehmen wir dieses Haus in den Blick (und folgen damit Hitzler 1997), ließe sich die soziologische Grundbegrifflichkeit als „terminologisches Fundament" betrachten und *Theorie* sowie *Empirie* stellen die beiden tragenden Säulen der Soziologie dar. Die Forschungs- und Anwendungsfelder werden von diesen Säulen getragen, sie symbolisieren die oberen Etagen des Hauses (ebd.: 5). Die Trennung von Theorie, Empirie und den soziologischen Teilgebieten, die sich auch in den Curricula zahlreicher Soziologie-Studiengänge widerspiegelt, ist hilfreich, um die soziologie-interne Arbeitsteilung und die daraus resultierende akademische Institutionalisierung zu verstehen. Sie ist aber auch irreführend, da sie den Eindruck erweckt, es handle sich dabei um getrennte Bereiche. Das Gegenteil ist der Fall: Nicht nur Theorie und Empirie sind eng miteinander verflochten, sondern auch die Forschungs- und Anwendungsfelder zeichnen sich dadurch aus, dass sie sowohl auf grundlegende theoretische Perspektiven als auch methodische Herangehensweisen zurückgreifen und auch neue entwickeln, um Erkenntnisse zu erzielen. Oder, um auf das Bild der Architektonik des soziologischen Hauses zurückzukommen: „Zumindest die mit konkreten Gegenständen befaßte, in Spezialgebieten grob ‚organisierte' Soziologie würde abstürzen, wenn man ihr einen ihrer beiden Stützpfeiler entzöge" (ebd.: 7).

Ebenso wie die soziologischen Theorien und Methoden haben sich auch die Teilgebiete der Soziologie im Laufe der Zeit entwickelt und ausdifferenziert. Mittlerweile existiert eine Fülle an unterschiedlichen soziologischen Forschungsfeldern. Dies ist nicht nur der zunehmenden Spezialisierung und Arbeitsteilung innerhalb der soziologischen Fachdisziplin geschuldet, sondern auch ein Resultat gesellschaftlicher Entwicklungen.

So gelten beispielsweise *ARBEIT*, *WIRTSCHAFT*, *KULTUR* und *WISSEN* als Themen, mit denen sich die Soziologie schon seit ihrer Entstehung beschäftigt, während die soziologische Auseinandersetzung mit Phänomenen wie zum Beispiel der *DIGITALISIERUNG* erst in den letzten Jahrzehnten eingesetzt hat. Nicht immer sind es neuartige Phänomene, die ein soziologisches Forschungsfeld begründen: So zeigt sich, dass die Entstehung eines Forschungs- und Anwendungsfeldes auch mit spezifischen Aufmerksamkeitskonzentrationen und Problemwahrnehmungen zu tun haben kann (Kneer/Schroer 2010: 9). Dies ist dann der Fall, wenn ein schon länger existierendes, aber bislang wenig beachtetes Phänomen in den Vordergrund rückt und an gesellschaftlicher und soziologischer Bedeutung gewinnt. Als Beispiel dafür lässt sich die soziologische Forschung zu *GESCHLECHT* anführen, deren Gegenstand lange Zeit ignoriert wurde. Auch *UMWELT* wurde erst sehr spät als soziologischer Forschungsgegenstand entdeckt, was auch auf die anfängliche Trennung von *Gesellschaft* und *Natur* in der frühen Soziologie zurückzuführen ist.

Jedes Forschungs- und Anwendungsfeld nach seinen Entstehungsbedingungen zu befragen ist eine wichtige Aufgabe der disziplinären Selbstreflexion, der wir auch in diesem Buch Rechnung tragen wollen. Die einzelnen Beiträge zeichnen nicht nur die historische Entwicklung des jeweiligen Forschungs- und Anwendungsfeldes nach, sondern beleuchten auch, wie sich sowohl der Gegenstand als auch der Blick auf diesen Gegenstand im Laufe der Zeit verändert haben. So zeigt sich beispielsweise in der soziologischen Forschung zu *ENTWICKLUNG UND GLOBALEN UNGLEICHHEITEN*, wie deren theoretische Fokussierung auf ihren Gegenstand im Laufe der Zeit einer grundlegenden Umorientierung unterzogen wurde. Und auch, was unter *KRIMINALITÄT* verstanden und wie dieses Phänomen soziologisch erklärt wird, hat sich immer wieder verändert. Anhand dieser – und vieler weiterer Beispiele – wird deutlich, dass die Entstehung und Etablierung von Forschungs- und Anwendungsfeldern eng mit gesellschaftlichem Wandel verbunden sind – ja noch mehr: auch selbst Teil dieses Wandels sind (Flicker/Forster 2013: 11f.).

Charakteristika soziologischer Forschungs- und Anwendungsfelder

Im Folgenden gehen wir der Frage nach, wie sich Forschungs- und Anwendungsfelder charakterisieren lassen bzw. welche konstitutiven Merkmale ein Forschungs- und Anwendungsfeld aufweist.

Soziologische Perspektive

Typisch für alle Forschungs- und Anwendungsfelder der Soziologie ist der Fokus auf einen bestimmten Gegenstandsbereich in seiner Wechselwirkung mit der Gesellschaft. Gefragt wird nicht nur danach, wie gesellschaftliche Zusammenhänge und Verhältnisse z. B. auf *ORGANISATIONEN*, auf *WISSENSCHAFT* oder *BILD- UND FILMWELTEN* wirken, sondern auch umgekehrt: wie diese unterschiedlichen Bereiche die Gesellschaft prägen, welche Funktionen sie in einer Gesellschaft haben, wie sie sich im Laufe der Zeit verändern und was das für gegenwärtige und auch zukünftige gesellschaftliche Entwicklungen bedeutet. Für die Analyse der Forschungs- und Anwendungsfelder gilt dabei die spezifisch soziologische Perspektive als zentrales Charakteristikum: Diese besteht darin, bestimmte Phänomene – z. B. gegenwärtige Formen von *FAMILIEN* – nicht als etwas Naturgegebenes und Selbstverständliches zu betrachten, sondern als etwas gesellschaftlich Gemachtes und damit immer auch Veränderbares. Dazu bedarf es eines Infragestellens von vertrauten Gewissheiten. Oder wie der Soziologe Max Weber formulierte: „Die spezifische Funktion der Wissenschaft scheint mir gerade [...]: daß [sic] ihr das konventionell Selbstverständliche zum Problem wird“ (Weber 1985 [1922]: 3). Kein Wunder, dass die Soziologie mitunter auch unliebsame Befunde über gesellschaftliche Zustände liefert und daher manchmal als „störende und verstörende Wissenschaft“ (Bourdieu 1993: 19) wahrgenommen wird.

Interdisziplinarität

Allerdings besitzt die Soziologie keineswegs ein Monopol auf die Beschäftigung mit ihren Gegenständen. Ein Blick über den soziologischen Tellerrand zeigt, dass viele der beforschten Gegenstände auch aus anderen disziplinären Perspektiven betrachtet werden. So sind z. B. *MEDIEN* nicht nur Gegenstand der Soziologie, sondern auch von Disziplinen wie z. B. den Kommunikations- und Medienwissenschaften, den Kulturwissenschaften, den Wirtschaftswissenschaften, den Rechtswissenschaften, der Pädagogik oder auch der Psychologie; und auch *ALTER UND ALTERN* ist nicht der *soziologischen* Analyse vorbehalten. Dieser Umstand kann zu Konflikten, Konkurrenz und Abgrenzungsbestrebungen führen (z. B. indem die Besonderheit oder sogar Überlegenheit einer bestimmten disziplinären Perspektive gegenüber anderen hervorgehoben wird) oder in wechselseitiger Bereicherung auch dazu, dass unterschiedliche Fachdisziplinen einander näher kommen. So kooperiert u. a. die Soziologie der *GESUNDHEIT UND MEDIZIN* auch sehr stark mit anderen gesundheitswissenschaftlichen Disziplinen (z. B. *Public Health*) und auch in der soziologischen Forschung zu *STADT* zeigt sich eine enge Zusammenarbeit mit anderen Disziplinen wie z. B. der Demografie, der Geografie oder auch der Politikwissenschaft. Immer mehr zeigt sich, dass gesellschaftliche Themen und Probleme einer Betrachtung aus mehreren fachlichen Disziplinen bedürfen – und gerade die Zusammenschau unterschiedlicher Perspektiven sowie ein disziplinenübergreifendes und interdisziplinäres Zusammenarbeiten besonders gewinnbringend sind.

Anwendung und Transfer

Ein weiteres Merkmal der soziologischen Spezialgebiete sind ihre konkreten Anwendungs- und Praxisbezüge. In größerem Ausmaß als die anderen Bauteile des soziologischen Hauses spielt das in den unterschiedlichen Forschungs- und Anwendungsfeldern gewonnene Wissen in der gesellschaftlichen Praxis eine wichtige Rolle: So bietet die Soziologie der *MIGRATION* reichhaltige Erklärungsansätze, um

Integrationsprozesse – auch jenseits von ideologischer und politischer Agenda – zu verstehen; die soziologischen Befunde zu *ARMUT* können dazu beitragen, gesellschaftlich weit verbreiteten Fehlinformationen und Vorurteilen entgegenzuwirken; die *TECHNIK*soziologie bietet Wissen zu Nutzungsweisen und Implementierung von technischen Artefakten; die soziologische *SOZIALPOLITIK*forschung thematisiert u. a. die Auswirkungen von sozialpolitischen Maßnahmen in Hinblick auf soziale Ungleichheit.

Die Frage, wo und wie – und ja, auch: ob – das in den Forschungs- und Anwendungsfeldern gewonnene soziologische Wissen in die gesellschaftliche Praxis Eingang finden soll, ist keineswegs trivial und Gegenstand von zum Teil heftig geführten Debatten, die weit zurück in die Geschichte des Faches reichen (für einen Einblick siehe z. B. Kühl 2003). Auf der einen Seite wird der Transfer soziologischen Wissens in Praxiszusammenhänge skeptisch gesehen: So befürchten einige Forscher*innen, dass es dadurch zu einer Verwässerung von soziologischem Wissen komme und damit der Komplexität der Gesellschaft und ihrer Analyse nicht mehr ausreichend Rechnung getragen werden könne. Auf der anderen Seite wird argumentiert, dass die Wissenschaft dazu angehalten ist, ihre (meistens aus öffentlichen Mitteln finanzierten) Studien an die breite Öffentlichkeit zurückzuspielen. Das schafft neue Fragen und Herausforderungen: Wie kann und soll soziologisches Wissen kommuniziert werden? An welche Publika soll sich die Soziologie richten? Welche Kommunikationskanäle soll sie dafür verwenden? Und wie kann es ihr gelingen, aus dem „akademischen Elfenbeinturm" herauszutreten? Für Fragen wie diese hat sich in den letzten Jahren das Schlagwort *Public Sociology* etabliert, mit dem die Verbreitung von soziologischem Wissen jenseits der internen Fachöffentlichkeit gemeint ist (Buroway 2005; Treibel/Selke 2012).

Es ist also eine ganz zentrale Frage jedes einzelnen Forschungs- und Anwendungsfeldes, wie der Transfer von wissenschaftlichem Wissen in die Praxis gestaltet werden kann – wobei gerade in der jüngeren Diskussion die dichotome Vorstellung einer Wissenschaft auf der einen Seite und einer (passiv rezipierenden) Öffentlichkeit auf der anderen Seite brüchig geworden ist. Vielmehr wird debattiert, wie denn die Öffentlichkeit selbst in die Herstellung wissenschaftlichen Wissens eingebunden werden kann. Dies zeigt sich anhand einer ganzen Reihe von Entwicklungen, die sich jüngst besonderer Beliebtheit erfreuen: Zu beobachten ist eine Wiederbelebung der *Partizipativen Forschung*, bei der Forschende gemeinsam mit den Beforschten forschen (von Unger 2014). Auch wenn sie nicht selbst Gegenstand der Forschung sind, können Bürger*innen zu (Mit)Forschenden werden, dies ist bei der sogenannten *Citizen Science* der Fall, bei dem interessierte Bürger*innen aktiv an der wissenschaftlichen Erforschung beteiligt sind. Die Einbeziehung von konkreten Praxisfeldern zeigt sich in Varianten transdisziplinärer und/oder transformativer wissenschaftlicher Forschung, bei der Wissenschaftler*innen gemeinsam mit Akteur*innen und Organisationen aus der Praxis zu einem bestimmten Thema forschen (Bogner et al. 2010).

Institutionalisierung

Ein weiteres Kennzeichen der Forschungs- und Anwendungsfelder der Soziologie ist ihre Institutionalisierung. Für so gut wie jedes Spezialgebiet existieren eigene Fachzeitschriften (einige davon finden sich am Ende jedes Buchbeitrags), für fast jedes Forschungs- und Anwendungsfeld gibt es spezialisierte Professuren, Forschungsgruppen, Abteilungen oder ganze Institute. Zudem orientiert sich die Segmentierung der soziologischen Fachverbände auch an den Forschungs- und Anwendungsfeldern: So gibt es in der *Österreichischen Gesellschaft für Soziologie* momentan (Stand Juli 2020) 18 Sektionen, die fast alle unterschiedlichen Forschungs- und Anwendungsfeldern gewidmet sind. Und auch die – oft von Fachverbänden und ihren Sektionen ausgerichteten – wissenschaftlichen Kongresse, Tagungen und Symposien orientieren sich stark an dieser Struktur.

Ein Blick auf diese strukturellen Gegebenheiten – oder: die Innenausstattung des soziologischen Hauses – zeigt, dass das obere, den soziologischen Spezialgebieten gewidmete Stockwerk eine Vielzahl sehr unterschiedlicher Räume beinhaltet. Wie wird diese Vielfalt bewertet? Die einen beklagen eine Unübersichtlichkeit sowie dass durch die zunehmende Spezialisierung der Blick aufs große Ganze verloren gehe, andere wiederum begreifen diese Heterogenität als Ausdruck von Produktivität sowie als Notwendigkeit, um der Komplexität der Gegenwartsgesellschaft gerecht zu werden (siehe dazu auch Kneer/Schroer 2010: 10). Dies gilt freilich nicht nur für die ausdifferenzierten Forschungs- und Anwendungsfelder, sondern auch für die Vielfalt an Theorien und Methoden, die als zentrales Charakteristikum einer sich als „multiparadigmatische Wissenschaft" verstehenden Soziologie gesehen werden kann (Burzan 2019).

Aufbau des Buches

Mit dem vorliegenden Buch möchten wir einen Einblick in die Entwicklung und den aktuellen Stand spezialisierter Forschung und Lehre am *Institut für Soziologie* der

Universität Wien ermöglichen, indem insgesamt 21 Forschungs- und Anwendungsfelder der Soziologie präsentiert werden. Die Beiträge stammen von Autor*innen, die als Spezialist*innen für „ihren" Bereich wesentliche Beiträge zur Entwicklung des jeweiligen Spezialgebiets geleistet haben und leisten. Die Autor*innen waren bereit, sich bei der Erstellung ihrer Texte an einer von uns vorgegebenen Grundstruktur zu orientieren und haben diese – freilich unter gewissen Freiheitsgraden – systematisch abgehandelt.

Folgende fünf Aspekte dienten den Autor*innen bei der Vorstellung ihres Forschungs- und Anwendungsfeldes als Leitfaden: In der Einleitung jedes Beitrags werden wesentliche soziologische Perspektiven im jeweiligen Forschungsbereich formuliert, gefolgt von einem kurzen Abriss der historischen Entwicklung des jeweiligen Spezialgebiets. Drittens geht es darum, unter Berücksichtigung internationaler Perspektiven grundlegende theoretische Perspektiven, zentrale Fragestellungen und Forschungsergebnisse des jeweiligen Forschungsfeldes zu erörtern. Im vierten Schritt wird exemplarisch der Stand der Forschung in Österreich aufgezeigt. Zum Schluss werden gesellschaftliche Nachfrage und Anwendungsbezüge des soziologischen Wissens sowie die sich dadurch stellenden Anforderungen an die Soziologie (in Österreich) und mögliche Berufsperspektiven skizziert.

Mit diesem Buch liegt ein vielfältiges Panorama an Beschreibungen und Analysen für ausgewählte Bereiche der hoch entwickelten, spätmodernen Gesellschaft vor. Von Interesse ist dies nicht nur für angehende Soziolog*innen, sondern auch für all jene, die daran interessiert sind, wie die Soziologie gesellschaftliche Entwicklung thematisiert, aktuelle Probleme identifiziert, analysiert und bewertet. Über das vorliegende Werk werden vielfältige Entwicklungsstränge, Themen, Theorien, Ergebnisse und Verwendungszusammenhänge der Soziologie komprimiert zugänglich, Einblicke in innerdisziplinäre Spezialisierungen möglich und gleichzeitig Dynamiken gesellschaftlichen Wandels sichtbar.

Literatur

Bogner, Alexander/Kastenhofer, Karen/Torgersen, Helge (Hg.) (2010): Inter- und Transdisziplinarität im Wandel? Neue Perspektiven auf problemorientierte Forschung und Politikberatung. Baden-Baden: Nomos.

Bourdieu, Pierre (1993): Soziologische Fragen. Frankfurt a. M.: Suhrkamp.

Buroway, Michael (2005): For public sociology. In: Soziale Welt, Jg. 56., H. 4, 347–374.

Burzan, Nicole (2019): Über eine multiparadigmatische Soziologie. In: Dies. (Hg.): Komplexe Dynamiken globaler und lokaler Entwicklungen. Verhandlungen des 39. Kongresses der Deutschen Gesellschaft für Soziologie in Göttingen 2018. URL: https://publikationen.soziologie.de/index.php/kongressband_2018 [15.07.2020].

Flicker, Eva/Forster, Rudolf (2013): Einleitung: In: Dies. (Hg.): Forschungs- und Anwendungsfelder der Soziologie, 2. Auflage. Wien: facultas, 9–13.

Hitzler, Ronald (1997): Perspektivenwechsel. Über künstliche Dummheit, Lebensweltanalyse und Allgemeine Soziologie. In: Soziologie. Mitteilungen der Deutschen Gesellschaft für Soziologie, H. 4, 5–18.

Kneer, Georg/Schroer, Markus (2010): Handbuch Spezielle Soziologien. Wiesbaden: VS Verlag für Sozialwissenschaften.

Kühl, Stefan (2003): Das Theorie-Praxis-Problem in der Soziologie. In: Soziologie, Jg. 32., H. 4, 7–19.

Treibel, Annette/Selke, Stefan (2012): Soziologie für die Öffentlichkeit. Zwei Perspektiven auf die Initiative „DGS goes public". In: Soziologie. Forum der Deutschen Gesellschaft für Soziologie, Jg. 41, H. 4, 398–421.

von Unger, Hella (Hg.) (2014): Partizipative Forschung. Wiesbaden: Springer.

Weber, Max (1985 [1922]): Gesammelte Aufsätze zur Wissenschaftslehre, hg. von Johannes Winckelmann. Tübingen: J.C.B. Mohr (Paul Siebeck).

Alter und Altern

Valeria Bordone, Vera Gallistl und Franz Kolland

1 Einleitung

Die Weltbevölkerung altert: Die Anzahl älterer Personen steigt an und stellt damit, als Folge des Fertilitätsrückgangs und gestiegener Überlebenschancen, einen größer werdenden Anteil der Population dar.

Wann jemand alt ist bzw. wann das hohe Lebensalter beginnt, ist von unterschiedlichen Faktoren abhängig. Während es auf gesellschaftlicher Ebene und in Zusammenhang mit der Erwerbsarbeit das gesetzlich festgelegte Pensions-/Rentenalter als klaren „Marker" gibt, der bestimmt, wann die Lebensphase Alter beginnt, findet sich kein entsprechender Marker im Privatleben: Wann man sich als alt fühlt, kann je nach Kontext und Vergleichsgruppe unterschiedlich sein. Auch in biologischer und medizinischer Hinsicht gibt es nicht *den* Altersmarker. Die Forschungsliteratur verweist auf eine Vielzahl von Biomarkern des Alterns, ob das nun die Festigkeit des Handgriffs, die körperliche Beweglichkeit oder die Lungenfunktion ist. Gemeinsam ist all diesen Ansätzen, dass sie das Altern als einen mehrdimensionalen Prozess sehen, welcher biologisch, psychologisch und sozial beeinflusst ist.

Der Anstieg der Lebenserwartung in den letzten 100 Jahren ist nur zu einem geringen Anteil als Folge biologischer oder genetischer Veränderungen zu verstehen, denn an der maximalen Lebensspanne hat sich wenig verändert. Vielmehr haben die Veränderungen der Mortalität etwas mit sozio-ökonomischen und medizinischen Aspekten zu tun. Während der Anstieg der Lebenserwartung bis in das 20. Jahrhundert auf den Rückgang der Säuglings- und Kindersterblichkeit zurückzuführen war, sind es heute vor allem die verbesserten Lebensbedingungen, eine verbesserte medizinische Versorgung und die Abnahme der Sterblichkeit im höheren Alter, die den demografischen Wandel bedingen. Wenn über Alter und Altern gesprochen wird, dann braucht es also nicht nur einen Blick auf den biologischen und psychologischen Alternsprozess, sondern auch auf die vielfältigen sozialen Lagen älterer Menschen, ihre gesellschaftlichen Positionen und die Versorgung im Gesundheits- und Pflegesystem. Mit einer solchen – dezidiert soziologischen – Perspektive auf das Alter(n) beschäftigt sich die Forschung innerhalb der Alterssoziologie.

Weil das Alter(n) aber als sozialer, biologischer *und* psychologischer Prozess verstanden werden kann, beschäftigen sich traditionell viele Disziplinen mit der Erforschung des Alter(n)s. In dieser Vielfalt lassen sich Geriatrie, Gerontologie und Alterssoziologie unterscheiden.

Zu Beginn war die Forschung über Alter und Altern primär im medizinischen Bereich angesiedelt. Der aus Österreich gebürtige Mediziner Ignatz Leo Nascher publizierte 1909 unter dem Titel *Geriatrics* einen Artikel im *New York Medical Journal*. Er schlug vor, Geriatrie – von *Geras*, in der griechischen Mythologie der Geist des hohen Alters, und *Iatrikos*, auf den Mediziner bezogen – als einen neuen Begriff einzuführen, der unser Vokabular bereichere und in der Lage sei, einige Gebiete einer Medizin des Alters abzudecken, so wie es mit dem Begriff Pädiatrie für die Kinderheilkunde der Fall sei. *Geriatrie* beschäftigt sich mit medizinischen und pflegerischen Aspekten des Alters und damit aus einer medizinischen Sicht mit der Frage „Warum altern Menschen?". Sie befasst sich mit altersbedingten Faktoren, die das Wissen vieler medizinischer Fachgebiete modifizieren, wie beispielsweise Multimorbidität, die Identifikation von Risikopatient*innen unter präventiven Gesichtspunkten, Demenz und Rehabilitation.

Als klar wurde, dass eine medizinische Bestimmung des Alterns nicht ausreicht, um Alter und Altern in seiner Vielfalt zu verstehen, entwickelte sich die *Gerontologie* (oder *Sozialgerontologie*) als sozialwissenschaftliche Altersforschung. Da das Altern nicht nur ein körperlicher und mentaler Prozess ist, ist die Gerontologie darauf ausgerichtet, aus der Perspektive unterschiedlicher Disziplinen (d.h. multidisziplinär) die sozialen Voraussetzungen und Folgen menschlichen Alterns in interkulturell und historisch vergleichender Perspektive individuell und kollektiv zu erforschen. Als angewandte Wissenschaft zielt die Gerontologie außerdem darauf ab, Voraussetzungen für eine Gestaltung des Alterns für die Gesellschaft und für das Individuum zu schaffen (Amann 2008; Amann/Kolland 2014).

Aufgrund der Multidisziplinarität der Gerontologie kommt es häufig zu Begriffsüberschneidungen zwischen Gerontologie, Sozialgerontologie und Alterssoziologie. Hier verstehen wir *Alterssoziologie* als einen Teilbereich der Gerontologie, der sich nach dem Zweiten Weltkrieg auf Basis soziologischer Forschung herausgebildet hat, und zwar als Reaktion auf den Strukturwandel des Alter(n)s infolge der demografischen Veränderungen. Die Alterssoziologie untersucht die soziale Lage älterer Menschen und befasst sich traditionellerweise mit den objektiven und strukturellen Bedingungen der Lebenssituationen und den subjektiven Wahrnehmungen, Einstellungen und Verhaltensweisen der unterschiedlichen Gruppen von Älteren, Alten und Hochbetagten. Ergänzend zur Alterssoziologie hat sich eine *Soziologie der Lebensalter* formiert, die die gesellschaftliche Differenzierung einer Vielzahl von Altersgruppen, Kohorten und Generationen herausstellt sowie das mit der Zeit sich wandelnde Verhältnis zwischen diesen in den Vordergrund rückt.

Die Alterssoziologie weist vielfältige Bezüge zu anderen speziellen Soziologien auf, zum Beispiel zur Familiensoziologie, wenn etwa die Rolle von intergenerationalen Beziehungen innerhalb der Familie zur Diskussion steht, oder zur Generationenforschung, wenn es um Fragen der Generationenverhältnisse geht. Sie berührt die Sozialpolitik, wenn Fragen der sozialen Ungleichheit und der sozialen Sicherheit im Alter angesprochen werden. Und sie hat Bezüge zur Soziologie der Gesundheit, etwa hinsichtlich der sozialen Bedingungen von Gebrechlichkeit im hohen Alter.

2 Historische Entwicklung der Alterssoziologie

Entsprechend ihres multidisziplinären Ursprungs hat sich die Alterssoziologie als internationale Wissenschaftsbewegung innerhalb der Gerontologie etabliert. 1938 wurde die *Zeitschrift für Altersforschung* in Leipzig gegründet und 1946 *The Journals of Gerontology* in den USA. Im deutschsprachigen Raum wurden 1953 die *Schweizerische Gesellschaft für Gerontologie (SGG)* und 1955 die *Österreichische Gesellschaft für Geriatrie und Gerontologie (ÖGGG)* gegründet, 1967 kam die *Deutsche Gesellschaft für Gerontologie* dazu. 1974 wurde das der empirischen Sozialforschung zum Alter(n) gewidmete *Deutsche Zentrum für Altersfragen* in Berlin eingerichtet.
Zur Institutionalisierung der Alternswissenschaften in Österreich gehören die Fortbildungstagungen in Bad Gastein, die jedes zweite Jahr zu einem interdisziplinären Austausch beitragen. 1972 wurde das *Institut für Altersforschung* der *Ludwig Boltzmann Gesellschaft* eingerichtet und 1980 in ein eigenes *Ludwig Boltzmann Institut für Sozialgerontologie und Lebenslaufforschung* übergeführt. Dieses Institut wurde im Zuge von Umstrukturierungen 2005 aufgelöst. 1991 wurde in St. Pölten das *Zentrum für Alternswissenschaften* eingerichtet. 2009 wurde die *Österreichische Plattform für Interdisziplinäre Alternsfragen (ÖPLA)* etabliert und 2019 das *Kompetenzzentrum für Gerontologie und Gesundheitsforschung* an der *Karl Landsteiner Privatuniversität* in Krems gegründet. Obwohl es nie zur Einrichtung eines Studienfachs *Sozialgerontologie* an den öffentlichen Universitäten Österreichs gekommen ist, lässt sich Alterssoziologie heute als Spezialisierung innerhalb der Soziologie als Studium verfolgen.

3 Wichtige Fragestellungen, Themen, Theorien und Forschungsergebnisse

In diesem Abschnitt werden wir zuerst definieren, was eine alternde Gesellschaft ist, bevor zentrale Theorien und Konzepte der Alterssoziologie vorgestellt werden. Beginnend mit zwei theoretischen Ansätzen der Alterssoziologie (*Disengagement-*

und Aktivitätstheorie), folgen anschließend Ausführungen zu intergenerationalen Beziehungen, zur kulturellen und kritischen Gerontologie und zu Heterogenität im späteren Leben.

3.1 Was ist eine alternde Gesellschaft?

Für eine soziologische Analyse des Alter(n)s es ist notwendig, zuerst zwischen den Prozessen des individuellen Alterns und der Alterung von Gesellschaften zu unterscheiden. Während auf individueller Ebene Alter(n) meist durch das chronologische Alter definiert wird, ist das demografische Alter ein Prozess, in dem eine geringe Fertilität und eine sinkende Mortalität zu Veränderungen in der Altersstruktur der Bevölkerung führen und ältere Menschen einen immer größeren Anteil an der Gesamtbevölkerung haben. Das Verhältnis von Ein- und Auswanderungen kann hier auch eine Rolle spielen, indem sich dadurch das Medianalter der Gesellschaft verändert. Dabei ist es kontextabhängig, ob primär ältere Migrant*innen angezogen werden (zum Beispiel durch sonnige Orte, an denen sich Pensionist*innen gerne zur Ruhe setzen) oder jüngere Migrant*innen (etwa durch Großstädte, aufgrund von besseren Jobaussichten). Traditionelle Indikatoren für eine alternde Gesellschaft sind der (steigende) Anteil der über 65-Jährigen und das (steigende) Medianalter. Beispielsweise hatte Österreich im Jahr 1950 einen Altersabhängigkeitsquotienten von 0,16 (das entspricht 16 Personen im Alter 65+ auf 100 Personen im arbeitsfähigen Alter 15–64) und ein Medianalter von 35,7. 2015 lag der Altersabhängigkeitsquotient bei 0,28 und das Medianalter bei 43,2 (http://dataexplorer.wittgensteincentre.org). Dies bedeutet, dass 2015 die Hälfte der österreichischen Population jünger als 43,2 Jahre war, die andere Hälfte älter.

Drei Aspekte sind für eine soziologische Analyse des Alter(n)s zu beachten:
Erstens: Die Alterssoziologie ist eine multidisziplinäre Wissenschaft, da Alter und Altern körperliche, psychische und gesellschaftliche Fragen umfassen.
Zweitens: Alter und Altern sind historisch *und* ontogenetisch (die spezifische Entwicklung des Individuums) bedingt, weshalb es gewaltige Unterschiede im Prozess und im Ergebnis des Alterns zwischen einzelnen Personen, zwischen Gesellschaften und zwischen historischen Phasen gibt.
Drittens: Das Alter, und vor allem das höhere Alter, ist ein noch wenig gestalteter Bereich in Gesellschaften, weil die für alle Menschen bestehende Möglichkeit, ein hohes Alter zur erreichen, erst eine Errungenschaft des 20. Jahrhunderts ist.

Welche Auswirkungen hat eine so „alternde Welt"? Die öffentliche Diskussion ist häufig durch Argumente bestimmt, die auf Altersangst hinweisen. In den 1990er Jahren wurde eine erste Gefahr im Strukturwandel der Familie wahrgenommen. Vermutet wurden schwächere Familienbeziehungen und damit eine Unterversorgung der älteren Familienmitglieder. Dagegen zeigt die empirische Forschung eine immer noch hohe intergenerationale Solidarität in der Familie.

Zweitens wird eine Bedrohung darin gesehen, dass die bestehenden Gesundheitssysteme die wachsende Zahl an pflegebedürftigen Älteren nicht verkraften werden. In diesem Zusammenhang kann von einer Lücke gesprochen werden, nämlich einem *care gap*. Daten für Österreich zeigen, dass diese Sorge nur wenig begründet ist: Menschen leben nicht nur länger, sondern bleiben auch länger gesund. Zwischen 2004 und 2015 ist in Österreich die Restlebenserwartung im Alter von 65 Jahren für Frauen um 1,1 und für Männer um 1,3 Jahre gestiegen. Die gesunde Lebenserwartung (d. h. Jahre, die ohne selbst eingeschätzte gesundheitliche Beeinträchtigungen verbracht werden) lag für Personen im Alter von 65 Jahren 2015 bei 7,7 Jahren für Frauen und 7,9 Jahren für Männer (1,7 und 1,5 Jahre unter dem EU28-Durchschnitt). Im Jahr 2015 konnten Frauen und Männer im Alter von 65 Jahren erwarten, 36 bzw. 45 % ihrer verbleibenden Lebensjahre ohne körperliche Langzeit-Einschränkungen zu erleben (EHLEIS Länderbericht 2018). Das spricht für eine Kompression der Morbidität. Das bedeutet, dass sich, während die Lebenserwartung ansteigt, auch der Beginn körperlicher Beeinträchtigungen ins spätere Alter verschiebt, wodurch die Anzahl der morbiden Jahre reduziert wird (Fries 1983). Insgesamt bleibt der *care gap* in seiner langfristigen Bedeutung allerdings umstritten. Einige Untersuchungen sehen die Kompression als ein Übergangsphänomen in modernen Gesellschaften und gehen von einem Anstieg der Morbidität im Alter aus (Bongaarts 2005).

Drittens wird als Folge der ungünstigen Relation von Erwerbstätigen und Pensionierten ein ökonomischer Kollaps erwartet, verbunden mit einer wachsenden Bürde für die nationalen Volkswirtschaften (siehe dazu kritisch Amann/Kolland 2008). In diesem Zusammenhang wird von einem (fiskalischen) *sustainability gap* gesprochen. Die Lösung wird hier in einem längeren Verbleib in der Erwerbsarbeit und im Lernen gesehen, das das ganze Leben begleiten solle. Auch wenn die Ausgaben für Schulbildung und Arbeitslosenunterstützung durch die rückläufige Bevölkerung im erwerbsfähigen Alter sinken könnten, werden die staatlichen Ausgaben für Pensionen, Gesundheit und Pflege aufgrund der Bevölkerungsalterung deutlich zunehmen und damit insgesamt zu einem Anstieg der öffentlichen Ausgaben führen. Dieser Anstieg könnte dann geringer ausfallen, wenn sich die gesundheitliche

Situation der älteren und hochaltrigen Menschen deutlich verbessert. Leben Menschen länger gesund, dann sinken die Ausgaben für Gesundheit und Pflege und die Nachhaltigkeitslücke schließt sich.
Die Diskussion um die alternde Gesellschaft ist aber auch eine Frage der Gestaltung der zentralen sozialen Institutionen (z. B. Familie, Bildung) und der damit verknüpften normativen Regelungen, sodass von einer dritten Lücke gesprochen werden kann, nämlich einem *normative gap*. Normative Lücken finden sich etwa hinsichtlich der Beschäftigung älterer Menschen. Auch wenn die Charta der Grundrechte der Europäischen Union ein Verbot der Altersdiskriminierung enthält, haben z. B. Personen, die nach dem 50. Lebensjahr arbeitslos werden, erhebliche Schwierigkeiten, wieder eine Beschäftigung zu finden. Normative Veränderungen braucht es auch im Bereich der Gesundheits- und Pflegeeinrichtungen und in Bildungs- und Freizeitinstitutionen. Um die normative Lücke zu schließen, hat die UN-Generalversammlung 2002 (siehe dazu bspw. Marin/Zaidi 2007) die Strategie des *mainstreaming ageing* beschlossen. Diese Strategie verfolgt das Ziel, alle Aspekte des Alterns in relevanten Politikbereichen auf sämtlichen Ebenen einzubinden.

3.2 Theorien und Konzepte in der Alterssoziologie

In den Theorien des Alter(n)s geht es um die Ausarbeitung möglichst genereller Aussagen zum Zustand und zur Entwicklung von Gesellschaften der Langlebigkeit, d. h. von Gesellschaften, die sich in Prozessen des demografischen Wandels befinden. Theorien und Konzepte zum Altern sind Sichtweisen zum besseren Verständnis des Alternsprozesses. Sie sind Denk- und Arbeitswerkzeuge, um die soziale Welt zu verstehen, können zu Prognosen und Interventionen führen und lassen Möglichkeiten zum Handeln erkennen.

Disengagement-Theorie und Aktivitätstheorie

Bis in die 1960er Jahre wurde von einer Abschwächung der sozialen Integration älterer Menschen ausgegangen. Die in den USA entwickelte *Disengagement*-Theorie (Cumming/Henry 1961) wies darauf hin, dass die Gesellschaft den alternden Menschen zunehmend aus Rollen entbindet und der alternde Mensch selbst motiviert sei, soziale Rollen aufzugeben. In sozialer Hinsicht zeige sich der Wegfall berufsbezogener Beziehungen und der allmähliche Verlust von Verwandten, Freund*innen und Bekannten. Auf individueller Ebene zeige sich ein Verlust kognitiver Fähigkeiten und Fertigkeiten, die zu einem persönlichen Rückzug führen. Diese Theorie könnte negative Auswirkungen auf Sozial- und Gesundheitspolitik haben und zu einer Kultur der Gleichgültigkeit gegenüber älteren Mitmenschen führen. Sie fand auch wenige empirische Belege.

Die in den 1950er und 1960er Jahren entwickelte Aktivitätstheorie des Alterns (Havighurst 1963) gilt gemeinhin als Gegenthese dazu. Sie postuliert, dass Lebenszufriedenheit im Alter vor allem mit Sozial- und Freizeitaktivitäten im Zusammenhang stehe und diese Aktivitäten im Alter aufrechterhalten werden müssten. Die Aktivitätstheorie steht auch im Gegensatz zur biologischen Vorstellung, wonach das Alter als ausschließlich defizitäre Lebensphase einzustufen ist. 2002 hat die Aktivitätstheorie dann Eingang in ein Grundlagenpapier der Weltgesundheitsorganisation im Konzept des Aktiven Alterns (WHO 2002) gefunden und wurde damit auch zu einer politischen Leitlinie. Aktives Altern soll Menschen ermöglichen, ihre Potenziale auszuschöpfen, und andauernde gesellschaftliche Teilhabe ermöglichen.

Intergenerationale Beziehungen

Angesichts der Pluralisierung von Familien- und Lebensformen, die sich in sinkenden Heiratsziffern und zunehmender Instabilität von Partnerschaften, einem massiven demografischen Wandel mit dauerhaft niedrigen Geburtenzahlen und steigender Lebenserwartung widerspiegeln, stellt sich verstärkt die Frage nach der zukünftigen Entwicklung intergenerationaler Beziehungen innerhalb der Familie (Murphy 2011), wobei auch intergenerationale Beziehungen jenseits der Kernfamilie berücksichtigt werden (Hank 2015).

Das von Bengtson und Kollegen (z. B. Bengtson 2001; Bengtson/Roberts 1991) vorgeschlagene Modell intergenerationaler Solidarität ist bis heute der weitverbreitetste Ansatz zur Erforschung der Beziehungen zwischen (Groß-)Eltern und (Enkel-)Kindern innerhalb der Alterssoziologie.

Das Modell intergenerationaler Solidarität umfasst sechs Dimensionen (siehe Bordone 2015 für eine Übersicht über empirische Ergebnisse):

(1) Strukturelle Solidarität bezeichnet die Gelegenheitsstruktur für den Austausch zwischen den Generationen, z. B. Wohnentfernung zwischen Eltern und Kindern.

(2) Assoziative Solidarität bezieht sich auf die Häufigkeit der Kontakte zwischen Familienmitgliedern.

(3) Funktionale Solidarität beschreibt den Austausch von finanziellen Ressourcen oder praktischer Hilfe zwischen den Generationen.

(4) Affektive Solidarität umfasst das Ausmaß und die Gegenseitigkeit der positiven Gefühle zwischen Familienmitgliedern.
(5) Konsensuelle Solidarität bezeichnet die Übereinstimmung der Einstellungen, Ansichten und Meinungen der Familienmitglieder.
(6) Normative Solidarität beschreibt die Stärke, mit der man sich an familiäre Rollen gebunden fühlt.

Die Generationenbeziehungen müssen nicht „gut" im Hinblick auf jede dieser Dimensionen sein, um die Funktionsfähigkeit der Familie zu gewährleisten. Gerade die besondere Enge familiärer Beziehungen birgt auch spezifische Konfliktpotenziale in sich. Daher werden intergenerationale Beziehungen innerhalb der Familie häufig auch als ambivalent bezeichnet (Lüscher/Pillemer 1998).
Da die unterschiedlichen Generationen einer Familie heute eine längere gemeinsame Lebensspanne erwarten können als jemals zuvor, nimmt die Rolle der Großeltern im Modell intergenerationaler Solidarität eine zentrale Position ein. Empirische Untersuchungen zeigen, dass die Hilfe der Großeltern bei der Kinderbetreuung als eine der wichtigsten Formen innerfamiliärer Unterstützung gilt, da sie gleich drei Generationen einer Familie betrifft. So wurde etwa der Zusammenhang von Großelternschaft bzw. Enkelkinderbetreuung mit der Gesundheit oder dem Renteneintrittsverhalten der Großeltern, dem Erwerbsverhalten oder dem Kinderwunsch der Eltern sowie dem Wohlbefinden der Enkelkinder untersucht (siehe Hank et al. 2018 für eine Übersicht).
Hinsichtlich des Umfangs der Enkelkinderbetreuung finden sich im europäischen Vergleich große regionale Unterschiede (Hank/Buber 2009). Durchschnittlich fast 60 % der Großmütter und die Hälfte der Großväter betreuen im Laufe eines Jahres zumindest gelegentlich ein Enkelkind. Die höchsten Anteile finden sich in den nördlichen Ländern Europas. Betrachtet man jedoch die Häufigkeit der Betreuung, dreht sich die Rangfolge der Länder nahezu vollständig um: Die deutlich höchsten Anteile regelmäßig betreuender Großeltern finden sich in mediterranen Ländern wieder. Eine mögliche Interpretation dieses Befundes weist auf einen Zusammenhang zwischen Enkelkinderbetreuung, dem Angebot an öffentlicher Kinderbetreuung und Frauenerwerbstätigkeit hin (Bordone et al. 2017). Auch kulturelle Faktoren (Präferenzen, Einstellungen und Normen) tragen zur Erklärung dieser regionalen Muster des großelterlichen Engagements bei der Enkelkinderbetreuung bei (Jappens/Van Bavel 2012).

Kulturelle und kritische Gerontologie

In den letzten 20 Jahren hat die kulturelle Wende (sogenannter *Cultural Turn*) in der Soziologie auch einen Perspektivenwechsel weg von sozialen Strukturen und materiellen Lebensbedingungen hin zu einer kultursoziologischen Sicht des Alters gebracht. Als besonders prononcierte Vertreter*innen der kulturellen Wende in der Gerontologie gelten Gilleard und Higgs (2000) sowie Twigg und Martin (2015). Die kulturelle Gerontologie beschäftigt sich im weitesten Sinne mit dem subjektiven Erleben des späteren Lebens, den Prozessen der Identitätskonstruktion, die damit einhergehen (Twigg/Martin 2014), und interessiert sich dabei erstmals umfassend für die symbolische Dimension des Alter(n)s. Es geht um eine Betrachtungsweise, welche die älteren Menschen als aktiv Handelnde sieht, die auf die neue pluralistische Kultur des Alters sowohl reagieren als auch durch ihr Handeln zu ihr beitragen („Neue Kulturen des Alters“, Gilleard/Higgs 2000; Kolland 2015).

In ihrer kulturellen und symbolischen Konstruktion ist die Lebensphase Alter vor allem dadurch bestimmt, sich nicht alt zu fühlen. Auf individueller Ebene führt dies zu Strategien der Maskierung des Alters (*masks of aging*, Featherstone/Hepworth 1991), etwa durch Schönheitsoperationen, das Färben der Haare oder das Tragen jugendlicher Kleidung. Erfolgreiches Altern bedeutet aus dieser Perspektive vor allem, nicht alt zu werden, weswegen auch von einer Norm der Alterslosigkeit in modernen Gesellschaften gesprochen wird (van Dyk 2016).

Die kulturelle Gerontologie ist dabei der größeren Theoriefamilie der kritischen Gerontologie zuzuordnen. Sie entwickelte sich in den 1980ern vor allem in Großbritannien und den USA und versteht sich seit Beginn vor allem als kritische Stimme gegen bislang normative und individualistische Theorien des Alters. Sie beschäftigt sich – im breiten Sinne – kritisch mit Themen der Ungleichheit und Ungerechtigkeit im Alter und setzt dabei bei dem Zusammenhang zwischen alternden Gesellschaften und (kapitalistischen) Wirtschaftssystemen an (in der Politischen Ökonomie des Alters, Walker 1981). Negative Einstellungen gegenüber älteren Menschen können nicht durch ihren Rückzug aus der Gesellschaft erklärt werden, sondern durch den Verlust an sozialer Geltung, der sich aus dem Verlust einer produktiven Rolle in Gesellschaften ergibt, in denen die Produktion von Waren ein zentraler Wert ist. Probleme, die mit dem Alter entstehen, sind aus dieser Perspektive weniger als ein individuell erzeugtes Problem, sondern als Resultat der sozialstrukturellen Verteilung von Ressourcen zu verstehen.

Die Heterogenität des Alters

Seit den 1960er Jahren wird auf Basis sozialgerontologischer Studien auch die Homogenität des Alterns in Frage gestellt und versucht, Differenzierungen der Lebensphase vorzunehmen. Soziale Differenzierung beschreibt die Aufgliederung eines einheitlichen Ganzen und bewirkt, dass die Individuen nicht mehr uniforme Identitäten ausbilden und damit homogene Lebenslagen entstehen, auch im Alter.
Einen der ersten Versuche, diese Veränderungen für die nachberufliche Lebensphase sichtbar zu machen, unternahm Neugarten (1974), indem sie zwischen den *young old* und den *old old* unterschied. Dazu nahm sie eine altersmäßige Verortung vor, indem sie das junge Alter zwischen 55 und 75 Jahren und das alte Alter über 75 Jahren ansetzte. Dabei gestand sie selbst ein, dass eine solche Bestimmung des Alters unbefriedigend ist. Das chronologische Alter ist nicht zuverlässig genug, um die soziale Differenzierung im Alter zu beschreiben. Trotzdem sei dieses, so Neugarten, als Grenzmarker unverzichtbar. Die jungen Alten beschrieb Neugarten als relativ gesund, frei von traditionellen Familienverpflichtungen und gut gebildet bzw. politisch aktiv. Diese Gruppe, so Neugarten, würde über neue Bedürfnisse und eine aktive Gestaltung ihres Lebens eine altersirrelevante Gesellschaft hervorbringen. Die alten Alten sind jene, die aufgrund gesundheitlicher Belastungen Pflege und Dienstleistungen brauchen.
Einen weiteren wesentlichen Beitrag zur Beschreibung der Differenzierung des Alters leistete Laslett (1995), der die Altersphase in ein drittes und viertes Lebensalter unterteilte. Diese Unterscheidung hat nicht nur die wissenschaftliche Forschung, sondern auch die Praxis der Dienstleistungsangebote im Alter beeinflusst. Während das dritte Lebensalter eine Lebensphase der Wahlmöglichkeiten, der erweiterten Gelegenheiten, der Kreativität und der persönlichen Entwicklung ist, ist das vierte Lebensalter durch Abhängigkeit und Abbau gekennzeichnet. Die jungen Alten (drittes Alter) leben weitgehend behinderungsfrei, während bei hochaltrigen Menschen (viertes Alter) altersbedingte körperliche Einschränkungen Anpassungen des Alltagslebens erzwingen. Die von Laslett vorgenommene Einteilung in ein drittes und viertes Lebensalter löst sich vom biologischen Alter und setzt an seine Stelle ein Konzept, welches auf Lebenslage und Generationenzyklus zurückgreift.

4 Aktuelle Forschung in Österreich

In einem 2019 erschienenen Forschungsstandbericht zu Altern und demografischem Wandel in Österreich (ÖPIA 2019) wird deutlich, dass Themen rund um das Alter(n) in Österreich eine Querschnittsthematik sind, sich altersrelevante Forschung also auf unterschiedliche Institutionen aufteilt. Eine relativ lange Tradition hat in Österreich einerseits der Bereich der Sozialgerontologie, dessen Entstehung auch an die Entwicklung des *Instituts für Soziologie* der *Universität Wien* gebunden ist. International gut aufgestellt ist in Österreich andererseits die Grundlagenforschung im Bereich der Demografie, beispielsweise mit dem 1975 etablierten außeruniversitären *Vienna Institute of Demography (ÖAW/VID)*, das auch heute noch eine renommierte und anerkannte Forschungseinrichtung ist. Rasch entwickelt hat sich, auch aufgrund der Etablierung großer nationaler und internationaler Forschungsförderungsprogramme zu dem Thema, im Verlauf der letzten zehn Jahre die Forschung zu assistiven Technologien im Alter (*Ambient* bzw. *Active Assisted Living, AAL*), die neben den Universitäten auch an Fachhochschulen und außeruniversitären (angewandten) Forschungsinstituten angesiedelt ist.

5 Anwendungsbezug

Unter pragmatischer Perspektive und geboren aus einer Entwicklung, die Ökonomie und Wohlfahrtsstaat gleichermaßen in der Krise sieht, hat sich alterssoziologische Forschung in den letzten Jahren mehr als je zuvor auf Fragen und Probleme konzentriert, die die Lebenssituation älterer Menschen betreffen und unmittelbar mit den Voraussetzungen und Konsequenzen der sozialpolitischen Gestaltung sozialer Lebensverhältnisse zusammenhängen: Dazu gehören etwa die Themenbereiche Pensionen, Arbeitsmarkt und Ökonomie, Gesundheitsförderung und *Public Health* sowie Bildung, soziale Teilhabe und Lernen im Alter.

Ein vergleichsweise junges Themenfeld stellt die Forschung zu Digitalisierung im Alter dar. Mehrere Debatten sind hier sowohl sozialgerontologisch als auch sozialpolitisch relevant. Ein Ergebnis der zahlreichen Forschungen zu Alter und Technik ist, dass ältere Menschen digitale Technik weniger häufig und weniger kompetent nutzen als jüngere. Hier lässt sich von einem *Digital Divide* (Marr/Zillien 2010) in alternden Gesellschaften sprechen. Gerontologische Forschung zeigt hier auf, welche Gruppen älterer Menschen von Digitalisierungsprozessen aus welchen Gründen ausgeschlossen sind und welche sozialpolitischen Maßnahmen (vor allem im Bereich des lebenslangen Lernens) es braucht, um digitale Exklusion im Alter zu verhindern. Eine 2015 publizierte Studie zeigt, dass der zunehmende Einsatz moderner Technologien (d.h. Computer und Handys) im ersten Jahrzehnt der 2000er Jahre zu höheren kognitiven Fähigkeiten auf gesellschaftlicher Ebene geführt hat (Bordone et al. 2015).

Weiters werden zunehmend spezielle Technologien, vor allem im Pflege- und Gesundheitsbereich, für ältere Zielgruppen designt. Diese *Gerontotechnologien* basieren auf Wissen, Vorstellungen (und teilweise auch) Stereotypen über ältere Menschen, die im Entwicklungsprozess, bei Designer*innen und Techniker*innen eine Rolle spielen. Empirisch begründetes Wissen über die Lebenssituationen, Einstellungen und Bedürfnisse älterer Menschen ist damit mehr denn je relevant in der Entwicklung von alterssensiblen Technologien und Dienstleistungen.
Demografischer Wandel und Strukturwandel des Alterns sind Folgen bzw. Ergebnisse der Modernisierung der Gesellschaft und damit in vielfältiger Weise mit dem Wandel unserer Gesellschaften verknüpft. Aus diesen Wandlungsprozessen heraus entsteht die Notwendigkeit, sich die Frage zu stellen, wie die Vergesellschaftung und Integration älterer Menschen in eine jugenddominierte Gesellschaft gelingen kann. Unter Vergesellschaftung ist die materielle und normative Integration in die Gesellschaft gemeint, die nur durch sozialpolitische Unterstützung gelingen kann. Eine gelungene Vergesellschaftung älterer Menschen ist dann gegeben, wenn Menschen im Alter über eine akzeptable Existenzgrundlage verfügen, eine sinnvolle und anerkannte Beschäftigung jenseits des Berufs ausüben können, befriedigende soziale Kontakte und eine befriedigende gesundheitsbezogene Ausstattung haben. Diese Vergesellschaftungsprozesse auf Basis wissenschaftlicher Erkenntnisse zu gestalten, stellt ein zentrales Anliegen der Alterssoziologie dar.

6 Literatur

a. Einführungsliteratur

Amann, Anton/Kolland, Franz (Hg.) (2014): Das erzwungene Paradies des Alters? Weitere Fragen an eine Kritische Gerontologie. Wiesbaden: VS Verlag für Sozialwissenschaften.
Backes, Gertrud M./Clemens, Wolfgang (2008): Lebensphase Alter. München: Juventa.
Bordone, Valeria (2015): Intergenerational solidarity. In: Wright, James D. (Ed.): International Encyclopedia of the Social & Behavioral Sciences, Vol. 12, Oxford: Elsevier, 402–408.
van Dyk, Silke (2015): Soziologie des Alters. Bielefeld: transcript.

b. Weitere zitierte Literatur

Amann, Anton (2008): Sozialgerontologie: ein multiparadigmatisches Forschungsprogramm? In: Ders./Kolland, Franz (Hg.): Das erzwungene Paradies des Alters? Fragen an eine Kritische Gerontologie. Wiesbaden: VS Verlag für Sozialwissenschaften, 45–62.
Amann, Anton/Kolland, Franz (2008): Kritische Sozialgerontologie – Konzeptionen und Aufgaben. In: Dies. (Hg.): Das erzwungene Paradies des Alters? Wiesbaden: VS Verlag für Sozialwissenschaften, 13–43.

Bengtson, Vern L. (2001): Beyond the Nuclear Family: the Increasing Importance of Multigenerational Bonds. In: Journal of Marriage and Family, Vol. 63 (1), 1–16.
Bengtson, Vern L./Roberts, Robert E. (1991): Intergenerational Solidarity in Aging Families: An Example of Formal Theory Construction. In: Journal of Marriage and Family, Vol. 53 (4), 856–870.
Bongaarts, John (2005): Long-Range Trends in Adult Mortality. Models and Projection Methods. In: Demography, Vol. 42 (1), 23–49.
Bordone, Valeria/Arpino, Bruno/Aassve, Arnstein (2017): Patterns of Grandparental Child Care Across Europe: The Role of the Policy Context and Working Mothers' Need. In: Ageing & Society, Vol. 37 (4), 845–873.
Bordone, Valeria/Scherbov, Sergei/Steiber, Nadia (2015): Smarter Every Day: The Deceleration of Population Ageing in Terms of Cognition. In: Intelligence, Vol. 52, 90–96.
Cumming, Elaine/Henry, William E. (1961): Growing Old. The Process of Disengagement. New York: Basic Books.
EHLEIS Länderbericht (2018): Health Expectancy in Austria (11). URL: http://www.eurohex.eu/pdf/CountryReports_Issue11/Austria_Issue11.pdf [15.06.2020].
Featherstone, Mike/Hepworth, Mike (1991): The Mask of Ageing and the Postmodern Life. In: Featherstone, Mike/Hepworth, Mike/Turner, Bryan S. (Eds.): The Body. Social Process and Cultural Theory. London: Sage, 371–390.
Fries, James F. (1983): The Compression of Morbidity. In: Milbank Quarterly, Vol. 61 (3), 397–419.
Gilleard, Christopher/Higgs, Paul (2000): Cultures of Ageing. London: Prentice Hall.
Hank, Karsten (2015): Intergenerationale Beziehungen. In: Hill, Paul/Kopp, Johannes (Hg.): Handbuch Familiensoziologie. Wiesbaden: Springer VS, 463–486.
Hank, Karsten/Buber, Isabella (2009): Grandparents Caring for Their Grandchildren: Findings from the 2004 Survey of Health, Ageing and Retirement in Europe. In: Journal of Family Issues, Vol. 30 (1), 53–73.
Hank, Karsten/Cavrini, Giulia/Di Gessa, Giorgio/Tomassini, Cecilia (2018): What Do We Know About Grandparents? Insights From Current Quantitative Data and Identification of Future Data Needs. In: European Journal of Ageing, Vol. 15, 225–235.
Havighurst, Robert J. (1963): Successful Aging. In: Williams, Richard H./Tibbitts, Clark/Donahue, Wilma (Eds.): Processes of Aging. New York: Atherton Press, 299–320.
Jappens, Maaike/Van Bavel, Jan (2012): Regional Family Norms and Child Care by Grandparents in Europe. In: Demographic Research, Vol. 27 (4), 85–120.
Kolland, Franz (2015): Neue Kultur des Alterns. Forschungsergebnisse, Konzepte und kritischer Ausblick. Wien: BMASGK. URL: http://www.forschungsnetzwerk.at/downloadpub/2015_soziale-themen_alter-kultur-kolland-2015-studie.pdf [15.06.2020].
Laslett, Peter (1995): Das dritte Alter. Historische Soziologie des Alterns. München: Juventa.
Lüscher, Kurt/Pillemer, Karl (1998): Intergenerational Ambivalence. A New Approach to the Study of Parent-Child Relations in Later Life. In: Journal of Marriage and Family, Vol. 60 (2), 413–425.
Marin, Bernd/Zaidi, Asghar (Eds.) (2007): Mainstreaming Ageing: Indicators to Monitor Sustainable Progress and Policies. Aldershot: Ashgate Publishing Ltd.
Marr, Mirko/Zillien, Nicole (2010): Digitale Spaltung. In: Schweiger, Wolfgang/Beck, Klaus (Hg.): Handbuch Online-Kommunikation. Wiesbaden: VS Verlag für Sozialwissenschaften, 257–282.

Murphy, Michael (2011): Long-Term Effects of the Demographic Transition on Family and Kinship Networks. In: Population and Development Review, Vol. 37 (supplement), 55–80.
Nascher, Ignatz Leo (1909): Geriatrics. In: New York Medical Journal, Vol. 90, 358–359.
Neugarten, Bernice L. (1974): Age Groups in American Society and the Rise of the Young Old. In: Annals of the Academy of Social and Political Science, Vol. 41 (5), 187–198.
ÖPIA (2019): Forschung zu Altern und demografischem Wandel in Österreich. Wien: ÖPIA. URL: www.netzwerk-altern.at/sites/netzwerk-altern.at/files/dokumente/Forschungsstandbericht%202019-03-01%20final%20(r).pdf [20.06.2020].
Twigg, Julia/Martin, Wendy (2014): The Challenge of Cultural Gerontology. In: The Gerontologist, Vol. 55 (3), 353–359.
Twigg, Julia/Martin, Wendy (2015): The Field of Cultural Gerontology: An Introduction. In: Dies. (Eds.): The Routledge Handbook of Cultural Gerontology. New York: Routledge, 23–38.
van Dyk, Silke (2016): Doing Age? Diversität und Alter(n) im flexiblen Kapitalismus. In: Fereidooni, Karim/Zeoli, Aantonietta P. (Hg.): Managing Diversity. Wiesbaden: Springer VS, 67–87.
Walker, Alan (1981): Towards a Political Economy of Old Age. In: Ageing & Society, Vol. 1 (1), 73–94.
WHO (2002): Active Ageing. A Policy Framework. Geneva, Switzerland: World Health Organization (WHO).

c. Ausgewählte Fachzeitschriften

Ageing & Society
The Gerontologist
The Journals of Gerontology
Zeitschrift für Gerontologie und Geriatrie

Arbeit

Jörg Flecker

1 Einleitung

Seit den Anfängen der Soziologie als wissenschaftliche Disziplin ist Arbeit eines ihrer zentralen Themen. So waren die zunehmende gesellschaftliche Arbeitsteilung sowie die sozialen Verwerfungen und das menschliche Leid, die von der Ausbreitung der kapitalistischen Lohnarbeit hervorgerufen wurden, im 19. Jahrhundert der historische Hintergrund der Entstehung der Soziologie. Arbeit wird in der Soziologie häufig mit Erwerbsarbeit gleichgesetzt, obwohl das dem Begriff nicht gerecht wird. Schließlich fällt darunter auch die unbezahlte Arbeit im Haushalt, die in unserer Gesellschaft mehrheitlich von Frauen geleistet wird, oder die vielen Formen der Freiwilligenarbeit und der Eigenarbeit.[1]

Im Kern kreisen die arbeitssoziologischen Analysen um die Fragen, wie (im Erwerbsleben) gearbeitet wird und warum gerade in dieser Form. Dabei interessiert unter anderem, in welchem Ausmaß es die Erwerbsarbeit erlaubt, Fertigkeiten und Fähigkeiten in der Arbeit zu nutzen und zu erweitern, in welche Art der Kooperation mit anderen Arbeitenden die Menschen eingebunden sind, wie betriebliche Herrschaft bzw. die Sozialordnung eines Betriebs ausgestaltet ist, mit welchen Chancen auf Anerkennung die verschiedenen Positionen in der Arbeitswelt verbunden sind, welche Arbeitsteilung nach Geschlecht vorherrscht, mit welcher Bezahlung welche Arbeitskräfte rechnen können, wie die Arbeitszeiten gestaltet sind, ob eine Vereinbarkeit der Erwerbsarbeit mit anderen Arbeitsformen gegeben ist und vieles mehr. Auch die Dynamiken des Arbeitsmarktes und die verschiedenen Institutionen der beruflichen Bildung oder der Lohnverhandlungen sowie der Wandel der Beschäftigungsformen sind wichtige Forschungsgebiete.

2 Historische Entwicklung der Arbeitssoziologie

Im Folgenden werden zwei Schwerpunkte der soziologischen Forschung über Erwerbsarbeit herausgegriffen. Zuerst geht es um die Ebene des Betriebs und des Arbeitsplatzes, danach um jene des Arbeitsmarktes und der Regulierung der Arbeit durch den Staat und die Verbände der Arbeitnehmer*innen und Arbeitgeber*innen.

1 Auch dieser Beitrag ist aus Gründen der Konsistenz des Bandes mit „Arbeit" überschrieben, allerdings wird aus Platzgründen nur Erwerbsarbeit behandelt.

2.1 Arbeitsorganisation und *Labour Process*

Nach der alle Wissenschaften betreffenden Zäsur durch Austrofaschismus, Nationalsozialismus und Zweitem Weltkrieg entwickelte sich die Arbeitssoziologie im deutschsprachigen Raum unter der Bezeichnung „Industriesoziologie" als eigenständige Teildisziplin. Sie nahm innerhalb der Soziologie eine prominente Position ein, weil die Industrialisierung zentral für die gesellschaftliche Entwicklung war. Zwei miteinander verbundene Fragestellungen standen im Vordergrund: Bringt der technische Wandel sozialen Fortschritt in Form einer Befreiung der Arbeiter*innen von menschenunwürdiger Arbeit oder unterwirft er die Arbeitenden noch stärker dem Maschinentakt? Wie wirkt sich die veränderte Arbeitssituation auf das Bewusstsein der Arbeitenden aus und wie wandelt sich insbesondere das Klassenbewusstsein der Industriearbeiter*innen?

Die empirischen Befunde in den 1960er und 1970er Jahren enttäuschten die Hoffnungen auf eine emanzipatorische Wirkung der „Automation". Die bekannte Studie *Industriearbeit und Arbeiterbewußtsein* (Kern/Schumann 1970) zeigte, dass die Mechanisierung und Automation der Produktion vielfach nicht zu anspruchsvolleren Tätigkeiten führten, sondern häufig die Handlungsspielräume der Arbeitenden verringerten und die Qualifikationsanforderungen reduzierten. Allerdings war die Entwicklung keineswegs einheitlich. Während ein Teil der Industriearbeit eine Höherqualifizierung erfährt, wird ein anderer bei sinkenden Qualifikationsanforderungen zu einem Anhängsel der Maschinerie degradiert.

Eine generelle Abwertung der Arbeit konstatierte Braverman (1974) in seiner Studie *Labor and Monopoly Capital: The Degradation of Work in the Twentieth Century*, die eine umfangreiche wissenschaftliche Debatte und Forschungstätigkeit auslöste. Seine These vom *deskilling,* also der Dequalifizierung der Arbeit, besagt, dass die Bestrebungen, Kosten zu senken und Produktivität zu steigern, in kapitalistischen Unternehmen notwendigerweise zu einer Vereinfachung der Arbeit führen, denn dequalifizierte Arbeit ist sowohl billiger als auch leichter zu kontrollieren. Damit bezieht er sich auf Karl Marx (1962 [1890]), der im ersten Band seines Werks *Das Kapital* den Charakter der kapitalistischen Lohnarbeit und die verschiedenen Formen der Arbeitsgestaltung ausführlich beschrieben hatte.

Für Marx kommt es mit dem Arbeitsvertrag nicht zu einem Tausch einer bestimmten Arbeitsleistung, etwa das Nähen eines T-Shirts, gegen Geld. Vielmehr wird die Verfügung über die Arbeitskraft getauscht, d.h. über das Potenzial, Arbeit zu leisten und Wert zu schaffen. Der bzw. die Käufer*in, heute meist als Arbeitgeber*in bezeichnet, erwirbt das Recht, das Arbeitsvermögen für einen bestimmten Zeitraum zu nutzen, und die Arbeitenden unterwerfen sich für eine vereinbarte Zeit dem Weisungsrecht des Arbeitgebers/der Arbeitgeberin. Aus dieser Offenheit des Arbeitsvertrages sowie aus der Tatsache, dass die Arbeitskraft nach dem Verkauf untrennbar mit der Person des/der Arbeitenden verbunden bleibt, folgt die Notwendigkeit für die Kapitalseite, für die Zwecke der Kapitalverwertung die tatsächliche Arbeitsleistung tagtäglich sicherzustellen (Braverman 1974; Thompson 1983). Das wird als Problem der Transformation von Arbeitskraft in Arbeit und dessen Lösungen als Managementkontrolle bezeichnet.

Für Braverman war die dem Kapitalismus adäquate Form der Gestaltung der Arbeit im Taylorismus realisiert, weshalb er annahm, dass die kapitalistische Lohnarbeit generell in diese Richtung tendiert. „Taylorismus" (siehe Übersicht 1) nennt man das von F.W. Taylor entwickelte System der Arbeitsgestaltung, das von ihm *scientific management* (Taylor 1911) genannt wurde und das zu zerstückelter, repetitiver und sinnentleerter Tätigkeit und entsprechenden psychischen und gesundheitlichen Folgen führt.

Übersicht 1: Prinzipien des Taylorismus

(1) **Trennung von Planung und Ausführung der Arbeit:** Zeit- und Bewegungsstudien, also die genaue Vermessung der Tätigkeiten, durch das Management, Enteignung des Erfahrungswissens der Arbeiter*innen, Prinzip des *one-best-way*, also Annahme einer optimalen Gestaltungsmöglichkeit eines jeden Arbeitsganges
(2) **Hoher Grad an Arbeitsteilung**: Zerstückelung der Arbeit in kleine Vorgänge, Neuzusammensetzung unter dem Gesichtspunkt der Rationalisierung der Arbeit
(3) **Selektion und Anlernen der Arbeitskräfte**: Auswahl geeigneter Arbeitskräfte für jeden Arbeitsschritt, Spezialisierung der Arbeiter*innen durch spezifisches Anlernen
(4) **Pensum und Leistungslohn**: Festlegung einer optimalen Tagesleistung, Bezahlung abhängig von der erbrachten Leistung, Geld als Motivationsfaktor

Die von Braverman ausgelöste *Labour Process Debate* widerlegt die Ansicht, dass sich aus den gesellschaftlichen Beziehungen im Kapitalismus notwendigerweise eine Dequalifizierung der Arbeit ergebe (Thompson 1983). Das Interesse blieb aber auf die Frage gerichtet, wie Kontrolle über die Arbeitenden ausgeübt wird, weil davon die Sozialbeziehungen im Betrieb, die Gestaltung der Arbeit und ihre Auswirkungen auf die Arbeitenden abhängen.

Die vielzitierte Studie mit dem provokanten Titel *Das Ende der Arbeitsteilung?* (Kern/ Schumann 1984) beschrieb „neue Produktionskonzepte“ in der industriellen Fertigung in Deutschland, die tayloristische Produktionsarbeit überwanden. Sie bestanden erstens darin, dass die industrielle Produktion nicht um jeden Preis automatisiert und damit von der lebendigen Arbeit unabhängiger gemacht werden sollte, und zielten zweitens auf eine umfassendere Nutzung der Potenziale der Arbeitskraft ab. Die Arbeitenden würden nicht mehr (wie im Taylorismus) als potenzielle Störfaktoren gesehen, sondern in ihren Fähigkeiten wertgeschätzt und daher mit größerem Handlungsspielraum ausgestattet. Zu dieser Zeit wurde entsprechend in der Höherqualifizierung, in erweiterten Handlungsspielräumen in der Arbeit sowie in der Einbeziehung der Industriearbeiter*innen in Entscheidungen im Produktionsprozess vielfach die Zukunft der Arbeit gesehen.

2.2 Arbeitsmarktforschung und *Industrial Relations*

Neben der Arbeitsorganisation und den Formen der betrieblichen Herrschaft spielte in der Arbeitssoziologie immer auch die Forschung über den Arbeitsmarkt eine große Rolle. Arbeitskraft ist zwar keine Ware im eigentlichen Sinne, sie wird ja nicht zum Zweck des Verkaufs hergestellt und kann nicht „vom restlichen Leben abgetrennt, aufbewahrt oder flüssig gemacht werden“ (Polanyi (1973 [1944]: 99). Weil aber die Beteiligten sich so verhalten, als wäre sie eine Ware, wählte Polanyi die Bezeichnung „fiktive Ware“. Nur mit dieser Einschränkung kann von einem Arbeitsmarkt gesprochen werden. Im frühen 19. Jahrhundert zeigte sich, dass Menschen nicht überleben und die Gesellschaft zerfällt, wenn Arbeitskraft ohne Beschränkungen verkauft und gekauft, je nach Machtverhältnissen eingesetzt und phasenweise auch nicht benötigt wird. Deshalb haben Arbeiterbewegungen, philanthropische Initiativen sowie Parteien seit dem 19. Jahrhundert eine Reihe von Institutionen des Arbeitsmarktes erkämpft. Dazu zählen Höchstarbeitszeiten und Mindestlöhne, Verhandlungssysteme zur Lohnfindung und Sozialversicherungen, die den Arbeitenden auch dann ein Überleben ermöglichen, wenn sie erwerbslos, krank oder zu alt für die Erwerbsarbeit sind. Eine wichtige Fragestellung bezieht sich also darauf, in welchem Maße die Arbeitenden mangels Besitzes gezwungen sind, tagtäglich Erwerbsarbeit zu finden und zu leisten. Der Sozialstaat mildert diesen Druck, schränkt also den Warencharakter der Arbeitskraft ein, was als Dekommodifizierung (Esping-Andersen 1990) bezeichnet wird.

Analysen des Arbeitsmarktes zeigten auf, dass es keinen einheitlichen Arbeitsmarkt in dem Sinne gibt, dass alle Arbeitnehmer*innen untereinander um Arbeitsplätze und alle Unternehmen miteinander um Arbeitskräfte konkurrieren. Vielmehr bestehen voneinander abgetrennte Teilarbeitsmärkte bzw. Arbeitsmarktsegmente. Doeringer und Piore (1971) unterscheiden zwischen primärem Arbeitsmarkt *(„good jobs")* mit gut ausgebildeten Arbeitskräften und sicheren und gut bezahlten Arbeitsplätzen auf der einen Seite und sekundärem Arbeitsmarkt *(„bad jobs")* mit leicht austauschbaren Arbeitskräften, niedrigen Löhnen und fehlender Vertretung durch Gewerkschaften auf der anderen Seite. Diese später weiterentwickelte und an die Situation in europäischen Ländern angepasste Forschung über die Segmentierung des Arbeitsmarktes ist insofern gesellschaftlich höchst relevant, als die Lebensqualität verschiedener sozialer Gruppen von den Zugangsmöglichkeiten zu den unterschiedlichen Teilen des Arbeitsmarktes abhängt und sich entsprechend das Ausmaß sozialer Ungleichheit daraus ergibt, wie ausgeprägt die Segmentierung des Arbeitsmarktes ausfällt.

Mit der Segmentierung des Arbeitsmarktes eng verbunden, aber nicht deckungsgleich, ist die geschlechtliche Segregation des Arbeitsmarktes, also die ungleiche Verteilung von Frauen und Männern auf Branchen, Berufe und betriebliche Hierarchieebenen (Gottschall 2010). So waren 2018 fast 80 % der Beschäftigten im Gesundheits- und Sozialwesen in Österreich Frauen (Statistik Austria 2019). Im Gegensatz dazu beträgt der Frauenanteil im Bauwesen nur 13,8 % (ebd.). Auch die Aufteilung von Männern und Frauen auf berufliche Positionen von den Hilfstätigkeiten bis zu den Leitungsfunktionen zeigt eine hartnäckige Ungleichheit nach Geschlecht (Flecker 2017: 125ff.).

Wichtige Institutionen des Arbeitsmarktes regeln die Bezahlung, die Arbeitszeiten und weitere Beschäftigungsbedingungen. Die Kollektivvertragsverhandlungen zwischen den Verbänden der Arbeitgeber*innen- und der Arbeitnehmer*innen, die dabei eine zentrale Rolle spielen, werden als „Institutionalisierung des Klassengegensatzes" (Geiger 1949) bezeichnet. Sie sind zum Gegenstand eines eigenen Forschungszweiges geworden, der mit „industrielle Arbeitsbeziehungen" oder *Industrial Relations* bezeichnet wird. In Deutschland und Österreich entwickelten die Gewerkschaften und Arbeitgeber*innenverbände in der Zeit nach dem Zweiten Weltkrieg kooperative Beziehungen, die es erlaubten, trotz des Interessengegensatzes zu konsensuellen Problemlösungen zu gelangen. Dieses Beziehungsmuster wird „Konfliktpartnerschaft" genannt (Müller-Jentsch 2007). Das österreichische Kollektivvertragssystem zeichnet sich im internationalen Vergleich dadurch aus, dass es Bezahlung, Arbeitszeiten und weitere Bedingungen für fast alle Arbeitsverträge regelt. Dagegen deckten die Branchentarifverträge in Deutschland im Jahr 2014 nur noch 53 % (Westen) bzw. 36 % (Osten) der Arbeitsplätze ab (Dribbusch et al. 2017). In anderen Ländern, wie etwa Großbritannien oder den USA, wurden Lohnverhandlungen in der Regel nicht auf Branchen-, sondern auf Unternehmensebene geführt. Nach der aktiven Schwächung der Gewerkschaften durch die jeweiligen Regierungen sind die kollektiven Verhandlungen in diesen Ländern überhaupt stark zurückgegangen.

Gegenstand der Forschung im Bereich der *Industrial Relations* sind neben diesen Verhandlungssystemen die Organisationsformen der Gewerkschaften und der Arbeitgeber*innenverbände, die Arbeitskämpfe auf betrieblicher und überbetrieblicher Ebene, die Organisation von Berufsgruppen in Berufsverbänden, die gesetzliche Regelung von Mindestlöhnen und Arbeitszeiten, die Mitbestimmung durch Betriebsräte auf Unternehmensebene, die Europäisierung der Arbeitsbeziehungen und vieles mehr (Müller-Jentsch 2007). An Österreich ist die Besonderheit interessant, dass die Gewerkschaften nicht nur in Lohnverhandlungen, sondern im Rahmen der Sozialpartnerschaft zumindest bis in die jüngere Vergangenheit auch in viele staatliche Politikbereiche einbezogen wurden (Tálos/Hinterseer 2019).

Die Arbeitsmarktforschung und die Analysen der Arbeitsbeziehungen haben somit gesellschaftlich höchst relevante Themen zum Gegenstand: Es geht zum einen um die Zähmung des „teuflischen Mechanismus des Marktes“, wie es Polanyi (1973 [1944]) bezeichnet, damit Menschen, die auf den Verkauf ihrer Arbeitskraft angewiesen sind, überhaupt überleben bzw. auf einem kulturell bestimmten Niveau an der Gesellschaft teilhaben können. Zum anderen geht es um Wirtschaftsdemokratie, also den Einfluss der Mehrheit der Bevölkerung auf Entscheidungen und Prozesse, die ihr Leben – man denke an Löhne, Arbeitszeiten oder die Unterwerfung unter die Befehlsgewalt anderer – sehr tiefgreifend und meist nachhaltig prägen.

3 Aktuelle Themen, Theorien und Fragestellungen

Die neuere Entwicklung der Arbeitssoziologie greift Veränderungen in der Arbeitswelt auf und versucht, diese begrifflich und theoretisch zu fassen. Im Folgenden werden zwei Diskussionsstränge herausgegriffen.

3.1 Subjektivierung oder Standardisierung und Degradierung der Arbeit?

Wenn die Arbeitskräfte wie im Taylorismus zu kalkulierbaren Objekten in einem rationalisierten Gesamtprozess gemacht werden, brauchen die Arbeitsprozesse viel Planungsaufwand und werden inflexibel. Ist Flexibilität gewünscht und sollen kreative Lösungen für Probleme gefunden und komplexe Dienstleistungen in Interaktion mit Kund*innen erbracht werden, so sind die arbeitenden Menschen oft nicht nur mit all ihren Fähigkeiten und Fertigkeiten, sondern auch mit ihren besonderen Motivationen und individuellen Eigenheiten gefragt. Diese Ausrichtung der Gestaltung von Arbeit wird als „Subjektivierung" bezeichnet, weil die Subjektivität der Arbeitenden nicht ausgeklammert, sondern zugelassen und genutzt wird (Moldaschl/Voß 2002; Kleemann/Voß 2010). Ein Grund für diese Entwicklung liegt auch in den geänderten Anforderungen, welche die Arbeitenden an ihre Tätigkeiten stellen. Der längere Verbleib im Bildungssystem hat die Sozialisationsbedingungen verändert und die Arbeitenden erwarten und verlangen in höherem Maße, ihre Qualifikationen anwenden und sich als Person in die Arbeit einbringen und „verwirklichen" zu können (Baethge 1991). Die Subjektivierung der Arbeit ermöglicht dies; für die Arbeitenden aber wird auch zur Pflicht, die eigene Arbeit selbst zu strukturieren, zu steuern und effizienter zu machen (Moldaschl/Voß 2002: 16).
In solchen Formen der Arbeitsorganisation wird die Arbeit nicht mehr über Anweisungen der Vorgesetzten oder durch den Maschinentakt direkt gesteuert, sondern indirekt durch Zielvorgaben oder Anreize wie Aufstiegsversprechen und erfolgsabhängige Bezahlung. In einer Untersuchung auf Basis der WSI-Betriebsrätebefragung[2] konnte gezeigt werden, dass in jedem zweiten Betrieb in Deutschland die Arbeitenden anhand von Zielen geführt werden und die Arbeit in Form von Projekten organisiert wird (Ahlers 2016). Die indirekte Steuerung wird von den Beschäftigten aufgrund der größeren Gestaltungsspielräume und der erweiterten Möglichkeiten, die eigenen Fähigkeiten einzubringen, meist positiv gesehen. Sie hat aber häufig auch Schattenseiten, wie hohe Arbeitsmengen, Termin- und Zeitdruck und Überlastung. In diesem Zusammenhang ist von „interessierter Selbstgefährdung" die Rede, weil die eigene Gesundheit aus Interesse am beruflichen Erfolg aufs Spiel gesetzt wird (Krause et al. 2013).
Tendenzen in die Gegenrichtung in Form einer Standardisierung der Tätigkeiten und Dequalifizierung sind ebenfalls festzustellen. So haben sich in der Industrie die oben genannten „neuen Produktionskonzepte" nur teilweise durchgesetzt. Über-

2 Dabei handelt es sich um eine regelmäßige Erhebung des *Wirtschafts- und Sozialwissenschaftlichen Instituts* der *Hans-Böckler-Stiftung* in Deutschland.

all, wo es in der Fertigung um Montage von Produkten aus Teilen geht – von der Kamera bis zum Automobil –, ist kurzzyklische Fließbandarbeit unter hohem Zeitdruck auch heute die Norm. Es ließe sich nun einwenden, dass Industriearbeit in Ländern wie Österreich und Deutschland quantitativ an Bedeutung verloren hat und die Mehrheit der Arbeitenden im Dienstleistungssektor beschäftigt sind. Und gelingt eine Dienstleistung denn nicht nur, wenn die Arbeitenden Handlungsspielräume haben und sich als Person einbringen können? Dagegen kann die Tendenz der *McDonaldisierung* (Ritzer 1997) der Gesellschaft ins Treffen geführt werden, die große Teile der Dienstleistungen einer industriellen Rationalisierungslogik unterworfen hat – durchaus auch durch Zurichtung der Konsument*innen. Durch die sogenannte „Dienstleistungsindustrialisierung" (Holtgrewe 2015) sind Formen der Arbeitsorganisation entstanden, die an den Taylorismus angelehnt sind. Am Beispiel der Callcenter: die Zerlegung der Arbeit, die Vorgabe von zu verwendenden Sätzen, die Zeitvorgaben für Gespräche etc. Zugleich wird aber nicht zur Gänze auf das Einfühlungsvermögen und die Emotionsarbeit der Beschäftigten verzichtet.

Auch Teile der Verwaltungsarbeit werden durch die entsprechende Gestaltung der verwendeten Computerprogramme als repetitive Tätigkeiten ausgelegt. Und die dafür eingesetzten Arbeitenden benötigen entsprechend weniger Qualifikationen und sind dadurch leichter austauschbar. Obwohl die verfügbaren quantitativen Daten über die Verbreitung von Arbeitsorganisationsformen für Länder wie Österreich und Deutschland einen hohen Anteil an verantwortlicher Autonomie oder Subjektivierung ausweisen, sind die Gegentendenzen nach wie vor präsent. In anderen Ländern, wie beispielsweise der Slowakei oder Polen, findet sich ein höherer Anteil tayloristischer Arbeitsorganisation, weil industrielle Fertigung, aber auch *shared service centres* für Verwaltungsarbeiten dorthin verlagert wurden, wo eine Degradierung der Arbeit festzustellen ist (Flecker 2017: 171ff.). Generell hat die Auslagerung von Arbeit aus Unternehmen und öffentlichen Organisationen auch in Dienstleistungsbereichen den Effekt, dass Aufgaben stärker standardisiert und Arbeiten rigider überwacht werden (Flecker/Meil 2010).

3.2 Prekarisierung und *Gig Economy*

Das Normalarbeitsverhältnis, also ein unbefristeter, sozialversicherungspflichtiger Dienstvertrag für eine Vollzeitbeschäftigung, hat durch den starken Anstieg der Erwerbsbeteiligung von Frauen in Teilzeitarbeit und die Zunahme atypischer Formen der Beschäftigung heute an Bedeutung eingebüßt. Schon zu Zeiten, als das

Normalarbeitsverhältnis noch eindeutiger vorherrschte, traf das auf den weiblichen Erwerbsverlauf nicht zu, der von Unterbrechungen und von der phasenweisen Reduktion der Erwerbsarbeit aufgrund der unbezahlten Versorgungsarbeit in der Familie gekennzeichnet war (Mairhuber 2009). Spätestens ab den 1980er Jahren war der männliche Familienerhalter mit seinem „Eineinhalb-Personen-Beruf"[3] keine gesellschaftliche Selbstverständlichkeit in den konservativen Wohlfahrtsstaaten Deutschland und Österreich mehr.

Die Verbreitung von atypischer und unsicherer Beschäftigung wird oft als „Prekarisierung" bezeichnet. Damit wird betont, dass arbeits- und sozialrechtlich nicht oder nur minder geschützte Beschäftigungsformen und niedrige, nicht existenzsichernde Einkommen sowie befristete, vor allem kurzfristige Beschäftigung prekäre Lebenslagen mit sich bringen. Besonders verbreitet sind diese Bedingungen in den lokal gebundenen, häufig von Migrant*innen ausgeübten einfachen Dienstleistungen, sie sind aber auch in den teils hochqualifizierten Arbeitsfeldern der Sozial- und Gesundheitsdienste, der Erwachsenenbildung oder der Kreativwirtschaft zu finden. Wegen des hartnäckigen Einkommensnachteils von Frauen gegenüber Männern und ihrer häufig atypischen Beschäftigung sind Frauen besonders stark von Prekarität betroffen. Die Verbreitung von niedrigen und unsicheren Einkommen findet ihren Niederschlag im Phänomen „Armut trotz Arbeit", von dem in Deutschland und Österreich immer mehr Personen betroffen sind (Fritsch/Verwiebe 2017).

Der Prozess der Prekarisierung wurde zunächst in der französischen Soziologie thematisiert. Besonders einflussreich wurde die Studie *Die Metamorphosen der sozialen Frage*, in der Robert Castel (2000) den Wandel der Lohnarbeitsgesellschaft beschreibt. Letztere zeichnet sich für ihn dadurch aus, dass die Arbeitenden, die in früheren Jahrhunderten im übertragenen Sinn am Rande der Gesellschaft hatten „campieren" müssen, weitgehend in die Gesellschaft integriert wurden. Damit bietet die vor allem in den Jahrzehnten nach dem Zweiten Weltkrieg voll ausgebildete Lohnarbeitsgesellschaft auch jenen, die für ihren Lebensunterhalt arbeiten müssen, grundlegende Sicherheiten im Fall der Arbeitslosigkeit, der Krankheit sowie im Alter. Sie ist aber heute in Frage gestellt durch die Aufspaltung der Gesellschaft in Bereiche unterschiedlicher sozialer Kohäsion, die Castel als Zonen der Integration, der Verwundbarkeit und der Exklusion oder Entkopplung bezeichnet.

Guy Standing (2011) argumentierte, dass eine neue Klasse, nämlich das „Prekariat", entstanden sei, die durch prekäre Arbeits- und Lebenslagen gekennzeichnet ist.

3 „Eineinhalb Personen", weil in der Erwerbsarbeit stillschweigend vorausgesetzt wurde, dass Ehefrauen durch Haushalts- und Sorgearbeit für die Reproduktion der männlichen Arbeitskräfte sorgen, ohne welche Erwerbsarbeit nicht geleistet werden kann (Beck-Gernsheim 1980).

Demnach ist Prekarität nicht nur eine vorübergehende Erscheinung im Lebensverlauf, sondern wird für viele zum Dauerzustand. Für Deutschland liegt eine Längsschnittstudie vor, die aufzeigt, wie viele Personen bzw. Haushalte über längere Zeit von nicht ausreichenden Einkommen, unsicherer Beschäftigung, ungünstigen Wohnbedingungen und fehlender sozialrechtlicher Absicherung betroffen sind: 12 % der Erwerbstätigen müssen demnach einem „zeitstabilen Prekariat" zugerechnet werden, während für nicht weniger als 26 % die Kriterien teilweise zutreffen und sie daher in „gefährdeter Sicherheit" leben (Allmendinger et al. 2018). Diese Daten verdeutlichen, dass es ein Prekariat inmitten einer überaus reichen Gesellschaft gibt.

Nicht nur die Veränderungen in einzelnen Branchen, sondern auch die Auslagerung der Arbeit aus Großunternehmen und der Trend zu Netzwerkfirmen verstärkt die Tendenz der Prekarisierung, weil Firmen Kosten- und Flexibilitätsdruck auf ihre Zuliefer- und Dienstleisterbetriebe ausüben, der in Form niedriger Löhne und hoher Unsicherheit an die Beschäftigten weitergegeben wird (Batt/Appelbaum 2017). Die Folge ist eine Fragmentierung der Beschäftigung (Marchington et al. 2005; Flecker 2009; Weil 2014): Arbeitskräfte, die in einem Arbeitsprozess zusammenarbeiten, werden von verschiedenen Arbeitgeber*innen und zu höchst unterschiedlichen, teils prekären Bedingungen beschäftigt. Dadurch werden Zugehörigkeiten in Frage gestellt und Solidaritäten untergraben.

In letzter Zeit konzentriert sich die Analyse prekärer Arbeits- und Lebensbedingungen auf die sogenannte *Gig Economy* (Crouch 2019) bzw. auf die Erwerbsarbeit über Internetplattformen: An die Stelle der auf Dauer angelegten Arbeitsverträge tritt in diesen Fällen die einmalige, wenn auch häufig wiederholte, kurze Beschäftigung für einzelne Aufgaben oder Vorhaben. Firmen, wie *Uber* im Taxigewerbe, behandeln ihre Arbeitenden als Selbstständige, obwohl deren Arbeit im Detail gesteuert und überwacht wird (Pernicka 2019). Im Bereich der digitalen Arbeit, etwa App-Programmierung, Grafikdesign, Videoschnitt etc., werden Tätigkeiten über Internetplattformen vergeben, welche die Arbeitenden ebenfalls als formal Selbstständige einschätzen. Aufgrund der starken Konkurrenz können die Arbeitenden nur ein niedriges Einkommen erzielen, verbringen viel unbezahlte Zeit mit der Suche nach Aufträgen, müssen ständig erreichbar sein, schnell reagieren und ihre Arbeitszeiten sehr flexibel an die Anforderungen der Plattform und die Wünsche der Kund*innen anpassen (Schörpf et al. 2017).

Ein wichtiges Thema für die Forschung wie auch die politische Praxis ist derzeit, wie es in den Arbeitsbeziehungen gelingt, solche Entwicklungen der Prekarisierung wieder einzufangen und die Regulierung der Arbeit aufrechtzuerhalten. Dabei geht es um Organisierung und Widerstand der Arbeitenden in der *Gig Economy* ebenso wie um rechtliche Handhaben zur Durchsetzung des Arbeitnehmer*innenstatus und der damit verbundenen Rechte.

4 Aktuelle Forschung in Österreich und Anwendungsbezug

Die soziologische und interdisziplinäre Arbeitsforschung ist ein wichtiges Feld in der sozialwissenschaftlichen Forschungslandschaft in Österreich. Zu den Kernthemen gehören Arbeitsmarkt und Arbeitsmarktpolitik, Niedriglohn- und prekäre Beschäftigung, Diversität, Gleichstellung der Geschlechter, Vereinbarkeit von Beruf und Familie, demografischer Wandel und Alter, industrielle Beziehungen, Pflegearbeit, Digitalisierung, Arbeitszeit, transnationale Wertschöpfungs- und Pflegeketten sowie öffentliche Dienstleistungen. Vor allem die angewandte Forschung für Auftraggeber*innen, wie Ministerien, Arbeitsmarktservice oder Interessenvertretungen, erreicht einen Umfang, der auch im Hinblick auf die Arbeitsmarktchancen der Universitätsabsolvent*innen relevant ist. Die umfassende Analyse von Arbeit und Beschäftigung – primär in der angewandten, teilweise aber auch in der Grundlagenforschung – ist eine Domäne der außeruniversitären Forschungsinstitute. Hier ist insbesondere die *Forschungs- und Beratungsstelle Arbeitswelt* (*FORBA*) zu nennen, die seit den 1990er Jahren international ausgerichtete Arbeitsforschung betreibt. Andere Institute, wie *L&R Sozialforschung*, *SORA*, das *Zentrum für Soziale Innovation* (*ZSI*), das *Institut für Höhere Studien* (*IHS*) oder *KMU-Forschung Austria*, decken neben anderen Schwerpunkten auch Arbeit als Forschungsthema ab.

An den österreichischen Universitäten ist die Arbeitssoziologie vergleichsweise schwach etabliert. Hier sind die *Institute für Soziologie* der *Universitäten Wien* und *Linz* hervorzuheben sowie das *Institut für Wirtschaftssoziologie* der *Universität Wien*. Insgesamt deckt die österreichische Arbeitsforschung heute in nationalen wie internationalen Forschungszusammenhängen eine Reihe verschiedener Themen ab. Wenn sich auch der überwiegende Teil der Forschung auf die Auftragsforschung für öffentliche Auftraggeber*innen einerseits und die akademisch orientierte Antragsforschung andererseits aufteilt, so sollte nicht übersehen werden, dass Arbeitsforschung auch für Unternehmen bzw. in Kooperation mit Unternehmen betrieben wird. Hier ist die Grenze zwischen Forschung und Beratung fließend.

Wie die wissenschaftliche und die öffentliche Diskussion über die Digitalisierung, die Arbeitszeit und viele andere Themen zeigen, ist auf dem Gebiet der Arbeitsforschung nach wie vor hoher Forschungsbedarf gegeben. Soziologisches Wissen wird in hohem Maße für die Reflexion der dynamischen Entwicklungen in der Arbeitswelt und für evidenzbasierte Arbeits- und Sozialpolitik benötigt.

5 Literatur

a. Einführungsliteratur

Flecker, Jörg (2017): Arbeit und Beschäftigung – eine soziologische Einführung. Wien: UTB/facultas.

Müller-Jentsch, Walther (2007): Strukturwandel der industriellen Beziehungen – „Industrial Citizenship" zwischen Markt und Regulierung. Berlin: Springer VS.

Thompson, Paul (1983): The Nature of Work. An Introduction to Debates on the Labour Process. Basingstoke/London: Palgrave-MacMillan.

b. Weitere zitierte Literatur

Ahlers, Elke (2016): Leistungs(druck), Arbeitssystem und Gesundheit. Eine quantitativ empirische Auswertung der WSI-Betriebsrätebefragung zu ergebnisorientierten Arbeitssystemen. Berlin: Duncker&Humblot.

Allmendinger, Jutta/Jahn, Kerstin/Promberger, Markus/Schels, Brigitte/Stuth, Stefan (2018): Prekäre Beschäftigung und unsichere Haushaltslagen im Lebensverlauf: Gibt es in Deutschland ein verfestigtes Prekariat? In: WSI-Mitteilungen 4/2018, 259–269.

Baethge, Martin (1991): Arbeit, Vergesellschaftung, Identität. Zur zunehmenden normativen Subjektivierung der Arbeit. In: Soziale Welt, Jg. 42, H. 1, 6–19.

Batt, Rosemary/Appelbaum, Eileen (2017): The networked organisation: implications for jobs and inequality. In: Grimshaw, Damian/Fagan, Colette/Hebson, Gail/Tavora, Isabel (Eds.): Making work more equal – a new labour market segementation approach. Manchester: Manchester University Press, 70–89.

Beck-Gernsheim, Elisabeth (1980): Das halbierte Leben. Männerwelt Beruf. Frauenwelt Familie. Frankfurt a. M.: Fischer.

Boes, Andreas/Kämpf, Tobias (2011): Global verteilte Kopfarbeit – Offshoring und der Wandel der Arbeitsbeziehungen. Berlin: edition sigma.

Bourdieu, Pierre (1998): Prekarität ist überall. In: Bourdieu, Pierre: Gegenfeuer. Wortmeldungen im Dienste des Widerstands gegen die neoliberale Invasion. Konstanz: UVK, 96–102.

Braverman, Harry (1974): Labor and Monopoly Capital: The Degradation of Work in the Twentieth Century. New York: Monthly Review Press.

Castel, Robert (2000): Die Metamorphosen der sozialen Frage. Eine Chronik der Lohnarbeit. Konstanz: UVK.

Chan, Jenny/Pun, Ngai/Selden, Mark (2013): The Politics of Global Production: Apple, Foxconn and China's New Working Class. In: New Technology, Work and Employment, Vol. 28 (2), 100–115.

Crouch, Colin (2019): Gig Economy – Prekäre Arbeit im Zeitalter von Uber, Minijobs & Co. Berlin: Suhrkamp.

Doeringer, Peter/Piore, Michael (1971): Internal Labor Markets and Manpower Analysis. Lexington, Mass.: Heath.

Dribbusch, Heiner/Lehndorff, Steffen/Schulten, Thorsten (2017): Two worlds of unionism? German manufacturing and service unions since the Great Recession: In: Lehndorff, Steffen/Dribbusch, Heiner/Schulten, Thorsten (Eds.): Rough waters. European trade unions in a time of crisis. Brussels: ETUI, 197–220.

Esping-Andersen, Gøsta (1990): The three worlds of welfare-capitalism. Princeton: Princeton University Press.

Flecker, Jörg (2009): Outsourcing, spatial relocation and the fragmentation of employment. In: Competition & Change, Vol. 3 (3), 252–268.

Flecker, Jörg/Meil, Pamela (2010): Organisational restructuring and emerging service value chains: implications for work and employment. In: Work, Employment and Society, Vol. 24 (4), 680–698.

Friedman, Andrew (1977): Industry and Labour. Basingstoke/London: MacMillan.

Fritsch, Nina-Sophie/Verwiebe, Roland (2017): Labor market flexibilization and in-work poverty: a comparative analysis of Germany, Austria and Switzerland. In: Lohmann, Henning/Marx, Ive (Eds.): Handbook on In-Work-Poverty. Cheltenham/Northhampton: Edward Elgar, 297–311.

Geiger, Theodor (1949): Die Klassengesellschaft im Schmelztiegel. Köln: Kiepenheuer.

Gottschall, Karin (2010): Arbeit, Beschäftigung und Arbeitsmarkt aus der Genderperspektive. In: Böhle, Fritz/Voß, Günter G./Wachtler, Günther (Hg.): Handbuch Arbeitssoziologie. Wiesbaden: VS Verlag für Sozialwissenschaften, 671–698.

Holtgrewe, Ursula (2015): Services research along the service process: an overview study to support UNI Europa's Service policy project. Wien: FORBA.

Holtgrewe, Ursula/Longen, Jessica/Mottweiler, Hannelore/Schönauer, Annika (2009): Global or embedded service work: the (limited) transnationalisation of the call-centre industry. In: Work, Organisation, Labour and Globalisation, Vol. 3 (1), 9–25.

Kern, Horst/Schumann, Michael (1970): Industriearbeit und Arbeiterbewußtsein. Frankfurt a. M.: Europäische Verlagsanstalt.

Kern, Horst/Schumann, Michael (1984): Das Ende der Arbeitsteilung? Rationalisierung der industriellen Produktion. München: C.H. Beck.

Kleemann, Frank/Voß, Günther G. (2010): Arbeit und Subjekt. In: Böhle, Fritz/Voß, Günther G./Wachtler, Günther (Hg.): Handbuch Arbeitssoziologie. Wiesbaden: VS Verlag für Sozialwissenschaften, 415–450.

Krause, Andreas/Dorsemagen, Cosima/Stadlinger, Jörg/Baeriswyl, Sophia (2012): Indirekte Steuerung und interessierte Selbstgefährdung: Ergebnisse aus Befragungen und Fallstudien. Konsequenzen für das Betriebliche Gesundheitsmanagement. In: Badura, Bernhard/Ducki, Antje/Schröder, Helmut/Klose, Joachim/Meyer, Markus (Hg.): Fehlzeiten-Report 2012. Berlin/Heidelberg: Springer, 191–202.

Mairhuber, Ingrid (2009): Übergänge im Lebenserwerbsverlauf von Frauen und Männern in Österreich. In: Hermann, Christoph/Atzmüller, Roland (Hg.): Die Dynamik des „österreichischen Modells" – Brüche und Kontinuitäten im Beschäftigungs- und Sozialmodell. Berlin: edition sigma, 45–72.

Marchington, Mick/Grimshaw, Damian/Rubery, Jill/Willmott, Hugh (Eds.) (2005): Fragmenting Work. Blurring Organizational Boundaries and Disordering Hierarchies. Oxford: Oxford University Press.

Marx, Karl (1962 [1890]): Das Kapital – Kritik der politischen Ökonomie. Erster Band. Wien: Globus.
Moldaschl, Manfred/Voß, Günter G. (Hg.) (2002): Subjektivierung von Arbeit. München/Mering: Rainer Hampp.
Pernicka, Susanne (2019): The disruption of taxi and limousine markets by digital platform corporations in Western Europe and the United States: Responses of business associations, labor unions, and other interest groups. Working paper: Institute for Research on Labor and Employment University of California, Los Angeles.
Polanyi, Karl (1973 [1944]): The Great Transformation. Politische und ökonomische Ursprünge von Gesellschaften und Wirtschaftssystemen. Frankfurt a. M.: Suhrkamp.
Ritzer, George (1997): Die McDonaldisierung der Gesellschaft. Frankfurt a. M.: Fischer.
Schörpf, Philip/Flecker, Jörg/Schönauer, Annika/Eichmann, Hubert (2017): Triangular love-hate: management and control in creative crowdworking. In: New Technology, Work and Employment, Vol. 32 (1), 43–58.
Sengenberger, Werner (1987): Struktur und Funktionsweise von Arbeitsmärkten. Die Bundesrepublik Deutschland im internationalen Vergleich. Frankfurt a. M./New York: Campus.
Standing, Guy (2011): The precariat. The new dangerous class. New York: Bloomsbury.
Statistik Austria (2019): Unselbständig Erwerbstätige (ILO) nach ÖNACE und Geschlecht, 2018. URL: https://www.statistik.at/web_de/statistiken/menschen_und_gesellschaft/soziales/gender-statistik/erwerbstaetigkeit/043909.html [10.10.2019].
Tálos, Emmerich/Hinterseer, Tobias (2019): Sozialpartnerschaft – Ein zentraler politischer Gestaltungsfaktor der Zweiten Republik am Ende? Innsbruck: StudienVerlag.
Taylor, Frederic W. (1911): Principles of Scientific Management. New York/London: Harper & Brothers.
Weber, Max (2010 [1922]): Wirtschaft und Gesellschaft, Frankfurt a. M.: Zweitausendeins.
Weil, David (2014): The fissured workplace. Cambridge, Mass.: Harvard University Press.

c. Ausgewählte Fachzeitschriften

Arbeit – Zeitschrift für Arbeitsforschung, Arbeitsgestaltung und Arbeitspolitik
Economic and Industrial Democracy
Industrielle Beziehungen – Zeitschrift für Arbeit, Organisation und Management
New Technology, Work and Employment
Work, Employment and Society
Work Organisation, Labour and Globalisation

Armut

Laura Wiesböck und Roland Verwiebe

1 Einleitung

Armut kann nahezu jedes Gesellschaftsmitglied treffen. Denn armutsbetroffen sind nicht nur Menschen, die ohne Obdach überleben müssen. Es sind auch all jene, die nicht am Alltagsleben teilhaben können, in zentralen Lebensbereichen eingeschränkt sind oder trotz Arbeit finanziell nicht auskommen. Es ist die 65-jährige Nachbarin, die ihr Leben lang hart gearbeitet hat und in ihrer Pension bei den Lebensmittel- und Heizkosten sparen muss. Es ist die alleinerziehende Mutter, die sich am Ende des Monats keine Windeln mehr für ihre Kinder leisten kann, oder der Leiharbeiter, der trotz Vollzeitarbeit unter der Armutsgefährdungsschwelle liegt. Armut ist ein Seismograf für den sozialen Zustand einer Gesellschaft: Inmitten einer Wohlstandsgesellschaft stellt sie das Wirtschafts- und Sozialsystem in Frage, gefährdet die politische und soziale Legitimation eines Sozialstaats und weist auf Verwerfungen in der Gesellschaft hin (Leibfried et al. 1995: 8). Der Forschungsbereich hat sich zu einem Kernthema der Sozialstruktur- und Ungleichheitsforschung entwickelt, was eine Fülle nationaler und internationaler Publikationen belegt (Atkinson 2019; Dimmel et al. 2009; Knapp/Pichler 2008). Der vorliegende Beitrag zeichnet ein vielfältiges Bild der soziologischen Befassung mit Armut.

2 Historische Entwicklung der Soziologie der Armut

Die Beschäftigung mit Armut und sozialer Ausgrenzung gehört schon sehr lange zu den Kernthemen der Soziologie. Bereits im 19. Jahrhundert findet sich bei verschiedenen sozialwissenschaftlichen Klassikern ein Bezug auf das Thema Armut, etwa bei Marx („Lumpenproletariat") (1869) oder bei Tocqueville („Pauperismus") (2007 [1885]), der als einer der wichtigsten politischen Denker seiner Zeit und Begründer der vergleichenden Politikwissenschaft gilt. Eine erste allgemeinere theoretische Betrachtung von Armut legte im Jahr 1906 der deutsche Soziologe Georg Simmel vor. Zentral ist für ihn die Frage, wie Armut definiert werden kann. In diesem Zusammenhang unterscheidet Simmel zwei Armutsbegriffe: *arm sein* und *Armut*. Mit dem ersten Begriff verweist Simmel auf den – seiner Ansicht nach – „relativistischen Charakter" von Armut. „Arm ist derjenige, dessen Mittel zu seinen Zwecken nicht zureichen" (Simmel 1992 [1908]: 548). Bezugspunkt dieser relativen

Definition von Armut ist bei Simmel das Milieu, in dem man lebt: „[J]edes allgemeine Milieu und jede besondere soziale Schicht besitzt typische Bedürfnisse, denen nicht genügen zu können Armut bedeutet" (Simmel 1992 [1908]: 369). Ist eine Person von den Lebensverhältnissen, die mit einer bestimmten Klassenposition verbunden sind, ausgeschlossen, wird sie sich innerhalb dieser Klasse als arm wahrnehmen. Simmel verknüpft hier individuelle Lebensverhältnisse mit denen der unmittelbaren Lebensumgebung. Zugleich wird der subjektiven Armutsbewertung eine besondere Bedeutung zugesprochen. Es ist wichtig festzuhalten, dass Simmel mit dieser Armutskonzeption die Basis für fast alle späteren Studien gelegt hat. Auch in den aktuellen Armutsstudien wird in der Regel ein relativer Begriff von Armut verwendet. Referenz ist allerdings nicht mehr eine bestimmte Klasse oder ein bestimmtes Milieu, sondern der in einer Gesellschaft allgemein anerkannte Lebensstandard.

Simmel trennt die angesprochene relative und subjektbezogene Perspektive auf Armut – nach der jemand arm ist, wenn seine schichtspezifischen Bedürfnisse nicht erfüllt werden – von einer gesamtgesellschaftlichen Perspektive. Die Abgrenzung der Armen als gesellschaftliche Gruppe ist a priori an institutionalisierte Formen sozialer Unterstützung gebunden. Die Soziologin Eva Barlösius (2001: 73) verweist darauf, dass laut Simmel nur dort Armut bestehe, wo es eine gesellschaftliche Erwiderung auf Mangel und Leid gibt: „Der Arme als soziologische Kategorie entsteht nicht durch ein bestimmtes Maß von Mangel und Entbehrung, sondern dadurch, dass er Unterstützung erhält oder sie nach sozialen Normen erhalten sollte" (Simmel 1992 [1908]: 371). Durch die soziale Hilfeleistung wird Armut als solche symbolisch klassifiziert und zugeschrieben. Der bzw. die Arme wird in diesem Prozess vor allem über die Bedürftigkeit definiert und in diesem Sinne „de-klassiert". Andere soziale Merkmale, wie z. B. die soziale Herkunft oder die Klassenzugehörigkeit, treten in den Hintergrund. Damit bringt der Wohlfahrtsstaat schon in der Vorstellung Simmels eine Ambivalenz mit sich. Einerseits werden Unterstützungsleistungen gewährt, auf die ein rechtlicher Anspruch besteht. In Not und Armut lebende Menschen sind somit nicht mehr von der Barmherzigkeit anderer abhängig, sondern haben durch ihre Mitgliedschaft in einem staatlichen Gemeinwesen einen individuellen Anspruch auf Fürsorge. Andererseits ziehen wohlfahrtsstaatliche Programme auch Klassifizierungen und De-Klassierungen nach sich.

Neben diesen ersten theoretischen Überlegungen zum Thema Armut zeigen sich gegen Ende des 19. und Anfang des 20. Jahrhunderts auch erste Bestrebungen, Armut statistisch zu erfassen. Einer der Pioniere der Armutsforschung war Benjamin Seebohm Rowntree. Dieser führte im Jahr 1898 in York (Großbritannien) eine

Studie durch, die sich mit der Lebenssituation von Arbeiterfamilien befasste. Ausgangspunkt von Rowntrees empirischer Arbeit war die Festlegung eines „Warenkorbs" mit ausgewählten Gütern, die für ihn zum notwendigen physischen Existenzminimum zählten. Dazu gehörten etwa eine bestimmte Menge und Art von Nahrung und Kleidung sowie eine angemessene und warme Unterkunft. Verfügte eine Familie nicht über den festgelegten Warenkorb, war sie als arm einzustufen. Die Gruppe der Armen wurde von Rowntree weiter in *primär* und in *sekundär Arme* unterteilt. Die *primär Armen* verfügten über ein zu geringes Einkommen, um das physische Existenzminimum zu erreichen. Die *sekundär Armen* verfügten zwar über ein ausreichendes Einkommen, nicht aber über den festgelegten Warenkorb. Dies konnte daran liegen, dass sie – gemäß Rowntree – „unnütze" Ausgaben tätigten, etwa für Alkohol oder Glücksspiel, oder „nützliche" Ausgaben, etwa zur Abzahlung von Schulden (Rowntree 1901: 86f.).[1]

Empirisch konnte Rowntree mit seiner Studie zeigen, dass ca. 10 % der Bevölkerung in primärer Armut und 18 % in sekundärer Armut lebten. Armut war in England gegen Ende des 19. Jahrhunderts also ein weit verbreitetes Phänomen. Rowntree betrachtete Armut außerdem aus einer Lebenslaufperspektive. Ihm zufolge fiel ein*e Arbeiter*in am Ende des 19. Jahrhunderts drei Mal in seinem/ihrem Leben unter die Armutsgrenze: Das erste Mal in der Kindheit, das zweite Mal, nachdem er/sie selbst Kinder bekommen hatte, und das dritte Mal im Alter (Rowntree 1901: 136f.).

3 Theoretisch-konzeptuelle Perspektiven

Armut wird in der Forschung nicht einheitlich definiert, es existiert eine Vielzahl von Armutsbegriffen und Verwendungskontexten (Atkinson 2019). Die wichtigste definitorische Unterscheidung ist die zwischen *absoluter Armut* und *relativer Armut*: *Absolute Armut* liegt vor, wenn Menschen nicht über die zur physischen Existenzsicherung notwendigen Güter wie Nahrung, Kleidung und Wohnraum verfügen. Diese Form der Armut dominiert nach wie vor in vielen Ländern des globalen Südens, ist aber in Österreich und anderen westlichen Nationen weitestgehend überwunden. *Relative Armut* bemisst sich am Lebensstandard einer konkreten Referenzgesellschaft. Das durchschnittliche Einkommensniveau, die durchschnittliche

1 Die Unterscheidung von „nützlichen" und „unnützen" Ausgaben erinnert an den medialen Diskurs über *deserving* und *undeserving poor*. Wichtig ist aber zu betonen, dass bei Rowntree grundsätzlich all jene Familien als arm gezählt wurden, die das festgelegte physische Existenzminimum nicht erreichen konnten.

Ausstattung mit Wohnraum oder eine durchschnittliche sozial-kulturelle Integration dienen hier als Vergleichsmaßstab. Das relative Armutskonzept geht prinzipiell über rein monetäre Gesichtspunkte bei der Bemessung von Armut hinaus. Armut liegt dann vor, wenn Menschen das sozialkulturelle Existenzminimum einer Gesellschaft unterschreiten (Bäcker et al. 2008: 357).

Auch die Europäische Union verwendet seit Anfang der 1980er Jahre einen relativen Armutsbegriff: „The poor shall be taken to mean persons, families and groups of persons whose resources (material, cultural and social) are so limited as to exclude them from the minimum acceptable way of life in the member state in which they live" (European Commission 1984). Innerhalb der Literatur, die mit relativen Armutsdefinitionen arbeitet, lassen sich dabei drei verschiedene Ansätze unterscheiden.

3.1 Der Ressourcenansatz

Beim Ressourcenansatz steht das Einkommen von Personen oder Haushalten im Mittelpunkt. Das Einkommen gilt als ein Kriterium für die Armutsbestimmung, da es zur Kompensation von Defiziten in vielen Lebensbereichen herangezogen werden kann (Dietz 1997: 96; Klocke 2000: 315). Verwendet werden unterschiedliche Grenzwerte zur Bestimmung von Armutspopulationen. *In Armut leben* diejenigen, deren Einkommen nicht ausreicht, um die Güter und Dienstleistungen zu erwerben, die zur Abdeckung eines sozialkulturellen Existenzminimums erforderlich sind. Für statistische Armutsberechnungen ist dabei üblich, einen Grenzwert von 50 % des nationalen Medianeinkommens zu verwenden.[2] Bei einem Schwellenwert von 40 % spricht man von einer strengen Armutsgrenze. Einen Schwellenwert von 60 % nutzt man in der Regel, wenn *Armutsgefährdung* dargestellt werden soll. Die meisten Publikationen der Armutsforschung beruhen auf dem Ressourcenansatz.

3.2 Der multiple Lebenslagenansatz

In der europäischen Sozialforschung etablierte sich ab Mitte/Ende der 1980er Jahre die mehrdimensionale Armutsforschung (Leibfried et al. 1995; Nolan/Whelan 1996; Townsend 1985). Der multiple Lebenslagenansatz hat in der Armutsforschung einen großen Stellenwert erlangt. In diesem Ansatz wird nicht nur das ver-

2 Der Median ist ein Lagemaß. Er halbiert eine nach der Größe geordnete Reihe von Messwerten und reflektiert damit die mittlere Position in einer Datenmenge. Gegenüber dem Durchschnittswert hat er den Vorteil, weniger empfindlich auf extreme Werte (Ausreißer) zu reagieren.

fügbare Einkommen, sondern zusätzlich die Ausstattung mit weiteren wichtigen Ressourcen und Gütern der Lebensführung erfasst. Es geht um die Frage, ob bei der Versorgung mit Nahrung, Bekleidung, Wohnraum sowie Gesundheits- und Sozialleistungen Mindeststandards erreicht werden. Der Lebenslagenansatz berücksichtigt darüber hinaus, ob Menschen ausreichend am gesellschaftlichen, kulturellen und politischen Leben partizipieren. Dies betrifft zentrale Bereiche wie Arbeit, Bildung, Freizeitgestaltung, soziale Beziehungen und Information (Bäcker et al. 2008: 357). Im Lebenslagenansatz werden ebenfalls Grenzwerte zur Festlegung von Armut verwendet. Armut wird in der Regel als eine Unterversorgung in mindestens zwei zentralen Lebensbereichen definiert.

3.3 Der Deprivationsansatz

Auch der sogenannte Deprivationsansatz beinhaltet ein mehrdimensionales Konzept von Armut (Andreß/Lipsmeier 1995). Armut wird hier als mangelnde gesellschaftlicher Teilhabe und soziale Ausgrenzung verstanden. Damit einher gehen ein kleinerer Handlungsspielraum und geringere Verwirklichungschancen. Das Konzept der relativen Deprivation wurde von Peter Townsend entwickelt und erstmals in seiner Studie *Poverty in the United Kingdom* (1979) umgesetzt. Er definiert relative Deprivation als

> […] the absence or inadequacy of those diets, amenities, standards, services and activities which are common or customary in society. People are deprived of the conditions of life which ordinarily define membership of society. If they lack or are denied resources to obtain access to these conditions of life and so fulfill membership of society, they are in poverty (Townsend 1979: 915).

Der Deprivationsansatz bündelt demnach Vorstellungen von der Versorgungslage eines Haushaltes (mit Versorgungsgütern, Gebrauchsgütern und Dienstleistungen), von soziokulturellen Mindeststandards und vom allgemeinen Wohlfahrtsniveau einer Gesellschaft (Böhnke/Delhey 2001: 317). Townsend hat in seinen Studien ursprünglich vorab festgelegt, welche Güter für einen Haushalt notwendig sind. Er orientierte sich dabei an der durchschnittlichen Verbreitung dieser Güter in der Bevölkerung. In späteren Studien ging man dazu über, die Beforschten festlegen zu lassen, welche Elemente der Lebensführung zu einem notwendigen Lebensstandard zu zählen sind (Mack/Lansley 1985).

3.4 Gemeinsamkeiten der Armutskonzepte und methodische Schwerpunkte

Allen Definitionsvorschlägen in der Armutsforschung ist gemein, dass sie von Werturteilen abhängig sind: „Jede Armutsdefinition ist damit letztlich politisch-normativer Natur“ (Boeckh et al. 2006: 265). Dieser Umstand hat zur Folge, dass die wissenschaftliche und politische Diskussion um die Existenz und das Ausmaß von Armut in modernen Gesellschaften immer kontrovers verlaufen wird.

> Je nach der Definition von Armut und der Bestimmung der Armutsgrenzen kann dabei der Kreis der Armutsbevölkerung enger oder weiter gesteckt werden. Eine bewusste Eingrenzung des Kreises relativiert die Armutsproblematik und kann dazu dienen, die tatsächlichen sozialen Verhältnisse zu verdecken, während eine bewusst weite Fassung des Kreises den Blick auf die eigentlich Betroffenen verstellen kann (Bäcker et al. 2008: 359).

Die Weiterentwicklung der Armutsforschung von einer Randgruppenforschung hin zu einem Kernbereich der Sozialstruktur- und Ungleichheitsforschung ging auch mit methodischen Fortschritten einher. Die Armutsforschung der 1970er und 1980er Jahre beschrieb Armut mit Querschnittsanalysen in der Regel als dauerhaften Zustand (u.a. Hauser et al. 1986). In der neueren Armutsforschung kann auf der Grundlage von Trend- und Längsschnittstudien zunehmend nachgewiesen werden, dass Armut für viele Menschen eine Episode im Lebenslauf ist und von Betroffenen auch teilweise bewältigt werden kann. Zugleich reicht Armut als (vorübergehende) Lebenslage und latentes Risiko bis in mittlere soziale Schichten hinein und ist nicht mehr ausschließlich auf traditionelle Randgruppen begrenzt (Mc Kernan/Ratcliffe 2005; Vandecasteele 2010).

Mit dieser Erkenntnis einher gingen Forschungen über die Prekarisierung von Arbeit und Leben und die neue soziale Frage einher (Marchart 2013; Pernicka 2014). Ein weiterer aktueller Forschungsbereich ist jener der „neuen Unterschicht“ *(underclass)* und der Entstehung von Unterklassen in wohlhabenden Gesellschaften durch die Wiederkehr und Ausbreitung von Ausbeutungsverhältnissen (Dörre 2015; Kessl 2005). Eng damit verbunden sind Scham und Beschämung im Kontext von Armutsbetroffenheit (Becker/Gulyas 2012; Klussmann 2015). Auch Stadt-Land Differenzen werden in den Fokus von soziologischen Forschungsarbeiten über Armut gestellt (Schneider 2015).

Darüber hinaus haben in der neueren Armutsforschung qualitative Studien einen höheren Stellenwert erlangt. Diese Studien liefern u.a. wichtige Erkenntnisse im Hinblick auf Strategien im Umgang mit Armut sowie zu den Exklusionserfahrungen von Menschen in sozial schwierigen Lebensverhältnissen. Eine sehr umfängliche qualitative Studie haben 1997 Bourdieu und Kollegen vorgelegt (Bourdieu et al. 1997). Andere qualitative Untersuchungen widmen sich den Auswirkungen bestimmter sozialpolitischer Maßnahmen, etwa der bedarfsorientierten Mindestsicherung (Globisch/Madlung 2017). Aber auch die methodischen Schwerpunkte spielen eine Rolle. So hat sich etwa die Soziologin Daniela Schiek (2017) mit der Transmission von Armut über Generationen beschäftigt und darauf aufbauend das familiengeschichtliche Gespräch in den Fokus gestellt.

4 Aktuelle Forschung in Österreich

Das Thema Armut nimmt im sozialwissenschaftlichen Diskurs in Österreich seit einiger Zeit wieder einen größeren Raum ein (Reinprecht 2006; Till-Tenschert/Vana 2009; Verwiebe 2011). Die österreichische Armutsforschung hat sich in den letzten Jahren insbesondere mit Risikogruppen in Bezug auf Einkommensarmut, Deprivation und soziale Ausgrenzung auseinandergesetzt. Auch eine dynamische Betrachtung von Armut hat an Einfluss gewonnen, bei der das Absinken in und das Aufsteigen aus Armutslagen über einen längeren Zeitraum erhoben wird (Angel 2012; Riederer/Wolfsbauer 2011). Damit lässt sich zum Beispiel darstellen, wie lange Armutsperioden durchschnittlich andauern.
Auf Basis von Einkommensdaten kann die armutsreduzierende Wirkung des österreichischen Wohlfahrtsstaates im europäischen Vergleich analysiert werden. In Anlehnung an Gøsta Esping-Andersen (1990) und daran anknüpfende Modifikationen lassen sich fünf Wohlfahrtsregime unterscheiden (Übersicht 1), die in einem unterschiedlichen Maße Armutsrisiken durch sozialpolitische Interventionen reduzieren. Der Grad der Dekommodifizierung beschreibt die Abkopplung sozialer Sicherheit vom Arbeitsmarkt, also inwieweit der Wohlfahrtsstaat etwaige Einkommensausfälle durch soziale Rechte abmildert.

Übersicht 1: Typen von Wohlfahrtsregimen

(1) In **sozialdemokratischen Ländern** (z. B. Schweden) wird die Marktabhängigkeit durch universelle Sozialleistungen – z. B. bei Arbeitslosigkeit oder Krankheit – stark reduziert. Damit ist der Grad der Dekommodifizierung hoch. Familien werden durch wohlfahrtsstaatliche Leistungen entlastet. Die Abhängigkeit des Individuums von der Familie ist gering (hoher Defamilisierungsgrad).

(2) In **konservativ-korporatistischen Wohlfahrtsstaaten** (z.B. Österreich) sind Sozialleistungen stark an die Erwerbstätigkeit geknüpft. Ein traditionelles Familienbild wird favorisiert. Der Grad der Dekommodifizierung ist relativ hoch.
(3) **Liberale Wohlfahrtsstaaten** (z.B. Großbritannien) beschränken sich auf die Abfederung extremer Notlagen. Der Grad der Dekommodifizierung ist gering.
(4) In **mediterranen Wohlfahrtsstaaten** sind die sozialen Sicherungssysteme nur schwach ausgebaut. Die Familie spielt eine wichtige Rolle für die Abfederung sozialer Risiken.
(5) Die **Wohlfahrtsstaaten der postsozialistischen Länder** haben einen Hybrid-Charakter mit Elementen konservativ-korporatistischer, sozialdemokratischer und liberaler Systeme.

Wohlfahrtsstaatliche Systeme sind in der Armutsforschung insbesondere in Hinblick auf die spezifische Risikostruktur der Armutsgefährdung (Lohmann 2007; Verwiebe 2011) relevant. In der Regel werden dafür Armutsrisiken verschiedener sozialer Gruppen betrachtet. Dazu zählen in Österreich vor allem Alleinerziehende, kinderreiche Familien, Arbeitslose, ältere Menschen (+65 Jahre), Migrant*innen und Menschen mit geringer Bildung.

Bei *Alleinerziehenden* handelt es sich zumeist um Frauen. Durch die starke Fokussierung auf Paarfamilien mit einem (männlichen) Hauptverdiener im österreichischen Wohlfahrtsstaat ist das Risiko einer Trennung nur unzureichend abgesichert (Troger/Anibas 2011; Zartler et al. 2011). In Dänemark lassen sich für Alleinerziehende z.B. geringere Armutsrisiken feststellen, da sozialdemokratische Wohlfahrtsstaaten die Vereinbarkeit von Familie und Beruf stärker unterstützen. In Österreich fehlen flächendeckende und leistbare Kinderbetreuungseinrichtungen und Ganztagsschulen. Allerdings nimmt die Betreuungsquote durch gezielte staatliche Zuschüsse zu (Schratzenstaller 2015).

Familien mit drei oder mehr Kindern sind ebenfalls erhöhten Armutsrisiken ausgesetzt (Heitzmann 2007; Troger/Anibas 2011). Der Übergang zum dritten Kind ist mit deutlich geringeren Erwerbsquoten bei Frauen verbunden. Der finanzielle Mehrbedarf geht dadurch oft mit einem geringeren Haushaltseinkommen einher. Dies hängt damit zusammen, dass der österreichische Wohlfahrtsstaat ein Familienmodell favorisiert, in dem Frauen den Großteil der unbezahlten Betreuungsarbeit verrichten (Kinderbetreuung, Pflege ältere Menschen im familiären Kontext) und meist nur geringfügig oder Teilzeit arbeiten.

Wie zu erwarten haben *Arbeitslose* ein erhöhtes Armutsrisiko. Die Gründe stehen in Zusammenhang mit den Systemen zur Unterstützung von Arbeitslosen: Die Zugangsvoraussetzungen sowie die Dauer und Höhe finanzieller Unterstützungsleistungen variieren stark.

Ältere Menschen gehören traditionell zu den besonders mit Armut konfrontierten Gruppen in modernen Gesellschaften (Becker/Hauser 1997). Dies gilt auch für Österreich (Angel/Kolland 2011). Besonders gefährdet sind alleinstehende ältere Frauen. Im Falle einer Trennung bestehen dadurch häufig keine oder nur geringe individuelle Pensionsansprüche (Heitzmann/Schmidt 2001).

*Migrant*innen* sind besonderen Armutsrisiken ausgesetzt. Die Gründe hierfür sind vielfältig. Zu nennen sind etwa die Entwertung bzw. teilweise unzureichende Anerkennung von im Herkunftsland erworbenen Bildungstiteln, der erschwerte Zugang zum Arbeitsmarkt durch rechtliche Beschränkungen und Diskriminierung sowie die Knüpfung von wohlfahrtsstaatlichen Leistungen an die Aufenthaltsdauer. Für Österreich und auch die meisten anderen europäischen Staaten zeigt sich zudem, dass Migrant*innen in den letzten Jahren von überproportional steigenden Armutsrisiken betroffen sind (Blume et al. 2007; Verwiebe/Fritsch 2011; Wiesböck 2011). Zudem gibt es im Hinblick auf Armutsrisiken einen Zusammenhang zwischen Bildungskapital und sozialer Lage (Allmendinger 1999). Höhere Bildungsabschlüsse wirken Armutsrisiken entgegen (Solga/Powell 2006). Die ungleiche Verteilung von Bildung ist daher eines der zentralen Themen in der Ungleichheits- und Armutsforschung. Dabei stehen Begriffe wie Bildungsbeteiligung, Zugänge zu höherer Bildung, Bildungschancen, Bildungskapital oder Bildungsexpansion im Zentrum der Debatten.

5 Anwendungsbezug

Die wissenschaftliche Armutsforschung ermöglicht, ein differenziertes Bild von gesellschaftlichen Entwicklungen zu zeichnen. Denn heute hat sich die Wahrnehmung von Armut im öffentlichen Diskurs deutlich verändert: Sie wird häufig gleichgesetzt mit Arbeitslosigkeit und Leistungsunwilligkeit. Auch deshalb hat die soziologische Perspektive in der Öffentlichkeit an Relevanz gewonnen. Welche gesellschaftlichen Entwicklungen beeinflussen Armutsbetroffenheit? Welche politischen Maßnahmen ermöglichen ein Entkommen aus Armutslagen? Welcher Lebensstandard soll Bürger*innen in einem Sozialstaat garantiert werden? Werden jene strukturellen Zusammenhänge diskutiert, wird das diskursiv hergestellte Gewicht der individuellen Verantwortungszuschreibung leichter. Denn dann zeigt sich, dass man mit einem Vollzeitjob lange Zeit vor Armut sicher war, heute der Arbeitsmarkt aber vielfältiger, offener, mehrfach dereguliert ist und nicht mehr die ursprüngliche soziale Absicherung bietet. Die Zunahme an prekären Arbeitsverhältnissen, wie Teilzeitarbeit, *working poor*, also Armut trotz Erwerbstätigkeit, zeitlich befristeten Verträgen oder Leiharbeit, führt dazu, dass immer mehr Menschen armutsgefährdet sind, die einst politisch stabilisierenden Mittelschichten schrumpfen und Altersarmut in der Pension langfristig zunimmt (Wiesböck 2018: 86). Nicht nur Veränderungen am Arbeitsmarkt, sondern auch im Wohlfahrtsstaat und in den Familien haben Einfluss darauf, wie sich Armut und Vermögen gestalten. Die Kürzungen von Sozialleistungen spielen bei der Entstehung von Armut eine tragende Rolle. Durch den Bedeutungsgewinn von Familienformen, die verglichen mit der „Normalfamilie" weniger materielle Sicherheit bieten, wie Alleinerziehende oder Patchworkfamilien, gewährleistet auch die einst so stabilisierende Institution Familie nur mehr ein brüchiges Auffangnetz. Die soziale Herkunft kann man zwar selbst nicht beeinflussen, spielt aber eine umso größere Rolle, denn Armut wird innerhalb der Familie sozial weitervererbt. Diese Erkenntnisse über gesellschaftliche Entwicklungen, die zu verstärkter Armutsbetroffenheit führen, in den öffentlichen Diskurs zu bringen, ist eine wichtige Aufgabe der Soziologie. Neben soziologischen Analysen spielen auch statistische Untersuchungen von Armut eine wichtige Rolle. Einen wesentlichen Beitrag zur österreichischen Sozialberichterstattung stellt die *Statistik Austria* mit einem jährlich erscheinenden Bericht über Armutsgefährdung dar (u. a. Statistik Austria 2019). Auch der Sozialbericht des *Bundesministeriums für Arbeit, Soziales und Konsumentenschutz (BMASK)* enthält ein Kapitel, das sich speziell dem Thema „Armut und soziale Ausgrenzung" widmet. Als Datenbasis der Sozialberichterstattung wie auch der meisten quantitativ-empirischen Analysen fungieren die *EU-SILC-Daten*.[3]

Die Ergebnisse der wissenschaftlichen Armutsforschung und Sozialberichterstattung können als Grundlage für sozialstaatliches und zivilgesellschaftliches Handeln herangezogen werden. Ein wichtiger armutspolitscher Akteur in Österreich ist die *Armutskonferenz*, ein Netzwerk von über 40 sozialen Organisationen sowie Bildungs- und Forschungseinrichtungen. Sie engagiert sich, um Hintergründe und Strategien zu und gegen Armut in Österreich zu thematisieren und eine Verbesserung der Le-

3 Im Rahmen der *Community Statistics on Income and Living Conditions (EU-SILC)* werden Informationen über die Lebensbedingungen von Privathaushalten gesammelt. Die Armutsindikatoren orientieren sich v. a. am Konzept der Einkommensarmut, aber auch am Konzept der relativen Deprivation. Dadurch ist es möglich, Unterversorgungen zu identifizieren (z. B. in Bezug auf Nahrung, Kleidung, Wohnraum).

benssituation Betroffener zu erreichen. Weitere zivilgesellschaftliche und politische Akteure, die sich mit dem Thema Armut beschäftigen oder Betroffenen zur Seite stehen, sind die *Arbeiterkammer*, die *Caritas*, die *Diakonie* und die *Volkshilfe*.

6 Literatur

a. Einführungsliteratur

Atkinson, Anthony B. (2019): Measuring Poverty around the World. Princeton: Princeton University Press.
Barlösius, Eva/Ludwig-Mayerhofer, Wolfgang (Hg.) (2001): Die Armut der Gesellschaft. Opladen: Leske + Budrich.
Jenkins, Stephen P./Micklewright, John (Eds.) (2007): Inequality and Poverty Re-Examined. Oxford: Oxford University Press.
Klocke, Andreas (2000): Methoden der Armutsmessung. Einkommens-, Unterversorgungs-, Deprivations- und Sozialhilfekonzept im Vergleich. In: Zeitschrift für Soziologie, Jg. 29, H. 4, 313–329.
Leibfried, Stephan/Leisering, Lutz/Buhr, Petra/Ludwig, Monika/Mädje, Eva/Olk, Thomas/Voges, Wolfgang/Zwick, Michale (1995): Zeit der Armut. Lebensläufe im Sozialstaat. Frankfurt a. M.: Suhrkamp.
Paugam, Serge (2008): Die elementaren Formen der Armut. Hamburg: Hamburger Edition.
Simmel, Georg (1906): Zur Soziologie der Armut. In: Archiv für Sozialwissenschaft und Sozialpolitik, Jg. 22, H. 1, 1–3.

b. Weitere zitierte Literatur

Allmendinger, Jutta (1999): Bildungsarmut. Zur Verschränkung von Bildungs- und Sozialpolitik. In: Soziale Welt, Jg. 50, H. 1, 35–50.
Andreß, Hans-Jürgen/Lipsmeier, Gero (1995): Was gehört zum notwendigen Lebensstandard und wer kann ihn sich leisten? Ein neues Konzept zur Armutsmessung. In: Aus Politik und Zeitgeschichte, B. 31–32, 35–49.
Angel, Stefan (2012): Der Zusammenhang von sozialer Klassenzugehörigkeit und dauerhaften Armutslagen in Österreich 1996 bis 2008. In: Kurswechsel, H. 3, 30–39.
Angel, Stefan/Kolland, Franz (2011): Armut und soziale Benachteiligung im Alter. In: Verwiebe, Roland (Hg.): Armut in Österreich. Wien: Braumüller, 185–208.
Bäcker, Gerhard/Naegele, Gerhard/Bispinck, Reinhard/Hofemann, Klaus/Neubauer, Jennifer (2008): Sozialpolitik und soziale Lage in Deutschland. Wiesbaden: Verlag für Sozialwissenschaften.
Barlösius, Eva (2001): Das gesellschaftliche Verhältnis der Armen. Überlegungen zu einer theoretischen Konzeption einer Soziologie der Armut. In: Dies./Ludwig-Mayerhofer, Wolfgang (Hg.): Die Armut der Gesellschaft. Opladen: Leske + Budrich, 69–94.
Becker, Jens/Gulyas, Jennifer (2012): Armut und Scham – Über die emotionale Verarbeitung sozialer Ungleichheit. In: Zeitschrift für Sozialreform, Jg. 58, H. 1, 83–99.

Becker, Irene/Hauser, Richard (Hg.) (1997): Einkommensverteilung und Armut. Deutschland auf dem Weg zur Vierfünftel-Gesellschaft? Frankfurt a. M.: Campus.
Blume, Kræn/Gustafsson, Björn/Pedersen, Peder J./Verner, Mette (2007): At the Lower End of the Table. Determinants of Poverty among Immigrants to Denmark and Sweden. In: Journal of Ethnic and Migration Studies, Vol. 33 (3), 373–396.
Boeckh, Jürgen/Huster, Ernst-Ulrich/Benz, Benjamin (2006): Sozialpolitik in Deutschland. Eine systematische Einführung. Wiesbaden: Verlag für Sozialwissenschaften.
Böhnke, Petra/Delhey, Jan (2001): Lebensstandard und Einkommensarmut. Plädoyer für eine erweiterte Armutsforschung. In: Barlösius, Eva/Ludwig-Mayerhofer, Wolfgang (Hg.): Die Armut der Gesellschaft. Opladen: Leske + Budrich, 315–335.
Bonoli, Giuliano (1997): Classifying Welfare States. A Two-dimension Approach. In: Journal of Social Policy, Vol. 26 (3), 351–372.
Bourdieu, Pierre/Balazs, Gabrielle/Beaud, Stéphane/Broccolichi, Sylvain/Christin, Rosine/Lenoir, Remi/OEuvrard, Francoise/Pialoux, Michel/Sayad, Abdelmalek/Schultheis, Franz/Soulié, Charles (1997): Das Elend der Welt. Zeugnisse und Diagnosen alltäglichen Leidens an der Gesellschaft. Konstanz: UVK.
Dietz, Berthold (1997): Soziologie der Armut. Frankfurt a. M.: Campus.
Dimmel, Nikolaus/Heitzmann, Karin/Schenk, Martin (Hg.) (2009): Handbuch Armut in Österreich. Wien: Studienverlag.
Dörre, Klaus (2015): Unterklassen. Plädoyer für eine analytische Verwendung eines zwiespältigen Begriffs. In: Aus Politik und Zeitgeschichte, H. 10, 3–10.
Esping-Andersen, Gøsta (1990): The Three Worlds of Welfare Capitalism. Cambridge: Polity.
European Commission (1984): European Council Decision 85/8/EEC. Council Decision of 19 December 1984 on specific Community action to combat poverty. Brussels.
Ferrera, Maurizio (1996): The ‚Southern Model' of Welfare in Social Europe. In: Journal of European Social Policy, Vol. 6 (1), 17–37.
Globisch, Claudia/Madlung, Fabian (2017): Aktivierende Sozialpolitik zwischen Systemimperativ und Eigensinn: Eine Untersuchung der Effekte und Aneignungen der Bedarfsorientierten Mindestsicherung in Österreich. In: Österreichische Zeitschrift für Soziologie, Jg. 42, H. 4, 321–343.
Hauser, Richard/Cremer-Schäfer, Helga/Nouvertne, Udo (1986): Armut, Niedrigeinkommen und Unterversorgung in der Bundesrepublik Deutschland. Frankfurt a. M.: Campus.
Heitzmann, Karin (2007): Austria. Tackling Child Poverty and Promoting the Social Inclusion of Children. Wien: WU Wien.
Heitzmann, Karin/Schmidt, Angelika (2001): Frauenarmut. Hintergründe, Facetten, Perspektiven. Frankfurt a. M.: Peter Lang.
Kessl, Fabian (2005): Das wahre Elend? Zur Rede von der „neuen Unterschicht". In: Widersprüche, Jg. 25, H. 98, 29–44.
Klussmann, Kim (2015): Das Verdecken des Schamgefühls. In: Catterfeld, Philipp/Knecht, Alban (Hg.): Flaschensammeln. Überleben in der Stadt. Konstanz/München: UVK, 109–113.
Knapp, Gerald/Pichler, Heinz (Hg.) (2008): Armut, Gesellschaft und Soziale Arbeit. Perspektiven gegen Armut und soziale Ausgrenzung in Österreich. Klagenfurt: Hermagoras.
Lohmann, Henning (2007): Armut von Erwerbstätigen in europäischen Wohlfahrtsstaaten. Niedriglöhne, staatliche Transfers und die Rolle der Familie. Wiesbaden: Verlag für Sozialwissenschaften.

Mack, Joanna/Lansley, Stewart (1985): Poor Britain. Crows Nest: Allen & Unwin.
Marchart, Oliver (Hg.) (2013): Facetten der Prekarisierungsgesellschaft. Prekäre Verhältnisse. Sozialwissenschaftliche Perspektiven auf die Prekarisierung von Arbeit und Leben. Bielefeld: transcript.
Marx, Karl (1869): Der 18. Brumaire des Louis Bonaparte. Hamburg: Meißner.
Mc Kernan, Signe-Mary/Ratcliffe, Caroline (2005): Events that Trigger Poverty Entries and Exits. In: Social Science Quarterly, Vol. 86 (1), 1146–1169.
Nolan, Brian/Whelan, Christopher T. (1996): Resources, Deprivation, and Poverty. Oxford: Clarendon.
Pernicka, Susanne (2014): Rezension: Berndt Keller, Hartmut Seifert (2013): Atypische Beschäftigung zwischen Prekarität und Normalität. Entwicklung, Strukturen und Bestimmungsgründe im Überblick. In: Österreichische Zeitschrift für Soziologie, Jg. 39 (2), 171–173.
Reinprecht, Christoph (2006): Nach der Gastarbeit. Prekäres Altern in der Einwanderungsgesellschaft. Wien: Braumüller.
Riederer, Bernhard/Wolfsbauer, Andreas (2011): Ausstiege aus Armut in Österreich. In: Verwiebe, Roland (Hg.): Armut in Österreich. Wien: Braumüller, 251–270.
Rowntree, Benjamin Seebohm (1901): Poverty. A Study of Town Life. London: Taylor & Francis Group.
Schiek, Daniela (2017): Armutsgenerationen: Das familiengeschichtliche Gespräch als methodologischer Zugang zur Transmission von Armut. In: Forum Qualitative Sozialforschung FQS, Jg. 18, H. 3.
Schneider, Ulrich (2015) (Hg.): Kampf um die Armut. Von echten Nöten und neoliberalen Mythen. Frankfurt a. M.: Westend.
Schratzenstaller, Margit (2015): Familienpolitische Leistungen in Österreich im Überblick. In: WIFO Monatsberichte, Jg. 88, H. 3, 185–194.
Simmel, Georg (1992 [1908]): Der Arme. In: Ders. (Hg.): Soziologie. Untersuchungen über die Formen der Vergesellschaftung, Bd. II, Frankfurt a. M.: Suhrkamp, 345–374.
Solga, Heike/Powell, Justin (2006): Gebildet – Ungebildet. In: Lessenich, Stefan/Nullmeier, Frank (Hg.): Deutschland – Eine gespaltene Gesellschaft. Frankfurt a. M.: Campus, 175–190.
Statistik Austria (2019): Armutsgefährdung und soziale Ausgrenzung. Wien: Statistik Austria.
Till-Tenschert, Ursula/Vana, Irina (Hg.) (2009): In Armut aufwachsen. Empirische Befunde zu Armutslagen von Kindern und Jugendlichen in Österreich. Wien: Institut für Soziologie.
Tocqueville, Alexis de (2007 [1885]): Das Elend der Armut: Über den Pauperismus. Berlin: Avinus.
Townsend, Peter (1979): Poverty in the United Kingdom. A Survey of Household Resources and Standards of Living. Harmondsworth: Penguin Books.
Townsend, Peter (1985): A Sociological Approach to the Measurement of Poverty. In: Economic Papers, Vol. 37 (4), 659–668.
Troger, Tobias/Anibas, Gisela (2011): Aufwachsen in deprivierten Lebenslagen. Struktur- und Trendanalysen zu den Determinanten von Armut bei Familien mit Kindern. In: Verwiebe, Roland (Hg.): Armut in Österreich. Bestandsaufnahme, Trends, Risikogruppen. Wien: Braumüller, 104–124.
Vandecasteele, Leen (2010): Life Course Risks or Cumulative Disadvantage? The Structuring Effect of Social Stratification Determinants and Life Course Events on Poverty Transitions in Europe. In: European Sociological Review, Vol. 27 (2), 246–263.
Verwiebe, Roland (Hg.) (2011): Armut in Österreich. Wien: Braumüller.

Verwiebe, Roland/Fritsch, Nina-Sophie (2011): Working Poor. Trotz Einkommen kein Auskommen. Trend- und Strukturanalysen für Österreich im europäischen Kontext. In: SWS-Rundschau, Jg. 51, H. 1, 5–23.

Wiesböck, Laura (2011): Migration – Exklusion – Armut. Trend- und Strukturanalysen zur Ausgrenzung von MigrantInnen in Österreich. In: Verwiebe, Roland (Hg.): Armut in Österreich. Wien: Braumüller, 209–231.

Wiesböck, Laura (2018): In besserer Gesellschaft. Der selbstgerechte Blick auf die Anderen. Wien: Kremayr/Scheriau.

Zartler, Ulrike/Beham, Martina/Kromer, Ingrid/Leitgöb, Heinz/Weber, Christoph/Friedl, Petra (2011): Alleinerziehende in Österreich. Lebensbedingungen und Armutsrisiken. Wien: BMASK.

c. Ausgewählte Fachzeitschriften

European Journal for Social Policy
Journal of Children & Poverty
Journal of Poverty
Journal of Poverty and Social Justice
Social Indicators Research

Bild- und Filmwelten

Roswitha Breckner und Eva Flicker

1 Einleitung

Wir leben zunehmend in einer visuellen Kultur mit Bild- und Filmwelten in vielfältigen Formen und Bedeutungen. Als visuelle Dimension sozialer Praktiken und gesellschaftlicher Verhältnisse sind sie Gegenstand der *Visuellen Soziologie*, deren Forschungsgegenstand bewegte und unbewegte Bilder unterschiedlichster Art umfasst. Sie werden hier alle als *Bild* bzw. *Bilder* bezeichnet. Bilder spielen als Zeichnungen, Plakate, Grafiken, Fotos, Filme, Videos etc. in vielen gesellschaftlichen Bereichen (wie etwa in der Werbung, Populärkultur, Kunst, Medizin, Wissenschaft, Wirtschaft und Politik) ebenso eine wichtige Rolle wie in unseren alltäglichen sozialen Beziehungen durch eine Vielzahl von privaten (Familien-)Bildern und nicht zuletzt durch die zunehmende visuelle Kommunikation in Social Media. Wiederkehrend sind etwa folgende Fragen: Wie sind gesellschaftliche Verhältnisse und Veränderungen in Bildern eingeschrieben? Wie werden Macht, Armut, Migration, Flucht, Ethnizität oder Fremdheit in Bildern dargestellt und wie werden damit gesellschaftliche Vorstellungen zu diesen Themen wesentlich mitbestimmt? Wie wird Geschlecht bildlich dargestellt und dadurch auch erst erzeugt? Wie entstehen Lebens- und Familiengeschichten durch Fotoalben, *Home Videos* und insbesondere durch das Bildhandeln in Social Media? Welche Anwendung finden Bilder in Politik, Krisenzeiten oder gar im Krieg? Um solchen Fragen nachgehen zu können, sind theoretische und methodologisch-methodische Konzepte entstanden, die an medientheoretische und bildwissenschaftliche Grundlagen anschließen und diese aus soziologischer Perspektive weiterentwickeln.

Aufgrund ihrer generellen Frage nach der visuellen Dimension von Gesellschaft, Kultur und sozialem Leben, ihrer Themen-, Theorie- und Methodenvielfalt, ist die Visuelle Soziologie eher eine *allgemeine Soziologie* als eine *spezielle Soziologie*. Sie zeichnet sich dadurch aus, dass in ihrem Rahmen Konzepte und methodische Instrumente entwickelt wurden und werden, mit denen jene sozialen und gesellschaftlichen Phänomene untersucht werden können, welche durch Bilder entstehen und in nahezu allen gesellschaftlichen Bereichen vorkommen.

Dabei werden soziologische Fragestellungen und Perspektiven mit Wissensbeständen aus anderen Disziplinen, vor allem den Medien-, Film- und Kommunikationswissenschaften sowie den Bild-, Kunst- und Kulturwissenschaften, verknüpft.

Die soziologische Perspektive zeichnet sich dadurch aus, dass sie vor allem aktuelle Entwicklungen und Problemstellungen der Gegenwartsgesellschaft vor dem Hintergrund ihrer historischen Entstehung in den Blick nimmt.

2 Historische Entwicklung der Visuellen Soziologie

Es ist vielleicht kein Zufall, dass die Soziologie und die Fotografie beinahe gleichzeitig etwa Mitte des 19. Jahrhunderts mit dem Versprechen entstanden sind, Wirklichkeit abbilden und damit auch untersuchen zu können. Die Entwicklung von Bewegtbildern und später dem Film wurde davon angetrieben, auch Bewegung und Handlungen einfangen zu können. Die Soziologie selbst beschäftigte sich jedoch erst im 20. Jahrhundert mit diesen damals noch sehr neuen Medien. Die Frage, inwiefern soziale Wirklichkeit durch Bilder, und vor allem durch Fotografien oder Filme, die das Leben einer Gemeinschaft dokumentieren, einfach abgebildet werden kann oder aber ob Bewegtbilder und Fotografien die sie zeigenden Wirklichkeiten nicht auch wesentlich mitgestalten, begleitet die Visuelle Soziologie seit ihren Anfängen.

Abbildung 1: August Sander: Jungbauern (Young Farmers), 1914 (printed 1996)

Einen gesellschaftlichen Blick mittels Fotografie begann etwa der Fotograf August Sander in den 1910er Jahren zu entwickeln. Er fertigte Porträts verschiedener Berufsgruppen und Gesellschaftsschichten an und stellte seine fotografische Charakterisierung sozialer Typen erstmals 1927 unter dem Titel *Menschen des 20. Jahrhunderts* im Kölnischen Kunstverein aus. Auch mit den nachfolgenden Publikationen ließ er so ein Bild einer sozial gegliederten Gesellschaft entstehen (Sander 1980).

Mitte der 1920er Jahre entwickelte der Österreichische Nationalökonom und einer der Pioniere der Soziologie in Österreich Otto Neurath seine *Wiener Methode der Bildstatistik* und das visuelle Konzept der *Isotope* (Hartmann/Bauer 2006). Mit dieser Methode wurden statistisch erfassbare gesellschaftliche Verhältnisse für die Volksbildung anschaulich gemacht. Diese Zugänge werden heute in der Visualisierung von wissenschaftlichen Ergebnissen wiederentdeckt und weiterentwickelt.

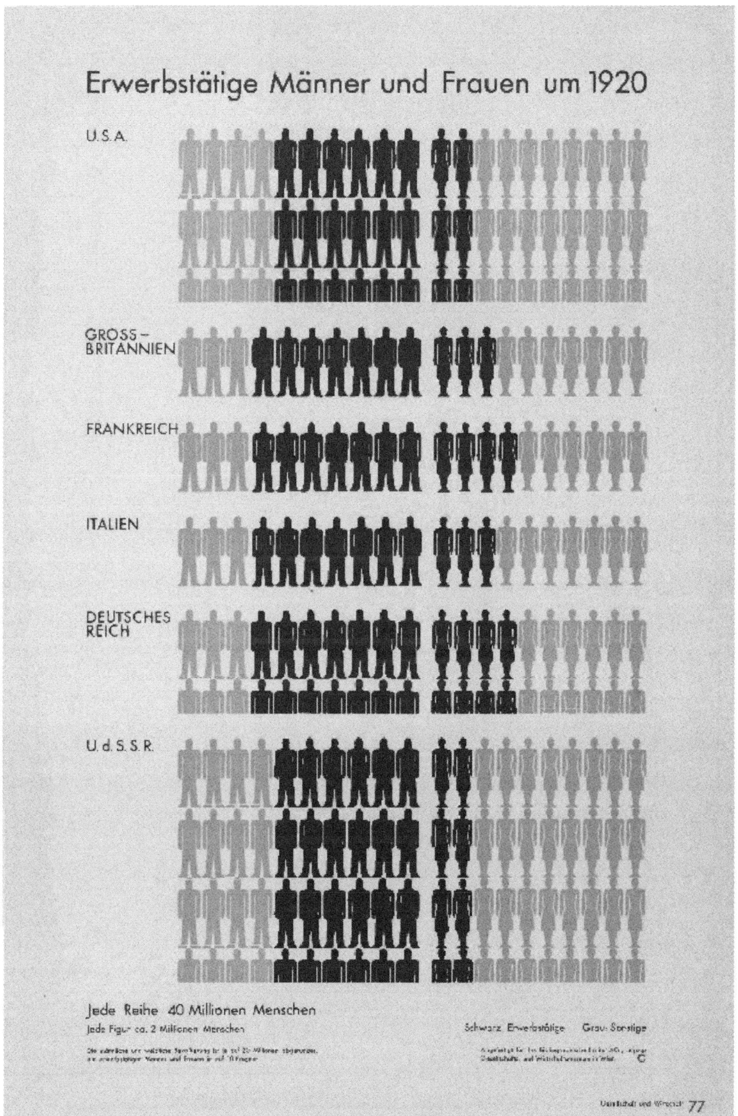

Abbildung 2: Erwerbstätige Männer und Frauen um 1920

Weitere wichtige Anfänge vor allem im englischsprachigen Raum bildeten die Sozialreportagen der 1930er und 1940er Jahre in den USA, die Lebenssituationen von verarmten Farmer*innen und Migrant*innen dokumentierten.[1]

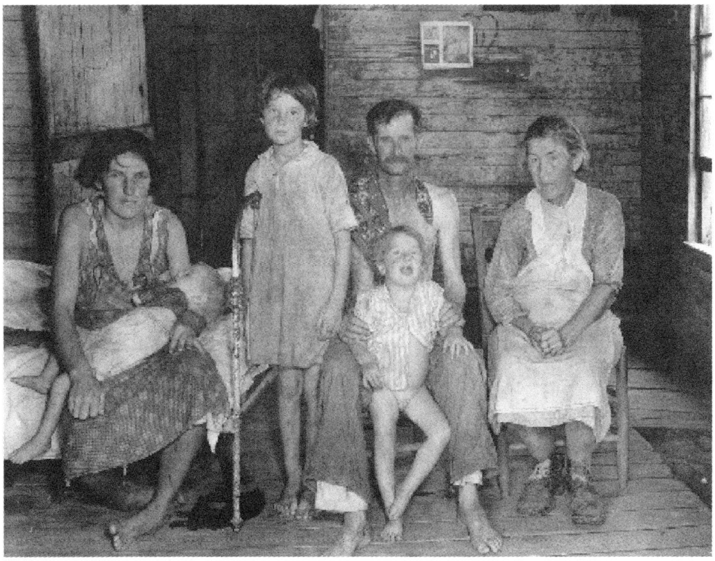

Abbildung 3: Bud Fields and His Family, Hale County, Alabama

Abbildung 4: Florence Owens Thompson, known as „Migrant Mother"

1 https://digitalcollections.nypl.org/collections/farm-security-administration-photographs#/?tab=navigation [30.06.2020].

Was die Anfänge des Films betrifft, erschien bereits 1914 die Dissertation von Emilie Altenloh *Zur Soziologie des Kinos* als eine Untersuchung zu frühen Produktions- und Rezeptionsweisen von Kinofilmen, damals freilich noch Stummfilmen. Siegfried Kracauer beschäftigte sich im Deutschland der 1920er/1930er Jahre mit dem Phänomen Film; in *Von Caligari zu Hitler, eine psychologische Studie zur frühen Geschichte des deutschen Kinos als kollektivem Phänomen* (Kracauer 1979 [1947]) beabsichtigte er, die mentalitätshistorische Verbreitung des Nationalsozialismus zu rekonstruieren, indem er die gesellschaftspolitische Dimension populärer Filmmotive im fiktionalen wie auch dokumentarischen Film herausarbeitete, die herrschende Massenbedürfnisse befriedigen.
In seiner *Soziologie des Films* analysierte Dieter Prokop (1970) die Oligopol- und Monopol-Strukturen Hollywoods aus kapitalismuskritischer Perspektive. Zur selben Zeit publizierte Martin Osterland *Gesellschaftsbilder in Filmen* (1970) zu Filmen in Deutschland zwischen 1949 und 1964 und beleuchtete, wie Film und Kino im Nachkriegsdeutschland zu einem ideologieunterlegten Zerr- und Wunschbild von Gesellschaft beitrugen.
In kritischer Auseinandersetzung wiederum mit der Fotografie als dem „Medium des Realen" war es Howard S. Becker in den 1970er und 1980er Jahren, der in Verbindung mit kunstsoziologischen Überlegungen gezeigt hat, dass auch die Dokumentarfotografie von ästhetischen Prinzipien, also vom Blickwinkel der Fotografin bzw. des Fotografen, ihrer bzw. seiner Entfernung zu den abgelichteten Szenen, vom Bildausschnitt sowie von der Anordnung von Gegenständen und Menschen, die eigens für die Fotografie inszeniert werden, und nicht zuletzt von der Körnung und farblichen oder schwarz-weiß-Gestaltung der Abzüge, bestimmt ist und nicht unhinterfragt als „Kopie" der Realität verstanden werden kann (Becker 1974; 1986). Ebenfalls in den 1970er und 1980er Jahren entstand eine breitere Bewegung, die sich unter dem Namen *Visual Sociology* an den Universitäten in den USA zu institutionalisieren begann (Grady 1996). Fotografien wurden als Impulse zur Wissensgenerierung in Interviews wiederentdeckt und es wurden Methoden entwickelt, wie die Beforschten aktiv durch eigenes Fotografieren in den Forschungsprozess einbezogen werden können. In Verbindung mit den *Cultural Studies* und dem Bereich der *Visual Culture* wurden nachfolgend zahlreiche Ansätze und Veröffentlichungen publiziert (exemplarisch Mirzoeff 1998; Evans/Hall 1999; Winter 1995).
Diese Phase der Weiterentwicklung der *Visual Studies* ging einher mit dem sogenannten *Visual Turn* oder *Pictorial Turn* in der Philosophie und in den Kultur- und Bildwissenschaften. In diesem Zusammenhang wurden die Rolle und auch die Macht von Bildern in der Entwicklung moderner Gesellschaften grundlegend un-

tersucht. Theoretische Konzepte etwa zur Frage, welche spezifischen Wirkungen Bilder, Fotografien und Filme entwickeln können, wurden aufgegriffen und erneut diskutiert (Benjamin 1977 [1931]; Kracauer 1979 [1947]; Barthes 1989 [1964]). Die Studien folgten der allgemeinen Frage, wie Bilder Sinn erzeugen (Mitchell 1990; Boehm 1994) und wie sie ihre Macht entfalten (Bredekamp 2010). In diesem Zusammenhang wurden auch die in der Soziologie noch sehr verstreuten theoretischen Überlegungen und Konzepte zur Bedeutung der Visualität für eine neue Grundlegung der Visuellen Soziologie herangezogen: beispielsweise wie wichtig das Sich-gegenseitig-Sehen in der sozialen Interaktion ist (Goffman 1979), welche Rolle dabei das Gesicht mit seinen Ausdrucksgestalten für die wechselseitige Wahrnehmung spielt (Simmel 1995 [1901]), aber auch die Sichtbarkeit als Instrument der Überwachung in modernen Gesellschaften (Foucault 1977), ein heute hochaktuelles Thema.

3 Theoretische Konzeptionen, zentrale Themen und klassische Studien der Visuellen Soziologie

In die Studien zur Visuellen Soziologie gehen eine Vielzahl von Theorien und Methoden ein. Die nachfolgend skizzierten theoretischen und methodischen Konzeptionen stellen eine Auswahl aus jenen Ansätzen dar, die in der Visuellen Soziologie in Wien (derzeit) zur Anwendung kommen.

3.1 Theoretische und methodische Zugänge

Generell lässt sich sagen, dass Visuelle Soziologie vor allem an Interaktionstheorien (Goffman 1969), an kultur- und wissenssoziologischen Theorien (Berger/Luckmann 1969; Mannheim 2004), Theorien sozialer Ungleichheit und Feministischen Theorien (Carson/Pajaczkowska 2000; Sturken/Cartwright 2009) sowie an Machttheorien (Foucault 1977) anknüpft.
Die wesentlichen Impulse der Visuellen Soziologie gehen jedoch von ihren vielfältigen methodischen Entwicklungen aus, die im Folgenden über zwei zentrale Stränge kurz dargestellt werden.

Forschen zu vorhandenen Bildern
Zum einen kann man mit bereits vorhandenen Bildern und Filmen forschen. Dabei geht es darum, entlang eines Forschungsinteresses bzw. einer Fragestellung eine Sammlung bzw. einen Korpus als Materialgrundlage zusammenzustellen. Diese

wird dann wiederum mit Auswertungsmethoden bearbeitet, welche auf das Forschungsinteresse und die Fragestellung abgestimmt sind und auch die spezifische mediale Gestalt von Fotografien und Filmen berücksichtigen. Wenn man etwa wissen möchte, was in einem (Spiel-)Film wie dargestellt und erzählt wird, muss man auf die Charakterisierung der Figuren, den Aufbau der Narration, auf Dialoge, Filmästhetiken, Bildmontagen und symbolische Verweise achten (Eder 2008). Zusammenhänge mehrerer Filme beispielsweise einer Epoche, eines Genres oder anderer Merkmale lassen sich über spezifische inhaltsanalytische Verfahren untersuchen, beispielsweise über *Soziologisches Filmlesen* (Flicker/Zehenthofer 2018).

Abbildung 5: Screenshots zu Repräsentationen von Armut, sozialer Ungleichheit und Geschlecht im Österreichischen Kino-Spielfilm

Arbeitet man hingegen mit fixierten Einzelbildern oder Bildsammlungen und möchte man wissen, welche Sinnbezüge und direkte wie indirekte Bedeutungen durch sie erzeugt werden, muss man die Darstellung von Personen, ihre Gesten, Konstellationen und angedeuteten Handlungen, die Perspektive, aus der etwas dargestellt ist, Größenverhältnisse, Farben und vor allem die Komposition aller Elemente auf der Bildfläche untersuchen (Raab 2008; Breckner 2010).
Für bewegte und unbewegte Bilder sind recht unterschiedliche Methoden entstanden; diese können auch, je nach Forschungsfokus, kombiniert werden.

Erzeugung von Bildern im Forschungsprozess
Ein anderer Weg wird ebenfalls häufig eingeschlagen, nämlich Fotos oder Filme im Forschungsprozess erst zu erzeugen. Dies kann durch die Beforschten selbst geschehen, wie etwa in der *partizipativen Fotobefragung* (Kolb 2008), bei der es darum geht, die Sichtweisen der Beforschten zu bestimmten Themen buchstäblich zu sehen und in gemeinsamer Reflexion zu untersuchen.
Der *soziologische Film* (Miko 2013) greift Prinzipien des ethnografischen Films aus der Kultur- und Sozialanthropologie auf. In der Weiterentwicklung basiert er auf filmisch festgehaltenen Beobachtungen, die soziale Situationen und Verhältnis-

se mithilfe soziologischen Wissens und Blicks herausarbeiten und in verdichteter, montierter Form bildlich als Film präsentieren.

Je nach Thema und Forschungsinteresse werden in der Visuellen Soziologie auch Konzepte und Methoden aus den Medien-, Film- und Bildwissenschaften herangezogen.

3.2 Zentrale Themen und Fragestellungen

Die generelle Fragestellung der Visuellen Soziologie, wie Gesellschaft und soziales Leben neben anderen Symbolisierungsformen auch visuell durch eine Vielfalt von bewegten und unbewegten Bildern und bildlichen Vorstellungen geformt werden, wird – wie oben bereits angedeutet – in verschiedenen gesellschaftlichen Bereichen verfolgt. Vier Perspektiven werden hier vorgestellt.

Soziale Differenzierung und Ungleichheit in Bildern

Abbildung 6: Intrafamiliäres Beziehungssystem

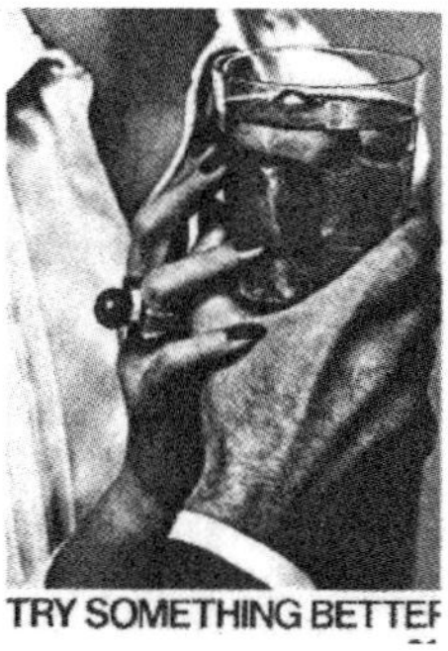

Abbildung 7: Weibliche Berührung

Abbildung 8: Rituale der Unterordnung

Wie Geschlecht in Bildern hergestellt wird, ist eine Frage, die bereits Erving Goffman und viele nach ihm intensiv untersucht haben. Geschlecht wird in Bildern von Frauen und Männern so dargestellt, dass sie nicht nur als zwei verschiedene Geschlechter erscheinen, sondern diese auch in einem hierarchisch angeordneten Verhältnis zueinander stehen. So nehmen Männer in Fotos in der Regel mehr Raum ein als Frauen, sind im Bild höher positioniert, haben den „festeren Stand", während Frauen oft auf der gleichen Bildebene wie Kinder angeordnet sind, die Dinge eher berühren als ergreifen, und sie werden in einer instabileren Position, etwa auf einem Bein stehend oder gar liegend, präsentiert.

Auch andere soziale Gruppierungen wie etwa arme oder alte Menschen oder politische Kategorien wie „Migrant*innen", „Geflüchtete" oder „Fremde" erhalten in Bildern eine anschauliche Darstellung, die unsere Vorstellungen von ihnen, ihrer gesellschaftlichen Position sowie von unserem Verhältnis als Betrachter*innen zu ihnen stark mitbestimmen. So erhält die gesellschaftliche Gliederung in Bildern ihren Ausdruck und wird durch sie auch erst erzeugt, reproduziert und verfestigt.

Politik mit Bildern

Ein weiteres Feld, in dem Bilder eine zunehmend wichtige Rolle spielen, ist die Politik. Kein Wahlkampf ohne „Bilderschlacht", aber auch moderne Kriege finden inzwischen zunehmend über (Medien-)Bilder statt. So haben etwa die Anschläge auf das *World-Trade-Center* im September 2001 vor allem über die Live-TV-Übertragungen, die um die Welt gingen, ihren Schrecken vervielfacht und kollektive Erinnerungen gefestigt, ebenso wie der sogenannte Islamische Staat mit gefilmten Hinrichtungen grausam seine Macht demonstriert hat. Aber auch demokratische Staaten setzen Bilder bei der Kriegsführung ein, etwa indem Bombardierungen nur aus großer Höhe gezeigt werden, sodass das Leid, das dadurch auch und gerade für Zivilist*innen angerichtet wird, nicht sichtbar wird. Schließlich erzeugen und kontrollieren Regierungen Bilder von ihrem Kriegshandeln. Dies gelingt nicht 100%ig, nicht zuletzt, weil Bilder eine komplexe und auch widersprüchliche Botschaft enthalten, die dann – etwa durch *Memes* oder andere Bildkommentare – in der popularkulturellen Kommunikation aufgegriffen, ironisiert oder ad absurdum geführt wird. Dies ist zum Beispiel im Fall einer Fotografie aus dem US-amerikanischen Weißen Haus geschehen, welche 2011 im Zuge der Ermordung von Osama Bin Laden durch die USA entstand. Sie zeigt, wie die damalige US-Außenministerin Hillary Clinton als einzige Frau in einer Runde von Männern sich die Hand vor ihr Gesicht hält. Die Bedeutung dieser Geste führte medial weltweit zu zahlreichen politischen Debatten und Interpretationen bis hin zu eigens dem Bild gewidmeten wissenschaftlichen Publikationen (Kauppert/Leser 2014; Przyborski/Haller 2014).

Bilder im vernetzten Lebensalltag

Nicht nur Regierungen, Politiker*innen und Aktivist*innen stellen sich selbst und ihre Anliegen über Bilder dar, sondern auch wir als Alltagsmenschen erzeugen eine Menge an Bildern, Filmen und Videos, mit denen wir uns anderen gegenüber präsentieren. Dies geschah seit dem 19. Jahrhundert vor allem in Porträtfotografien, welche untereinander ausgetauscht wurden, dann seit der Erfindung der kleinen und erschwinglichen Foto- und Videokameras zunehmend in privaten Fotoalben und Videovorführungen, und seit der Etablierung der Social Media nun vorwiegend auch dort. In diesen Zusammenhängen wird der Frage nachgegangen, welche Vorstellungen von uns selbst und anderen über diese „privaten“ Bilder erzeugt werden und wie ganze Familien- und Lebensgeschichten entstehen, indem verschiedenste Ereignisse, Lebensphasen, Stationen und Lebensbereiche durch Bildhandeln begleitet und gestaltet werden. Interessant ist es auch zu beobachten, wie sich Muster der Selbstdarstellung in unterschiedlichen Medien (Porträtbild, Fotoalbum, *Facebook, Instagram, Snapchat, WhatsApp, TikTok* etc.) unterscheiden. Indem sie festgehalten und archiviert werden, erzeugen diese Bilder über die eigene Lebensgeschichte hinweg einen bildlichen Zusammenhang. Durch die Weitergabe an nachfolgende bzw. das Vorfinden von Bildern von vorhergehenden Generationen entsteht auch ein sozialer Zusammenhang über längere generationelle und historische Zeiträume hinweg (Breckner 2018).

Produktion von Bildwissen und Weltbildern

Bilder erzeugen Vorstellungen und Wissen über Menschen, Kulturen, soziale Beziehungen, Machtverhältnisse, Sachverhalte und die Welt. So tragen beispielsweise sowohl fiktionale als auch non-fiktionale Filmbilder wesentlich zu unseren Vorstellungen bei, die wir von menschlichen Beziehungen und gesellschaftlichen Feldern haben, und erzeugen über die Unmittelbarkeit visueller Kommunikation auch emotionale Gestimmtheiten zum Gesehenen.

So führt beispielsweise die *Polysemie* des Films, d.h. die vielfachen und mehrdeutig dekodierbaren Sinneinschreibungen, dazu, dass die Botschaft eines Films trotz gesellschaftlich kollektivierter Blickkulturen letztlich erst im Rezeptions- und Aneignungsprozess der Zuschauerin bzw. des Zuschauers entsteht (Hall 1980; Winter 1995).

Ein weiteres wichtiges Themenfeld, in dem die Bildproduktion und -wahrnehmung eine zentrale Rolle spielt, ist die Wissenschaft selbst. Wie erwähnt, hat bereits Otto Neurath vor rund 100 Jahren statistische Zusammenhänge bildanschaulich gemacht und die Frage verfolgt, wie abstrakte wissenschaftliche Erkenntnisse visuell dargestellt werden können, so dass sie von vielen Menschen auf Anhieb verstanden werden. Bilder sind mithin ein wesentlicher Teil der Wissensproduktion, die dann auch in einer breiteren Öffentlichkeit etwa durch die Presse verbreitet wird. Denn die Art und Weise, wie wir Wissen bildlich gestalten, beeinflusst unser Denken (Schnettler et al. 2010). Auch in der Medizin sind bildgebende Verfahren nicht mehr wegzudenken und es bedarf spezifischer Kenntnisse, um verstehen zu können, was auf schwarz/weiß-Bildern oder den zum Teil sehr bunten Darstellungen tatsächlich zu sehen ist (Burri 2008). Und nicht zuletzt zeigen sogenannte Ikonen aus der Wissenschaftswelt, wie etwa die ersten und anschließend bearbeiteten Fotografien der Erde aus dem Weltraum, wie unser globales Weltbild buchstäblich über Bilder entsteht und zum Teil neu geformt wird (Hoggenmüller 2016).

3.3 Klassische Studien als Beispiele

Im Folgenden werden anhand dreier für die *Visuelle Soziologie* klassischer Studien ihre spezifischen theoretischen und/oder methodischen Zugänge erläutert.

Pierre Bourdieu – Die sozialen Gebrauchsweisen der Fotografie
In der von der Firma *Kodak* beauftragten und 1965 in Frankreich erschienenen Studie zum Gebrauch und zur sozialen Funktion der Fotografie wollten Pierre Bourdieu und seine Forschungsgruppe wissen, welche Altersgruppen und sozialen Milieus Kameras besitzen und wie sie im Alltag zu welchen Gelegenheiten mit welchen typischen Motiven fotografieren. Sie gingen von der These aus, dass der Zugang zur Hochkultur und Kunst nur privilegierten Schichten vorbehalten ist, die Fotografie aber die Kunst der „kleinen Leute" sei. Vor allem durch Familienfotografien stellen sich Gruppen mit ihren kollektiven Regeln, an denen sie sich orientieren, dar. Sie machen ihren sozialen Zusammenhalt nicht nur sichtbar, sondern erzeugen diesen dadurch auch immer wieder neu. „Das Photo selbst ist in den allermeisten Fällen nichts anderes als eine Reproduktion des Bildes, das der Gruppe von ihrer Integration" (Bourdieu et al. 1983: 39). Zwischen 1961 und 1964 untersuchten die Forscher diese „illegitime Kunst" bei Bäuer*innen, Arbeiter*innen, Handwerker*innen, Beamt*innen und Freiberuflichen mittels statistischer Erhebungen, Fragebogen und Befragungen dazu, welche Bedeutung die Fotografie für die betreffenden Personen und Gruppen hat. Auch die Werbefotografie und der Stand der Berufsfotografen wurden unter die Lupe genommen. Die Forschungsgruppe fand heraus, dass ein Großteil der Fotos bei herausragenden Ereignissen wie Festen, Statusübergängen, Urlauben oder Freundestreffen entstehen und dass Fotografieren in der Familie einen besonderen Stellenwert einnimmt, insofern, als umso mehr fotografiert wird, je größer der Zusammenhalt ist. Alleinstehende Personen fotografierten weit weniger. Damit konnten sie zeigen, dass Fotografieren in bestimmten Milieus ein wesentlicher Bestandteil der Aktivitäten ist, durch die Gruppen entstehen und ihren Zusammenhalt aufrechterhalten.

Erving Goffman – Geschlecht und Werbung

Einen anderen Zugang zur Erklärung des Zusammenhangs zwischen unserem sozialen Leben und Bildern, spezifischer noch Fotografien, hat Erving Goffman in den 1970er Jahren in seinen Arbeiten gewählt. Er hat gezeigt, wie wir uns in ritualisierten und zeremoniellen Begegnungen wechselseitig zu verstehen geben, wie wir die Situation verstehen, wie wir uns dem/den anderen gegenüber darstellen und welche ausgesprochenen und unausgesprochenen Absichten wir mit unserem Handeln verfolgen. Unser soziales Profil erkennen wir wechselseitig an unserer Kleidung sowie unseren typisierten körperlichen Ausdrucksformen wie Gesten, Blicken, Bewegungen sowie Konstellationen von Personen und Dingen. So erkennen wir eine Familie als Familie durch die Konstellation Eltern/Kind(er) oder ein Liebespaar durch die körperliche Nähe und Intimität ihrer Gesten. Diese sichtbaren Anhaltspunkte ermöglichen es, uns im Alltag sehr schnell zu orientieren und aufeinander bezogen zu handeln. Laut Goffman werden diese ritualisierten Situationen und Interaktionen auch in Bilder übertragen, allerdings in verdichteter Form. Szenen werden auf die Kamera hin so gestaltet, dass erkennbar wird, um welche soziale Situation es sich handelt. Diesen Vorgang nennt Goffman „Hyperritualisierung“, welche wiederum auf unser Verhalten in ritualisierten alltäglichen Situationen zurückwirkt.

Dieses Konzept hat Goffman in seiner umfangreichen Studie zu *Geschlecht und Werbung* (1975) in den 1970er Jahren herausgearbeitet, in der er mehr als 300 Werbeanzeigen gesammelt und auf die Darstellung der Geschlechter hin analysiert hat. Durch die Gruppierung des Materials nach Ähnlichkeiten und Unterschieden in Bezug auf Gesten, Posen und wie Personen körperlich zueinander positioniert sind, hat er typische Muster gefunden, wie etwa die Darstellung von Familienkonstellationen mit dem Mann als Oberhaupt, von sozialer Rangordnung durch Größenunterschiede, von Ritualen der Unterordnung durch Verbeugung – um nur einige Beispiele zu nennen. Das Auffinden von Mustern durch vergleichende Bildzusammenstellungen kennzeichnet seine Methode, die in der *Figurativen Hermeneutik* und *Bildclusteranalyse* von Michael R. Müller (2012; 2016) weiterentwickelt worden ist.

Laura Mulvey – Schaulust und der männliche Blick in Film und Kino

Ebenfalls in den 1970er Jahren machte sich die britische Filmtheoretikerin Laura Mulvey eine psychoanalytische Perspektive auf Film zu eigen (unter Bezug auf Begriffe und Konzeptionen von Sigmund Freud und Jacques Lacan). Laura Mulveys Text *Visual pleasure and narrative cinema* aus dem Jahr 1975 (dt. Neuübersetzung 2016) fußt auf der Analyse zahlreicher Filmkassenschlager der 1930er bis 1950er

Jahre und war prägend für eine feministische Kritik am Hollywood-Mainstream-Kino und den darin eingeschriebenen patriarchalen Strukturen und stereotypen Geschlechterbildern. Mulvey nimmt die gesellschaftlichen Verhältnisse in den Blick; ihre analytischen Schwerpunkte sind das Repräsentationssystem Kino, das Unbewusste im Film, das u. a. von einer herrschenden Geschlechterordnung geprägt ist, geschlechterkodierte Sehweisen, die kollektive Lust am Schauen *(Skopophilie)* sowie der Voyeurismus, der durch den hell-dunkel-Kontrast von Kinosaal und Leinwand verstärkt wird (Mulvey 2016: 47). Über den Blick der Kamera, die Blicke der Filmcharaktere zu- und aufeinander und den Blick der Zuschauer*innen werden weibliche Figuren zum Schauobjekt. Mulveys Erkenntnis ist, dass das weibliche Publikum über die mehrfachen Blickregime das Angesehenwerden verinnerlicht *(to be looked at)*. Mulveys Blick auf geschlechterspezifisches Sichzeigen und Gesehenwerden prägte die Feministische Filmwissenschaft als akademische Teildisziplin und zeigt bis heute sowohl im popularkulturellen professionellen als auch im privaten Filmschaffen auf Social Media Relevanz. Dennoch kontextualisierte und reformulierte Mulvey selbst ihre Theorie später mit dem Aufkommen von Video, DVD und Streaming-Plattformen. Durch das Aufbrechen alter monopolartiger Film- und Kinostrukturen wurden Sehkulturen, Geschlechterbilder und das Filmschaffen insgesamt für alle Publika erweitert. Auch entstanden fundierte Gegenentwürfe zu Mulveys Theorie (Klippel 2010): Mulveys altes Konzept schließe weibliche Subjektivität weiblicher Filmfiguren aus bzw. spräche sie diese Kompetenz dem weiblichen Publikum ab. Zuseherinnen würden als wenig mündige Rezipientinnen gesehen, als wären sie wehrlos dem Einfluss patriarchaler Stereotypen ausgeliefert. Insbesondere im *queer reading* werden oppositionelle Lesarten entwickelt.

4 Aktuelle Forschung in Österreich

In Österreich gibt es drei Forschungsstandorte, die sich intensiv mit den sozialen und gesellschaftlichen Bezügen von Bildern beschäftigen.
Im Forschungsschwerpunkt *Visuelle Kultur* der *Universität Klagenfurt* werden vor allem die Bedeutung von Bildern in der Öffentlichkeit sowie politische Ikonographien untersucht, während an der *Universität Linz* die künstlerische Forschung und ihre gesellschaftliche Bedeutung im Fokus stehen.
Visuelle Soziologie am *Institut für Soziologie* der *Universität Wien* zeichnet sich dadurch aus, dass auf theoretischer Basis verschiedene Methoden der Bild- und Filmanalyse (weiter)entwickelt worden sind. So etwa sind über viele Jahre hinweg im Themenbereich Soziale Differenzierung und Ungleichheit insbesondere zu Geschlecht

und Alte/r/n, zu Politikerinnen in den Medien, zu Wissenschaftlerinnen im Mainstream-Spielfilm, zur hegemonialen Position des dunklen Herrenanzugs Forschungsarbeiten entstanden. Bilder zu Migration und Flucht in öffentlichen Medien im Kontrast zur Selbstdarstellung durch Migrant*innen und Flüchtlinge selbst sind ein weiterer Untersuchungsgegenstand, welcher kontinuierlich verfolgt wird. Ein weiterer Forschungsschwerpunkt liegt im Bereich von Social Media, in welchem untersucht wird, wie die Selbstdarstellung auf verschiedenen Plattformen wie *Facebook* und *Instagram* mit jener in traditionellen Fotoalben und narrativ-biografischen Interviews verbunden ist bzw. sich davon unterscheidet.
Kooperationen im Forschungsschwerpunkt *Visual Studies in den Sozialwissenschaften* an der *Fakultät für Sozialwissenschaften* und mit der Forschungsplattform *GAIN – Gender: Ambivalent In_Visibilities* der *Universität Wien* ermöglichen interdisziplinäre Themen-, Theorien- und Methodenvielfalt.

5 Anwendungsbezug

Entsprechend der großen Bedeutung von Bildern in gesellschaftlichen Zusammenhängen, in denen sich zunehmend ein soziologischer Blick entwickelt, ist die *Visuelle Soziologie* ein thematisch und methodisch breites Forschungs- und Anwendungsfeld. Dies beruht auf der Tatsache, dass Bilder und Bildwelten als Darstellungs- und Kommunikationsmedium insbesondere durch die Verbreitung des Internets, die Entwicklung digitaler Bildtechniken mit Smartphones und ihren Kameras sowie der Visualisierung digitalisierter Arbeitsbereiche enorm an Bedeutung gewonnen haben. Die Institutionalisierung als soziologischer Schwerpunkt in der universitären Ausbildung in Europa hat jedoch erst begonnen. Das *Institut für Soziologie* der *Universität Wien* ist einer der wenigen Orte jenseits der USA und des UK, an denen *Visuelle Soziologie* im Masterstudium als Schwerpunkt studiert werden kann.
Zur kritischen Analyse gegenwärtiger gesellschaftlicher Entwicklung sind vor allem Erkenntnisse zum Zusammenhang von Bildern und sozialer Ungleichheit, der Rolle von Bildern in der Politik und in der Werbung unterschiedlicher Art, aber auch die Veränderungen des alltäglichen Bildgebrauchs durch die Entwicklungen insbesondere in Social Media relevant. *Visual literacy* und deren Vermittlung an Kinder und Jugendliche ist sowohl für private und zivilgesellschaftliche Kontexte als auch in Berufsfeldern zunehmend wichtiger, da politische, wirtschaftliche und non-profit-orientierte Botschaften als emotional kodierte Kommunikation auf vielfältige Weise visualisiert werden und kompetent dekodiert werden müssen.

6 Bildnachweis

Abb. 1: © Die Photographische Sammlung/SK Stiftung Kultur – August Sander Archiv, Köln / VG Bild-Kunst, Bonn / Bildrecht, Wien 2020
Fotografie © Tate, London (https://www.tate.org.uk/art/artworks/sander-young-farmers-al00014 [29.06.2020])

Abb. 2: Neurath 1930: 80, © Atlas Gesellschaft und Wirtschaft, Österreichisches Gesellschafts- und Wirtschaftsmuseum

Abb. 3: Fotografie von Walker Evans, 1936–37, aus: Agee, James/Evans, Walker (1941): Let Us Now Praise Famous Men. Boston: Houghton Mifflin Company, Cambridge: The Riverside Press (https://www.britannica.com/biography/Walker-Evans [29.06.2020])

Abb. 4: Fotografie von Dorothea Lange, Pea-Pickers Camp, Nipomo, California, 1936 (https://de.wikipedia.org/wiki/Dorothea_Lange#/media/Datei:Migrant_Mother_1936_3.jpg [30.06.2020]

Abb. 5: Collage/Eigenproduktion

Abb. 6, 7, 8: Goffman 1979: 37, 30, 42

7 Literatur

a. Einführungsliteratur

Elsaesser, Thomas/Hagener, Malte (2007): Filmtheorie zur Einführung. Hamburg: Junius.

Evans, Jessica/Hall, Stuart (Hg.) (1999): Visual Culture: The Reader. London: Sage.

Geimer, Alexander/Heinze, Carsten/Winter, Rainer (Hg.) (2019): Handbuch Filmsoziologie. Springer VS (online), Printversion voraussichtlich 2020.

Kearney, Mary Celeste (Ed.) (2012): The Gender and Media Reader. New York: Routledge.

Müller, Michael R./Soeffner, Hans-Georg (Hg.) (2018): Das Bild als soziologisches Problem. Herausforderungen einer Theorie visueller Sozialkommunikation. Weinheim/Basel: Beltz Juventa.

Raab, Jürgen (2008): Visuelle Wissenssoziologie. Theoretische Konzeption und materiale Analysen. Konstanz: UVK.

Rimmele, Marius/Stiegler, Bernd (2012): Visuelle Kulturen/Visual Culture zur Einführung. Hamburg: Junius.

b. Weitere zitierte Literatur

Barthes, Roland (1989 [1964]): Die helle Kammer. Bemerkung zur Photographie. Frankfurt a. M.: Suhrkamp.

Becker, Howard S. (1974): Photography and Sociology. In: Studies in the Anthropology of Visual Communication, Vol. 1 (1), 3–26.

Becker, Howard S. (1986): Do Photographs Tell the Truth? In: Doing Things Together. Evanston, Illinois: Northwestern University Press.

Benjamin, Walter (1977 [1931]): Kleine Geschichte der Photographie. In: Ders.: Das Kunstwerk im Zeichen der technischen Reproduzierbarkeit. Frankfurt a. M.: Suhrkamp, 46–64.

Berger, Peter/Luckmann, Thomas (1969): Die gesellschaftliche Konstruktion der Wirklichkeit. Frankfurt a. M.: Fischer.

Boehm, Gottfried (Hg.) (1994): Was ist ein Bild? München: Fink.

Bourdieu, Pierre/Boltanski, Luc/Castel, Robert/Chamboredon, Jean-Claude/Lagneau, Gérard/Schnapper, Dominique (1983): Eine illegitime Kunst. Die sozialen Gebrauchsweisen der Photographie. Frankfurt a. M.: Suhrkamp.

Breckner, Roswitha (2010): Sozialtheorie des Bildes. Zur interpretativen Analyse von Bildern und Fotografien. Bielefeld: transcript.

Breckner, Roswitha (2018): Das visuelle Feld der Biographie – neue Fragen und Zugänge. In: Lutz, Helma/Schiebel, Martina/Tuider, Elisabeth (Hg.): Handbuch Biographieforschung. Wiesbaden: Springer, 403–413.

Bredekamp, Horst (2010): Theorie des Bildakts. Frankfurter Adorno-Vorlesungen 2007. Frankfurt a. M.: Suhrkamp.

Burri, Regula Valérie (2008): Doing Images. Zur Praxis medizinischer Bilder. Bielefeld: transcript.

Carson, Fiona/Pajaczkowska, Claire (Hg.) (2000): Feminist Visual Culture. Edinburgh: Edinburgh University Press.

Eder, Jens (2008): Die Figur im Film: Grundlagen der Figurenanalyse. Marburg: Schüren.

Evans, Jessica/Hall, Stuart (Hg.) (1999): Visual Culture: The Reader. London: Sage.

Flicker, Eva/Zehenthofer, Irene (2011): Repräsentationen von Armut und sozialer Ausgrenzung im Österreichischen Film. In: Verwiebe, Roland (Hg.): Armut in Österreich. Bestandsaufnahme, Trends, Risikogruppen. Sociologica Band 15. Wien: Braumüller, 328–347.

Flicker, Eva/Zehenthofer, Irene (2012): Geschlechternarrationen im Kontext sozialer Ungleichheit. Soziologische Perspektiven auf den jüngeren österreichischen Kinospielfilm. In: Heinze, Carsten/Moebius, Stephan/Reicher, Dieter (Hg.): Perspektiven der Filmsoziologie. München: UVK, 220–244.

Flicker, Eva/Zehenthofer, Irene (2018): Soziologisches Filmlesen. In: Geimer, Alexander/Heinze, Carsten/Winter, Rainer (Hg.): Handbuch Filmsoziologie. Wiesbaden: Springer VS, 1–20.

Foucault, Michel (1977): Überwachen und Strafen. Die Geburt des Gefängnisses. Frankfurt a. M.: Suhrkamp.

Goffman, Erving (1969): Wir alle spielen Theater. Die Selbstdarstellung im Alltag. München: Piper.

Goffman, Erving (1979): Gender Advertisements. New York: Harper and Row Publishers.

Grady, John (1996): The Scope of Visual Sociology. In: Visual Sociology, Vol. 11 (2), 10–24.

Hall, Stuart (1980): Encoding/decoding. In: Hall, Stuart/Hobson, Dorothy/Lowe, Andrew/Willis, Paul (Eds.): Culture, Media, Language. Working Papers in Cultural Studies 1972–79. London/New York: Centre for Contemporary Cultural Studies, University Birmingham.

Hartmann, Frank/Bauer, Erwin K. (2006): Bildersprache. Otto Neurath. Visualisierungen. Wien: facultas.

Hoggenmüller, Sebastian W. (2016): Die Welt im (Außen-)Blick. Überlegungen zu einer ästhetischen Re | Konstruktionsanalyse am Beispiel der Weltraumfotografie ‚Blue Marble'. Materiale Visuelle Soziologie. In: Zeitschrift für Qualitative Forschung (ZQF), Jg. 17, 11–40.

Kauppert, Michael/Leser, Irene (Hg.) (2014): Hillarys Hand. Zur politischen Ikonographie der Gegenwart. Bielefeld: transcript.

Klippel, Heike (2010): Film: Feministische Theorie und Geschichte. In: Becker, Ruth/Kortendieck, Beate (Hg.): Handbuch Frauen- und Geschlechterforschung. Theorie, Methoden, Empirie. Wiesbaden: VS Verlag für Sozialwissenschaften, 744–749.

Kolb, Bettina (2008): Die Fotobefragung in der Praxis. URL: http://www.univie.ac.at/visuelle-soziologie/Publikation2008/VisSozKolb.pdf [31.05.2020].

Kracauer, Siegfried (1979 [1947]): Von Caligari zu Hitler, eine psychologische Studie zur frühen Geschichte des deutschen Kinos als kollektivem Phänomen. Frankfurt a. M.: Suhrkamp.

Mannheim, Karl (2004): Beiträge zur Theorie der Weltanschauungs-Interpretation. In: Schnettler, Jörg/Strübing, Bernt (Hg.): Methodologie interpretativer Sozialforschung. Klassische Grundlagentexte. Konstanz: UTB, 101–154.

Miko, Katharina (2013): Visuelles „Nosing Around". Zur theoretischen Fundierung visualisierter Wissenschaftskommunikation. In: Soziale Welt, Jg. 64, 153–170.

Mirzoeff, Nicholas (1998): The subject of visual culture – First Edition. In: Mirzoeff, Nicholas (Ed.): The visual culture reader. London/New York: Routledge, 3–23.

Mitchell, William John Thomas (1990): Was ist ein Bild? In: Bohn, Volker (Hg.): Bildlichkeit: Internationale Beiträge zur Poetik. Frankfurt a. M.: Suhrkamp, 17–68.

Müller, Michael R. (2012): Figurative Hermeneutik: Zur methodologischen Konzeption einer Wissenssoziologie des Bildes. In: Sozialer Sinn. Zeitschrift für hermeneutische Sozialforschung, Jg. 13, 129–161.

Müller, Michael R. (2016): Bildcluster. Zur Hermeneutik einer veränderten sozialen Gebrauchsweise der Fotografie. In: Sozialer Sinn. Zeitschrift für hermeneutische Sozialforschung, Jg. 17, 95–142.

Mulvey, Laura (1975): Visual pleasure and narrative cinema. In: Screen, Vol. 16 (3), 6–18.

Mulvey, Laura (2016 [1975]): Visuelle Lust und narratives Kino. In: Peters, Kathrin/Seier, Andrea (Hg.): Gender & Medien Reader. Zürich/Berlin: Diaphanes Verlag, 45–60.

Neurath, Otto (1930): Gesellschaft und Wirtschaft. Bildstatistisches Elementarwerk. Leipzig: Bibliographisches Institut AG.

Osterland, Martin (1970): Gesellschaftsbilder in Filmen. Eine soziologische Untersuchung des Filmangebots der Jahre 1949–1964. Stuttgart: Enke.

Prokop, Dieter (1970): Soziologie des Films. Darmstadt und Neuwied: Luchterhand Verlag.

Przyborski, Aglaja/Haller, Günther (Hg.) (2014): Das politische Bild. Situation Room: Ein Foto – vier Analysen. Opladen: Barbara Budrich.

Raab, Jürgen (2008): Visuelle Wissenssoziologie. Theoretische Konzeption und materiale Analysen. Konstanz: UVK.

Sander, Gunther (1980): August Sander. Menschen des 20. Jahrhunderts. Portraitphotographien 1892–1952. München: Schirmer/Mosel.

Schnettler, Bernt/Tuma, René Tuma/Soler Schreiber, Sebastian (2010): Präsentation – Demonstration – Rezeption. Visualisierung der Wissenskommunikation. In: Soeffner, Hans-Georg (Hg.): Unsichere Zeiten. Herausforderungen gesellschaftlicher Transformationen. Verhandlungen des 34. Kongresses der Deutschen Gesellschaft für Soziologie in Jena 2008. Wiesbaden: VS, 19–36.

Simmel, Georg (1995 [1901]): Die ästhetische Bedeutung des Gesichts. In: Ders. (Hg.): Aufsätze und Abhandlungen 1909–1918, Band I. Frankfurt a.M: Suhrkamp 36–42.

Sturken, Marita/Cartwright, Lisa (2009): Practices of looking. An introduction to Visual Culture. New York/Oxford: Oxford University Press.

Winter, Rainer (1995): Der produktive Zuschauer. Medienaneignung als kultureller und ästhetischer Prozeß. München: Quintessenz.

c. Ausgewählte Fachzeitschriften und Buchreihen

Feminist Media Studies
Geschichte und Fotografie
Journal of Visual Culture
Reihe Visuelle Soziologie im Beltz-Verlag
Visual Sociology
Visual Studies

Digitalisierung

Tilo Grenz

1 Einleitung

Immer mehr grundlegende soziale Prozesse sind mit automatisierten Operationsweisen digitaler Technologien verzahnt. Miteinander verbundene Rechenkomponenten und automatisierte Vorgänge modifizieren altbekannte soziale Abläufe und bringen neue hervor. Auch in der Soziologie tauchen Begriffe wie *industry 4.0*, *big data*, *cloud computing*, *blockchain* oder *internet of things* auf. Im Zuge von Digitalisierung erleben nicht nur neue Begriffe Konjunktur, sondern auch Fachbegriffe einen regelrechten Aufschwung wie z. B. die der Selbstregulierung und Automatisierung (Marres 2017), des Netzwerks (Castells 2010), der Verbindung und des wechselseitigen Austauschs *(connection)* (Dijck 2013). Das soziologische Forschungsinteresse richtet sich darauf, ob und wenn ja, inwiefern sich Handeln und Handlungsgrundlagen in unterschiedlichen Feldern der Gesellschaft – z. B. in der Wissenschaft und für Prozesse des Publizierens, Lehrens und Lernens – verändern und welche unmittelbaren, mittelbaren und auch langfristigen Konsequenzen damit verbunden sind. Mithin wird ein tiefgreifender gesellschaftlicher Wandel ausgerufen, dem sich kein Lebensbereich entziehen kann (Couldry/Hepp 2017; Marres 2017). Damit erweist sich Digitalisierung als eines der aktuellsten, meist besprochenen, allerdings auch kontroversesten Themen der jüngeren Soziologie (Jarke 2018).

Aussagen, dass Digitalisierung – als neues gesellschaftliches Phänomen – Brüche und Veränderungen in allen Aspekten menschlichen Lebens verursacht, laden nicht wenige Soziolog*innen zur Kritik ein. Zum einen wird infrage gestellt, dass die Digitalisierung der Gesellschaft ein neues Phänomen ist. Armin Nassehi (2019: 19) argumentiert, dass Digitalisierung der mit der modernen Gesellschaft entstandenen Idee der „Mustererkennung" folgt, womit Gesellschaften sogar schon vor der Computerisierung eine „digitale Struktur" aufwiesen. Zum anderen lässt sich nach der Zulässigkeit der Behauptung fragen, dass *durch* Technik gesellschaftliche Veränderungen herbeigeführt werden. Diese Behauptung ist fachgeschichtlich vielfach kritisiert worden. Ab Beginn der zweiten Hälfte des 20. Jahrhunderts entstand in der Soziologie das Interesse an Konzepten und Theorien, die den weiteren Gesellschaftswandel im Blick hatten und erklären wollten. Weil Technik, wie z. B. der Computer, so die seinerzeitige Annahme, ganze Gesellschaften prägt, ist diese Breitenperspektive auch als *impact view* (Eglash 2006: 330) bezeichnet worden. In früheren Gesellschaftstheorien und insbesondere in der Industriesoziologie war gar von den „Sachzwängen“ bzw. „Sachgesetzlichkeiten“ (Schelsky 1965: 457) der Technik – wie Raumfahrt-, Atom- und Rüstungsindustrie – die Rede. Zahlreiche Kritiker*innen verwiesen auf die kulturelle Prägung der Technik, auf die Kreativität der Aneignung von Technik, auf die ungleichen Zugriffe in verschiedenen gesellschaftlichen Feldern und auf die Unzuverlässigkeit (groß)technischer Systeme (Hörning 1985: 190; Rammert/Schulz-Schaeffer 2002). Die einseitige Beeinflussung gesellschaftlicher Felder durch technische Entwicklungen wird heute als technologischer Determinismus bezeichnet (Staudenmaier 1985). In der Soziologie gelten technikdeterministische Perspektiven als überholt (Degele/Dries 2005: 28ff.). Kehrt man derart sensibilisiert zur jüngeren Digitalisierung zurück, ist es umso bemerkenswerter, wenn heute von einem gesellschaftsweiten Wandel bzw. *dem* digitalen Wandel die Rede ist. Demgegenüber hat sich eine vielschichtige und eher kleinteilige Auseinandersetzung mit Digitalisierungsprozessen etabliert. Unzählige Studien spiegeln die Struktur des Fachs und die jeweiligen Gegenstandsfelder wider – etwa die Organisationssoziologie, die Wirtschaftssoziologie, die Konsumsoziologie, die Stadtsoziologie, aber auch das Feld der empirischen Sozialforschung. Daneben zeichnet sich seit etwa 20 Jahren eine Soziologie des Digitalen ab (Marres 2017), mit der die Digitalisierungsforschung nicht als Querschnittsthema, sondern als ein eigenständiges Forschungsfeld mit angepassten Theorien, Methoden und Gegenständen etabliert werden soll.

Einen ersten Schritt hin zu einer allgemeinen Bestimmung von Digitalisierung liefert die Unterscheidung von Digitisierung *(digitization)* und Digitalisierung *(digitalization)* (hierzu und im Folgenden Brennen/Kreiss 2016). *Digitisierung* bezeichnet den informationstechnischen Vorgang, bei dem einzelne, analoge Werte in digitale Formate (sog. bits von „0“ oder „1“) umgewandelt werden. *Digitalisierung* bezeichnet die vielfältigen Um- und Restrukturierungsvorgänge, die sich durch die Umstellung auf digitale Kommunikation und digitale Infrastrukturen in verschiedensten Lebensbereichen ergeben. Zweiterer Prozess setzt also technisch den ersteren voraus. Er stellt sozialen Wandel statt lediglich technische Entwicklung ins Zentrum (Jarke 2018: 5). Gesellschaft, Kultur und Technik stehen sich dabei nicht gegenüber oder wirken kausal aufeinander ein. Sie vermischen sich und wirken in vielfältiger Weise und pluralen Zusammenhängen. Diese Sichtweise, die von der Annahme generalisierender Einflussnahmen bzw. Mechanismen Abstand nimmt und auch als „nicht korrelationistisch“ bezeichnet wird, wird in der jüngeren Mediatisierungsperspektive stark gemacht, die das komplexe „Gefüge digitaler Leben“ in den Blick rückt (Grenz/Pfadenhauer 2017; Pfadenhauer/Grenz 2019).

2 Historische Entwicklung des Forschungsfelds „Digitalisierung“

Als Thema der *humanities*[1] wird *digitalization* bereits Anfang der 1970er markiert, wenn die möglichen Folgen der *digitalization of society* reflektiert werden (Wachal 1971: 30). An dieser Stelle kann es aber nicht um umfassende Begriffs- oder Technikgeschichte der Digitalisierung gehen (Castells 2010: 28ff.) – Letztere müsste man bei Leibnitz' Erfindung des binären Zahlensystems im späten 17. Jahrhundert ansetzen. Im Folgenden werden ausgewählte Eckpunkte der Entwicklungsgeschichte der soziologischen Beschäftigung mit dem Digitalen genannt.

Eine prägnante Darstellung findet sich bei Marres (2017: 12ff.), die die Arbeiten Daniel Bells (1975) hervorhebt, der als einer der ersten eine ausdrücklich soziologische Perspektive auf die „Computerisierung“ der Gesellschaft und auf resultierende Strukturveränderungen entfaltet hat. In seiner Diagnose einer aufziehenden post-industriellen Gesellschaft hatte Bell die starke Verbreitung von computerbasierten Prozessen in Organisationen, in der Industriebranche und in Regierungseinrichtungen prognostiziert, was zur Folge hätte, dass Informationen statt materialer Güter ins Zentrum der Gesellschaft rückten.

Mit der Verbreitung des Personal Computers (PC) über die von Bell und anderen betrachteten Betriebskontexte hinaus und der allmählichen Domestizierung des Internets ab den 1990er Jahren wuchs in der Soziologie das Bedürfnis nach einem aktualisierten Beschreibungs- und Erklärungsrahmen, der die Verbindung von technischen Innovationen, Ökonomie und gesellschaftlichem Strukturwandel berücksichtigt. Dieser Herausforderung widmete sich Manuel Castells (2010: 72) in seinem 1996 erstmals erschienenen dreibändigen opus magnum *The Information Age*. Castells arbeitet nicht mehr prognostisch, sondern empirisch anhand vielfältiger Daten (u. a. zur Entwicklung von Verarbeitungskapazitäten). In seiner Analyse hebt Castells (2010: XXVI) das Zusammenwachsen *(convergence)* verschiedener Einzeltechnologien zu integrierten Systemen als Basis der von ihm so genannten „Netzwerkgesellschaft“ hervor. Eindrucksreich konstatiert er, welche Folgen es zeitigte, dass in den 2000er Jahren das Internet, kabellose Kommunikation und vielzählige Computeranwendungen, die wiederum vielfältige Kommunikationsprozesse steuern, ineinanderlaufen:

1 Eine breite Wissenschaftskategorie, die alle Disziplinen unter ein Dach stellt, die sich mit dem menschlichen Verhalten, mit Kulturen und Gesellschaften befassen.

> […] a new communication system, increasingly speaking a universal, digital language, is both integrating globally the production and distribution of words, sounds and images of our culture, and customizing them to the tastes of the identities and moods of individuals. Interactive computer networks are growing exponentially, creating new forms and channels of communication, shaping life and being shaped by life at the same time (Castells 2010: 2).

Mit Castells und anderen (wie etwa Miller/Slater 2000) vollzieht sich eine Wende, weg von einem engen, hin zu einem weiten Fokus auf die Computerisierung von Kultur und Gesellschaft, hin zu Erscheinungsformen und Veränderungen, die sich nicht mehr nur im begrenzten Bereich professioneller Zusammenhänge, sondern im alltäglichen privaten, kulturellen, politischen und öffentlichen Leben zeigen (Marres 2017: 13). Computerisierung bedeutete in erster Linie eine Auseinandersetzung mit dem *World Wide Web*, oftmals aber nach wie vor in bestimmten gesellschaftlichen Bereichen, ein Fokus, der später in einer Soziologie des Digitalen zunehmend schwindet. Mit der Computerisierung rücken die explosionsartig zunehmenden Daten (später als Big Data etikettiert), ihre technische sowie gesellschaftliche Entstehung, Aggregation und automatisierte Verarbeitung ins Zentrum auch der soziologischen Debatte. Drei soziologische Diskussions- und Forschungsstränge haben sich dabei herauskristallisiert, (a) zur voranschreitenden Normalisierung der umfassenden Verdatung von Kultur und Gesellschaft (*datafication*, Dijck 2013: 198), womit Formen der datenbasierten Überwachung bzw. *dataveillance*[2] einhergehen (bereits Clarke 1987; Dijck 2013). Als (vermeintlich) „objektive" Verhaltensdaten haben Big Data (b) in der empirischen Sozialforschung und soziologischen Methodendiskussion Einzug gehalten (Rogers 2015). Sie sind zur Zentralressource der sogenannten *social analytics* geworden (siehe kritisch Hepp et al. 2018: 441) – wobei bis heute eine intensive Kontroverse zur problematischen *Naturalisierung* von Daten anhält. Diese Kontroverse hat sich insbesondere an solchen Aussagen entzündet, wie „data will speak for itself" (Mosco 2014: 180) und ihre Analyse keine Theorie mehr benötigte (Anderson 2008). Soziologischen Erkenntnisdrang nähren Big Data schließlich (c), weil sie computerbasierte Operationen wie Algorithmen und Künstliche Intelligenz ermöglichen sollen, die den Handlungsalltag von Menschen zunehmend prägen (Kersting/Meyer 2018).

2 *Dataveillance* ist ein Kompositum, es verbindet die Begriffe *surveillance* (Überwachung) und *data* (Daten) und meint Überwachung sowohl durch als auch von Daten.

3 Zentrale Fragestellungen und Themenbereiche

Wie bereits einleitend erwähnt, ist es irreführend, Digitalisierung auf Mechanismen zu vereinseitigen, und notwendig, ihre Vielschichtigkeit ernst zu nehmen. Dieser Ausgangspunkt liegt der folgenden Darstellung zugrunde (Pfadenhauer/Grenz 2019). Studien, Konzepte, Theorien und Autor*innen werden entlang von fünf größeren Themen- und Forschungsbereichen vorgestellt. Die Bereiche decken einerseits verschiedene soziologische Betrachtungs- und Analyseebenen ab, vom Handeln zu gesellschaftlichen Strukturen, zum anderen heben sie aktuelle Schwerpunktthemen der einschlägigen Debatten hervor.

3.1 Alltagshandeln und Sichtbarkeit

Eine Vielzahl an Studien widmet sich dem alltäglichen Handeln mit und durch digitale Technik. Wegen der anfänglich erwähnten Skepsis gegenüber einseitigen Einflussnahmen ist oft die Rede von sozio-materialem Handeln. „Soziomaterial" betont, dass stets technische und soziale Anteile ineinandergreifen (Suchman 2007). Taina Bucher (2012) fragt in ihrer Studie zum sozio-materialen Alltagshandeln mit *Facebook* danach, wie dabei technische Vorgaben und das Handeln der Nutzer*innen miteinander verflochten sind. Sie rekonstruiert ein fest verankertes Sichtbarkeitsregime (Bucher 2012: 113ff.). Es geht ihr um ein Prinzip, das über Algorithmen in die Medienarchitektur eingezogen ist. Es zielt darauf ab, die Aufmerksamkeit von User*innen zu erregen und sie zugleich dazu aufzufordern, Zuwendung (zu anderen User*innen, Gruppen und Themen) in Form von Kommentaren, *likes* bzw. *news feed activities* zu bekunden. Diese an das Medienhandeln gekoppelte Aufwertung von Sichtbarkeit ist allerdings nicht neu, sondern greift die kulturell verankerte Sorge auf, unsichtbar zu werden (Bucher 2012: 132).
Buchers Einsichten zur programmierten Sozialität schließen an Lucy Suchmans Forschung zur Mensch-Technik-Konfiguration an (Suchman 2007: 189). Suchman hat sich zunächst intensiv mit den Programmen und Interfaces von Kopierern (des Unternehmens *Xerox*) befasst. Sie konnte zeigen, dass Software nicht nur irgendwie auf einfache Nutzbarkeit *(usability)* angelegt ist, sondern die Handlungsabfolgen der Nutzer*innen ebenso „konfiguriert", wie auch die Programme konfiguriert sind. Das Handeln beim Kopieren wird also in bestimmte Bahnen gelenkt. Allerdings erfolgt dies auf Grundlage vorheriger Testläufe mit konkreten Personen, die nicht selten aus den Organisationen stammen, deren Einsichten in die Gestaltung der Programme einbezogen wird. Die Konfiguration berücksichtigt allerdings nicht

User*innen als individuelle Akteur*innen, sondern zielt auf allgemeine Typen von Nutzer*innen (Suchman 2007: 190).

3.2 Ökonomie des alltäglichen Handelns mit Digitaltechnik

Bucher (2012) steht hier für eine Reihe an Forscher*innen, die nachzeichnen, dass die Architektur digitaler Medientechnik typischerweise so beschaffen ist, dass damit Aufmerksamkeit und Selbstverständlichkeit erzeugt werden, um Nutzungs- und Verweilzeiten von User*innen möglichst zu maximieren. Damit verbinden sich ökonomische Strategien (Plantin et al. 2018: 297), die das beschriebene Prinzip der Nutzer*innenkonfiguration radikalisieren. Denn die allgemeinen Nutzer*innentypen, die der Gestalt der Programme zugrunde liegen, werden nicht einmalig fixiert, sondern permanent angepasst. Jüngere Studien zeichnen nach, dass Nutzungsdaten, wie z. B. individuelle Verweildauern auf Seiten oder Häufigkeiten von Klicks, nicht nur zu Umsatzzwecken gespeichert und verkauft werden. Webbasierte Softwareapplikationen werden auf Grundlage dieser Daten sukzessive irritationsfreier gestaltet, um Anwendungen *seamless*, d. h. nahtlos, an alltägliche Situationen und Praktiken der Nutzer*innen anzuschmiegen. Daten dienen auch dazu, digitale Angebote schrittweise um neue Anreizelemente zu erweitern (Grenz 2017: 147). Manuel Castells (2010: 31) hatte in den 1990er Jahren beschrieben, dass „[n]ew information technologies are not simply tools to be applied, but processes to be developed. Users and doers may become the same." Zwar geht damit heute keineswegs selbstverständlich die von Castells gesehene Ermächtigung der Nutzer*innen einher (Pfadenhauer/Grenz 2012), allerdings sind die verschwimmenden Grenzen zwischen Nutzen und Produzieren zum Kernmechanismus heutiger digitaler Techniken geworden.

3.3 Digitale Plattformen

Der Begriff der Plattform kam vor einigen Jahren zunächst als Selbstbezeichnung größerer Unternehmen auf und wurde auch im öffentlichen Diskurs prominent. Gillespie (2010: 348) hat herausgearbeitet, dass die allgegenwärtige Plattform-Metapher erstaunlich unbestimmt und deutungsoffen ist, genau deswegen, weil sie Grundlage zur Kooperation unterschiedlicher Akteur*innen mit unterschiedlichen Vorstellungen ist und dabei problematische Spannungen – z. B. zwischen nutzer*innengenerierten Inhalten und kommerziell-produzierten – unterschlägt. Insofern ist die oft verwendete Kennzeichnung von Plattformen als *intermediary* nicht ganz unproblematisch, denn sie verdeckt, dass Plattformbetreiber*innen „die Äußerungs- und Bewegungsmöglichkeiten der Nutzer“ erheblich strukturieren (Dolata 2018: 8).

Plattformen bieten gegen Transaktionsgebühren digitaltechnische Gefüge zur Nutzung an, die Aktivitäten von User*innen und Anbieter*innen durch die Zentralressource „Daten“ organisieren. Mit Blick auf ihre Verbreitung heben daher jüngere Studien die Marktmacht dominierender Plattformen hervor (Dolata 2018: 5),[3] mithin ist generalisierend von *platform capitalism* die Rede (Srnicek 2016). Wirtschaftssoziologische Arbeiten fokussieren Plattformen als digitale Märkte (wie z.B. für Smartphone-Apps, Fahrdienstleistungen, Übernachtungen). Unternehmen und Angebote wie z.B. der Fahrdienstleister *Uber* oder der *Apple App-Store* würden sich mit einer neuen, digitalen Marktordnung arrangieren, die einer „Plattformlogik“ folgte (Kirchner/Beyer 2016). Betont wird mit dieser Logik, dass im Zuge von Digitalisierung althergebrachte „Kopplungen“ gelöst (z.B. zwischen Unternehmen und Arbeitskraft etwa im Falle der *Uber*-Fahrer*innen) und neue fixiert werden (z.B. die Kontrolle von Arbeitsprozessen durch Big Data) (Kirchner/Beyer 2016: 4). Diese weitreichende Durchsetzung der Plattformökonomie zeitigt erhebliche soziale Konsequenzen. Das betrifft z.B. diejenigen, die in ihr arbeiten. Denn bei Arbeit in der *Gig Economy* (Morozov 2017), die den Charakter des *crowdworking* besitzt (dazu auch Flecker et al. 2016: 65ff.), werden den Arbeitenden Aufträge *(gigs)* plattformbasiert zugewiesen. Mit dieser Variante der Kurzarbeit, die im Zusammenhang mit Prekarität diskutiert wird, geht die Erfordernis einher, permanent erreichbar zu sein, womit die Grenzen zwischen Arbeit und Freizeit bedenkenswert flüssig werden.

3.4 Plattformdynamiken

Gillespie (2017) hat darauf hingewiesen, dass der gesellschaftlichen Bedeutung der Plattform-Metapher viele Aspekte gegenüberstehen, die mit ihr verdeckt werden. Entgegen der Metaphorik, dass „all activity is equally and meritocratically available, visible, public, and potentially viral” (ebd.) zeigen sich Plattformen eher als komplexe und unübersichtliche Geflechte aus unterschiedlichen Gruppen, die sich unterschiedlich Gehör verschaffen und eigenen Regeln folgen. Weil Plattformen von verschiedenen Gruppen „frequentiert“ werden, ist z.B. die Rede von *den Face-*

3 Mittlerweile hat sich die Sammelbezeichnung „GAFA“ als populäre Kurzformel zur Benennung der größten, marktdominierenden Internet- bzw. Plattformkonzerne – *Google*, *Apple*, *Facebook* und *Amazon* – etabliert.

book-User*innen unzulässig. Gillespie verweist überdies darauf, dass Plattformen wie *Facebook*, auch wenn sie sich z. B. einer Eingruppierung als Medienunternehmen verweigern, eine erhebliche Verantwortung tragen. Die nach den jeweiligen Prinzipien moderierten Inhalte sowie ihr Nutzer*innen-Management entfaltet ein erhebliches Interventionspotenzial für die öffentliche Meinung. Schließlich dürfen nicht der Aufwand und die Arbeitsleistungen vergessen werden, die benötigt werden, um Plattformen als komplexe Angebotsräume zu betreiben.

So unterschiedlich die soziologischen Perspektiven sind, so zeichnet sich über die letzten Jahre die Einsicht ab, Plattformen nicht als stabile, sondern veränderliche Gefüge zu betrachten. Während solche Konzepte wie die *platform biographies* (Bruns/Burgess 2016 am Beispiel *Twitter*) oder *platform vernaculars* (Gibbs et al. 2015 am Beispiel *Instagram*) die allmähliche, wechselseitige Anpassung zwischen Plattform-Betreiber*innen und Nutzer*innen betonen, heben andere Forscher*innen Spannungen und Konflikte als Ursache dieser Veränderungen hervor, bei denen Komponenten, Regeln oder Abläufe von Plattformen in nicht vorgesehener Weise genutzt bzw. ausgenutzt werden (Flowers 2008; Grenz/Kirschner 2018 am Beispiel *Apples App Stores*). Plattformen stellen sich damit nicht als „harmonische" Ordnungen des Miteinanders von Menschen dar, sondern vielmehr als komplexes und oft nicht überschaubares Arrangement vielfältiger Gruppen mit ebenso vielfältigen, oftmals inkongruenten Interessen. Dies wurde z. B. am Fall des *Cambridge Analytica* Datenskandals nachgezeichnet, bei dem eine *Facebook*-Datenschnittstelle durch Dritte so strapaziert wurde, dass sie mittels einer *Facebook*-App personenbezogene Datensätze von Millionen Nutzer*innen *(friends)* ohne deren Wissen sammeln und weitergeben konnte. In Folge eines verzweigten Konflikts, an dem verschiedene Personen und Instanzen beteiligt waren, wurde die App verboten, die Regularien der automatisierten Datenerfassung bei *Facebook* wurden massiv beschränkt und letztlich wurde das Datenmonopol des globalen Unternehmens massiv ausgeweitet (Grenz 2019).

3.5 Zugang und digitale Ungleichheit

In der sozialwissenschaftlichen Beschäftigung mit Plattformen findet sich die nicht ganz unproblematische Sichtweise, dass heutige Plattformen als Infrastrukturen betrachtet werden sollten. Jean-Christophe Plantin et al. (2018: 306) sprechen von einer Infrastrukturalisierung der Plattformen und verweisen damit auf die Durchsetzung von *Google* und *Apple* und deren vielzähligen Plattformen, wie z. B. der *App Stores*. Es gilt allerdings zu bedenken, dass mit dieser neuen Infrastrukturalisierung nicht das

Ideal „herkömmlicher" Infrastrukturen einhergeht, demgemäß für jede Bürgerin und jeden Bürger Zugang zu öffentlichen Services (wie Wasser, Verkehr, Elektrizität etc.) gegeben sein sollte (Graham/Marvin 2002; Plantin et al. 2018: 299f.).
Aussagen wie jene zur Infrastrukturalisierung von Plattformen verdecken, dass Vernetzung immer auch geografisch ermöglicht wird bzw. dass es geografische Variationen der *connection* gibt (Warf 2013: 6). Die bloße Zugänglichkeit der Internetverbindung, d.h. die Versorgung mit Kabel- und Glasfaserleitungen, kann nicht verallgemeinert werden (Philip et al. 2017: 388). Globale Unterschiede – Rogers (2006) konstatiert ein *infrastructural divide* auf globaler Ebene – bestehen nicht nur hinsichtlich des Zugangs zum Internet, sondern auch in Bezug auf die unterschiedlichen Bandbreiten (Hilbert 2011; 2016).
Die in den 1990er aufgenommene Forschung zu *digital divide* zielt auf die Spaltung der Gesellschaft in ungleich verbreitete (Netz-)Anschlüsse. Später verschiebt sich die Aufmerksamkeit „[f]rom digital divide to digital inequality" (DiMaggio/Hargittai 2001). Zunehmend geht es nicht mehr um Erhebungen dazu, wer (und wer nicht) vor dem Hintergrund welcher sozialstrukturellen Bedingungen, Zugang zu digitaler Technologie und insbesondere: zum Internet hat. Im Fokus stehen nun differenzierte Zugriffsungleichheiten, die sich auch und wesentlich dann nachweisen lassen, wenn formal ein Zugang besteht. Vor allem verfestigen sich in der Nutzung digitaler Technologie und des Internets bereits bestehende Sozialstatusgefälle. Mittlerweile existieren zahlreiche Studien zu „digitaler Ungleichheit" (Zillien 2009 für einen systematischen Überblick).

4 (Aktuelle) Forschung in Österreich

Aufgrund der Aktualität des Themas könnten an dieser Stelle vielzählige Einrichtungen, Forschungsstellen und Schwerpunkte genannt werden. Der Erfolgskurs schlägt sich auch in Initiativen wie der Wiener Digitalisierungsinitiative nieder, die unter dem Schlagwort des *Digitalen Humanismus* firmiert. In Wien findet sich eine Reihe einschlägiger Forschungseinrichtungen, die Digitalisierung in jeweiligen thematischen Schwerpunkten erforschen. Zu nennen sind z.B. das *Austrian Institute of Technology (AIT)*, an dem Gruppen zu Telemedizin und autonomem Fahren forschen, oder das *Kuratorium für Verkehrssicherheit*, das sich mit den Folgen der Digitalisierung für das Unfallgeschehen befasst.[4]

4 Insgesamt muss eine Darstellung zwangsläufig unvollständig bleiben, weil Digitalisierungsforschung ein sich so rasant entwickelndes Feld darstellt.

Universitär verankerte soziologische Forschung zu Digitalisierung gibt es an nahezu jedem Institut für Soziologie österreichischer Universitäten. Kaum verbreitet sind soziologische Forschungsabteilungen dezidiert zu Digitalisierung, wie z.B. am *Institut für Soziologie* der *Johannes-Kepler-Universität* in Linz, mit dem Schwerpunkt auf Innovation und Digitalisierung. Digitalisierungssensible, soziologische Forschung erfolgt meist entlang einschlägiger Arbeits- und Forschungsdomänen des Fachs und jeweiliger Standorte. Das *Institut für Soziologie* an der *Universität Wien* zeichnet sich z.B. durch seine breit aufgestellte Forschung etwa zur Digitalisierung von Arbeit und Organisation, zur Bedeutung von Digitalisierung für Generationen und Familie, zur Verbindung von Digitalisierung und Urbanität oder zum grundlegenden Wandel von Wissen und (visueller) Kultur im Kontext des Wandels digitaltechnischer Medien aus. Neben den genannten Themen können zum aktuellen Stand drei Querschnittsthemen festgehalten werden. (1) *Digitalisierung und Mediatisierung:* Mediatisierung als die Frage nach dem Kulturwandel im Kontext des Wandels von Medien hat mit der Digitalisierung einen Schub erhalten, der von der zeitlichen, räumlichen und sozialen Entgrenzung von Kommunikation in verschiedenen Kontexten angetrieben wird. Ein besonderer Schwerpunkt kommt damit (2) der *Analyse des Alltagshandelns mit und durch digitale Technologien* zu, was einerseits die Deutung, Nutzung und Aneignung von Medien durch Individuen und Gruppen betrifft (wie z.B. Jugendliche, Schüler*innen, Senior*innen). Andererseits meint dies Weiterentwicklungen (sozial)theoretischer Grundlagen, die von Digitalisierung angeregt werden. Das betrifft z.B. die Bestimmung von Kommunikation und kommunikativem Handeln (Kommunikativer Konstruktivismus) oder Fragen zur Sozialität digitaler Technologien (Artefakte wie digitale Begleiter, Soziale Robotik). Ein dritter Querschnittsbereich (3) der soziologischen Digitalisierungsforschung liegt auf dem *Infrastrukturaspekt von Digitalisierung*, und zwar in dreifacher Hinsicht: in der Frage nach den ungleichen Zugangs- und Nutzungschancen, in der Frage nach der städtisch-lokalen und ländlichen Situierung von Digitalisierung und in der grundlegenden Frage nach der Relation von physischen und digitalen Infrastrukturen (Plattformen).

Forschung zu Digitalisierung erfolgt zunehmend interdisziplinär, unter Federführung oder Beteiligung von Soziolog*innen, Seite an Seite mit anderen Disziplinen und Vertreter*innen der Praxis, etwa aus dem Bereich der Softwareentwicklung. An der *Universität Wien* z.B. adressieren interdisziplinäre Forschungsplattformen wie die zu *Mediatised Lifeworlds: Young people's narrative constructions, connections and appropriations* verschiedene der oben genannten Aspekte von Digitalisierung. Die an der *Fakultät für Informatik* der *Technischen Universität Wien* verankerte Forschungsgruppe *Multidisciplinary Design & User Research Area (MDUR)* zielt auf die Verbindung von

Ansätzen der menschzentrierten Technikgestaltung mit soziologischen Erkenntnissen. Auch das an der *TU Wien* jüngst gegründete *Center for Technology and Society (CTS)* fokussiert auf interdisziplinäre Forschung. Das an der *Johannes-Kepler-Universität* verankerte *Institute of Technology* ist gleichsam prototypisch bei der gezielten Verknüpfung verschiedener Fachbereiche.

5 Anwendungsbezug

Soziologische Expertise in Gestalt von Stellungnahmen oder kommentierten Studien zu Digitalisierung werden in zunehmendem Maße für die journalistische Berichterstattung und (stadt)politische Gremien angefragt. Dies hat mit altbekannten, soziologischen Forschungs- und Deutungskompetenzen zu tun, etwa zu Fragen des Ressourcenzugangs (hier: digitaler Technologie, Bildung bzw. *eLiteracy*), zu digitalen Ungleichheiten, zu soziokulturellen Entstehungs- und Nutzungskontexten oder zu Fragen der gesellschaftlichen Verteilung von Macht oder Partizipationschancen. Im Fokus stehen damit Beschreibungsfolien und Vokabularien, die es auch Fachfremden möglich machen, digitalisierungsbezogene Phänomene zu benennen – „digitale Ungleichheit", „digitale Partizipation" oder das erwähnte *Dataveillance* sind nur einige Beispiele. Zu ebenjener Kompetenz zählt schließlich auch die Analyse verschiedener Elemente des digitalen Lebens in ihrem Zusammenspiel.

Die aktuelle Relevanz soziologischer Expertise hat v. a. damit zu tun, dass die Forschung, Reflexion und Theoretisierung sozialen und kulturellen Wandels immer schon die Kernkompetenz des Faches darstellen. In Auseinandersetzungen mit der gesellschaftlichen Veränderung im Kontext technischer Entwicklungen erweist sich Digitalisierung dann gerade nicht als externer Faktor des Wandels, sondern als ein sozial und kulturell vermittelter Wandel, der sich noch dazu ungleichzeitig und in verschiedenen Ausprägungen in unterschiedlichen Bereichen der Gesellschaft vollzieht. Die einleitend genannte Mediatisierungsforschung steht für ebenjene soziokulturell eingebettete und für verschiedene gesellschaftliche Felder sensible Erforschung von Digitalisierung. Wie unverzichtbar die soziologische Expertise zu solchen Fragen und auch aktuellen Problemlagen ist, das führt in besonderem Maße die aktuelle Situation (Frühjahr 2020) der globalen Covid-19-Pandemie vor Augen, in der Stellungnahmen von soziologischer Seite erhebliche mediale Präsenz erlangen. Umfassende Maßnahmen zur Eindämmung des Corona-Virus haben zum quantitativen Anstieg der Nutzung digitaler Technologien geführt, dessen alltags-, arbeits- und organisationskulturelle (Neben-)Folgen der soziologischen Beobachtung und Analyse bedürfen.

6 Literatur

a. Einführungsliteratur

Brennen, J. Scott/Kreiss, Daniel (2016): Digitalization. In: The International Encyclopedia of Communication Theory and Philosophy. American Cancer Society, 1–11.

Couldry, Nick/Hepp, Andreas (2017): The Mediated Construction of Reality. Cambridge: Polity.

Flecker, Jörg/Pfadenhauer, Michaela/Grenz, Tilo/Schörpf, Philip (2016): Gesellschaftlicher Wandel im Zeitalter des Internets: Digitalisierung der Arbeit und Mediatisierung sozialer Welten. In: Fritz, Judith/Tomascheck, Timo (Hg.): Gesellschaft im Wandel: Gesellschaftliche, wirtschaftliche und ökologische Perspektiven. University Society Industry: Beiträge zum lebensbegleitenden Lernen und Wissenstransfer. Münster: Waxmann, 63–77.

Grenz, Tilo (2019): Die Facebook-Arena. Digitalen Infrastrukturen Begegnen. In: Haindofer, Raimund/Schlechter, Maria/Seewan, Lena (Hg.): Soziologische Momente im Alltag. Wien: new academic press, 176–182.

Jarke, Juliane (2018): Digitalisierung und Gesellschaft. In: Soziologische Revue, Jg. 41, H. 1, 3–20.

Marres, Noortje (2017): Digital Sociology: The Reinvention of Social Research. Cambridge: Polity Press.

Pfadenhauer, Michaela/Grenz, Tilo (2019): Drinnen oder Draußen. In: Burzan, Nicole (Hg.): Komplexe Dynamiken globaler und lokaler Entwicklungen. Verhandlungen des 39. Kongresses der Deutschen Gesellschaft für Soziologie in Göttingen 2018, 1–10.

b. Weitere zitierte Literatur

Anderson, Chris (2008): The End of Theory: The Data Deluge Makes the Scientific Method Obsolete. URL: FAF_Digitalisierung_satzfertig.docxhttps://www.wired.com/2008/06/the-end-of-theo/ [19.03.2020].

Bell, Daniel (1975): Die nachindustrielle Gesellschaft. Frankfurt a. M.: Campus.

Bruns, Axel/Burgess, Jean (2016): Methodological Innovation in Precarious Spaces: The Case of Twitter. In: Snee, Helene/Hine, Christine/Morey, Yvette/Roberts, Steven/Watson, Hayley (Eds.): Digital Methods for Social Science: An Interdisciplinary Guide to Research Innovation, London: Palgrave Macmillan UK, 17–33.

Bucher, Taina (2012): Programmed Sociality: A Software Studies Perspective on Social Networking Sites. University of Oslo: Oslo.

Castells, Manuel (2010): The Rise of the Network Society. Second edition, with a new preface. Chichester: Wiley-Blackwell.

Clarke, Roger (1987): Information Technology and Dataveillance. Association for Computing Machinery Inc. URL: http://www.rogerclarke.com/DV/CACM88.html [04.2020].

Degele, Nina/Dries, Christian (2005): Modernisierungstheorie. Eine Einführung. München: Fink.

Dijck, Jose van (2013): The Culture of Connectivity: A Critical History Of Social Media. Oxford/New York: Oxford University Press.

DiMaggio, Paul/Hargittai, Eszter (2001): From the „Digital Divide“ to „Digital Inequality“: Studying Internet Use as Penetration Increases. Princeton: Center for Arts and Cultural Policy Studies, Woodrow Wilson School.

Dolata, Ulrich (2018): Privatisierung, Kuratierung, Kommodifizierung: Kommerzielle Plattformen im Internet. In: SOFI Working Paper Series. URL: https://www.econstor.eu/handle/10419/179973 [27.09.2019].
Eglash, Ron (2006): Technology as Material Culture. In: Tilley, Chris/Keane, Webb/Kuechler, Susanne/Rowlands, Mike/Spyer, Patricia (Eds.): Handbook of Material Culture. London: Sage, 329–340.
Flowers, Stephen (2008): Harnessing the Hackers: The Emergence and Exploitation of Outlaw Innovation. In: Research Policy, Vol. 37 (2), 177–193.
Gibbs, Martin/Meese, James/Arnold, Michael/Nansen, Bjorn/Carter, Marcus (2015): #Funeral and Instagram: Death, Social Media, and Platform Vernacular. In: Information, Communication & Society, Vol. 18 (3), 255–268.
Gillespie, Tarleton (2010): The Politics of ‚Platforms'. In: New Media and Society, Vol. 12 (3), 347–364.
Gillespie, Tarleton (2017): The Platform Metaphor, Revisited – Culture Digitally. URL: http://culturedigitally.org/2017/08/platform-metaphor/ [28.02.2020].
Graham, Steve/Marvin, Simon (2002): Splintering Urbanism: Networked Infrastructures, Technological Mobilities and the Urban Condition. Routledge.
Grenz, Tilo (2017): Mediatisierung als Handlungsproblem: Eine wissenssoziologische Studie zum Wandel materialer Kultur. Wiesbaden: Springer VS.
Grenz, Tilo/Kirschner, Heiko (2018): Unraveling the App Store: Toward an Interpretative Perspective on Tracing. In: International Journal of Communication, Vol. 12, 612–628.
Grenz, Tilo/Pfadenhauer, Michaela (2017): Kulturen im Wandel: Zur nonlinearen Brüchigkeit von Mediatisierungsprozessen. In: Krotz, Friedrich/Despotović, Chathrin/Kruse, Merlie-Marie (Hg.): Mediatisierung als Metaprozess. Wiesbaden: Springer VS, 187–210.
Hepp, Andreas/Breiter, Andreas/Friemel, Thomas N. (2018): Digital Traces in Context. An Introduction. In: International Journal of Communication, Vol. 12, 439–449.
Hilbert, Martin (2011): Mapping the Dimensions and Characteristics of the World's Technological Communication Capacity During the Period of Digitization (1986-2007/2010). ITU Working Paper.
Hilbert, Martin (2016): The Bad News Is That the Digital Access Divide Is Here to Stay: Domestically Installed Bandwidths among 172 Countries for 1986–2014. In: Telecommunications Policy, Vol. 40 (6), 567–81.
Hörning, Karl (1985): Technik und Symbol. Ein Beitrag zur Soziologie alltäglichen Technikumgangs. In: Soziale Welt, Jg. 36, H. 2, 186–207.
Kersting, Kristian/Meyer, Uli (2018): From Big Data to Big Artificial Intelligence? Algorithmic Challenges and Opportunities of Big Data. In: KI – Künstliche Intelligenz, Jg. 32, 3–8.
Kirchner, Stefan/Beyer, Jürgen (2016): Die Plattformlogik als digitale Marktordnung. In: Zeitschrift für Soziologie, Jg. 45, H. 5, 324–539.
Miller, Daniel/Slater, Don (2000): The Internet: An Ethnographic Approach. Oxford et al.: Berg.
Morozov, Evgeny (2017): So you want to switch off digitally? I'm afraid that will cost you. In: The Guardian. URL: https://www.theguardian.com/commentisfree/2017/feb/19/right-to-disconnect-digital-gig-economy-evgeny-morozov [10.2018].
Mosco, Vincent (2014): To the cloud: Big data in a turbulent world. Boulder, Colorado: Paradigm Publishers.
Nassehi, Armin (2019): Muster. Theorie der digitalen Gesellschaft. München: C.H. Beck.

Pfadenhauer, Michaela/Grenz, Tilo (2012): Anzeichen einer neuen Partizipationskultur? Zur Konsumentenrolle in mediatisierten Geschäftsmodellen. In: MerzWissenschaft, Jg. 56, H. 6, 17–32.

Philip, Lorna/Cottrill, Caitlin/Farrington, John/Williams, Fiona/Ashmore, Fiona (2017): The Digital Divide: Patterns, Policy and Scenarios for Connecting the ‚Final Few' in Rural Communities across Great Britain. In: Journal of Rural Studies, Vol. 54, 386–398.

Plantin, Jean-Christophe/Lagoze, Carl/Edwards, Paul N./Sandvig, Christian (2018): Infrastructure Studies Meet Platform Studies in the Age of Google and Facebook. In: New Media & Society, Vol. 20 (1), 293–310.

Rammert, Werner/Schulz-Schaeffer, Ingo (2002): Technik und Handeln – wenn soziales Handeln sich auf menschliches Verhalten und technische Artefakte verteilt. TUTS Working Papers: Berlin.

Rogers, Richard (2015): Digital methods. London: Sage.

Rogers, Robert (2006): The Digital Divide Is an Infrastructure Divide. In: Developing Telecoms. URL: https://www.developingtelecoms.com/tech/wireless-networks/593-the-digital-divide-is-an-infrastructure-divide.html [27.09.2020].

Schelsky, Helmut (1965): Der Mensch in der wissenschaftlichen Zivilisation. In: Ders. (Hg.): Auf der Suche nach Wirklichkeit. Düsseldorf/Köln: Eugen Diederichs, 439–480.

Srnicek, Nick (2016): Platform Capitalism. Cambridg/Malden: Polity Press.

Staudenmaier, John (1985): The Debate over Technological Determinism. In: Ders. (Ed.): Technology's Storytellers: Reweaving the Human Fabric. Cambridge Massachusetts: MIT Press, 134–148.

Suchman, Lucy A. (2007): Human-Machine Reconfigurations: Plans and Situated Actions. Cambridge/New York: Cambridge University Press.

Wachal, Robert (1971): Humanities and Computers: A Personal View. In: The North American Review, Vol. 256 (1), 30–33.

Warf, Barney (2013): Global Geographies of the Internet. Dordrecht et al.: Springer Netherlands.

Zillien, Nicole (2009): Digitale Ungleichheit: Neue Technologien und alte Ungleichheiten in der Informations- und Wissensgesellschaft. Wiesbaden: VS Verlag für Sozialwissenschaften.

c. Ausgewählte Fachzeitschriften

Communications – The European Journal of Communication
Information, Communication & Society
International Journal of Communication (IJoC)
Journal of Communication
New Media & Society
Surveillance & Society
Theory and Society

Entwicklung und globale Ungleichheiten

Petra Dannecker

1 Einleitung

Die Bestimmung des Gegenstands der Entwicklungssoziologie ist eine Herausforderung, da „Entwicklung“ als Begriff, als Prozess, als Diskurs und als Praxis seit Jahrzehnten kontrovers diskutiert wird. Der Gegenstand der Entwicklungssoziologie „Entwicklung“ ist daher, wie die theoretischen Argumentationsweisen, Debatten und Konzeptualisierungen zeigen, in einer tiefgreifenden Umorientierung begriffen (Götze 2002; Sachs 1989; Ziai 2010). Insbesondere vor dem Hintergrund der unter dem Begriff der Globalisierung subsumierten Transformationen, Vernetzungen und Interaktionen stellen sich nicht nur die Frage der Entwicklung, sondern auch Fragen nach Vergesellschaftung, sozialem Wandel und sozialer Ungleichheit in der gesamten Soziologie neu. Die Entwicklungssoziologie, die sich zu Beginn ihrer Entstehung primär als Soziologie außereuropäischer bzw. nicht-westlicher Gesellschaften[1] verstanden und damit den theoretisch und empirisch auf europäische Nationalstaaten fokussierten Bezugsrahmen der allgemeinen Soziologie gesprengt hat, liefert wichtige Anstöße. So haben zum Beispiel die theoretischen und empirischen Auseinandersetzungen mit Gesellschaften im Globalen Süden gezeigt, dass innergesellschaftliche Transformationen ohne Berücksichtigung von transnationalen Prozessen und globalen Machtstrukturen nicht erklärt werden können, da Nationalstaaten und Gesellschaften keine abgegrenzten, homogenen und unabhängigen Einheiten sind (Götze 2002: 13). Damit wurde die scheinbare Neutralität und Objektivität soziologischer Kategorien und Theorieansätze in Frage gestellt ebenso wie die Übertragung von Konzepten und theoretischen Ansätzen, die vor dem Hintergrund der sogenannten westlichen Modernisierung und Entwicklung entstanden sind. Eine Auseinandersetzung oder Synthese mit postkolonialen Ansätzen und Perspektiven – wie von Go (2013), Boatcâ/Costa (2010) oder Reuter/Villa (2010) für die Soziologie generell „gefordert“ – hat in der Entwicklungssoziologie allerdings erst in den letzten Jahren eingesetzt, trotz ähnlicher Themen und

1 Diese Begrifflichkeiten werden heute kaum mehr verwendet, ebenso wenig wie „Entwicklungsländer“, stattdessen dominiert das Begriffspaar Globaler Süden und Globaler Norden. Im wissenschaftlichen Diskurs ist damit nicht die geografische Verortung gemeint, sondern die weltpolitische und wirtschaftliche Stellung einzelner Gesellschaften. In diesem Sinne werden diese Begriffe im Beitrag verwendet.

Ziele, wie die Beschäftigung mit den Konzepten „Moderne" und „Entwicklung" oder den Themen Kolonialismus, Ethnizität, „Rasse" oder Identität (Go 2013: 28). Historisch betrachtet hat die Entwicklungssoziologie auch zur Konstruktion der „Anderen" (siehe Modernisierungstheorien) und zur Universalisierung des Modells „der Moderne" beigetragen. Die modernisierungstheoretische Vorstellung, dass der westliche Entwicklungsweg auf die sogenannten Entwicklungsländer übertragen werden kann, führte zum „Imperativ des Nachholens" (Kößler 1998: 58). Die grenzüberschreitende Orientierung der Entwicklungssoziologie allerdings und ihre Auseinandersetzung mit soziologischer Wissensproduktion und deren „eurozentrischer" Verortung haben sukzessive zur Umorientierung der eigenen spezialisierten Soziologie beigetragen und vor dem Hintergrund postkolonialer und *postdevelopment* Kritiken auch zu einer Auseinandersetzung mit alternativen Gesellschaftsentwürfen (Nederveen Pieterse 2001). Sich von eurozentrischen Fortschritts- und Entwicklungsvorstellungen zu lösen und die eigenen Arbeiten und deren historische Bedingtheit zu reflektieren bleibt aber eine Herausforderung (Hauck 2003).

2 Historische Entwicklungen und Einbettungen

Die Soziologie begann sich in den 1950er Jahren als Teil und im Rahmen der Modernisierungstheorien mit den sogenannten Entwicklungsländern explizit zu beschäftigen und sich damit auch geografisch zu fixieren. Die Erosion kolonialer Herrschaft und die Unabhängigkeit vieler ehemaliger Kolonien, die sich herausbildende Konkurrenz der beiden Weltmächte USA und UdSSR, Fragen der Nationalstaatenbildung sowie eine Verallgemeinerung und weltweite Durchsetzung einer Definition von „Entwicklung" und Fortschrittsglauben stellten den neuen Kontext soziologischer Herangehensweisen dar (Götze 2002: 17). Die dominanten Modernisierungstheorien teilten die grundlegende Annahme, dass die „Entwicklungsländer" den Entwicklungsprozess von der „Tradition" in die „Moderne" auf dem gleichen Weg durchlaufen würden wie zuvor die Industrieländer. Soziologische Theorien wie der Funktionalismus und die für Modernisierung und sozialen Wandel als relevant definierten Teilprozesse Individualisierung und Rationalisierung wurden als notwendig erachtet, um Modernisierung und sozialen Wandel in „Entwicklungsländern" zu initiieren. Dabei ist wichtig festzuhalten, dass Modernisierung mit Industrialisierung und Urbanisierung gleichgesetzt wurde, um „traditionelle" Verhaltensweisen und statische gesellschaftliche und politische Ordnungen zu überwinden (Kolland 2010: 30f.). Modernität stellte dabei den Endpunkt gesellschaftlicher Entwicklung dar. Auch wenn in der Literatur zwischen soziologischen, ökonomischen oder politischen Modernisierungstheorien differenziert wird, so verstehen Modernisierungstheorien Entwicklung holistisch als „nachholende Modernisierung".

Kritik an Modernisierungstheorien nach Götze (2002: 20ff.):

(1) **Eigenkulturelle Standards** werden zum Maßstab der Beurteilung der „Anderen" (Ethnozentrismus), d. h., auch alternative Entwicklungswege werden nicht in Betracht gezogen bzw. kommen ebenso wenig vor wie Nicht-Entwicklung (optimistische Sichtweise, d. h., es wird davon ausgegangen, dass sich alle Gesellschaften gemäß dem „westlichen" Vorbild entwickeln).

(2) Die verschiedenen **Gehalte und Formen von „traditionell" und „modern"** werden verschleiert.

(3) Die **Bedeutung und Rolle von Werten und normativen Erwartungen** in den sogenannten „traditionellen" Gesellschaften werden überschätzt. Konflikte und Spannungen werden zwar erwähnt, aber sowohl nationale wie auch internationale Herrschaftsverhältnisse ignoriert.

(4) **Methodische Kritik**: Die Argumentation ist abstrakt, ahistorisch und undifferenziert. Statistiken werden häufig als einzige Quelle herangezogen, historisches Material oder qualitative Methoden dagegen kaum angewendet.

Die gesellschaftspolitischen Dimensionen der modernisierungstheoretischen Positionen, insbesondere die negativen Auswirkungen der ökonomischen Strategien, führten vor allem in lateinamerikanischen Ländern zu Diskussionen und zur Herausbildung theoretischer Perspektiven, die unter dem Begriff der *dependencia* zusammengefasst werden können. Nicht endogene Entwicklungsdefizite, sondern exogene Faktoren, wie koloniale Kontinuitäten und die Integration in den Weltmarkt, wurden von den Wissenschaftler*innen aus den ehemaligen Kolonialländern als Ursache für die spezifische soziale Struktur der Gesellschaften angesehen und als „Entwicklung der Unterentwicklung" (Frank 1970). Dieser Gedanke wurde im Rahmen der Weltsystemtheorie historisch eingebettet und weiterentwickelt (Wallerstein 1974). Sowohl die Modernisierungs- als auch die Dependenztheorien sind programmatische Theorieentwürfe, die gesellschaftliche Orientierungsentwürfe und Visionen bis heute bereitstellen.

Die 1980er Jahre leiteten das Ende der „großen" Theorien ein und damit auch ein eigenständigeres Profil der Entwicklungssoziologie (Neubert 2003: 113). Deutlich wurde, dass der Fortschrittsglaube der Modernisierung an seine Grenzen stößt, nicht nur in Anbetracht der Verschuldungskrisen in Lateinamerika, sondern auch der katastrophalen Auswirkungen auf die Umwelt. Hinzu kam, dass die Differenzierung der Länder, die als „Dritte Welt" oder „unterentwickelt" konstruiert und kategorisiert wurden, nicht mehr haltbar war. Menzel (1992) spricht deshalb vom „Ende der Dritten Welt und dem Scheitern der großen Theorien" und schlägt einen Rückgriff auf „Theorien mittlerer Reichweite" vor. Dies führte zur sogenannten empirischen und handlungstheoretischen Wende in der Entwicklungssoziologie (Neubert 2003; Schrader 2008). Trotz dieser Wende ist allerdings die Debatte um den Stellenwert von Theoriebildung im Sinne sogenannter großer Theorien im Bereich der Entwicklungssoziologie nie verebbt (siehe Götze 2002 oder Neubert/ Daniel 2012).

3 Forschungsschwerpunkte, Themenfelder und aktuelle Entwicklungen

Im Folgenden werden Forschungsschwerpunkte, Themenfelder sowie neuere Entwicklungen im Bereich der Entwicklungssoziologie skizziert. In Anbetracht der Komplexität des Gegenstands (Globaler Süden), der historischen Entwicklungen in diesem Bereich und der Vielzahl der bearbeiteten Themen kann nur ein grober Überblick gegeben werden. Die Grenzen zwischen den hier beschriebenen Forschungsschwerpunkten und Themenfeldern, aber auch zu anderen Disziplinen oder speziellen Soziologien, die sich mit ähnlichen Themenfeldern, Regionen oder Fragestellungen auseinandersetzen, sind oft fließend.

3.1 Drei Forschungsschwerpunkte der Entwicklungssoziologie

Das Selbstverständnis und die Forschungsschwerpunkte der letzten Dekaden lassen sich in drei Kernbereiche einteilen (Neubert 2003: 111f.; Schrader 2008: 2):

(1) Entwicklungssoziologie als Soziologie „nicht-westlicher" Länder
Sozialer Wandel in einzelnen Ländern des Globalen Südens wird oft in Kooperation mit anderen speziellen Soziologien und/oder anderen Disziplinen untersucht. Empirische Mikro- und Makroanalysen werden durchgeführt, um qualitative und quantitative Daten zu gesellschaftlichen Prozessen und Strukturen empirisch zu erheben.

(2) Entwicklungssoziologie als gesellschaftsvergleichende Forschung
Analysiert werden gesellschaftliche Entwicklungsprozesse, sozialer Wandel oder Formen der Ungleichheit vor dem Hintergrund postkolonialer Kontinuitäten, glo-

baler Integration, Vernetzungen und Interaktionen. Entwicklung wird aufgrund unterschiedlicher politischer, ökonomischer und sozialer Kontexte sowie unterschiedlicher historischer Prozesse primär als offener, diverser und ambivalenter Prozess definiert. Dabei geht es meist nicht darum, welche gesellschaftlichen Strukturen ökonomische Entwicklung „behindern“ oder bedingen, sondern welche gesellschaftlichen und sozialen Veränderungen oder soziale Ungleichheiten ökonomische Entwicklungen und/oder (vor allem seit den 1990er Jahren) Globalisierungsprozesse initiieren. Bezug genommen wird auf Theorien und Analysekategorien der Allgemeinen Soziologie zu gesellschaftlichem Wandel oder auf Globalisierungsdiskurse, auch und insbesondere, um ihre Anwendbarkeit und Relevanz zu reflektieren bzw. zu kritisieren.

(3) Entwicklungssoziologie als Entwicklungspolitikforschung

Entwicklungspolitische Akteur*innen, Organisationen und Institutionen der Entwicklungszusammenarbeit sowie ihr Selbstverständnis, ihre Agenden, Maßnahmen und Strategien stehen im Zentrum der Analyse. Daneben werden ethische Fragen von Interventionen ebenso diskutiert und analysiert wie wissenssoziologische Überlegungen zu Entwicklung und Entwicklungswissen (Lachenmann 1994; Nederveen Pieterse 2001). Einerseits wird Wissen *für* Entwicklung generiert, im Sinne von Projektevaluationen oder durch Politikberatung. Hier steht die Praxis im Zentrum. Andererseits wird auch *über* Entwicklung geforscht, im Sinne einer Kritik an der Entwicklungspolitik, deren Ignoranz gegenüber lokalen Entwicklungsanstrengungen, Präferenzen und Wissen, lokalen Machtstrukturen oder der fehlenden Berücksichtigung von Geschlechterverhältnissen. Ebenso stehen Entwicklungsorganisationen und deren Organisationsdynamiken (Neubert 1997) sowie deren Inszenierung (Rottenburg 2002) im Zentrum des wissenschaftlichen Interesses.

Diese drei skizzierten Forschungsschwerpunkte der Entwicklungssoziologie verdeutlichen die Spanne und die Breite der Entwicklungssoziologie von einer „analytisch-theoretischen bis zur praxisbezogenen Dimension“ (Schrader 2008: 2).

3.2 Vier zentrale Themenfelder der (deutschsprachigen) Entwicklungssoziologie

Im Folgenden sollen vier Themenschwerpunkte herausgearbeitet werden, die im deutschsprachigen Bereich die wissenschaftlichen Debatten bestimmen und ganz erheblich zu der in der Einleitung schon erwähnten Hinterfragung von sogenannten objektiven Kategorien und Ansätzen der Allgemeinen Soziologie und deren Erklärungsmöglichkeiten in außereuropäischen bzw. nicht-westlichen Gesellschaften beigetragen haben: Wirtschaftshandeln, Prozesse der Vergemeinschaftung, politische Soziologie und Zivilgesellschaft, Geschlechterforschung.

Wirtschaftshandeln war insbesondere in den 1980er und 1990er Jahren ein wichtiges Thema im Bereich der Entwicklungssoziologie. Einerseits wurden mit Bezug auf Polanyi (1977) empirisch die Einbettung und Entbettung wirtschaftlichen Handels in soziale Strukturen analysiert und gerade in Bezug auf außereuropäische Länder (Evers 1987) und aus geschlechtsspezifischer Perspektive (Schultz 2004; Lachenmann/Dannecker 2001) reflektiert und weiterentwickelt. Es wurde gezeigt, dass wirtschaftliches Handeln nicht nur durch Markt- und Preismechanismen bestimmt wird, sondern auch durch soziale Normen. Das bedeutete auch eine Hinterfragung der in den Wirtschaftswissenschaften dominanten Definition von rationalem wirtschaftlichem Handeln und die Aufarbeitung der Relevanz z. B. von Vertrauensnetzwerken. Andererseits wurde insbesondere im sogenannten „Bielefelder Verflechtungsansatz" die Interdependenz von Subsistenzproduktion, Warenproduktion, Lohnarbeit und Hausarbeit innerhalb der kapitalistischen Ökonomie untersucht (Entwicklungssoziologen 1979; Evers 1987). Gezeigt wurde, dass Kapitalakkumulation, insbesondere in den sogenannten Entwicklungsländern, auch über Formen der Selbstständigkeit oder unbezahlte Hausarbeit stattfindet, die mit der Konstruktion und Übertragung des Bildes von Frauen als Hausfrauen und damit der Entwertung ihrer Tätigkeiten einhergeht (Werlhof et al. 1983).

Über die Kategorie „Gemeinschaft" haben sich entwicklungssoziologische Arbeiten mit dem Bestreben, Logiken gesellschaftlicher Veränderungen zu erfassen und kategorial zu bestimmen, schon recht früh mit soziologischer Theoriebildung auseinandergesetzt (Götze 2002: 137). Analysiert wurden „Wir-Gruppen-Prozesse" (Elwert 1989), d. h. die Konstruktion von Gemeinschaften oder ethnischen Gruppen über postulierte Traditionen oder gemeinsame Erfahrungen, in der Annahme, dass die Möglichkeiten zur Herausbildung von Solidarität im Globalen Süden als Folge postkolonialer Staatenbildung und der Integration in den Weltmarkt grundlegend andere sind. Es geht dabei, theoretisch gesehen, nicht um das Wesen von Gemeinschaften, sondern um *Prozesse der Vergemeinschaftung*, d. h. Grenzziehungen und Konstruktionen kollektiver Identitäten. Insbesondere die in der Interaktion konstruierten und praktizierten Grenzziehungen von „Wir" und „die Anderen", die gerade in und über Ethnizitätsprozesse bzw. die Konstruktion von Ethnizität sichtbar werden, werden in Bezug auf Handlungsspielräume, Ressourcenmobilisierung, im Zuge von Migrationsprozessen oder im Rahmen von Staatsverfall, analysiert

(Schlee/Werner 1996; Gerharz 2014; Schultz 2015). Dass Vergemeinschaftungsprozesse sich nicht notwendigerweise auf „lokal" fixierte Sachverhalte beziehen müssen, hat Kößler (1998) gezeigt und damit Debatten im Rahmen der Produktion von Lokalität im Zuge und als Teil von Globalisierungsprozessen vorgegriffen.
Unter dem Label *politische Soziologie und Zivilgesellschaft* können Beiträge und Konzepte zusammengefasst werden, die sich mit dem Prozess der Bildung postkolonialer Staaten auseinandersetzen (Brandstetter/Neubert 2002). Da der territoriale Nationalstaat, der zum festen Bestandteil des Begriffs von *Entwicklung* geworden ist, weltweit durchgesetzt wurde, standen die Verbindungen zu den Gesellschaften (Kößler/Schiel 1996), das Staatswesen und Strategien der Machtausübung (Bierschenk/Elwert 1993) sowie strategische Gruppen (Evers/Schiel 1988) im Prozess der Staatenbildung im wissenschaftlichen Interesse. Das dynamische Konzept der „strategischen Gruppen" verbindet sozioökonomische Analysen mit handlungsorientierten Ansätzen und arbeitet die strategisch-politische Bedeutung und Entwicklung dieser „Klasse" heraus. Auch das Konzept der Zivilgesellschaft wurde schon früh diskutiert und problematisiert, z. B. von Neubert (2003: 115) oder in den meist empirischen Forschungen zu Selbstorganisation und Partizipation, sozialen Bewegungen und politischen Freiheitsrechten (Lachenmann 1997).
Auch die *Geschlechterforschung* ist ein wichtiges Themenfeld und fest in der Entwicklungssoziologie verankert. Die Frage, wie Geschlecht in den verschiedenen Feldern und im wissenschaftlichen Diskurs produziert und reproduziert wird, zieht sich als roter Faden durch die Forschungen. Neben der feministischen Subsistenzperspektive, die die Relevanz von unbezahlter Reproduktionsarbeit und Subsistenzproduktion für die Warenproduktion analysiert (Werlhof et al. 1983), sind jene Arbeiten hervorzuheben, die zeigten, dass die soziokulturelle Einbettung der Ökonomie meist einen sehr klaren geschlechtsspezifischen Charakter aufweist, mehr noch, Geschlechterbeziehungen strukturiert. Daher wird untersucht, wie Arbeits- und Lebensbereiche von Frauen und Männern verflochten sind und sich durch Konflikte, aber auch Kooperationen auszeichnen (Lachenmann/Dannecker 2001; Schultz 2004). Das gilt auch für den Bereich der Entwicklungspolitik und -zusammenarbeit (Lachenmann 1998; Rodenberg 2004). Neuere Arbeiten insbesondere zu Zusammenhängen von Geschlecht, Arbeit und Migration verdeutlichen, dass Geschlecht eine wichtige Analyseperspektive darstellt, um globale Transformationen und Phänomene zu analysieren und um zu zeigen, wie Diskurse und Lebenswelten mit anderen sozialen Kategorien wie Klasse oder Nationalität verflochten sind (Dannecker 2005; 2010; Lenz et al. 2007; Schultz 2010).

3.3 Neuere Entwicklungen und Perspektiven der Entwicklungssoziologie

Eine Debatte, die auch im Bereich der Entwicklungssoziologie aufgegriffen wird, ist die Neubestimmung von „Entwicklung". Neben begriffsanalytischen Untersuchungen zu den Hintergründen der Vorstellung über Entwicklung (Kößler 1998) werden der Entwicklungsdiskurs, dessen historische Hervorbringung, Machtverhältnisse, aber auch die Umsetzung des Entwicklungsdiskurses in spezifische entwicklungspolitische Praktiken diskutiert und problematisiert. Dazu hat die postkoloniale Kritik an der Soziologie und der Entwicklungssoziologie beigetragen (Costa 2007: 117) aber auch die sogenannten *postdevelopment* Ansätze (Escobar 1995; Ziai 2007). Diese lenkten den Blick u. a. auf die institutionelle Entstehung des Handlungsfelds „Entwicklung" und theoretisch auf die Selbstverständlichkeiten und die Grundannahmen dieses Forschungs- und Politikfeldes und damit explizit auch die Normativität der Entwicklungssoziologie und -forschung und den immanenten Eurozentrismus. In Auseinandersetzung mit diesen Ansätzen forderte z. B. Götze schon 2002 eine selbstreflexive Entwicklungssoziologie (und Soziologie), insbesondere in Bezug auf Entwicklungsvorstellungen, und eine Analyse ihrer Inhalte und Entstehungsbedingungen (Hauck 2003), während z. B. Schultz (2014) und Daniel (2019) sich mit der Frage auseinandersetzen, was diese Kritik methodisch bedeutet. Neben diesen immanenten Debatten und Entwicklungen lassen sich auch thematische Verschiebungen und methodologische Reflexionen feststellen. Aus einer akteursorientierten Perspektive sind wissenschaftliche Untersuchungen zu nennen, die sich mit neuen Formen sozialer Vernetzungen, Migrationsbewegungen und sozialem Wandel (Faist 2000; Pries 2008; Gerharz 2014; Dannecker 2016), neuen Medien und Kommunikationsformen oder transnationalen Prozessen im Zuge von Globalisierungs- und Lokalisierungsprozessen auseinandersetzen (Lachenmann/Dannecker 2001). Ausgangspunkt ist dabei die Annahme, dass soziale Akteur*innen zugleich Objekte und Subjekte von globalen Prozessen sind. Dieses Spannungsverhältnis aus Sicht der involvierten Akteur*innen empirisch zu untersuchen und dabei unterschiedliche Handlungsebenen zu verbinden, steht im Mittelpunkt. Dies findet auch im Kontext neuerer Arbeiten zu Aktivismus, sozialen Bewegungen und alternativen Gesellschaftsformen im Globalen Süden statt. Hier stehen insbesondere Akteur*innen wie indigene Gruppen (Gerharz 2016; Gerharz et al. 2018), Studierendenbewegungen (Deutschmann 2015) oder „neue Mittelklassen" im Globalen Süden (Daniel et al. 2016) im Fokus des Erkenntnisinteresses sowie deren Möglichkeiten, Grenzen, aber auch Vorstellungen von Entwicklung und gesellschaftlichem Wandel vor dem Hintergrund postkolonialer Kontinuitäten und globaler sozialer

Ungleichheiten. Die Frage, inwieweit mit „westlichen" Konzepten und sozialen Kategorien diese Phänomene wissenschaftlich konzeptualisiert und analysiert werden können, charakterisiert implizit und explizit die Arbeiten in diesem Bereich. Daran schließen sich Fragen der methodologischen Herangehensweise an, insbesondere wie globale und transnationale Prozesse und Entwicklungen empirisch untersucht werden können (Lachenmann 2010; Long/Long 1992). Ferner wird das in der Soziologie dominante normative Konzept der (westlichen) Moderne reflektiert. So spricht z. B. Randeria (2005) von „verwobenen" Modernen, d. h., es gibt nicht *die* westliche Moderne, sondern eine Vielzahl von Modernisierungsprozessen, die zueinander in Austausch und Konflikten stehen und sich bedingen.

4 Aktuelle Forschung in Österreich

Während in den 1980er und 1990er Jahren an deutschsprachigen Universitäten Lehrstühle für Entwicklungssoziologie eingerichtet wurden, ist die Bestimmung des Bereichs nicht nur inhaltlich, sondern auch institutionell immer schwieriger geworden. Im deutschsprachigen Raum gibt es an verschiedenen Standorten regional orientierte Forschungszusammenhänge, wo Lehre und Forschung auch im Bereich der Entwicklungssoziologie stattfinden, sowie die *Sektion Entwicklungssoziologie/Sozialanthropologie* der *Deutschen Gesellschaft für Soziologie* als wichtige Diskussions- und Vernetzungsorganisation. In Österreich und zunehmend auch in Deutschland wird der Begriff der Entwicklungsforschung verwendet, um auf die Transdisziplinarität des Gegenstands „Entwicklung" zu verweisen (Fischer et al. 2015). So gibt es an der *Universität Linz* am *Institut für Soziologie* eine *Abteilung für Politik- und Entwicklungsforschung*, wo v. a. die Wirkungen von sozialen Bewegungen auf politische Systeme sowie ungleiche Entwicklungen aus historischer und transnationaler Perspektive untersucht werden. Eine Professur für Entwicklungssoziologie, die als solche ausgewiesen ist, gibt es am *Institut für Internationale Entwicklung* der *Universität Wien*. Das Institut verfolgt einen transdisziplinären Ansatz. Das Ziel ist, den Gegenstand „Entwicklung" an den Grenzen von Disziplinen, von Wissenschaft sowie von Theorie und Praxis zu fassen und entsprechende methodologische und theoretische Instrumentarien, Konzepte und Zugänge für dessen Analyse weiterzuentwickeln. Soziologische und entwicklungssoziologische Forschungen und Lehre finden dort aktuell im Bereich Transnationalisierung, Migration, insbesondere den Debatten um den Zusammenhang von Entwicklung und Migration, Geschlechterforschung, Ernährung und Körperpolitiken statt. Der Begriff der Entwicklungsforschung wird auch verwendet, um auf universitäre und außeruniversitäre Forschungseinrichtungen zu verweisen, die sich mit globalen Problemstellungen und sozialen Ungleichheiten beschäftigen. Thematisch finden sich Überschneidungen zu den Themen, die auch in der Entwicklungssoziologie immer relevant waren, soziologische Ansätze und Methoden finden hierbei unterschiedliche Berücksichtigung. An der *Universität für Bodenkultur* in Wien, insbesondere am *Centre for Development Studies*, findet Entwicklungsforschung mit einem Fokus auf ländliche Entwicklung, Nachhaltigkeit und Ressourcenmanagement statt. An der *Universität Salzburg* und an der *Universität Graz* gibt es v. a. im Bereich der Lehre *Global Studies*, also Studiengänge, die ein integratives Verständnis für globale Gesellschaft, ihre Interdependenzen und Entwicklungen vermitteln. Unterschiedliche ökonomische, ökologische, politische und soziale Transformationsprozesse stehen dabei im Zentrum. Im außeruniversitären Bereich ist die *Österreichische Forschungsstiftung für Internationale Entwicklung (ÖFSE)* hervorzuheben, die sich mit Fragen der internationalen Entwicklung, der Entwicklungszusammenarbeit und Entwicklungspolitik in Österreich wissenschaftlich auseinandersetzt und Studien, Analysen und Grundlagenpapiere, Politik- und Strategieberatung für Akteur*innen der Entwicklungszusammenarbeit erstellt.

5 Anwendungsbezug

Wichtige Anwendungsbezüge der Entwicklungssoziologie sind explizit die Entwicklungspolitik und Entwicklungszusammenarbeit. Nicht erst seit dem Weltbankbericht *Knowledge for Development* 1998/1999, in dem die Relevanz von Wissen für Entwicklung im Fokus stand, haben entwicklungssoziologische Arbeiten zu kontroversen Diskussionen und Debatten im Bereich der Entwicklungspolitik und Entwicklungszusammenarbeit geführt. So haben z. B. die handlungs- und akteursorientierten Ansätze deutlich gemacht, dass sowohl historische Prozesse als auch gesellschaftliche Kontexte für die Planung und Durchführung von Projekten und Programmen der Entwicklungspolitik und Entwicklungszusammenarbeit wichtig sind. Die daraus abgeleiteten Programme und die Definition von Entwicklungszielen sind allerdings politische Entscheidungen, die zwar häufig in Bezug zu wissenschaftlichen Ansätzen gesetzt werden, aber nicht deren Ergebnis sind, d.h., hierbei handelt es sich um einen indirekten Anwendungsbezug. Neben diesem indirekten gibt es auch den direkten Anwendungsbezug an der Schnittstelle zwischen Theorie und Praxis. So arbeiten (Entwicklungs-)Soziolog*innen z. B. in Organisationen wie der *Österreichischen Forschungsstiftung für Internationale Entwicklung* und dem *Deutschen Institut für Entwicklungspolitik*, um nur zwei Institutionen herauszugreifen, wo auch angewandte Entwicklungsforschung stattfindet.

6 Literatur

a. Einführungsliteratur

Dannecker, Petra/Englert, Birgit (Hg.) (2013): Qualitative Methoden in der Entwicklungsforschung. Wien: Mandelbaum.

Fischer, Karin/Hauck, Gerhard/Boatcâ, Manuela (Hg.) (2015): Handbuch Entwicklungsforschung. Wiesbaden: Springer.

Götze, Dieter (2002): Entwicklungssoziologie. Eine Einführung. Weinheim: Juventa.

Kolland, Franz/Dannecker, Petra/Gächter, August/Suter, Christian (Hg.) (2010): Soziologie der globalen Gesellschaft. Eine Einführung. Wien: Mandelbaum.

Neubert, Dieter (2003): Entwicklungssoziologie. Empirische Wende und Ansätze zur neuen Theoriebildung. In: Orth, Barbara/Schwietring, Thomas/Weiß, Johannes (Hg.): Soziologische Forschung. Stand und Perspektiven. Opladen: Leske + Budrich, 111–124.

Schrader, Heiko (2008): Entwicklungssoziologie. Eine Begriffsbestimmung. Arbeitsbericht Nr. 48. Magdeburg: Otto-van-Guericke-Universität.

b. Weitere zitierte Literatur

Bierschenk, Thomas/Elwert, Georg (1993): Entwicklungshilfe und ihre Folgen. Frankfurt a. M.: Campus.

Boatcâ, Manuela/Costa, Sérgio (2010): Postcolonial Sociology: A Research Agenda. In: Gutiérrez Rodríguez, Encarnación/Boatcâ, Manuela/Costa, Sérgio (Eds.): Decolonizing European Sociology: Transdisciplinary Approaches. Burlington/Surrey: Ashgate, 13–32.

Brandstetter, Anna-Maria/Neubert, Dieter (2002): Postkoloniale Transformation in Afrika. Zur Neubestimmung der Soziologie der Dekolonisation. Münster: LIT-Verlag.

Costa, Sérgio (2007): Vom Nordatlantik zum ‚Black Atlantic'. Postkoloniale Konfigurationen und Paradoxien transnationaler Politik. Bielefeld: transcript.

Daniel, Antje (2019): Ambivalenzen des Forschens unter Bedingungen (post-)dekolonialer Debatten. In: Forschungsjournal Soziale Bewegungen, Jg. 32, H. 1, 40–49.

Daniel, Antje/Müller, Sebastian/Stoll, Florian (2016): Mittelklasse, Mittelschichten oder Milieus in Afrika. Gesellschaften im Wandel? Baden-Baden: Nomos, 9–28.

Dannecker, Petra (2005): Transnational Migration and the Transformation of Gender Relations. The Case of Bangladeshi Labour Migrants. In: Current Sociology, Vol. 53 (4), 655–674.

Dannecker, Petra (2010): Gender, Entwicklung und Globalisierung. Ein Überblick. In: Kolland, Franz/Dannecker, Petra/Gächter, August/Suter, Christian (Hg.): Soziologie der globalen Gesellschaft. Eine Einführung. Wien: Mandelbaum, 263–293.

Dannecker, Petra (2016): Rückkehr und Entwicklung: Konzeptualisierungen, Erfahrungen und Perspektiven für sozialen Wandel. In: Carvill Schellenbacher, Jennifer/Faßmann, Heinz/Reinprecht, Christoph (Hg.): Migration und Integration – wissenschaftliche Perspektiven aus Österreich: Wien: Vienna University Press, 113–131.

Deutschmann, Anna (2015): Studierendenbewegungen in Mali und Kenia. In: Forschungsjournal Soziale Bewegungen, H. 3, 77–84.

Elwert, Georg (1989): Nationalismus und Ethnizität. Über die Bildung von Wir-Gruppen. In: Kölner Zeitschrift für Soziologie und Sozialpsychologie, Jg. 41, H. 3, 440–464.

Entwicklungssoziologen, AG Bielefeld (Hg.) (1979): Subsistenz und Akkumulation. Saarbrücken: Breitenbach.

Escobar, Arturo (1995): Encountering Development. The Making and Unmaking of the Third World. Princeton: Princeton University Press.

Evers, Hans-Dieter (1987): Subsistenzproduktion, Markt und Staat. Der sog. Bielefelder Verflechtungsansatz. In: Geographische Rundschau, Jg. 39, 136–140.

Evers, Hans-Dieter/Schiel, Tilman (1988): Strategische Gruppen. Vergleichende Studien zu Staat, Bürokratie und Klassenbildung in der Dritten Welt. Berlin: Dietrich Reimer.

Faist, Thomas (2000): The Volume and Dynamics of International Migration. New York: Oxford University Press.

Frank, André Gundar (1970): The Development of Underdevelopment. In: Rhodes, Roderick I. (Ed.): Imperialism and Underdevelopment. New York: Monthly Review Press, 4–17.

Gerharz, Eva (2014): The Politics of Reconstruction and Development in Sri Lanka. Transnational Commitments to Social Change. London: Routledge.

Gerharz, Eva (2016): Indigenität, Nationalismus und Benennungspolitiken in Bangladesch. In: Psychosozial, Jg. 39, H. 146, 11–26.

Gerharz, Eva/Uddin, Nasir/Chakkarath, Pradeep (Eds.) (2018): Indigeneity on the Move. Varying Manifestations of a Globalised Concept. New York: Berghahn.

Go, Juian (2013): For a postcolonial sociology. In: Theory and Society, Vol. 42, 25–55.

Hauck, Gerhard (2003): Die Sozialwissenschaften und ihr Anderes. Münster: Verlag Westfälisches Dampfboot.

Kolland, Franz (2010): Grundlagen einer Soziologie der Globalisierung. In: Ders./Dannecker, Petra/Gächter, August/Suter, Christian (Hg.): Soziologie der globalen Gesellschaft. Eine Einführung. Wien: Mandelbaum, 13–49.

Kößler, Reinhart (1998): Entwicklung. Münster: Verlag Westfälisches Dampfboot.

Kößler, Reinhart/Schiel, Tilman (1996): Auf dem Weg zu einer kritischen Theorie der Modernisierung. Frankfurt a. M.: IKO.

Lachenmann, Gudrun (1994): Systeme des Nichtwissens. Alltagsverstand und Expertenbewußtsein im Kulturvergleich. In: Hitzler, Roland/Honer, Anne/Maeder, Christoph (Hg.): Expertenwissen. Opladen: Leske + Budrich, 285–305.

Lachenmann, Gudrun (1997): Zivilgesellschaft und Entwicklung. In: Schulz, Manfred (Hg.): Entwicklung. Perspektiven der Entwicklungssoziologie. Opladen: Westdeutscher Verlag, 187–212.

Lachenmann, Gudrun (1998): Strukturanpassung aus Frauensicht. Entwicklungskonzepte und Transformationsprozesse. In: Klingebiel, Ruth/Randeria, Shalini (Hg.): Globalisierung aus Frauensicht. Bilanzen und Visionen. Bonn: J.H.W. Dietz, 294–319.

Lachenmann, Gudrun (2010): Methodische/methodologische Herausforderungen im Globalisierungskontext. Komplexe Methoden zur Untersuchung von Interfaces von Wissenssystemen. Working Paper 364. Bielefeld: Universität Bielefeld.

Lachenmann, Gudrun/Dannecker, Petra (Hg.) (2001): Die geschlechtsspezifische Einbettung der Ökonomie. Münster: LIT-Verlag.

Lenz, Ilse/Ullrich, Charlotte/Fersch, Barbara (Eds.) (2007): Gender Orders Unbound. Globalisation, Restructuring and Reciprocity. Opladen: Leske + Budrich.

Long, Norma/Long, Anne (Eds.) (1992): The Battlefields of Knowledge. The Interlocking of Theory and Practice in Social Research and Development. London: Routledge.

Menzel, Ulrich (1992): Das Ende der Dritten Welt und das Scheitern der großen Theorien. Frankfurt a. M.: Suhrkamp.

Nederveen Pieterse, Jan (2001): Development Theory. London: Sage.
Neubert, Dieter (1997): Entwicklungspolitische Herausforderungen und gesellschaftliche Wirklichkeit. Eine vergleichende Länderstudie von Nichtregierungsorganisationen in Kenia und Ruanda. Frankfurt a. M.: Campus-Verlag.
Neubert, Dieter (2010): Zivilgesellschaft in Afrika? Formen gesellschaftlicher Selbstorganisation im Spannungsfeld zwischen Globalisierung und soziopolitischer Organisation. In: Paul, Axel (Hg.): Globalisierung Süd. Leviathan Sonderheft, Jg. 26, 185–204.
Neubert, Dieter/Daniel, Antje (2012): Introduction. Translating Globalizations, World Society and Modernity in Everyday Life – Theoretical Reflections and Empirical Perspectives. In: Sociologus, Vol. 62 (1), 1–23.
Polanyi, Karl (1977): The Great Transformation. Frankfurt a. M.: Suhrkamp.
Pries, Ludger (2008): Die Transnationalisierung der sozialen Welt. Frankfurt a. M.: Suhrkamp.
Randeria, Shalini (2005): Verwobene Moderne. In: Brunkhorst, Hauke/Costa, Sergio (Hg.): Jenseits von Zentrum und Peripherie. Zur Verfassung der fragmentierten Weltgesellschaft. München: Rainer Hampp, 169–196.
Reuter, Julia/Villa, Paula-Irene (Hg.) (2010): Postkoloniale Soziologie. Bielefeld: transcript.
Rodenberg, Birte (2004): Das Recht auf Geschlechtergleichheit in der Armutsbekämpfung der Entwicklungsinstitutionen. Ansätze für ein neues entwicklungspolitisches Paradigma. In: Femina Politica, Jg. 13, H. 2, 72–84.
Rottenburg, Richard (2002): Weit hergeholte Fakten. Eine Parabel der Entwicklungshilfe. Stuttgart: Lucius & Lucius.
Sachs, Wolfgang (1989): Zur Archäologie der Entwicklungsidee. In: epd-EP, Nr. 1.
Schlee, Günther/Werner, Karin (1996): Inklusion und Exklusion. Die Dynamik von Grenzziehungen im Spannungsfeld von Markt, Staat und Ethnizität. Köln: Köppe.
Schultz, Ulrike (2004): Negotiating Gender: Gender Relations and Identities in African Marketplaces. In: Wohlmuth, Karl/Gutowski, Achim/Knedlik, Tobias/Meyn, Mareike/Pitamber, Sunita (Eds.): African Entrepreneurship and Private Sector Development. Münster: LIT-Verlag, 413–440.
Schultz, Ulrike (2010): Intersektionalität, Ethnizität und Geschlecht: Umsetzung in der qualitativen Sozialforschung. In: Vinz, Dagmar/Smykalla, Sandra (Hg.): Intersektionalität zwischen Gender und Diversity. Theorie, Methoden und Politiken der Chancengleichheit. Münster: Verlag Westfälisches Dampfboot, 128–143.
Schultz, Ulrike (2014): Über Daten nachdenken: Grounded Theory Studien in der entwicklungssoziologischen Forschung. In: Dannecker, Petra/Englert, Birgit (Hg.): Qualitative Methoden in der Entwicklungsforschung. Wien, Mandelbaum,75–93.
Schultz, Ulrike (2015): „Als ob es nur Dinka und Nuer gibt …“ Ethnische Zugehörigkeiten in Khartum und Juba. In: Hauck, Gerhard/Lenz, Ilse/Wienold, Hanns (Hg.): Entwicklung, Gewalt, Gedächtnis. Münster: Verlag Westfälisches Dampfboot, 157–176.
Wallerstein, Immanuel (1974): The Modern World System. Vol. 1. New York: Academic Press.
Werlhof, Claudia/Mies, Maria/Bennholdt-Thomsen, Veronika (1983): Frauen, die letzte Kolonie. Reinbek: Rowohlt.
Ziai, Aram (2007): Development Discourse and Its Critics. An Introduction to Postdevelopment. In: Ders. (Ed.): Exploring Post-Development. London: Routledge, 3–17.
Ziai, Aram (2010): Zur Kritik des Entwicklungsdiskurses. In: Aus Politik und Zeitgeschichte, H. 10, 23–29.

c. Ausgewählte Fachzeitschriften

Development and Change
Development Dialogue
Development Policy Review
Journal für Entwicklungspolitik
Journal of Development Studies
Peripherie
Sociologus
World Development

Familien

Ulrike Zartler

1 Einleitung

Familie ist zunächst ein individueller, persönlicher Lebensbereich: Fast alle sind in einer Familie aufgewachsen und verfügen über Erfahrungen mit dieser Lebensform. Gleichzeitig ist die Gestaltung von Familien zutiefst von gesellschaftlichen Rahmenbedingungen geprägt. In diesem Spannungsbogen bewegt sich die Familiensoziologie, deren Gegenstand sich seit Beginn der Forschungsarbeiten in der Mitte des 19. Jahrhunderts stark verändert hat.

Historisch existierten unterschiedliche Familienformen nebeneinander, mit erheblichen regionalen, schicht- und berufsspezifischen Unterschieden (Funcke/Hildenbrand 2018; Rosenbaum 2014). Erst in der Mitte des 20. Jahrhunderts wurde das Modell der bürgerlichen Kernfamilie (verheiratetes Elternpaar mit gemeinsamen Kindern) von einem großen Teil der Bevölkerung gelebt. Dieses sogenannte „Goldene Zeitalter der Familie", gekennzeichnet durch hohe Eheschließungs- und Geburtenraten, niedriges Heiratsalter und niedrige Scheidungsraten, umfasste eine historisch sehr kurze Zeitspanne (1950er bis 1970er Jahre). Seit den 1970er Jahren kam es im Zuge von Individualisierungsprozessen und veränderten Werthaltungen (wieder) zu einer stärkeren Ausdifferenzierung unterschiedlicher Familienformen, begleitet von sinkenden Eheschließungs- und Geburtenraten sowie einem Ansteigen von Scheidungen und Kohabitationen (uneheliches Zusammenleben). Dies führte zu heftigen Diskussionen um eine Pluralisierung oder sogar Auflösung der Familie, was aber nur dann argumentierbar ist, wenn das „Goldene Zeitalter der Familie" als Referenz gewählt wird. In größeren historischen Zeiträumen sind die Veränderungen nicht so markant.

Standen seit der Mitte des 20. Jahrhunderts Kernfamilien und Ehen im Mittelpunkt des Interesses, so entwickelt sich die Familienforschung seither zu einer Soziologie der Lebensformen. Zentrale Fragen für eine Begriffsbestimmung sind, ob Familien durch a) das Vorhandensein mehrerer Generationen, b) das Zusammenleben im gemeinsamen Haushalt, bzw. c) einen Geschlechtsunterschied (gegengeschlechtliches Paar) konstituiert werden. Enge Definitionen gehen davon aus, dass in einer Familie ein verschiedengeschlechtliches Elternpaar mit gemeinsamen Kindern zusammenlebt. Andere betonen ebenfalls die Generationendifferenzierung und die biologisch-sozialen Funktionen von Familie (Reproduktion, Sozialisation), halten aber das Vorhandensein eines Kooperations- und Solidaritätsverhältnisses für zentral. Weiter gefasste Definitionen fokussieren auf Verwandtschaftsverhältnisse oder beinhalten das Konzept der Wahlfamilie.

Die statistische Definition betont das Zusammenleben in einem gemeinsamen Haushalt. Als Familien gelten demnach Ehepaare und Lebensgemeinschaften mit Kind(ern) oder ohne Kind(-er) bzw. Ein-Eltern-Familien; Kinder sind alle mit ihren Eltern oder einem Elternteil im selben Haushalt lebenden leiblichen, Stief- oder Adoptivkinder, die ohne eigene Partner*innen im Haushalt leben und selbst noch keine Kinder haben – ohne Rücksicht auf das Alter. Demnach gibt es 2019 in Österreich 2,44 Millionen Familien. Drei Viertel davon sind Ehepaare (33 % ohne Kinder, 38 % mit Kindern im Haushalt), jede sechste Familie ist eine nichteheliche Lebensgemeinschaft (NEL) (9 % ohne Kinder, 7 % mit Kindern im Haushalt), die verbleibenden sind Familien alleinerziehender Mütter (11 %) bzw. Väter (2 %) (Statistik Austria 2019c). Auch aus Kindersicht ist die Kernfamilie nach wie vor die häufigste Lebensform: 79 % der Kinder unter 18 Jahren lebten 2018 mit ihren beiden Eltern in einem Haushalt (68 % mit verheirateten, 11 % mit unverheirateten Eltern). 13 % lebten mit einem alleinerziehenden Elternteil und 8 % in einer Stieffamilie (Statistik Austria 2019e, g).

Rechtliche Regelungen schaffen Rahmenbedingungen für das Familienleben und legen fest, welche Lebensformen als Familie anerkannt und zivil-, sozial- oder steuerrechtlich berücksichtigt, begünstigt oder benachteiligt werden. Bis zur Mitte der 1970er Jahre basierte das österreichische Familienrecht auf einem patriarchalen Modell und einer umfassenden Autoritätsgewalt des Mannes: Der Ehemann galt als Haupt der Familie, die Frau hatte ihm zu folgen und wurde von ihm in allen Angelegenheiten vertreten. So bestimmte der Mann den Wohnsitz seiner Familie und eine verheiratete Frau durfte nur mit Zustimmung ihres Ehemannes berufstätig sein. Kinder unterstanden der „väterlichen Gewalt". In der Familienrechtsreform der 1970er Jahre wurde ein partnerschaftliches Familienmodell verankert, das auf der Gleichberechtigung von Mann und Frau beruht, Eltern-Kind-Verhältnisse neu definiert und das Kindeswohl als zentrales Prinzip einführt. Trotz dieser Reformen und weiterer Modernisierungen löst sich das österreichische Rechtssystem nur langsam von der bestehenden Ehezentrierung und Fokussierung auf die Kernfamilie (Beclin 2016; Zartler 2012).

2 Historische Entwicklung der Familiensoziologie

Die Familienforschung bildete sich im Lauf des 19. Jahrhunderts heraus, als in den Werken von Wilhelm Heinrich Riehl (*Die Familie*, 1855) und Frédéric Le Play (*Les Ouvriers Européens*, 1855) erstmals die Familie als eigenständige Gruppe untersucht wurde. Diese ersten Arbeiten waren von einem konservativen Verständnis von Familie geprägt und betrachteten eine patriarchale Autoritätsstruktur als Ideal. Sie warnten vor einem drohenden Verfall der Familie im Zuge der frühen Industrialisierung und den damit einhergehenden sozialen Problemen. Emile Durkheim (*Introduction à la Sociologie de la Famille*, 1888) gilt als eigentlicher Begründer der Familiensoziologie. Darüber hinaus beschäftigte sich ein Großteil der soziologischen Klassiker auch mit Familien. Ab Mitte der 1930er Jahre entwickelte sich im deutschen Sprachraum eine empirische Familiensoziologie, die den familialen Wandel analysierte. So gab es als Reaktion auf die Erste Frauenbewegung eine verstärkte Beschäftigung mit der sozialen Rolle der Frau. In der Nachkriegszeit etablierte sich die Familiensoziologie zunehmend und in den letzten Jahrzehnten sind in Zusammenhang mit soziodemografischen, rechtlichen oder sozialpolitischen Veränderungen umfassende Weiterentwicklungen festzustellen.

3 Zentrale Themenbereiche

Die Analyse gesellschaftlicher Phänomene ist abhängig von der theoretischen Perspektive, aus der sie betrachtet werden. Daher werden in Abschnitt 3.1 zentrale Ansätze in der Familiensoziologie vorgestellt. Abschnitt 3.2 beschäftigt sich mit wesentlichen Veränderungen in Familien.

3.1 Theoretische Perspektiven

Strukturfunktionalismus

Der strukturfunktionalistische Ansatz wurde in den 1950er Jahren entwickelt (Parsons/Bales 1956) und seit Ende der 1970er Jahre zunehmend kritisiert. Er betrachtet Familie als relativ geschlossene soziale Gruppe mit klarer Struktur und Rollenteilung: Der Mann ist für die materielle Versorgung der Familie, die Frau für Haushalt und Kind(er) zuständig (traditionelles männliches Ernährermodell). Die so organisierte Familie übernimmt wesentliche Funktionen für den Erhalt der Gesellschaft. Strukturfunktionalistisch orientierte Familiensoziologie untersucht, welche strukturellen Gemeinsamkeiten Familien kennzeichnen und welche Normen, Regeln und Rollenerwartungen sie bestimmen.

Interaktionistische und (sozial-)konstruktivistische Ansätze

Interaktionistische Ansätze stellen das Individuum als sozial handelndes in den Mittelpunkt (Blumer 1969). Soziales Handeln erfolgt aufgrund von Bedeutungen und Werten, die man den Dingen beimisst. Interaktionen zwischen den Familienmitgliedern stehen im Mittelpunkt des Forschungsinteresses. Aus dieser Forschungsperspektive wird analysiert, wie Bedeutungen, Regeln, Routinen und Rituale entstehen und Rollenverteilungen ausgehandelt werden.

Systemtheorie

Die Systemtheorie betrachtet die Familie als soziales System, das sich gegenüber der (sozialen) Umwelt abgrenzen muss (Luhmann 1988). Als charakteristisch für die Familie gilt, dass eine Vielzahl auch intimer Dinge zur Sprache kommen kann und Menschen hier ihre Eigenarten zeigen können. Familie organisiert Intimität und gilt als das einzige gesellschaftliche Subsystem, in dem Menschen als Gesamtperson wahrgenommen und behandelt werden („Inklusion der Vollperson"). Die systemtheoretische Perspektive hat vor allem in die Familientherapie und -beratung Eingang gefunden.

***Rational Choice*- und Austauschtheorie**

Rational Choice-Theorien gehen davon aus, dass Individuen rational handeln und Kosten-Nutzen-Rechnungen anstellen, um zu einem Ziel zu gelangen bzw. ihren Nutzen zu maximieren (Becker 1981). In der Familie können Grundbedürfnisse wie physisches Wohlergehen, soziale Wertschätzung oder emotionale Sicherheit befriedigt werden. Dabei werden unterschiedliche Ressourcen (z. B. Liebe, Status, Information, Zeit, Geld, Güter, Hilfs- und Versorgungsleistungen) ausgetauscht. Austauschtheoretisch orientierte Familiensoziologie erforscht Machtstrukturen in Familie und Partnerschaft, Entscheidungsmotivationen und -prozesse.

Neuere Ansätze

Neuere Ansätze verfolgen das Ziel, Familien in ihren Ambivalenzen und Vielfältigkeiten zu erfassen. Sie sehen die Familie nicht als eine Struktur, der Menschen angehören, sondern als Handlungsgeflecht und Beziehungsnetzwerk. Mit Ansätzen wie *Doing Family* und *Displaying Family* (Finch 2007; Jurczyk et al. 2014) beschäftigen sich Forscher*innen mit den Praktiken und Handlungen, die das Familienleben konstituieren, und untersuchen, wie Familien im alltäglichen Handeln permanent hergestellt werden (Morgan 2011).

3.2 Familien heute: Charakteristika und Forschungsergebnisse

Beziehungen zwischen den Generationen

Aufgrund steigender Lebenserwartung werden vertikale Familienbeziehungen, also jene zwischen den Generationen, häufiger: Noch nie kannten so viele Kinder ihre (Ur-)Großeltern. Generationenbeziehungen beinhalten sowohl finanzielle als auch alltagspraktische Unterstützung (Betreuung, Pflege) und emotionale Zuwendung (Bordone 2013; Isengard et al. 2018; Nagl-Cupal et al. 2018). Die Anzahl der Generationen innerhalb einer Familie nimmt zu, gleichzeitig haben Kinder heute weniger Seitenverwandte (Onkel, Tanten, Cousins, Cousinen) und weniger Geschwister. Dennoch wächst die überwiegende Mehrzahl mit Geschwistern auf: Die Hälfte aller Kinder im Grundschulalter lebt mit einem Geschwister im Haushalt, ein Viertel mit zwei, jedes zehnte Kind mit drei oder mehr Geschwistern und nur 15 % sind Einzelkinder (Kaindl/Schipfer 2019: 57). Die Zunahme vertikaler bei gleichzeitiger Abnahme horizontaler Verwandtschaftsbeziehungen wird als „Bohnenstangenfamilie" beschrieben, die Auseinandersetzung mit Gleichaltrigen bzw. Gleichrangigen findet hier seltener in der Familie statt, sondern in Kindergarten, Schule, Vereinen oder in der Nachbarschaft.

Ausgeprägte Veränderungen zeigen sich in der Gestaltung der Eltern-Kind-Beziehung. Kinder bekommen u. a. durch die geringere Kinderzahl einen anderen Stellenwert und werden als Sinnstifter für das Leben ihrer Eltern betrachtet (Berghammer et al. 2019; Berghammer/Schmidt 2019). Das Eltern-Kind-Verhältnis ist gekennzeichnet durch eine gestiegene Kindorientierung, die Abnahme von Kontrolle und Autorität sowie die Zunahme von Emotionalität, Kommunikation und Partizipation. Mütter und zunehmend auch Väter haben den Wunsch, zu ihren Kindern eine enge emotionale Beziehung aufzubauen und an ihrem Alltagsleben und ihrer Entwicklung intensiv teilzuhaben (Schneider et al. 2015). Veränderte Erziehungsansprüche und -praktiken erfordern Kompetenzen: Rollen- und Aufgabenverteilungen müssen ausgehandelt, Konflikte bearbeitet, Interessen ausbalanciert und Beziehungen stets neu verhandelt werden.

Institutionalisierung von Paarbeziehungen

Noch in der Mitte des 20. Jahrhunderts waren Ehe und Familie stark aufeinander bezogen. Die Geburt von Kindern ohne vorherige Eheschließung war normativ nicht akzeptiert – ebenso wenig wie eine Eheschließung ohne den Wunsch, Kinder zu haben. Heute sind Paarbeziehung, Ehe und Elternschaft weitgehend entkoppelt. Kohabitationen oder nichteheliche Lebensgemeinschaften (NEL) sind in den

letzten Jahrzehnten quantitativ markant angestiegen und haben sich zu einer Standardpassage in Beziehungsbiografien entwickelt (Beham-Rabanser et al. 2019). Sie gelten als eigenständige, von der Ehe unabhängige Lebensform, welche dieselben Funktionen erfüllen kann (Befriedigung emotionaler Bedürfnisse, Positionierung des Paars in der Gesellschaft, Legitimierung von Elternschaft). NEL werden besonders häufig in der Postadoleszenz gelebt und haben sich auch als Lebensform mit Kindern etabliert: 41 % aller Kinder und mehr als 50 % der erstgeborenen Kinder werden unehelich geboren (Kaindl/Schipfer 2019) – allerdings wird mehr als die Hälfte (54 %) durch eine nachfolgende Eheschließung der Eltern legitimiert, der Großteil noch vor dem sechsten Geburtstag (Statistik Austria 2019b). Trotz ihres starken quantitativen Anstiegs sind nichteheliche Lebensgemeinschaften rechtlich nach wie vor kaum abgesichert (Beclin 2016; Zartler 2012).
Ehen werden seltener und später geschlossen: Das mittlere Erstheiratsalter stieg seit den 1970er Jahren um mehr als sieben Jahre und lag 2018 bei 30,6 Jahren für Frauen und 32,8 Jahren für Männer (Statistik Austria 2019b). Diese Erhöhung verweist nicht, wie oft vermutet, auf eine Ablehnung der Ehe, sondern ist in verlängerten Ausbildungszeiten und ökonomisch-beruflichen Unsicherheiten begründet. Die Eheschließung wird zwar aufgeschoben, hat aber weiterhin als Institutionalisierungsereignis eine hohe Bedeutung im Lebensverlauf (Beham-Rabanser et al. 2019).

Gleichgeschlechtliche Paarbeziehungen

Auch der lange Zeit als selbstverständlich betrachtete normative Zusammenhang zwischen Familie und Heterosexualität wurde aufgeweicht. Gleichgeschlechtliche Paarbeziehungen werden zunehmend, wenn auch zögerlich, in der Bevölkerung akzeptiert: Rund zwei Drittel der Befragten des Sozialen Survey Österreich finden diese „in Ordnung", während sie ein Drittel nicht befürwortet (Beham-Rabanser et al. 2019). Die Institutionalisierung homosexueller Paarbeziehungen ist in den letzten Jahren rasch vorangeschritten: Seit 2010 können gleichgeschlechtliche Paare eine eingetragene Partnerschaft eingehen, seit 2019 steht ihnen die Institution Ehe offen. Mittlerweile wurde auch die Möglichkeit gleichgeschlechtlicher Elternschaft rechtlich normiert und Stiefkindadoption (2013) sowie Fremdkindadoption (2016) ermöglicht. Für lesbische Frauen ist es seit 2015 möglich, reproduktionsmedizinische Maßnahmen (z. B. künstliche Befruchtung) in Anspruch zu nehmen.
Familien mit gleichgeschlechtlichen Eltern („Regenbogenfamilien") stellen zwar keine häufige Lebensform dar, sind aber aufgrund ihrer symbolischen Tragweite von gesellschaftlicher Bedeutung. In der Eltern-Kind-Beziehung zeigen sich un-

terschiedliche Herausforderungen je nach Entstehungszusammenhang (Stieffamilien, Inseminationsfamilien), in der kindlichen Entwicklung wurden kaum Unterschiede zu Kindern in anderen Familienformen festgestellt (Bergold et al. 2017). Normativ ist gleichgeschlechtliche Elternschaft nach wie vor umstritten: 55 % der Österreicher*innen finden, dass gleichgeschlechtliche Paare genauso gute Eltern sind wie andere Paare, während ein Drittel (32 %) dieser Aussage (überhaupt) nicht zustimmt (Berghammer/Schmidt 2019).

Geschlechterrollen

Die Verteilung von Geschlechterrollen in Familien veränderte sich im Lauf der letzten Jahrzehnte nur allmählich. Während die normative Akzeptanz von egalitären Partnerschaften, in denen beide Partner erwerbstätig sind und Haushalts- und Sorgearbeit aufteilen, deutlich anstieg (Beham-Rabanser et al. 2019; Höllinger 2019), werden diese Einstellungen nur teilweise im Alltagshandeln umgesetzt. Väter sind zwar in einem wachsenden Ausmaß an Hausarbeit und Kinderbetreuung beteiligt und die Erwerbsbeteiligung von Frauen stieg an, was allerdings vorwiegend auf Teilzeiterwerbstätigkeit beruht (Statistik Austria 2018). Während männliche Erwerbsarbeitsverläufe kaum durch die Geburt von Kindern oder andere Sorgepflichten beeinflusst werden, sehen Frauen mit Kindern unter 15 Jahren in der Teilzeitbeschäftigung häufig die einzige Möglichkeit, einer Berufstätigkeit nachzugehen. Zudem unterbrechen die meisten Mütter in Österreich ihre Berufstätigkeit bis zum zweiten oder dritten Geburtstag des Kindes (Berghammer/Schmidt 2019; Statistik Austria 2018). Mit der Geburt von Kindern ist eine Retraditionalisierung zu beobachten: Der Vater wird als Ernährer, die Mutter als Fürsorgende betrachtet (Schadler et al. 2017). Daraus resultieren nicht nur ökonomische Abhängigkeiten von Frauen, sondern auch ungleiche Machtverhältnisse in Familien. Auch die Einstellungen bezüglich mütterlicher Erwerbstätigkeit sind nach wie vor konservativ geprägt: Mehr als die Hälfte der österreichischen Bevölkerung stimmt der Aussage zu, dass Kinder unter einer Berufstätigkeit der Mutter leiden, und zwei Drittel finden, das Familienleben würde generell unter einer Vollzeiterwerbstätigkeit von Frauen leiden (Berghammer/Schmidt 2019). Eine wesentliche Voraussetzung für gelingende Vereinbarkeit von Beruf und Familie ist ein quantitativ ausreichendes, qualitativ hochwertiges und leistbares Angebot an außerfamilialer Kinderbetreuung. Dieses wurde zwar in Österreich in den letzten Jahren ausgebaut, ist aber nach wie vor nicht ausreichend und nicht entsprechend an die Bedürfnisse von Familien angepasst.

Fertilität

Bereits seit Jahrzehnten gilt die Familie mit zwei Kindern als Ideal, auch wenn Ein-Kind-Familien zunehmend für wünschenswert gehalten werden (Berghammer et al. 2019). Im Schnitt leben in österreichischen Familien 1,63 Kinder unter 15 Jahren (Statistik Austria 2019c). Die realisierte Kinderzahl ist nicht nur von persönlichen Wünschen, sondern auch von sozialen, ökonomischen und gesellschaftlichen Rahmenbedingungen abhängig. Die Geburt von Kindern verschiebt sich biografisch nach hinten: 2001 bekamen Frauen ihr erstes Kind im Schnitt mit 26,5 Jahren, 2018 mit 29,7 (Kaindl/Schipfer 2019: 8). Die Verwirklichung des Kinderwunsches wurde zu einer voraussetzungsreichen Entscheidung: Paare möchten zunächst optimale (materielle, finanzielle, zeitliche, emotionale) Voraussetzungen schaffen, was zu einer steigenden Verbreitung von Elternschaft im höheren Alter führt. Eine Realisierung des Kinderwunsches kann dann mittels Reproduktionsmedizin (pränatale Diagnostik, künstliche Befruchtung) erreicht werden, letztlich steigt aber auch der Anteil an dauerhafter, medizinisch-biologisch bedingter Kinderlosigkeit. 2018 waren 15% der über 45-jährigen Frauen kinderlos (Statistik Austria 2019c). Reproduktionsmedizinische Behandlungen sind mit individuellen und familialen Belastungen verbunden und führen zu einem Auseinanderfallen („Segmentierung") einzelner Elemente von Elternschaft: Ein Kind kann unterschiedliche genetische, biologische, rechtliche und soziale Elternteile haben. Wie sich solche Konstellationen auf alle Beteiligten auswirken und welche gesellschaftlichen Folgen daraus resultieren, ist ein wichtiges Forschungsthema in der Familiensoziologie.

Mobilität und Migration

Die normative Vorstellung, Familie bzw. Partnerschaft sei an einen permanenten gemeinsamen Lebensort gebunden, veränderte sich in den letzten Jahrzehnten aufgrund steigender Mobilitätsanforderungen. Das betrifft nicht nur multilokale Mehrgenerationenfamilien, die sich als Standard etabliert haben. Auch sogenannte *living apart together (LAT)* Beziehungen, in denen die Partner*innen in verschiedenen Haushalten wohnen, sich aber trotzdem als Paar betrachten, werden häufiger. In Österreich lebt jede/r Fünfte zwischen 18 und 45 Jahren in einer *LAT*-Partnerschaft, überwiegend aufgrund äußerer Umstände (Beruf, Ausbildung) (Baierl 2013). Aufgrund von Migration entstehen Beziehungen, in denen die Partner*innen unterschiedliche Staatsbürgerschaften und/oder kulturelle Herkunft haben. Der Anteil von binationalen Eheschließungen (d. h., mindestens ein*e Partner*in hat nicht-österreichische Staatsangehörigkeit) hat sich zwischen 1990 und 2018 von 14% auf 30% mehr als verdoppelt (Statistik Austria 2019b). Mitunter entstehen transnationale Beziehungen, wo die Partner*innen bzw. andere Familienmitglieder (vorübergehend) in verschiedenen Ländern leben. Ein relativ neues Forschungsthema sind die Lebensumstände und Familiensituationen geflüchteter Familien (Fritsche et al. 2019). Insgesamt zeigen sich deutliche Unterschiede bezüglich familienrelevanter Variablen: Personen mit Migrationshintergrund haben eine höhere Fertilitätsrate, ein niedrigeres Erstgeburtsalter und weniger uneheliche Geburten, ihre Eheschließungsneigung ist höher und das Heiratsalter niedriger als bei jenen, die in Österreich geboren wurden. Dabei bestehen deutliche länderspezifische Unterschiede und Personen aus dem ehemaligen Jugoslawien liegen jeweils zwischen jenen aus Österreich und aus der Türkei (Beham-Rabanser et al. 2019).

Scheidungen und Trennungen

Auch wenn der Wunsch nach einer befriedigenden und stabilen Partnerbeziehung für viele zentrale Bedeutung hat, ist die Wahrscheinlichkeit, eine Trennung oder Scheidung zu erleben, relativ hoch. Die Gesamtscheidungsrate stieg in Österreich seit der Mitte des 20. Jahrhunderts stark an (1957: 14 %), erreichte 2007 den Höchststand (50 %) und nahm seither ab (2018: 41 %) (Statistik Austria 2019a). Das bedeutet, dass 41 von 100 aktuell geschlossenen Ehen voraussichtlich durch eine Scheidung beendet werden. Das „Scheidungsrisiko“ aus Kindersicht, d.h. die Wahrscheinlichkeit, bis zum 18. Geburtstag eine Scheidung der Eltern zu erleben, beträgt 20 % bzw. 30 %, wenn auch Trennungen nichtehelicher Lebensgemeinschaften inkludiert werden (Zartler/Berghammer 2013). Auffallend ist der steigende Anteil von Scheidungen nach langer Ehedauer (25 und mehr Ehejahre), der sich zwischen 1990 und 2018 fast verdoppelt hat und bei 14 % liegt (Berghammer/Schmidt 2019; Statistik Austria 2019a). Dieser Trend wird als *Gray Divorce Revolution* bezeichnet.

Trennungsursachen können mit einem Zusammenspiel aus gesellschaftlichen Entwicklungen, soziodemografischen und individuellen bzw. paarspezifischen Faktoren erklärt werden: höhere Bildung und ökonomische Unabhängigkeit von Frauen, steigende normative Akzeptanz, steigende Anforderungen an familiale und partnerschaftliche Alltagsbewältigung, geringe Kommunikations- und Konfliktlösungskompetenzen. Forschungsbefunde verweisen auf psychosoziale, gesundheitliche, normative und ökonomische Belastungen durch Scheidungen. Ein großer Teil der betroffenen Kinder und Eltern kann sich mittelfristig gut an die veränderte Lebenssituation anpassen (Arránz Becker 2015; Zartler 2020). Nach einer Scheidung bleibt die Obsorge beider Elternteile aufrecht. Während die meisten Kinder vorwiegend im mütterlichen Haushalt wohnen, sind mittlerweile auch Doppelresidenzmodelle

mit einer (annähernd) gleichen Aufteilung der kindlichen Zeit in beiden elterlichen Haushalten rechtlich möglich.
Die häufigste Lebensform nach einer Scheidung ist die (mütterliche) Einelternfamilie. 15 % aller österreichischen Familien mit Kindern unter 18 Jahren sind Einelternfamilien, und 13 % der Kinder dieser Altersgruppe leben in diesen Familien, davon 91 % bei der Mutter und 9 % beim Vater (Statistik Austria 2019f, g). Die Lebenssituation Alleinerziehender und ihrer Kinder ist von stresshaften und belastenden Faktoren, insbesondere einer stark erhöhten Armutsgefährdung, gekennzeichnet. Die hohe Bereitschaft, sich nach der Beendigung einer Beziehung erneut zu binden, führt zum Entstehen von Stief- bzw. Patchworkfamilien. Ihr Anteil an allen Familien mit Kindern unter 18 Jahren beträgt 9 %, und 8 % der Kinder dieser Altersgruppe leben in Stieffamilien (Statistik Austria 2019c, e). Eine Reihe von Faktoren erschwert die Gestaltung einer Stieffamilie: negative Klischeebilder, diffuse Rollenerwartungen, die Komplexität des Familiensystems, unklare Familiengrenzen oder die Schwierigkeiten der Gestaltung multipler Elternschaft (Zartler 2020).

Mediatisierung
Die zunehmende Digitalisierung und Mediatisierung unserer Gesellschaft betreffen auch die Gestaltung des Familienlebens. 98 % aller Familienhaushalte mit Kindern unter 15 Jahren verfügen über einen Internetzugang (Statistik Austria 2019d) und digitale Medien sind in Familien allgegenwärtig: Online-Dating Portale bieten neue Möglichkeiten der Partnerwahl, Apps begleiten werdende Mütter und Väter durch die Schwangerschaft, Tablets und E-Books, Computer- und Konsolenspiele werden zur zentralen Freizeitbeschäftigung von Kindern, das Smartphone als ständiger Begleiter dokumentiert das Familienleben und teilt wichtige Familienereignisse mit anderen, mitunter weit entfernt lebenden Familienmitgliedern, Tracking-Apps informieren Eltern über die Aufenthaltsorte ihrer Kinder, Parenting-Apps erleichtern die Umsetzung geteilter elterlicher Verantwortung in Doppelresidenz-Familien nach einer Scheidung und digitale Kalender werden zur Organisation des Familienalltags verwendet (Schier/Schlinzig 2018; Zartler/Kogler 2020).
Digitale Medien können dazu beitragen, generationenübergreifende Zugehörigkeit in Familien herzustellen, Handlungsfähigkeiten zu erhöhen und Wissen zu erweitern. Gleichzeitig ist ihre Verwendung mit zahlreichen Herausforderungen und Konfliktpotenzialen verbunden. Mediensozialisation, die Entwicklung digitaler Kompetenzen und der familiale Umgang mit digitalen Medien werden zu einem zentralen Thema in der Eltern-Kind-Beziehung. Eltern fungieren als Vorbilder, geben Rahmenbedingungen für das Nutzungsverhalten ihrer Kinder vor und führen

familiale Aushandlungsprozesse. Digitaler Medienkonsum der Kinder erzeugt bei Eltern Unsicherheit, Überforderung und Ängste in Bezug auf gesundheitliche Probleme und psychosoziale Gefahren wie Cybermobbing oder gefährdende Inhalte im Internet, denen mit unterschiedlichen Maßnahmen der Regulierung, Kontrolle oder Unterstützung begegnet wird (Zartler/Kogler 2020).

4 Aktuelle Forschung in Österreich

Die österreichische Familiensoziologie war zunächst eng mit Leopold Rosenmayr *(Sozialwissenschaftliche Forschungsstelle, Universität Wien)* und Laszlo Vaskovics *(Universität Linz)* verbunden. 1969 wurde, eingefordert von Familiensoziolog*innen, der *Erste Österreichische Familienbericht* erstellt, der seither im Zehnjahresintervall eine umfassende wissenschaftliche Aufarbeitung familienspezifischer Themen bietet (zuletzt 2020). Aktuell findet familiensoziologische Forschung an den *Universitäten Wien, Linz, Graz* und *Salzburg* statt, außerdem am *Österreichischen Institut für Familienforschung* (als Teil der *Universität Wien*) sowie an einigen außeruniversitären Forschungsinstituten. Familienforschung ist eine Querschnittsmaterie und berührt auch andere Disziplinen wie Psychologie, Pädagogik, Geschichte, Demografie, Ökonomie, Medizin, Politikwissenschaft, Rechtswissenschaft, Genderforschung oder Kindheits- und Jugendforschung.

5 Anwendungsbezug

Familiensoziologisches Wissen ist gesellschaftlich relevant und wird in unterschiedlichen Bereichen nachgefragt, z. B. Erarbeitung familienpolitischer Maßnahmen; Entwicklung, Implementierung und Evaluierung unterschiedlicher (familien-)rechtlicher Veränderungen; Beratung von Unterstützungssystemen (Kinder- und Jugendwohlfahrt, öffentliche Verwaltung, Familienberatung, Soziale Arbeit). Die soziologische Familienforschung zeigt sowohl Kontinuität als auch Wandel: Manche Konstanten bleiben bestehen; so etwa bestätigen Wertestudien stets die hohe Priorität eines zufriedenstellenden Familienlebens in jedem Lebensalter. Gleichzeitig gehören Familien zu jenen Bereichen, die sich in permanenter Veränderung befinden und gesellschaftliche Entwicklungen anregen, aufnehmen oder verarbeiten. Soziologische Forschung kann wertvolles Grundlagenwissen zur Verfügung stellen, um diese Veränderungsprozesse aufzuzeigen und zu interpretieren. Ergebnisse und Themen der Familienforschung sind somit auch abseits der akademischen Wissensproduktion relevant.

6 Literatur

a. Ausgewählte Einführungsliteratur

Bundeskanzleramt (2020): Sechster Österreichischer Familienbericht.

Hill, Paul B./Kopp, Johannes (2015): Handbuch Familiensoziologie. Wiesbaden: Springer VS.

Nave-Herz, Rosemarie (2014): Familiensoziologie. Ein Lehr- und Studienbuch. Oldenburg: de Gruyter.

Schneider, Norbert/Kreyenfeld, Michaela (2020): Handbook of Family Sociology. Cheltenham: Edward Elgar.

Steinbach, Anja/Hennig, Marina/Arránz Becker, Oliver (2014): Familie im Fokus der Wissenschaft. Wiesbaden: Springer VS.

Treas, Judith K./Scott, Jacqueline/Richards, Martin (2014): The Wiley-Blackwell Companion to the Sociology of Families. Oxford: John Wiley.

b. Weitere zitierte Literatur

Arránz Becker, Oliver (2015): Determinanten und Konsequenzen von Trennung und Scheidung. In: Hill, Paul B./Kopp, Johannes (Hg.): Handbuch Familiensoziologie. Wiesbaden: Springer VS, 527–562.

Baierl, Andreas (2013): „Living Apart Together" – eine neue Form der Partnerschaft? In: Buber-Ennser, Isabella/Neuwirth, Norbert/Testa, Maria Rita (Hg.): Familienentwicklung in Österreich 2009–2013. Wien: VID, ÖIF, 15.

Becker, Gary S. (1981): A Treatise on the Family. Cambridge/London: Harvard University Press.

Beclin, Barbara (2016): Nichteheliche Lebensgemeinschaften. In: Deixler-Hübner, Astrid (Hg.): Handbuch Familienrecht. Wien: Linde, 115–176.

Beham-Rabanser, Martina/Berghammer, Caroline/Zartler, Ulrike (2019): Partnerbeziehungen zwischen Flexibilität und Stabilität. In: Bacher, Johann/Grausgruber, Alfred/Haller, Max/Höllinger, Franz/Prandner, Dimitri/Verwiebe, Roland (Hg.): Sozialstruktur und Wertewandel in Österreich. Trends 1986–2016. Wiesbaden: Springer VS, 179–210.

Beham-Rabanser, Martina/Berghammer, Caroline/Zartler, Ulrike/Bacher, Johann (2019): Partnerschaften und Geschlechterrollen. In: Aschauer, Wolfgang/Beham-Rabanser, Martina/Bodi-Fernandez, Otto/Haller, Max/Muckenhuber, Johanna (Hg.): Die Lebenssituation von Migrantinnen und Migranten in Österreich. Ergebnisse einer Umfrage unter Zugewanderten. Wiesbaden: Springer VS, 81–112.

Berghammer, Caroline/Beham-Rabanser, Martina/Zartler, Ulrike (2019): Machen Kinder glücklich? Wert von Kindern und ideale Kinderzahl. In: Bacher, Johann/Grausgruber, Alfred/Haller, Max/Höllinger, Franz/Prandner, Dimitri/Verwiebe, Roland (Hg.): Sozialstruktur und Wertewandel in Österreich. Trends 1986–2016. Wiesbaden: Springer VS, 211–242.

Berghammer, Caroline/Schmidt, Eva-Maria (2019): Familie, Partnerschaft und Geschlechterrollen – Alles im Wandel? In: Aichholzer, Julian/Friesl, Christian/Hajdinjak, Sanja/Kritzinger, Sylvia (Hg.): Quo vadis, Österreich? Wertewandel zwischen 1990 und 2018. Wien: Czernin, 56–87.

Bergold, Pia/Buschner, Andrea/Mayer-Lewis, Birgit/Mühling, Tanja (Hg.) (2017): Familien mit multipler Elternschaft. Opladen/Berlin/Toronto: Barbara Budrich.

Blumer, Herbert (1969): Symbolic interactionism: Perspective and method. Englewood Cliffs: Prentice-Hall.
Bordone, Valeria (2013): Intergenerationale finanzielle Transfers. In: Buber-Ennser, Isabella/ Neuwirth, Norbert/Testa, Maria Rita (Hg.): Familienentwicklung in Österreich 2009–2013. Wien: VID, ÖIF, 40.
Finch, Janet (2007): Displaying Families. In: Sociology, Vol. 41 (1), 65–81.
Fritsche, Andrea/Glawischnig, Katharina/Wolfsegger, Lisa (2019): Dreimal in der Woche weinen, viermal in der Woche glücklich sein – Zur kinderrechtlichen Situation begleiteter Kinderflüchtlinge und ihrer Familien. Wien: UNICEF Österreich, asylkoordination österreich.
Funcke, Dorett/Hildenbrand, Bruno (2018): Ursprünge und Kontinuität der Kernfamilie. Einführung in die Familiensoziologie. Wiesbaden: Springer VS.
Höllinger, Franz (2019): Einstellungen zur geschlechtsspezifischen Arbeitsteilung in der Familie. In: Bacher, Johann/Grausgruber, Alfred/Haller, Max/Höllinger, Franz/Prandner, Dimitri/ Verwiebe, Roland (Hg.): Sozialstruktur und Wertewandel in Österreich: Trends 1986–2016. Wiesbaden: Springer VS, 243–263.
Isengard, Bettina/König, Ronny/Szydlik, Marc (2018): Solidarität trotz Multilokalität? Generationenbeziehungen und Wohnentfernung. In: Kapella, Olaf/Schneider, Norbert F./Rost, Harald (Hg.): Familie – Bildung – Migration. Familienforschung im Spannungsfeld zwischen Wissenschaft, Politik und Praxis. Opladen/Berlin/Toronto: Barbara Budrich, 77–90.
Jurczyk, Karin/Lange, Andreas/Thiessen, Barbara (Hg.) (2014): Doing Family. Warum Familienleben heute nicht mehr selbstverständlich ist. Weinheim: Beltz & Juventa.
Kaindl, Markus/Schipfer, Rudolf Karl (2019): Familien in Zahlen 2019. Statistische Informationen zu Familien in Österreich. Wien: ÖIF.
Luhmann, Niklas (1988): Sozialsystem Familie. In: System Familie, Jg. 1, H. 1, 75–91.
Morgan, David (2011): Rethinking Family Practices. Basingstoke: Macmillan.
Nagl-Cupal, Martin/Kolland, Franz/Zartler, Ulrike/Mayer, Hanna/Bittner, Marc/Koller, Martina/Parisot, Viktoria/Stöhr, Doreen (2018): Angehörigenpflege in Österreich. Einsicht in die Situation pflegender Angehöriger und in die Entwicklung informeller Pflegenetzwerke. Wien: Bundesministerium für Arbeit, Soziales, Gesundheit und Konsumentenschutz.
Parsons, Talcott/Bales, Robert F. (1956): Family, Socialization, and Interaction Process. London: Routledge.
Rosenbaum, Heidi (2014): Familienformen im historischen Wandel. In: Steinbach, Anja/ Hennig, Marina/Arránz Becker, Oliver (Hg.): Familie im Fokus der Wissenschaft. Wiesbaden: Springer VS, 19–40.
Schadler, Cornelia/Rieder, Irene/Schmidt, Eva-Maria/Zartler, Ulrike/Richter, Rudolf (2017): Key practices of equality within long parental leaves. In: Journal of European Social Policy, Vol. 27 (3), 247–259.
Schier, Michaela/Schlinzig, Tino (2018): Familie per Skype, Messenger und Google Docs. In: Kapella, Olaf/Schneider, Norbert F./Rost, Harald (Hg.): Familie – Bildung – Migration. Familienforschung im Spannungsfeld zwischen Wissenschaft, Politik und Praxis. Opladen/ Berlin/Toronto: Barbara Budrich, 91–104.
Schneider, Norbert F./Diabaté, Sabine/Ruckdeschel, Kerstin (Hg.) (2015): Familienleitbilder in Deutschland. Kulturelle Vorstellungen zu Partnerschaft, Elternschaft und Familienleben. Opladen: Budrich.
Statistik Austria (2018): Frauen am Arbeitsmarkt. Wien: Statistics Brief.

Statistik Austria (2019a): Ehescheidungen. URL: https://www.statistik.at/web_de/statistiken/menschen_und_gesellschaft/bevoelkerung/ehescheidungen/index.html [09.02.2020].

Statistik Austria (2019b): Eheschließungen. URL: https://www.statistik.at/web_de/statistiken/menschen_und_gesellschaft/bevoelkerung/eheschliessungen/index.html [09.02.2020].

Statistik Austria (2019c): Familien. URL: https://www.statistik.at/web_de/statistiken/menschen_und_gesellschaft/bevoelkerung/haushalte_familien_lebensformen/familien/index.html [09.02.2020].

Statistik Austria (2019d): IKT – Einsatz in Haushalten 2019. URL: https://www.statistik.at/web_de/statistiken/energie_umwelt_innovation_mobilitaet/informationsgesellschaft/ikt-einsatz_in_haushalten/index.html [09.02.2020].

Statistik Austria (2019e): Kinder in Stieffamilien nach Familientyp, Zahl der Kinder, Bundesländern und Gemeindegröße 2018. URL: https://statcube.at/ [09.02.2020].

Statistik Austria (2019f): STATcube – Familien. Mikrozensus-Arbeitskräfteerhebung 2018. URL: https://statcube.at/ [09.02.2020].

Statistik Austria (2019g): STATcube – Kinder. Mikrozensus-Arbeitskräfteerhebung 2018. URL: https://statcube.at/ [09.02.2020].

Zartler, Ulrike (2012): Regelungsbedarf für nichteheliche Lebensgemeinschaften? Überlegungen aus soziologischer Perspektive. In: Interdisziplinäre Zeitschrift für Familienrecht, Jg. 7, H. 4, 201–204.

Zartler, Ulrike. (2020): Children and Parents after Separation. In: Schneider, Norbert/Kreyenfeld, Michaela (Eds.): Sociology of the Family. Cheltenham: Edward Elgar.

Zartler, Ulrike/Berghammer, Caroline (2013): Turbulenzen im Kinderleben. Mütterliche Partnerschaftsbiographien und multiple Übergänge nach elterlicher Trennung. In: Zeitschrift für Familienforschung, Jg. 25, H. 3, 286–308.

Zartler, Ulrike/Kogler, Raphaela (2020): Familien und Medien. Mediatisierung des Familienalltags. In: Bundeskanzleramt (Hg.): Sechster Österreichischer Familienbericht.

c. Ausgewählte Fachzeitschriften

Childhood
Children & Society
Demographic Research
Demography
Family Relations
Gender & Society
Interdisziplinäre Zeitschrift für Familienrecht (iFamZ)
Journal of Family Theory & Review
Journal of Family Issues
Journal of Marriage and Family
Journal of Family Research (bis 2019: Zeitschrift für Familienforschung)
Youth & Society
Zeitschrift für Sozialisationsforschung und Erziehungssoziologie

Geschlecht

Eva Flicker und Roswitha Breckner

1 Einleitung

Geschlecht durchdringt unser aller Leben, unsere Arbeit, unser Begehren, unsere Beziehungen und Affekte, unser Privatleben, aber auch Öffentlichkeit in grundlegender Weise. Macht- und Herrschaftsverhältnisse, politische Debatten und normative Regelungen verweisen auf Geschlechterverhältnisse, die in Gesellschaften strukturell eingeschrieben sind. *Feminismus* bzw. *feministische Ansätze* (Lenz 2019) sind die gemeinsame Grundlage der Geschlechterforschung und widmen sich der Emanzipation, Gleichstellung, Menschenwürde und Selbstbestimmung von Frauen und weiteren Gruppen (z. B. *black feminism, queer-feminism*) und grenzen sich gegen Sexismus (Diskriminierung aufgrund von Geschlecht) ab. *Geschlechterforschung (Gender Studies)* hat sich seit den 1960er/1970er Jahren als inter- und transdisziplinäres Forschungsfeld entwickelt und ist über unterschiedliche akademische Disziplinen in einer Vielfalt theoretischer Perspektiven, empirischer Methoden und spezifischer Forschungsfelder angelegt. Wir können daher nicht von *der* Geschlechterforschung sprechen, sondern von unterschiedlichen Ansätzen, die Phänomene, Systeme und Strukturen gesellschaftlicher Geschlechterordnung auf Interaktions-, Organisations- und Gesellschaftsebene (Mikro-, Meso- und Makro-Ebene) kritisch analysieren und dekonstruieren. *Soziologische Geschlechterforschung* war und ist dabei sowohl in der Theorieentwicklung als auch mit Studien zu aktuellen Gesellschaftsthemen federführend. Eine fundamentale Kritik seitens der Geschlechterforschung gilt einem androzentrischen Weltbild, welches das männliche Geschlecht als Normalität und das weibliche als Abweichung und dadurch zweitrangig begreift.

2 Historische Entwicklung von Frauenbewegungen und Geschlechterforschung

Nachfolgend werden im ersten Schritt Geschlechtermodelle in ihrer historischen Entwicklung skizziert, um im Anschluss daran deutlich zu machen, wie ihre Konstruktion mit gesellschaftlicher und politischer Anwendung verwoben ist. Bis heute ist die Geschlechterforschung eng mit politischen Frauenbewegungen verbunden.

2.1 Geschlechtermodelle

Seit der Antike bis ins Mittelalter war das *Ein-Geschlecht-Modell* vorherrschend, wonach das Geschlecht der Frau als ein nach innen in den Körper gestülptes Geschlecht nur eine Variation des einzigen (männlichen) Geschlechts ist (Laqueur 1992). Ab dem Ende des 18. Jahrhunderts bringen Anthropologie, Biologie und Medizin Vorstellungen von einem natürlichen Unterschied zwischen Mann und Frau als wissenschaftliche Tatsache hervor, wonach es sich beim männlichen und weiblichen Geschlecht biologisch nicht um Variationen des einen, sondern um zwei grundsätzlich unterschiedliche Geschlechter handelt (Laqueur 1992). Dies bildet die Grundlage für ein Modell, bei dem Differenz nicht mehr vorwiegend als eine Rollen- oder Statusdifferenz zwischen Männern und Frauen bestimmt ist, also über unterschiedliche Tätigkeitsbereiche, Rechte und Pflichten, sondern vor allem über biologische Unterschiede der Geschlechter, die vielfältige gesellschaftliche Folgen mit sich bringen. Dieses *Zwei-Geschlechter-Modell* beruht auf der Annahme grundlegender und einander wechselseitig ausschließender biologischer Differenz und führt zum *Modell der Polarität der Geschlechtscharaktere* (Hausen 1976), denen zufolge Frauen – in polarer Abgrenzung gegenüber Männern – bestimmte Eigenschaften bzw. Charaktermerkmale zugeschrieben werden. Männer seien „aktiv", Frauen dagegen „passiv"; Männer „rational", Frauen „emotional"; Männer „erobernd", Frauen „empfangend" etc. Mit diesen in der jeweiligen „Natur" von Männern und Frauen verankerten „Charaktereigenschaften" wird im Zuge der historischen Neuordnung der Ökonomie durch eine systematische Trennung von Haus- und Erwerbsarbeit legitimiert, weshalb Frauen sich besser für Tätigkeiten im Haushalt, im Familienleben und in der Kindererziehung eignen würden, während Männer „von Natur aus" besser für Erwerbsarbeit ausgestattet seien.
Heute zeigen Geschlechtermodelle aus Medizin, Neurobiologie, Epigenetik und Psychologie, dass Geschlecht nicht bipolar, sondern als Kontinuum geschlechtlicher Verkörperung, Identität und Selbstkonzeption gedacht werden muss, welches sich über den Lebenslauf verändert bzw. verändern kann. Dennoch halten sich im gesellschaftlichen Diskurs, der sich weitläufig in *Alltagsgeschlechterwissen* manifestiert, bis heute Vorstellungen der binären Geschlechterdifferenz (Mann/Frau, männlich/weiblich) mit zwei grundlegenden Glaubenssätzen: Es gäbe erstens mit Mann- oder Frau-Sein zwei – und nur zwei – grundlegend differente Geschlechter, und zweitens ließe sich mit dieser binären biologischen Differenz soziale Ungleichheit zwischen den Geschlechtern legitimieren (Becker-Schmidt/Knapp 2011: 29f.).

2.2 Historische Umbrüche in geschlechtsbezogener Arbeitsteilung und Frauenbewegungen

Über Jahrhunderte hinweg verändern sich Beziehungen und gesellschaftliche Verhältnisse zwischen Männern und Frauen grundlegend: Im 19. Jahrhundert löst die Lohnarbeit die „Ökonomie des ganzen Hauses", in der die Tätigkeitsbereiche von Mann und Frau zwar unterschieden, aber als Bestandteile ein und derselben Ökonomie definiert werden, allmählich ab. Die Erwerbsarbeit spaltet sich von der Sphäre der Hausarbeit ab und wird zur wertschöpfenden „produktiven" Arbeit; Hausarbeit wird zu werterhaltender, aber un- oder schlecht bezahlter „reproduktiver" Arbeit. In Zeiten von Wirtschaftskrisen und hoher Erwerbslosigkeit am Arbeitsmarkt werden Frauen in die „private" Sphäre reproduktiver Arbeit verdrängt.
Der Männertypus des „Familienernährers" steht komplementär dem Frauentypus „Hausfrau" gegenüber; gemeinsam formieren sie den für die Moderne typischen Familientypus „Kleinfamilie" (Becker-Schmidt/Knapp 2011: 26f.). In diesem *bread winner*-Modell ist ausschließlich der Mann dafür verantwortlich, Familieneinkommen zu sichern, während die Frau und Mutter (allenfalls als „Zuverdienende") für den Haushalt, die Pflege der Beziehung zu ihrem Mann, die Erziehung der Kinder sowie das Wohlergehen der gesamten Familie zuständig ist. Dieses gesellschaftliche Leitbild setzt sich in der zweiten Hälfte des 19. Jahrhunderts zunächst nur in den bürgerlichen Schichten und im 20. Jahrhundert allmählich auch in den Arbeiter*innenschichten durch.
Die *erste Frauenbewegung* formiert sich noch während der Französischen Revolution mit Olympe de Gouges als zentraler Figur, die Widersprüche im (männlichen) Konzept von *liberté, égalité, fraternité* aufdeckt: In der Vorstellung der Gleichheit aller Menschen wird „Mensch" mit „Mann" *(homme)* gleichgesetzt, wodurch zwar Freiheit und Gleichheit für alle „Männer" bzw. „Brüder" gefordert und erkämpft wird, nicht aber die der Frauen. Denn die Revolutionäre begründen, dass Frauen „ins Haus" und nicht in die Öffentlichkeit und schon gar nicht in die Politik gehören. Zwar wären alle Menschen „von Natur aus", also abgesehen von der sozialen Stellung, in die sie hineingeboren werden, gleich, aber entlang einer biologisch begründeten Auffassung wären Mann und Frau in ihrer „Natur" unterschiedlich und somit eben doch nicht gleich. So entsteht das „Paradox der ‚natürlichen' Ungleichheit in der naturrechtlichen Gleichheit" (Becker-Schmidt/Knapp 2011: 21). Die erste Frauenrechtsbewegung wird noch während der Französischen Revolution niedergeschlagen, Olympe de Gouges als „Verräterin an der Revolution" verurteilt und mit der Guillotine getötet.

Infolge der Industriellen Revolution und Veränderungen gesellschaftlicher Produktions- und Lebenszusammenhänge werden in der zweiten Hälfte des 19. Jahrhunderts Grundlagen für die *zweite Frauenbewegung*[1] gelegt. In der Arbeiter*innenbewegung kämpfen proletarische Frauen – gemeinsam mit Männern – für grundlegende Arbeitsrechte (Limitierung von Arbeitszeit, Anspruch auf Krankenstand und Urlaub, Mutterschutz etc.). Bürgerliche Frauen schließen sich an, um gemeinsam das allgemeine Wahlrecht für Frauen durchzusetzen *(Suffragetten)*. Letztlich dauert es in Österreich bis 1918 und in Deutschland bis 1919, bis das passive und aktive Frauenwahlrecht und damit auch das Recht für Frauen, politische Ämter zu übernehmen, durchgesetzt ist.[2]
Nach dem Zweiten Weltkrieg, in der Phase des gesellschaftlichen Wiederaufbaus und der Blütezeit der bürgerlichen Kleinfamilie, tritt in den 1960er/1970er Jahren eine starke *dritte Frauenbewegung* gemeinsam mit Friedens- und Student*innenbewegungen für gesellschaftlichen Wandel ein. Frauen wollen nicht länger über ihre Ehemänner definiert werden oder von ihnen abhängig sein; sie wollen selbstverantwortlich in Erwerbsarbeit eintreten, Bankkonten eröffnen u.v.m., ohne dafür die schriftliche Erlaubnis ihrer Ehemänner vorlegen zu müssen. Frauen erkämpfen bessere Arbeitsrechte, Geschäftsfähigkeitsrechte, Scheidungsrechte, Unterhaltsrechte für Kinder nach einer Scheidung, Abtreibungsrechte und Gewaltschutzgesetze. Auch die *sexuelle Revolution* ist eine weitreichende gesellschaftliche Begleiterscheinung jener Jahre, bei der die Verbreitung der Pille eine wesentliche Rolle spielte.
Zahlreiche Forderungen der *dritten Frauenbewegung* sind bis heute unerfüllt und immer wieder Gegenstand politischer und gesellschaftlicher Debatten, was sich in Österreich anhand zweier Frauenvolksbegehren ablesen lässt (Frauenvolksbegehren 1997 und Frauenvolksbegehren 2.0 2018). Zentrale Themen sind: Gewalt gegen Frauen; ungleiche Bezahlung und Minderbewertung frauendominierter Arbeitsfelder; Armut; soziale Absicherung alleinziehender Mütter/Eltern; ungleiche Beteilung im Haushalt und bei der Betreuung von Kindern, Alten und Pflegebedürftigen; geringere Karrierechancen auf Führungs- und Spitzenpositionen in Unternehmen und in der Politik u.v.m.

1 Vor allem in der anglo-amerikanischen Literatur gilt die hier *zweite Frauenbewegung* genannte Bewegung als *first wave feminism* und setzt die Zählung analog fort.

2 Erstes Land mit aktivem parlamentarischen Wahlrecht für Frauen war Neuseeland in 1893; das Land mit dem jüngst erteilten Frauenwahlrecht sind die Vereinigten Arabischen Emirate 2006 (Blaustrumpf ahoi! 2019: 10f.).

3 Zentrale Theorien und Forschungsansätze der Geschlechterforschung

Geschlechterforschung gilt heute als Sammelbegriff *(Gender Studies* als *umbrella term)* für interdisziplinäre Forschung, die sich Fragen der sozialen Konstruktion und Dekonstruktion von Geschlecht, der Herstellung sozialer Differenz und Ungleichheit auch im Zusammenhang mit LGBTQIA+ *(lesbian, gay, bisexual, transgender, queer, intersexual, asexual +)* widmen. Im historischen Verlauf der Geschlechterforschung entstehen zahlreiche Geschlechtertheorien, die aufeinander Bezug nehmen; manche Theorien stehen zueinander in Widerspruch, manche Theorien stellen eine Ausdifferenzierung bereits existierender Konzeptionen dar. Dabei entsteht in selbstreflexiver Diskurspraxis der Geschlechterforschung eine Vielfalt von Positionen, die sich über drei paradigmatische Perspektiven beschreiben lässt: *Gleichstellung – Differenz – Konstruktion/Dekonstruktion.* Sie alle machen deutlich, dass Geschlecht nicht eindeutig zu definieren ist, sondern seine Betrachtung immer in gesellschaftliche Verhältnisse eingebettet ist.

3.1 Geschlechtergleichstellung

Frauenforschung (women's studies) entsteht Ende der 1960er Jahre infolge feministischer Kritik an einer männlich dominierten Wissenschaft; in der Soziologie liegen die Schwerpunkte in der Entwicklung Feministischer Theorie sowie in der Erforschung sozialer Lagen von Frauen. Als Grundlage für die Diskriminierung von Frauen wird u. a. eine an die „weibliche" Natur geknüpfte Begründung für ungleiche Lebenssituationen von Frauen erkannt. Geschlecht wird als analytische Strukturkategorie einer gesellschaftlichen Geschlechterordnung verstanden (Beer 1984); sozialwissenschaftliche Studien machen soziale Ungleichbehandlung aufgrund der Zugehörigkeit zu einer Genusgruppe[3] sichtbar. Die Gleichstellungsperspektive untersucht vor allem, ob und wie Frauen in männerdominierten öffentlichen Bereichen (Bildung, Politik, Wirtschaft u. a.) vertreten sind bzw. Zugang bekommen. Auf dieser Basis werden Gleichstellungs- bzw. Gleichbehandlungsgesetze verabschiedet,[4] die sich zunächst der gesetzlichen Gleichstellung von Frauen und Männern etwa im Ehe-

3 Mit dem Begriff Genusgruppe wird die Vorstellung offen gehalten, dass sich diese nicht entlang der (biologischen) Differenz von Männern und Frauen bilden müssen, sondern auch andere kategoriale Zuordnungen (etwa in Bezug auf ein drittes oder viertes Geschlecht) als gesellschaftliches Ordnungsprinzip denkbar sind.

4 Das Bundesgleichbehandlungsgesetz (B-GlBG) wird in Österreich 1993 verabschiedet und seither laufend reformiert. Eine wesentliche Rolle spielen dabei die *Legal Gender Studies.*

und Arbeitsrecht widmen.[5] Heute sind die Ehe für alle, Reproduktionsmedizin und das dritte Geschlecht im Personenstandsregister im Fokus der rechtlichen Gleichstellung. Neben gesetzlichen Grundlagen zielen politische Strategien (Frauenförderungsprogramme, Vorreihung von Frauen bei gleicher Qualifikation, *Gender Mainstreaming, Diversity Management*[6]) als positive Diskriminierung darauf ab, Inklusion von Frauen und anderen Gruppen in männlich dominierte Felder zu ermöglichen. Die Maßnahmen werden als vorübergehende Notwendigkeit verstanden, bis das Ziel, die Ungleichheit zu überwinden, erreicht ist, allerdings zeigen auch nach vielen Jahren bzw. Jahrzehnten zahlreiche Befunde immer noch, dass Geschlecht für soziale Positionierung, Hierarchisierung und Diskriminierung eine Rolle spielt.

3.2 Geschlechterdifferenz

In den 1980er Jahren wird der Ansatz der Geschlechtergleichstellung auch aus den „eigenen", feministischen Kreisen kritisiert und als Nacheifern männlicher Verhaltensmuster abgelehnt; gesellschaftliche Geschlechterverhältnisse und geschlechterbezogene Ungleichheit seien nur über den Bezug zur Geschlechterdifferenz veränderbar. Mit dem Hervorheben positiver weiblicher Charakteristika betont die Differenzperspektive der Geschlechterforschung einen Unterschied weiblicher Prinzipien gegenüber männlichen. Zentral ist die Idee der *Gleichheit in Differenz* bzw. der Gleichheit durch Anerkennung von Differenz im Sinne einer Gleichwertigkeit trotz expliziter Unterschiede. In den 1980er Jahren widmete sich die Psychologin Carol Gilligan Modellen der Fürsorgeethik und hob Anteilnahme und Fürsorge als markante weibliche Prinzipien hervor. Auf der Basis von Untersuchungen zur Moral

5 Frühe grundlegende soziologische Arbeiten der Geschlechterforschung sind von Ute Gerhard, Andrea Maihofer, Nancy Fraser, Regine Gildemeister, Gudrun-Axeli Knapp, Angelika Wetterer u. a.

6 *Gender Mainstreaming* ist als politisches Instrument in der EU im Amsterdamer Vertrag (1996) durch Verträge vereinbart und soll über nationale Gesetzgebung garantieren, dass Geschlechtergleichstellung in allen gesellschaftlichen Bereichen, bei der Verabschiedung von Gesetzen und in politischen Maßnahmen berücksichtigt wird. Eine Evaluation des EU-Parlaments bescheinigt jedoch dem Instrument auch nach 20 Jahren, dass es zu wenig solide und damit wenig wirkungsvoll ist (Europäisches Parlament 2019). *Diversity Management* ist ein in wirtschaftlichen Kontexten entwickeltes Instrument des Personalwesens *(Human Ressource Management)* zur Streuung sozialer Verschiedenheit des Personals, das zunächst wirtschaftlichen Interessen der Kund*innenstreuung nach *diversen* Dimensionen diente. *Diversity Management* wurde zunehmend auch in staatlichen oder öffentlichen Einrichtungen zum Synonym für eine Perspektive auf Chancengleichheit im Karriereweg entlang unterschiedlicher sozialer Differenzen und Kategorien.

von Frauen im Unterschied zu jener von Männern wurde argumentiert, dass Frauen sich eher an der Sorge für andere und Männer an allgemeinen Prinzipien orientierten (Gilligan 1996 [1982]). Es ging darum, diese unterschiedlichen Orientierungen als gleichwertig anzuerkennen und damit die Tätigkeiten und Kompetenzen von Frauen, die sie durch Erziehungs- und Pflegeaufgaben *(care)* entwickelt hatten, aufzuwerten, nicht zuletzt indem sie besser oder überhaupt erst bezahlt werden. Die Formulierung weiblicher Gemeinsamkeiten führt in der theoretischen Konzeption und im angewandten Diskurs zu einer Art von Kollektivierung: „wir Frauen". Exemplarisch seien hier einige Bereiche und noch heute geführte Diskurse genannt: weibliche Fürsorgearbeit (berufliche Kleinkinderbetreuung, Schule, Kranken- und Altenpflege); Empathiefähigkeit und weiblicher Führungsstil; Gebärfähigkeit und Mutterschaft als Ursprung des Weiblichen mit anderen gesellschaftlichen Bedürfnissen als Männer; Anerkennung von Hausfrauen- und mütterlicher Erziehungsarbeit in Form von staatlich finanzierten Pensionsansprüchen u. a.
Gleichheitstheoretiker*innen werfen dem differenzbetonten Zugang eine verallgemeinernde Essentialisierung von Geschlechterunterschieden in einem Zweigeschlechtermodell vor.

3.3 Konstruktion von Geschlecht

Eine wesentliche Grundkonzeption für eine weitere, eine sozialkonstruktivistische Perspektive auf Geschlecht besteht in der Unterscheidung von *sex* und *gender*, d. h. die Unterscheidung von biologischem und sozialem Geschlecht (Kessler/McKenna 1985 [1978]). Dieser ethnomethodologische Ansatz geht u. a. auf Arbeiten der Soziologen Harold Garfinkel (1967) und Erving Goffman (1981) zurück. Für die Analyse von Geschlecht sei weniger die als unabänderlich gegebene biologische Differenz *(sex)* relevant, welche „einfach nur einen Unterschied" markiert, sondern die sozial hergestellte Geschlechterordnung *(gender)*, die sich als asymmetrisch und hierarchisiert erweist. Sozialisationstheorien machen deutlich, wie sehr wir Geschlecht lernen – von klein auf und über Erwartungs- und Verhaltensweisen.
Im als *doing gender* bekannt gewordenen Ansatz der US-amerikanischen Soziolog*innen West und Zimmerman (1987) wird deutlich, wie Geschlecht über Körpersprache, Mimik, Gestik, Stimme, Sprache, Kleidung und Styling, Positionierung im Raum (beispielsweise im Sitzen und Stehen) u.s.w. inszeniert und hervorgebracht wird (Gildemeister/Wetterer 1992; Gildemeister 2004). „In differenztheoretischen Untersuchungen wird das Geschlecht als Ausgangspunkt von Verhaltensweisen ge-

sehen, während es in der Perspektive des Sozialkonstruktivismus durch Verhaltensweisen erst produziert wird" (Loge 2016: 11).
Auch die *sex – gender*-Differenz erntet innerhalb der Geschlechterforschung Kritik, da sie suggeriert, dass der Geschlechterdifferenz ein biologisches Kernsubstrat – als „Naturalisierung von Geschlechterdifferenz" (Gildemeister 2000: 66) – zugrunde liegt, das sozialen und kulturellen Bedeutungskonstruktionen vorgelagert ist.

3.4 Dekonstruktion von Geschlecht

Bekannteste Vertreterin der Dekonstruktionsperspektive der Geschlechterforschung ist die Philosophin Judith Butler. Sie denkt Geschlecht völlig neu: Nicht nur die soziale Bedeutung von Geschlecht, sondern auch geschlechtliche Körperlichkeit und sexuelles Begehren seien Ergebnisse gesellschaftlicher Konstruktion. Nachdem die vorangegangene *sex-gender*-Differenzierung der Entbiologisierung von *gender* diente, wird nun auch *sex* entbiologisiert bzw. entnaturalisiert, indem betont wird, dass Aspekte von Körperlichkeit und Begehren wesentliche soziale und kulturelle Ursachen haben (Butler 1991; 1995).
Butler kritisiert jede Art der Normierung von Weiblichkeit und Männlichkeit, die über gesellschaftliche Regulierungen von Begehren und die Normierung von Heterosexualität als „normale", weil der Reproduktion dienende, Sexualität erfolgt. In der Hetero-Normativität und mit dem ausgrenzenden Konzept der Zweigeschlechtlichkeit werden Bi-, Inter- und Transsexualitäten ausgeblendet; gemeinsam dienen Hetero-Normativität und Zweigeschlechtlichkeit als vorherrschende Geschlechterkategorien der Stabilisierung existierender gesellschaftlicher Normsysteme und der Unterdrückung Marginalisierter (LGBTIQ+).
Der dekonstruktivistische Ansatz setzt zunächst an einer theoretischen Perspektive an, indem *diskursive und institutionelle Normierungs- und Konstruktionsprozesse* von Geschlecht aufgezeigt und dekonstruiert werden. In weiterer Folge werden über die Dekonstruktionsperspektive auch Alltagspraktiken zur Herstellung von Geschlechtsidentität infrage gestellt: Rasieren, Waxing, Schminken, Kleiden, Zeigen … all dies seien Strategien, einen „intelligiblen", einen sozial verständlichen und legitimen Geschlechtskörper herzustellen (Butler 1991: 37ff.).

3.5 Männlichkeitsforschung

Männlichkeitsforschung (men's studies) wird zum wissenschaftlichen Ergänzungs-, aber teilweise auch zum politisch instrumentalisierten Kontrastprogramm feministisch orientierter Frauenforschung. In einem binären Geschlechtermodell von Mann – Frau kann ein Geschlecht nicht ohne das andere untersucht werden; auch zeigen sich Lücken in der Analyse von Männlichkeitsstrukturen und -kulturen. „Hegemoniale Männlichkeit" nennt Connell (1998; 1999) sein auf Meso- und Makro-Ebene angelegtes Modell eines mehrdimensionalen Geschlechterhierarchiekonzepts, das nicht beim Individuum, sondern bei gesellschaftlichen Strukturen ansetzt. Geschlechterverhältnisse sind demnach über eine zweifache Hierarchisierung strukturiert: Hierarchie zwischen den Geschlechtern (Höherbewertung von Männlichkeit) und Hierarchie innerhalb der Genusgruppe der Männer (vertikale Stratifikation über Ethnien, soziale Schicht etc.). Das Zentrum von hegemonialer Männlichkeit bildet in der globalisierten Welt eine *weiße mittelalte gebildete heterosexuelle Männlichkeit*; allein die Zugehörigkeit zu dieser Genusgruppe verteilt die Chancen für ein gutes Leben ungleich besser als für Menschen anderer Zugehörigkeiten. Als nicht-hegemoniale Männlichkeit werden drei Formen benannt: *marginalisierte*, *komplizenhafte* und *untergeordnete Männlichkeit*. Als *Marginalisierte* kann die Zugehörigkeit zu proletarischen und/oder *people of color (PoC)* verstanden werden. *Komplizenschaft* stellt sich her, wenn schon allein aufgrund der Zugehörigkeit zur Genusgruppe Männer (intendiert und unitendiert) zu Profiteuren in ungleichen Geschlechterverhältnissen werden („patriarchale Dividende") (Connell/Messerschmidt 2005; Meuser 2001). *Unterordnung* geschieht beispielsweise durch die Normsetzung von Heterosexualität und die Abwertung männlicher Homosexualität, was sich auf der sprachlichen Ebene beispielsweise ausdrückt, wenn „schwul" als Schimpfwort verwendet wird. In diesem Modell können auch Frauen zu – allerdings untergeordneten – Kompliz*innen des Geschlechterverhältnisses hegemonialer Männlichkeit werden, indem sie patriarchale Geschlechterhierarchien – beispielsweise durch Abgrenzung von Feministinnen und vom Feminismus – stützen.

3.6 Intersektionalität, *Postcolonial Studies*, *Queer Studies*

Von den 1960er bis in die 1980er Jahre sind sowohl Gleichstellungs- als auch Differenztheorien der Geschlechterforschung von eher homogenen Frauen- bzw. Geschlechterbildern geprägt („die Frau", „die Rolle der Frau"). Sie berücksichtigen die Differenz innerhalb einer Genusgruppe, also zwischen Frauen, nicht, sondern normieren entlang weißer heterosexueller bürgerlicher Lebenslagen. Im US-amerikanischen Kontext identifizierte Crenshaw (1989) die Diskriminierungsachse *sex – race – class* und begründete damit die *Intersektionalitätsforschung*, die Geschlecht nicht losgelöst, sondern in Überkreuzung mit anderen Diskriminierungsdimensionen sozialer Differenzierung betrachtet: *sexuelle Orientierung, Religion, Alter, Behinderung,* aber auch *Migration, Bildung* u. a. (Winker/Degele 2009). Demnach reicht *gender* allein nicht aus, um Subjektpositionen, Macht- und Herrschaftsverhältnisse sowie Diskriminierungs- und Gewaltdynamiken differenziert zu erfassen.

Postcolonial Gender Studies haben ihre Wurzeln in den *Postcolonial Studies* und Anti-Kolonialisierungs- und Anti-Imperialismusbewegungen des 20. Jahrhunderts (Said 1979). Auch über die Berücksichtigung von ungleichen Geschlechterverhältnissen im globalen Nord-Süd-Verhältnis werden blinde Flecken der *White Gender Studies* deutlich, und Geschlecht wird zur kolonialen Wissenskategorie. *Double colonization* beschreibt die Lebenslage von Frauen, die durch Imperialismus und Patriarchat kolonisiert leben. So zeigen sich beispielsweise in den Konflikten zu Beschneidung und weiblicher Genitalverstümmelung mehrfache Überschneidungen von gesellschaftlichen, kulturellen, religiösen, rechtlichen und wissenschaftlichen Positionen.

Queer Studies entwickeln sich in den 1980er/1990er Jahren aus den *gay and lesbian studies.* Dabei wird das Schimpfwort für Schwule *„queer"* zur Selbstidentifikation einer Bewegung und Forschungsposition. Mit einer Radikalität von maximaler Offenheit des Begriffs *queer* widmen sich *Queer Studies* der Kultur-, Identitäts- und Machtkritik an jeglicher Sexualitäts- und Begehrensnormierung (Laufenberg 2019). Dabei werden in den *Queer Studies* u. a. spezifische Forschungsmethoden wie das *queer reading* von Popularkultur angewendet, welches mainstreamkodierte geschlechterstereotype Inhalte maximal gegen den Strich „liest" und in dekonstruierender Praxis *queere* Auslegungen und Interpretationen erstellt.

3.7 Forschungsthemen der Geschlechterforschung

Geschlechterforschung steht im Zeichen großer Ambivalenz. Einerseits lassen sich eindeutig Veränderungen im Geschlechterverhältnis und größere Spielräume für Geschlechteridentitäten verzeichnen. Andererseits bewirkt ein Beharrungsvermögen weiterhin rigide und mitunter gewalthafte Geschlechterordnungen oder gar Rückwärtsentwicklungen *(back lash).* Und so verzeichnet die Geschlechterforschung einige „Dauerbrenner", unabhängig davon wie Geschlecht theoretisch verstanden wird. Im Rahmen einer Überblicksdarstellung können die Themen nur kursorisch angeführt werden:

- ungleiche Arbeitsteilung und Bezahlung
- Pflege- und Reproduktionsarbeit
- Armut und Prekariat
- strukturelle, symbolische und körperliche Gewalt

- Androzentrismus in Wissenschaft und Medizin
- geschlechtsspezifische Sozialisation und Bildung
- Kontrolle über den vergeschlechtlichten Körper und Sexarbeit
- Ökonomien und Kapitalismus
- Netzwerke, Seilschaften, Eliten
- Hierarchie und Führungspositionen
- Mutterschaft, Vaterschaft, Elternschaft
- mediale und visuelle Darstellung, Inszenierung und Repräsentation

Popularkultur (z. B. *Conchita Wurst* beim *European Song Contest 2014*) und Social Media tragen dazu bei, dass Lebensstile aus Subkulturen im gesellschaftlichen Mainstream Aufmerksamkeit und Kommerzialisierung erfahren. Inwieweit dies der Verbreitung von Wissensbeständen aus der akademischen Geschlechterforschung und aktuellen Diskursen (z. B. *#MeToo*, *Gender Pay Gap* u.v.m.) dienlich oder hinderlich ist, bleibt zu hinterfragen.

4 Aktuelle Geschlechterforschung in Österreich

Geschlechterforschung ist in Österreich – wie in anderen Ländern – in ihrer internationalen, inter- und transdisziplinären Ausrichtung sehr vielfältig. Zunächst sei festgehalten, dass neben der *Universität Wien* auch die *Universitäten Graz, Innsbruck, Klagenfurt, Linz* und *Salzburg* auf eine (unterschiedlich) lange und innovative Tradition der Geschlechterforschung, der Geschlechtertheorieentwicklung sowie auf Initiativen und Maßnahmen zur Förderung und Gleichstellung von Frauen bzw. Geschlechtern innerhalb wie außerhalb von Universitäten zurückblicken können.[7] Hinzukommen in den letzten Jahren auch Fachhochschulen mit einzelnen genderspezifischen Studienschwerpunkten.

Die institutionelle Absicherung der Geschlechterforschung an den Universitäten und Hochschulen entspricht dagegen nicht ihrer inhaltlich hervorragenden wissenschaftlichen Bilanz: Es mangelt an explizit gewidmeten Stellen bzw. Professuren, Instituten, Doktoratsprogrammen etc.

7 Ausführliche Dokumentationen zur Frauen- und Geschlechterforschung finden sich u. a. im *Archiv der Frauen- und Lesbenbewegung* (stichwort.org.at), in der *Serviceeinrichtung der Österreichischen Nationalbibliothek für Literatur zu Frauen-, feministischer und Genderforschung* (Ariadne, onb.ac.at/forschung/ariadne-frauendokumentation) sowie im *Verein zur Förderung und Vernetzung Frauenspezifischer Informations- und Dokumentationseinrichtungen* (frida.at).

Verschiedenste Fragestellungen zu Geschlechterverhältnissen und -beziehungen werden auch an außeruniversitären Instituten beforscht; geistes- und kulturwissenschaftlich orientierte Projekte sind in Wien beispielsweise am *Institut für die Wissenschaft vom Menschen (IWM)*, am *Institut für Wissenschaft und Kunst (IWK)* sowie am *Internationalen Forschungszentrum für Kulturwissenschaften (IFK)* zu finden. Sozial-, bildungs-, politik- und wirtschaftswissenschaftlich orientierte Geschlechterforschung wird u. a. am *Institut für Höhere Studien (IHS)*, am *Zentrum für Soziale Innovation,* am Institut *L&R Sozialforschung,* in der *Forschungs- und Beratungsstelle Arbeitswelt Wien (FORBA)*, am *Österreichischen Institut für Wirtschaftsforschung (WIFO)* sowie am *Österreichischen Institut für Familienforschung (OIF)* betrieben, welches der *Universität Wien* angegliedert ist. 2020 startet an der Universität Wien die für mehrere Jahre eingerichtete fakultätsübergreifende Forschungsplattform *GAIN – Gender: Ambivalent IN_Visibilities*; sie geht aus dem universitären Forschungsverbund *Gender and Agency* der *Universität Wien* hervor.

5 Anwendungsbezug

Um eine konkretere Vorstellung von geschlechterfokussierten Praxisfeldern vermitteln zu können, werden im Folgenden exemplarisch Studien- und Forschungszusammenhänge sowie berufliche Kontexte an der Schnittstelle zwischen Forschung, Politik, staatlicher Administration, Planungsprozessen sowie privaten Unternehmen kurz skizziert.

Aus dem professionalisierten politischen Engagement von Frauen (und z.T. auch Männern) im Zuge der *zweiten Frauenbewegung* der 1970er und 1980er Jahre sind zahlreiche Einrichtungen zur Unterstützung von Frauen hervorgegangen. Hier sind eine Vielzahl von Beratungsstellen für Frauen zu nennen, an denen Soziolog*innen tätig sind: Verein *LEFÖ* zur Beratung, Bildung und Begleitung für Migrantinnen; *Verein Autonome Österreichische Frauenhäuser*; *Informationsstelle gegen Gewalt*; *FrauenBeratenFrauen*; *Frauenhetz – feministische Bildung, Kultur und Politik* u. a. m.

In diesen Arbeitszusammenhängen werden *Gender*-Kompetenzen angewandt und weiterentwickelt, dazu zählen neben geschlechtertheoretischen Grundkenntnissen auch Gesprächs- und Beratungskompetenzen wie auch methodisches Know-how bezüglich der Recherche und Dokumentation von Wissensbeständen, der Erhebung und Auswertung von Daten zu spezifischen Fragen, die für eine gute Beratung benötigt werden. Auch die Evaluation von Beratungsstellen wird in der Regel von Soziolog*innen mit *Gender*-Kompetenzen durchgeführt. Soziolog*innen können auch in der konzeptionellen Entwicklung und Evaluation von *Gender Mainstreaming* und *Diversity Management*-Maßnahmen in vielfältigen Forschungsfeldern tätig sein.

Die Relevanz von Geschlechterfragen und -konzepten in Planungsprozessen (z. B. von öffentlichen wie nicht-öffentlichen Gebäuden im Rahmen von Architektur, Stadt- und Regionalplanung) kann als Resultat der Verbindung zwischen akademischem und praktischem Wissen betrachtet werden. Auch die Tatsache, dass es (zwar wechselnde) ministerielle Zuständigkeiten in der österreichischen Bundespolitik, derzeit mit einer Abteilung für Frauen und Gleichstellung im Bundesministerium für Frauen und Integration gibt, ebenso wie die *Abteilung Frauenservice der Stadt Wien (MA 57)*, die Förderung von Fraueneinrichtungen und Geschlechterprojekten unterhalten, zeugt davon, dass Geschlechterfragen und Geschlechterforschung in politische und administrative Planungsprozesse Eingang gefunden haben.
Weiters sind noch einige Bereiche politischen Handelns zu nennen, ohne die eine breitere Durchsetzung geschlechtergerechter Perspektiven und Kriterien für die Gleichstellung der Geschlechter nicht möglich wäre. Zum einen gibt es in den politischen Parteien Gruppen von Expert*innen, die auf der Grundlage von Recherchen Positionen zu geschlechterrelevanten Fragen in parteiinternen wie -externen Entscheidungs- wie Durchsetzungsprozessen entwickeln. Des Weiteren achten Gleichstellungsstellen auf verschiedenen Regierungsebenen (z. B. Büros für Frauenfragen in Landesregierungen, Städten und Gemeinden) auf die Einhaltung der Gesetze zur Geschlechtergleichstellung und von Anti-Diskriminierungsmaßnahmen. Außerdem gibt es eine Vielzahl von internationalen Organisationen mit geschlechterspezifischen Aufgabenstellungen (z. B. *WIDE – Netzwerk Women in Development*; Verein zur Förderung *gender*bewusster entwicklungspolitischer Informations-, Bildungs- und Projektarbeit; *Verein Frauensolidarität*, der feministische und entwicklungspolitische Konzepte verbindet; Projekt *Gender*glokal – *gender*sensible Bildung für Nachhaltigkeit u. a. m.).
Die Praxis von Theoriebildung und empirischer Forschung der Geschlechterforschung bleibt weiterhin gesellschaftlich hoch relevant.

6 Literatur

a. Einführungsliteratur

Aulenbacher, Brigitte/Bereswill, Mechthild/Löw, Martina/Meuser, Michael/Mordt, Gabriele/Schäfer, Reinhild/Scholz, Sylka (Hg.) (2006): Frauen-Männer-Geschlechterforschung. State of the Art. Münster: Westfälisches Dampfboot.
Becker-Schmidt, Regina/Knapp, Gudrun-Axeli (2011): Feministische Theorien zur Einführung. Hamburg: Junius.
Hark, Sabine (2001): Dis/Kontinuitäten. Feministische Theorie. Opladen: Leske + Budrich.

Heintz, Bettina (Hg.) (2001): Geschlechtersoziologie. Sonderheft 41 der Kölner Zeitschrift für Soziologie und Sozialpsychologie. Wiesbaden: Westdeutscher Verlag.

Kortendiek, Beate/Riegraf, Birgit/Sabisch, Katja (Hg.) (2019): Handbuch Interdisziplinäre Geschlechterforschung. Wiesbaden: Springer VS.

Lenz, Ilse (Hg.) (2000): Frauenbewegungen weltweit. Aufbrüche, Kontinuitäten, Veränderungen. Opladen: Leske + Budrich.

Löw, Martina/Mathes, Bettina (Hg.) (2005): Schlüsselwerke der Geschlechterforschung. Wiesbaden: VS Verlag für Sozialwissenschaften.

b. Weitere zitierte Literatur

Beer, Ursula (1984): Theorien geschlechtlicher Arbeitsteilung. Campus: Frankfurt a. M./New York.

Blaustrumpf ahoi! (Hg.) (2019): „Sie meinen es politisch!" 100 Jahre Frauenwahlrecht in Österreich: Geschlechterdemokratie als gesellschaftspolitische Herausforderung. Wien: Löcker.

Butler, Judith (1991): Das Unbehagen der Geschlechter. Frankfurt a. M.: Suhrkamp.

Butler, Judith (1995): Körper von Gewicht. Die diskursiven Grenzen des Geschlechts. Berlin: Berlin-Verlag.

Connell, Raewyn/Messerschmidt, James W. (2005): Hegemonic Masculinity. Rethinking the Concept. In: Gender & Society, Vol. 19, 829–859.

Connell, Robert W. (1998): Maculinities and globalisation. In: Men and Masculinities, Vol. 1 (1), 3–23.

Connell, Robert W. (1999): Der gemachte Mann. Konstruktion und Krise von Männlichkeiten. Opladen: Leske + Budrich.

Crenshaw, Kimberlé (1989): Demarginalizing the Intersections of Race and Sex. A Black Feminist Critique of Antidiscrimination Doctrine, Feminist Theory and Antiracist Politics. University of Chicago Legal Forum, 139–167.

Europäisches Parlament (2019) URL: https://www.europarl.europa.eu/RegData/etudes/ATAG/2019/630359/EPRS_ATA(2019)630359_DE.pdf [03.05.2020].

Garfinkel, Harold (1967): Studies in ethnomethodology (Social and political theory). Cambridge: Polity Press.

Gildemeister, Regine (2000): Soziale Konstruktion von Geschlecht: Fallen, Mißverständnisse und Erträge einer Debatte. In: Rademacher, Claudia/Wiechens, Peter (Hg.): Geschlecht, Ethnizität, Klasse. Zur sozialen Konstruktion von Hierarchie und Differenz. Opladen: Leske + Budrich, 65–90.

Gildemeister, Regine (2004): Doing Gender. Soziale Praktiken der Geschlechterunterscheidung. In: Becker, Ruth/Kortendiek, Beate (Hg.): Handbuch Frauen- und Geschlechterforschung. Theorie, Methoden, Empirie. Wiesbaden: Verlag für Sozialwissenschaften, 132–140.

Gildemeister, Regine/Wetterer, Angelika (1992): Wie Geschlechter gemacht werden. Die soziale Konstruktion von Zweigeschlechtlichkeit und ihre Reifizierung in der Frauenforschung. In: Knapp, Gudrun-Axeli/Wetterer, Angelika (Hg.) (1992): Traditionen Brüche Entwicklungen feministischer Theorie. Freiburg: Kore.

Gilligan, Carol (1996 [1982]): Die andere Stimme. Lebenskonflikte und Moral der Frau. München: Dt. Taschenbuch-Verlag.

Goffman, Erving (1981): Geschlecht und Werbung. Frankfurt a. M.: Suhrkamp.

Hausen, Karin (1976): Die Polarisierung der „Geschlechtscharaktere". Eine Spiegelung der Dissoziation von Erwerbs- und Familienleben. In: Conze, Werner (Hg.): Sozialgeschichte der Familie in der Neuzeit Europas. Stuttgart: Klett Cotta, 363–393.

Kessler, Suzanne/McKenna, Wendy (1985 [1978]): Gender. An ethnomethodological Approach. Chicago: University of Chicago Press.

Laqueur, Thomas (1992): Auf den Leib geschrieben. Die Inszenierung der Geschlechter von der Antike bis Freud. Frankfurt a. M./New York: Campus.

Laufenberg, Mike (2019): Queer Theory: identitäts- und machtkritische Perspektiven auf Sexualität und Geschlecht. In: Kortendiek, Beate/Riegraf, Birgit /Sabisch, Katja (Hg.): Handbuch Interdisziplinäre Geschlechterforschung. Wiesbaden: Springer VS.

Lenz, Ilse (2019): Feminismus: Denkweisen, Differenzen, Debatten. In: Kortendiek, Beate/Riegraf, Birgit/Sabisch, Katja (Hg.) (2019): Handbuch Interdisziplinäre Geschlechterforschung. Band 1. Wiesbaden: Springer VS, 231–241.

Loge, Lena (2016): Zum Verhältnis von Geschlechterforschung und Gleichstellungspolitik. Das Öffnen der Einbahnstraße. In: Gender- und Frauenforschungszentrum der Hessischen Hochschulen (Hg.): Online-Publikation Nr. 7/2016.

Meuser, Michael (2001): Männerwelten. Zur kollektiven Konstruktion von Männlichkeit. In: Janshen, Doris/Meuser, Michael (Hg.): Schriften des Essener Kollegs für Geschlechterforschung. Jg. 1, H. 2. URL: https://www.uni-due.de/imperia/md/content/ekfg/michael_meuser_maennerwelten.pdf [29.06.2020].

Said, Edward (1979): Orientalismus. Berlin: Ullstein.

West, Candace/Zimmerman, Don H. (1987): Doing Gender. In: Gender and Society, Vol. 1 (2), 125–151.

Winker, Gabriele/Degele, Nina (2009): Intersektionalität. Zur Analyse sozialer Ungleichheiten. Bielefeld: transcript.

c. Ausgewählte Fachzeitschriften

differences: A Journal of Feminist Cultural Studies
European Journal of Women's Studies
Femina Politica. Zeitschrift für feministische Politikwissenschaft
Feministische Studien
GENDER – Zeitschrift für Geschlecht, Kultur und Gesellschaft
Gender & Society
L'HOMME. Europäische Zeitschrift für Feministische Geschichtswissenschaft
Men and Masculinities
Sexualities
SIGNS: Journal of Women in Culture and Society

Gesundheit und Medizin

Rudolf Forster und Karl Krajic

1 Einleitung

Gesundheit und Krankheit sind sehr persönliche und gleichzeitig sozial und kulturell überformte Phänomene. In hochentwickelten Gesellschaften sind Vorstellungen und Konzepte von Gesundheit und Krankheit stark von der westlichen Medizin geprägt. Genetische Anlagen oder individuelles Verhalten stehen dabei im Vordergrund, während gesellschaftliche Determinanten keine sonderliche Rolle spielen. Deren faktisch große Bedeutung lässt sich an den dramatischen Veränderungen der Sterblichkeit bzw. Lebenserwartung in den vergangenen 150 Jahren gut veranschaulichen. Für Österreich ergibt sich dabei folgendes Bild:

In nur einem Jahrhundert, von ca. 1870 bis 1970, stieg die durchschnittliche Lebenserwartung bei Geburt in einem nie dagewesenen Ausmaß: Bei Männern von 33 auf knapp 67 Jahre, bei Frauen von 36 auf fast 74 Jahre. In den folgenden ca. 50 Jahren hielt der Trend an, wenn auch etwas abgeflacht: 2018 beträgt die Lebenserwartung 79 bzw. 84 Jahre. Besonders stark sank zunächst die Sterblichkeit im Kindesalter. In jüngster Zeit ist auch die Sterblichkeit in höheren Altersgruppen markant rückläufig. Stark verändert haben sich auch die unmittelbaren Todesursachen: Waren es um 1870 in der Mehrzahl Infektionskrankheiten, so sind es aktuell vorwiegend chronisch-degenerative Erkrankungen, die zum Tod führen.

Welche Faktoren sind für diese Entwicklungen verantwortlich? Laut gängiger Meinung war der rasante Fortschritt der Medizin entscheidend. Diese Erklärung wurde vom Arzt und Epidemiologen Thomas McKeown analysiert und infrage gestellt, fand doch der stärkste Rückgang der Sterblichkeit deutlich vor der Verfügbarkeit von wirksamen Medikamenten und Impfungen statt (Fitzpatrick/Speed 2018; Hehlmann et al. 2018). Entscheidend waren also nicht primär der medizinische Fortschritt, sondern andere gesellschaftliche Entwicklungen (ebd.): Zentral war die Steigerung von Produktivität und Wohlstand, die mit der Konsolidierung der Industriegesellschaft und der kapitalistischen Ökonomie einherging. Vor allem durch die parallelen Entwicklungen von Demokratie, Rechtsstaat, Sozialstaat, breitem Zugang zu Bildung etc. wurde zwar nicht die soziale Ungleichheit beseitigt, aber der durchschnittliche Lebensstandard stieg deutlich. Wichtig waren aber auch gezielte *Public Health*-Interventionen des Staates zur Seuchenprävention und zum Schutz von Gesundheit, z.B. durch Verbesserung der öffentlichen Infrastruktur

(Wasserversorgung, Abfallbeseitigung, Nahrungsmittelhygiene, Bekämpfung von Krankheitsüberträgern) und Maßnahmen in der Arbeitswelt wie Begrenzung der Arbeitszeit, Einschränkung von Kinderarbeit, Schutzmaßnahmen, Verringerung der Umweltbelastung etc.

Die Gesundheitswissenschaftlerin Ilona Kickbusch (2006) interpretiert diese gezielten Interventionen für die öffentliche Gesundheit im 19. Jahrhundert als erste von drei sich überlagernden *Gesundheitsrevolutionen*, deren gemeinsames Kennzeichen die Vorstellung von der „Machbarkeit von Gesundheit“ ist. In der öffentlichen Wahrnehmung wurde diese erste Gesundheitsrevolution im 20. Jahrhundert durch die großen Fortschritte der Medizin bei der Behandlung im Krankheitsfall überlagert (= zweite Gesundheitsrevolution), wobei erst der kontinuierliche Ausbau des Wohlfahrtsstaats (in Österreich z. B. durch die solidarische Krankenversicherung) den Zugang zur und damit den Impact der Medizin ermöglichte. Ende des 20. und zu Beginn des 21. Jahrhunderts tritt im Zuge der jüngsten, dritten Gesundheitsrevolution die Sorge um die gesundheitliche Lebensqualität – auch bei chronischer Krankheit – gleichberechtigt neben das Ziel einer Verlängerung der Lebensdauer. Gleichzeitig steigt das Interesse an wirksamer Prävention chronischer Krankheiten und an der Förderung gesundheitlicher Ressourcen, die zum Beispiel die Widerstandskraft der Menschen stärken *(positive Gesundheit)*. Gesellschaftliche Ursachen der neuen Volkskrankheiten (Herz-/Kreislauferkrankungen, Diabetes, Krebs etc.), also die Arbeits- und Lebensbedingungen und Lebensweisen, die sich auf Gesundheit und Krankheit positiv oder negativ auswirken, treten verstärkt ins Blickfeld.

Die Entwicklung soziologischer Forschung zu Gesundheit und Medizin steht in Zusammenhang mit diesen drei Gesundheitsrevolutionen (siehe Tabelle 1).

Tabelle 1: Die drei Gesundheitsrevolutionen nach Kickbusch (2006) und die Entwicklung sozialwissenschaftlicher Forschungsstränge

Gesundheits-revolutionen	**Gesellschaftspolitischer Fokus**	**Sozialwissenschaftlicher Fokus**
1. Revolution (19. Jh.)	Sanitätsgesetze und Infrastrukturaufbau	Soziale Verteilung und soziale Ursachen von Krankheit
2. Revolution (20. Jh.)	Sozialversicherung und medizinisches Versorgungssystem	System der Krankenbehandlung: Zugang, Rollen, Interaktionen, Berufe, Organisationen, Vernetzung und Interdependenzen
3. Revolution (21. Jh.)	Gesundheitsförderung und Prävention	Gesunde Lebensverhältnisse und Lebensweisen; Gesundheitsförderung als Intervention

2 Zur Entwicklung soziologischer Forschung zu Gesundheit und Medizin

Bereits vor der Etablierung der akademischen Soziologie hatten im 19. Jahrhundert politisch und sozial engagierte Intellektuelle wie Friedrich Engels und Ärzte wie Rudolf Virchow auf die gesellschaftlichen Ursachen von Krankheit und vorzeitiger Sterblichkeit bei der Industrialisierung verwiesen. Der erste Soziologe, der sich dem Thema widmete, war Emile Durkheim (1858–1917), der die neuen Möglichkeiten der Bevölkerungsstatistik benutzte, um der sozialen Dynamik hinter einem scheinbar höchst persönlichen Akt, dem Selbstmord, nachzugehen (Durkheim 1973 [1897]). Sein Erklärungsansatz stellt soziale Integration und sozialen Zusammenhalt in den Mittelpunkt und gilt heute als Pionierarbeit für die Erforschung der gesundheitlichen Relevanz sozialer Unterstützung. Dieser klassischen Untersuchung folgten in den 1930er und 1940er Jahren in den USA große, interdisziplinäre empirische Studien über die soziale Verteilung von psychischen Krankheiten und deren Ursachen. Sie belegten deren gehäuftes Auftreten im Zusammenhang mit sozialer Benachteiligung.

Erst nach dem Zweiten Weltkrieg etablierte sich – wiederum zunächst in den USA – die Soziologie der Gesundheit und Medizin als eigenständiges Forschungsfeld. Der Fokus lag dabei auf der organisierten professionellen Krankenversorgung. Folgerichtig setzte sich zunächst der Begriff *Medizinsoziologie* durch. Als Pionierwerk der Medizinsoziologie gilt ein Text von Talcott Parsons (1951), dessen Interesse der Funktion der Medizin für die Erhaltung sozialer Ordnung galt: Krankheit als soziale Abweichung bedroht das komplexe Gefüge von Rollenerwartungen und -ausführungen in der modernen Gesellschaft. Sie entwickelt daher spezifische Normen und Institutionen, um Krankheiten zu kontrollieren bzw. zu regulieren und eine möglichst rasche Rückkehr zur Normalität zu unterstützen. Erreicht wird dies vor allem durch komplementär aufeinander bezogene Rollen von Ärzt*innen und Patient*innen. Diese erlauben es der organisierten Medizin, wirksam zu helfen und gleichzeitig Kontrolle auszuüben.

Die Medizinsoziologie beinhaltete von Anfang an eine nicht immer spannungsfreie Beziehung zwischen Medizin und Soziologie. Robert Straus (1957) unterschied die *Soziologie in der Medizin* von der *Soziologie der Medizin*. Erstere setzt eher komplementär an und versucht, zur Lösung praktischer Probleme innerhalb des Medizinsystems beizutragen, z. B. zur Verbesserung der Information von Patient*innen. Zweitere ist distanzierter und oft auch skeptisch-kritisch gegenüber den Institutionen und Praktiken der Medizin. Sie thematisiert und kritisiert z. B. die ökonomische

Überformung ärztlichen Handelns oder die Dominanz medizinischer Perspektiven bei der Definition und Bearbeitung komplexer sozialer Tatbestände wie Verhaltensauffälligkeiten (Schlagwort *Medikalisierung*).
Ab den 1960er Jahren wurde in Europa die US-amerikanische Forschung rezipiert. Bald darauf – auch im Gefolge der gesellschaftskritischen Bewegungen der späten 1960er Jahre – nahm die Medizinsoziologie auch in Europa einen starken Aufschwung, verbunden mit einer (national und lokal unterschiedlichen) Institutionalisierung an Universitäten, mit der Gründung von Forschungsinstituten und der Ausdifferenzierung von Forschungsthemen (Gerlinger 2016).
Die oben genannte dritte Gesundheitsrevolution in Richtung mehr und wirksamerer Prävention und vor allem auch Gesundheitsförderung geht wesentlich zurück auf die kritische Thematisierung der Grenzen, Schattenseiten und blinden Flecken der Schulmedizin (Ruckstuhl 2011). Mit ihr geht ein Perspektivenwechsel auf die Bedingungen des Gesundbleibens einher. Die sich herausbildende *Gesundheitssoziologie* schließt thematisch wieder am Interesse an den Lebensumständen und -weisen an. Damit entsteht ein Bedarf nach soziologischem Wissen nicht nur über die gesellschaftlichen Einflussfaktoren des Gesundbleibens und Krankwerdens, sondern auch über die Voraussetzungen gesunder Lebensverhältnisse und Lebensweisen.

3 Zentrale Forschungsbereiche, Theorien und Ergebnisse

Den skizzierten historischen Entwicklungen folgend, werden drei zentrale Forschungsgebiete näher ausgeführt: Die sozial ungleiche Verteilung von Krankheiten und Gesundheitschancen und deren gesellschaftliche Determinanten; das System der organisierten Krankenbehandlung; und die gesellschaftlichen Voraussetzungen für den Erhalt und die Förderung von Gesundheit.

3.1 Gesellschaftliche Determinanten von Gesundheit und gesundheitliche Ungleichheit

Trotz der kontinuierlichen Steigerung der durchschnittlichen Lebenserwartung in den hoch entwickelten Gesellschaften besteht auch am Beginn des 21. Jahrhunderts ein deutlicher Zusammenhang zwischen Gesundheit und sozialer Lage: Wer weniger gebildet ist, weniger Vermögen und Einkommen hat oder eine niedrigere berufliche Position einnimmt, stirbt nicht nur früher, sondern leidet auch häufiger und länger an gesundheitlichen Beeinträchtigungen. Zum Beispiel betrug die Differenz in der Lebenserwartung zwischen den Bezirken mit dem höchsten und

dem niedrigsten Durchschnittseinkommen in England Anfang der 2000er Jahre ca. sieben Jahre, die Differenz in der Lebenserwartung bei guter Gesundheit sogar 17 Jahre (Marmot 2010: 37).
Die Forschung hat zuletzt große Fortschritte dabei gemacht, den Zusammenhang von sozialer Ungleichheit und Gesundheit differenziert zu beschreiben, Erklärungsmodelle zu entwickeln und auch Vorschläge zur Verringerung vorzulegen. Wesentliche Erkenntnisse aus vielen Studien über gesundheitliche Ungleichheit sind in Übersicht 1 zusammengefasst.

Übersicht 1: International gesicherte Ergebnisse der Forschung zur gesundheitlichen Ungleichheit (Siegrist/Marmot 2008: 16f.):

- Gesundheitliche Ungleichheit tritt in allen modernen Gesellschaften auf, das Ausmaß und die Form der Ungleichheit unterscheiden sich aber.
- Gesundheitliche Ungleichheit zeigt sich nicht nur in einem starken Unterschied zwischen den extremen Statuspositionen („oben“ und „unten“), sondern auch in einem durchgängigen Zusammenhang zwischen Sozialstatus und Gesundheitszustand („sozialer Gradient“).
- Dieser Zusammenhang gilt nicht nur für die Lebenserwartung, sondern auch für viele spezifische Krankheiten (insbesondere koronare Herzkrankheiten).
- Die sozialen Unterschiede bestehen über den gesamten Lebenslauf hinweg, besonders ausgeprägt sind sie aber in der frühen Kindheit und im mittleren Erwachsenenalter.
- Gesundheitliche Ungleichheit ist bei Männern stärker ausgeprägt als bei Frauen.[1]

Daher stellen sich für die Soziologie unter anderem Fragen nach der Richtung des Zusammenhangs von gesundheitlichem und sozialem Status: Bestimmt der gesundheitliche Status den sozialen Status (z. B. sozialer Abstieg infolge von Krankheit) oder bestimmt der soziale Status das gesundheitliche Befinden (soziale Verursachung schlechter Gesundheit)? Aktuell scheint gesichert, dass chronische Krankheit oder Behinderung zu sozialem Abstieg führen kann. Insgesamt erklärt dieser Effekt aber nur einen kleinen Teil des Zusammenhangs. Wenn also der soziale Sta-

1 Die Ursachen dieses Unterschieds sind komplex; letztlich bedeuten sie, dass das gesundheitliche Befinden von Männern stärker von ihrem sozialen Status abhängt als jenes von Frauen.

tus wesentlich die Gesundheit bestimmt (soziale Verursachung), welche konkreten Mechanismen sind dann dafür verantwortlich?
Mielck (2005) führt die bisher belegten Erklärungsfaktoren in drei Bündeln von Determinanten zusammen:
(1) Art und das Ausmaß von gesundheitlichen Belastungen physischer Art (z. B. Lärm, Hitze) oder psychosozialer Art (z. B. Arbeitsplatzunsicherheit) und die verfügbaren Ressourcen, um sie auszugleichen oder abzufedern (z. B. finanzielle Ressourcen, soziale Unterstützung);
(2) gesundheitsrelevante Verhaltensweisen (z. B. Ernährung, Bewegung);
(3) Zugang zu und Qualität der gesundheitlichen Versorgung.

In allen drei Faktorenbündeln haben sozial schlechter Gestellte jeweils ungünstigere Voraussetzungen. In der Summe und im Zusammenwirken entsteht das aufgezeigte Muster gesundheitlicher Ungleichheit. Die Forschung zeigt insbesondere auch, dass individuelles gesundheitsschädigendes Verhalten in seiner sozialen und kulturellen Einbettung verstanden werden muss und nicht den sozial schlechter Gestellten als freie Entscheidung schuldhaft zugerechnet werden darf (Siegrist/ Marmot 2008: 22).
Für ausgewählte Zusammenhänge liegen auch theoretische Erklärungsmodelle vor. Besondere Beachtung haben dabei Unterschiede bei der Erwerbsarbeit gefunden (Siegrist 2015). Zwei Modelle haben sich dabei als sehr aussagekräftig erwiesen: Das *Anforderungs-Kontrollmodell* von Karasek/Theorell nimmt an, dass Umfang und Intensität von Stresserfahrungen vom Zusammentreffen von hoher Arbeitsbelastung und geringen Entscheidungsspielräumen abhängen. Diese Konstellation ist für benachteiligte Statusgruppen charakteristisch. Das *Modell sozialer Gratifikationskrisen* von Siegrist fokussiert dagegen auf ein dauerhaft ungünstiges Verhältnis von hoher Verausgabung und fehlender angemessener Belohnung (Bezahlung, Anerkennung, Aufstieg). Auch diese Erfahrung tritt gehäuft in wenig qualifizierten Berufspositionen auf. Empirisch wurden Zusammenhänge mit diversen Erkrankungen und Risiken nachgewiesen. Umfassende, wissenschaftlich begründete Strategien zur Reduktion gesundheitlicher Ungleichheit wurden bislang aber erst in einzelnen Ländern entwickelt, zum Beispiel in England (Marmot 2010). Deren praktische Umsetzung und auch systematische Forschung zur Wirksamkeit von solchen Interventionen stehen aber großteils noch aus (Siegrist 2015).

3.2 Soziologie der Krankenversorgung (Medizinsoziologie)

Ärzt*innen und Patient*innen: Rollen und Rollen-Beziehungen

Parsons (1951) charakterisierte die Krankenrolle durch gesellschaftliche Erwartungen: Erwartet wird von Kranken, dass sie wieder gesund werden wollen, kompetente Hilfe in Anspruch nehmen und mit Expert*innen kooperieren *(compliance)*. In der Praxis entwickelte sich eine paternalistische Beziehung zwischen Ärzt*innen und Patient*innen, gekennzeichnet durch Informationsbeschränkung, Geringschätzung von Patient*innenwünschen und exklusive Entscheidungsfindung durch die Ärzt*innen (Coulter 2002). Eine lange Forschungstradition zeigt die problematischen Seiten dieser Entwicklung auf: Ärztliche Anweisungen werden häufig nicht befolgt und die Behandlungsqualität sowie die subjektive Lebensqualität sind nicht optimal. Bestrebungen zur Veränderung durch rechtliche, organisatorische und ausbildungsbezogene Maßnahmen gewinnen in der Medizin nur langsam an Boden. Herausgefordert wird die paternalistische Beziehungsform aber zunehmend auch von Patient*innen, weil sich deren Wissen und Erwartungen ändern. Relevant dafür ist zum einen ein erleichterter, Internet-basierter Informationszugang, zum anderen, dass bei chronisch Kranken die Auseinandersetzung mit der Krankheit und die alltägliche Bewältigung der Krankheitsfolgen überwiegend im Alltag und jenseits medizinischer Unterstützung und Kontrolle stattfindet.

Coulter (2002) entwirft entsprechend vier Aspekte der künftigen Rolle von Patient*innen: Diese sollen sich an Behandlungsentscheidungen beteiligen, ihr Krankheitsmanagement aktiv mitgestalten, durch Rückmeldungen zur Qualitätsverbesserung der Behandlung beitragen und als Bürger*innen kollektiv an der Gestaltung des Systems mitwirken. In der Praxis zeigt sich, dass all diese Rollen voraussetzungsreich sind und entsprechender Unterstützung zu ihrer Umsetzung bedürfen.

Zu einer wichtigen Ressource für Patient*innen sind selbst-organisierte Gruppen *(Selbsthilfegruppen)* geworden, deren Anzahl und Organisationsgrad stark gestiegen sind. Durch Austausch unter gleich Betroffenen erhalten deren Mitglieder nicht nur Verständnis und Unterstützung, sondern entwickeln ein gemeinsames Erfahrungswissen, das sie dem Expert*innenwissen der Medizin gegenüberstellen. Beide Wissensformen werden mobilisiert, um Mitglieder in ihren persönlichen Gesundheitsentscheidungen zu stärken *(empowerment)* und um kollektiv auf die Gestaltung der Gesundheitsversorgung und die Gesundheitspolitik einzuwirken. Empirische Untersuchungen verweisen auf mögliche Risiken vermehrter Einbeziehung: Überforderung durch zeitlichen Aufwand, Unkenntnis der Prozesse und des Kontextes sowie Ausnutzung durch andere Akteur*innen (Forster et al. 2011).

Organisierte Krankenversorgung

Krankenversorgung wird heute überwiegend in komplexen Netzwerken von Spezialist*innen in unterschiedlichen Organisationsformen erbracht. Das moderne Krankenhaus ist das Zentrum des Systems, in dem im Rahmen hochgradig arbeitsteiliger, technikintensiver Prozesse Krankenbehandlung (Diagnostik, Therapie und Pflege) rund um die Uhr und 365 Tage im Jahr durchgeführt wird. Beteiligt an der Bearbeitung komplexer, zeitkritischer und folgenreicher Problemlagen sind nicht nur verschiedene ärztliche Spezialist*innen, sondern viele andere Berufsgruppen und Spezialisierungsgrade. Effektive und effiziente Organisation und Management werden damit zu zentralen Aufgabenstellungen für die Krankenversorgung. Damit richtet sich die soziologische Aufmerksamkeit zunehmend auf die Rolle von Organisationssystemen in der Krankenbehandlung.

Ein klassischer Ansatzpunkt ist dabei der Umgang mit Patient*innenbedürfnissen. Eine Fülle von Forschungsergebnissen belegt, dass es im Rahmen medizinischer Behandlung und der pflegerischen Sicherstellung persönlicher Versorgungsbedürfnisse zu starken Reglementierungen der Patient*innen und ausgeprägten sozialen Asymmetrien bzw. Machtungleichheiten zwischen Personal und Patient*innen kommt (s. o.).

Zentral für angewandte Forschung ist die Frage geworden, wie Leistungen fachlich kompetent, verlässlich und zugleich patient*innenorientiert erbracht werden können. Interdisziplinäre Forschungsansätze, die den Fokus häufig auf spezifische Krankheiten und Gesundheitsprobleme richten, werden unter dem breiten Titel *Versorgungsforschung* zusammengefasst. Diese ist am Ziel der Qualitätssicherung bzw. -verbesserung orientiert.

Die Soziologie hat in diesem Bereich – in Kooperation mit anderen Disziplinen – Analysen geliefert, Reformkonzepte (mit-)entwickelt und Innovationsprojekte begleitet. Themen sind z. B. die Koordination der Leistungen vieler Spezialist*innen – diese ist sehr wichtig bei der Versorgung von chronisch kranken Menschen oder von Schwer- und Schwerstkranken zu Hause (Krajic et al. 2002). Ein weiterer relevanter Aspekt ist die verstärkte Einbeziehung der Erfahrungen von Patient*innen im Sinne einer verbesserten Kooperation von Behandler*innen und Behandelten. Die Initiative *Selbsthilfefreundliches Krankenhaus* (ausgehend von Deutschland, aber mittlerweile auch in Österreich weit vorangeschritten) zeigt, wie diese Kooperation systematisch institutionalisiert werden kann (Forster et al. 2012).

Schließlich ist auch die sogenannte *Gesundheitssystemforschung* als angewandter, multidisziplinärer Forschungsbereich zu erwähnen. Dabei geht es primär um politisch relevante Fragen der Steuerung bzw. Gestaltung der Krankenversorgung. Dominiert wird der Bereich von der Gesundheitsökonomie; andere Disziplinen leisten Beiträge, die Soziologie traditionell eher in Form von empirischen Analysen zu spezifischen Teil-Fragestellungen.

3.3 Soziologie der Gesundheit, Gesundheitsförderung und Gesundheitsgesellschaft

Leben wir in einer *Gesundheitsgesellschaft*? Ilona Kickbusch (2006) hat diesen Begriff als pointierte Beschreibung des (vorläufigen) Ergebnisses der drei eingangs beschriebenen Gesundheitsrevolutionen in Umlauf gebracht: Unstrittig ist, dass Gesundheit für Politik, Wirtschaft, Bildung, Wissenschaft, für die Medien, vor allem aber für die Individuen in der Gegenwartsgesellschaft immer wichtiger zu werden scheint.

Beobachtbar ist dabei – zusätzlich zur fortschreitenden Ausdifferenzierung spezialisierter, wirksamer, aber auch teurer diagnostischer und kurativer Interventionen in der Krankenbehandlung – eine verstärkte und zunehmend differenzierte Kommunikation über Krankheitsrisiken und deren Prävention.

Die Soziologie hat sich daran besonders aktiv beteiligt. Zunächst durch die Kritik an der Medizin: Kritisiert wurden die Engführungen einer naturwissenschaftlich-technisch dominierten Krankenbehandlung und die Monopolisierung von Kompetenz für den Umgang mit Krankheit und Gesundheit durch Expert*innen. Soziologische Forschung war auch relevant für die Entwicklung und Verbreitung eines umfassenden, biopsychosozialen Gesundheitsbegriffs, für eine verstärkte Orientierung an Salutogenese (Warum bleiben Menschen gesund?) statt primär an Pathogenese (Warum werden Menschen krank?) und am Konzept „positiver Gesundheit“ als Ressource zur Bewältigung der Herausforderungen des Lebens.

Die Konzepte Salutogenese und positive Gesundheit sind eng mit der Interventionsstrategie *Gesundheitsförderung* verbunden. Diese wurde von der *Weltgesundheitsorganisation (WHO)* seit den 1980er Jahren unter maßgeblicher Involvierung von Sozialwissenschaftler*innen zur Stärkung von körperlichen, psychischen und sozialen Ressourcen entwickelt und propagiert (Ruckstuhl 2011) und es hat sich in diesem Bereich eine bunte Forschungsszene etabliert.

Ganz im Sinne der *Ottawa Charta* der *WHO* (1986), des Grundsatzdokuments der Gesundheitsförderung, gilt in der Praxis, aber auch in der Forschung die gesundheitsförderliche Gestaltung von „Settings“ bzw. „Lebenswelten“ der Bevölkerung als zentraler Ansatzpunkt (Pelikan 2011). Gemeint sind Organisationen wie Betriebe, Schulen, Universitäten, Krankenhäuser und Pflegeheime (Krajic et al. 2017), aber auch regionale Lebenswelten, die Grätzel, Gemeinden und Städte, die als wichtige Orte für die konkrete Gestaltung für Gesundheit gesehen werden. In beiden Bereichen ist eine Fülle von überwiegend angewandten Forschungsarbeiten durchgeführt worden (Konzeptentwicklung, Implementierungsforschung, Evaluationsforschung).

Staat und Politik werden in der Gesundheitsförderung als wesentliche Player gesehen, die auf der gesellschaftlichen Makroebene über spezifische gesetzliche und finanzielle Maßnahmen Gesundheitsrisiken und -chancen beeinflussen können. Erwartet wird darüber hinaus, die gesundheitlichen Konsequenzen aller politischen Entscheidungen mit ins Kalkül zu nehmen – also eine gesundheitsförderliche Gesamtpolitik zu betreiben (Krajic et al. 2017).

Gesundheitsförderung setzt auch auf der individuellen Ebene an. In den letzten Jahrzehnten wurden die Angebote an individuellen gesundheitsbezogenen Interventionen, die über Krankheitsbehandlung und -management, Risikoberatung u. Ä. hinausgehen, deutlich vermehrt. Schon in der *Ottawa Charta* ist Befähigung bzw. *empowerment* von Individuen und Gruppen als eine zentrale Strategie verankert. In den letzten zehn Jahren hat das Thema *Gesundheitskompetenz*, das direkt daran anschließt, in der nationalen und europäischen Gesundheitspolitik deutlich an Bedeutung gewonnen und zu großen, vergleichend ansetzenden empirischen Studien geführt. Das Konzept der Gesundheitskompetenz, das die Soziologie wesentlich mitentwickelt hat (Schaeffer/Pelikan 2017), beinhaltet die Fähigkeit zum Schutz und zur Steigerung der eigenen Gesundheit im Alltag, insbesondere aber auch in herausfordernden Lebenssituationen. So umfasst es auch den kompetenten Umgang mit eigenen (akuten und chronischen) Krankheiten und den immer komplexer werdenden Krankenversorgungssystemen.

Häufig kritisch gesehen wird in der Soziologie der boomende Gesundheitsmarkt. Training im Fitness-Zentrum, Besuch von Wellness-Oasen und Nutzung von Gesundheits-Coaches, Trainer*innen und Berater*innen sind für viele Menschen Teil der Normalität geworden. Die soziologische Kritik bezieht sich nicht nur auf eine mögliche Ausbeutung der Bedürfnisse durch wenig wirksame Angebote. Es wächst auch die Zahl der Analysen, die neue Widersprüche dieser Gesundheitsgesellschaft aufzeigen und neue Zumutungen kritisieren. Mit Bezug auf die machttheoretischen Analysen von Foucault (2005) analysieren Soziolog*innen diese Entwicklung als Weg zu einer Gesellschaft mit immer mehr Kontrolle, mit Umstellung von externem auf internen Zwang zur Selbstkontrolle und zur Selbstdisziplinierung als neue, raffinierte Herrschaftstechnologie. Argumentiert wird unter anderem, die Gegenwartsgesellschaft (die Gesundheitsgesellschaft, der Neoliberalismus etc.) erhöhe vor allem den Druck auf die Individuen, sich selbst ständig zu optimieren, d. h. gesünder, leistungsfähiger, attraktiver zu werden bzw. sich zumindest glaubwürdig so darzustellen (Bröckling 2008).

Kritisiert wird weiters, dass diese starke Orientierung an den Individuen dazu führt, dass die politische Gestaltung zugunsten ökonomisch Schwacher und Bildungsbenachteiligter vernachlässigt wird. Kritisiert wird auch das Schlagwort „Eigenverantwortung“: Viele Krankheiten gelten heute (wieder) als vorwiegend selbst verursacht.

Das fördere das Geschäft der Gesundheitsindustrie, die gegen Bezahlung Gesundheit oder zumindest moralische Entlastung verspricht. Fehlende körperliche Fitness, geringes Wohlbefinden und auch geringe körperliche Attraktivität und ungünstige emotionale Ausstrahlung werden zum Ansatzpunkt moralisierender Kritik an einer mangelnden Selbstsorge und als Grund für Abwertungen genommen. Paradox führt der Druck auf Selbstoptimierung dazu, dass die Individuen ständig mit ihrer Unvollkommenheit konfrontiert werden. Und das kann auch zur Steigerung von Unzufriedenheit, chronischer Erschöpfung und letztlich zu mehr persönlichem Unglück führen (Krajic et al. 2017).

4 Aktuelle Forschung in Österreich

Aktuelle gesundheits- und medizinsoziologische Forschung ist primär – in Österreich und auch international – anwendungsbezogen. Ein Schwerpunkt der Forschungstätigkeit liegt dabei auf der Erarbeitung von Wissen, das zur Verbesserung der Krankenbehandlung beitragen soll (Unterstützung für Medizin, Pflege und andere Gesundheitsberufe). Auch die Teilgebiete der *Public Health*, vor allem die Bereiche Gesundheitsschutz, Prävention von Krankheiten und Unfällen und nicht zuletzt die Praxis der Gesundheitsförderung nutzen soziologisches Wissen. Das sind in Österreich konkrete Institutionen wie der *Fonds Gesundes Österreich*, die *AUVA (= Allgemeine Unfallversicherungsanstalt)* und das *Arbeitsinspektorat* etc. Sie entwickeln und kontrollieren Standards und fördern und implementieren Programme und Projekte. Soziologische Grundlagenforschung zum gesellschaftlichen Umgang mit Gesundheit und Krankheit findet unter diesen Bedingungen eher als Nebenprodukt statt.

4.1 Institutionelle Verankerung

Angewandte medizinsoziologische Forschung begann in Österreich in den späten 1970er Jahren, und zwar primär im außeruniversitären Bereich. Das *Institut für Höhere Studien* in Wien machte den Anfang, Institute im Rahmen der *Ludwig Boltzmann Gesellschaft* folgten. Nahe an der staatlichen Verwaltung erzeugen Forscher*innen am Österreichischen *Bundesinstitut für Gesundheitswesen* (heute *GÖG – Gesundheit Österreich gemeinnützige GmbH)* Planungsgrundlagen und Konzepte. Eine Reihe anderer Einrichtungen im öffentlichen, im *Non-Profit-* und auch im kommerziellen Bereich führen zumindest gelegentlich sozialwissenschaftliche Forschungen im Gesundheitsbereich durch.

Dieses Bild einer relativ großen, aber heterogenen und unübersichtlichen Forschungslandschaft ist bis heute erhalten geblieben, mit expansiven und restriktiven Entwicklungsphasen. Eine starke Expansion war mit der Reorientierung auf Gesundheitssoziologie und der Verbindung mit der Gesundheitsförderungsbewegung beobachtbar; sie begann Ende der 1980er Jahre und hält bis in jüngste Zeit an. Insgesamt hat der Bereich in den letzten 50 Jahren viele außeruniversitäre Forschungs- bzw. Berufsmöglichkeiten für Soziolog*innen geboten und wird das vermutlich auch in Zukunft weiter tun.

Im universitären Bereich war Gesundheits- und Medizinsoziologie lange ein wichtiges Thema an soziologischen Universitätsinstituten, insbesondere in Wien und Linz, auch mit Querbezügen zu anderen Forschungs- und Anwendungsfeldern. Aktuell ist die Gesundheits- und Medizinsoziologie in der universitären Soziologie vor allem durch externe Dozent*innen und Lektor*innen vertreten. An den Medizinischen Fakultäten bzw. Universitäten war Medizin- und Gesundheitssoziologie seit den 1970er Jahren deutlich schwächer verankert als zum Beispiel in Deutschland. Das ist zuletzt im Zuge einer verstärkten *Public Health*-Orientierung der Medizin-Universitäten etwas besser geworden, hat aber im Vergleich zu anderen Ländern (z.B. UK) noch erhebliches Entwicklungspotenzial. Dagegen ist in den letzten Jahren ein bemerkenswerter Aufschwung der Zahl und Größe gesundheitswissenschaftlicher Studiengänge an Fachhochschulen (Studiengänge insbesondere mit Management- und Pflegebezug) und auch Privatuniversitäten festzustellen, in der Regel mit soziologischer Beteiligung, der auch Möglichkeiten für soziologische Lehre und Forschung eröffnet (zumindest im Rahmen von akademischen Abschlussarbeiten bzw. im eher angewandten Bereich).

4.2 Inhaltliche Schwerpunkte

Inhaltlich war die medizin- und gesundheitssoziologische Forschung in den knapp 50 Jahren ihrer Entwicklung in Österreich breit gestreut. Als Schwerpunkte können exemplarisch einige Bereiche angeführt werden, die an den einschlägigen Instituten im Rahmen der *Ludwig Boltzmann Gesellschaft* (1979–2016) bearbeitet wurden. Sie umfassten anfangs psychiatrische Versorgung, Ärzt*innen-Patient*innen-Interaktion und Mediziner*innenausbildung.

Seit Ende der 1980er Jahre bildete sich ein nachhaltiger Schwerpunkt auf Gesundheitsförderungsforschung aus, mit der Entwicklung/Beforschung umfassender Gesundheitsförderungs-Pilotprojekte vor allem in den Settings Krankenhaus, Schule und Altenbetreuung. Aktuell liegt der Schwerpunkt auf der Forschung zu individueller und organisationaler Gesundheitskompetenz (nunmehr im Rahmen der *Gesundheit Österreich – GÖG*). Die Entwicklung von Versorgungsmodellen für Menschen mit komplexem medizinisch-pflegerischen Versorgungsbedarf im ambulanten/mobilen Bereich und die fachliche Unterstützung der Entwicklung von Förderstrukturen für Selbsthilfegruppen ergänzen das Spektrum.

5 Weitere Anwendungsbezüge

Neben der angewandten Forschung hat sich die Lehrtätigkeit an den Universitäten und gesundheits- und pflegewissenschaftlichen Studiengängen an Fachhochschulen und Privatuniversitäten als wichtiges Tätigkeitsfeld für Soziolog*innen herauskristallisiert. Auch im Bereich der öffentlichen Verwaltung bzw. bei Financiers (Sozialversicherung) und großen Angebotsorganisationen (Krankenhausträger) wird soziologisches Wissen und vor allem auch Methodenkompetenz nachgefragt bzw. eingesetzt, zum Beispiel im Rahmen von Qualitätssicherung und Entwicklung.

Für Soziolog*innen, die sich für diese Felder interessieren, scheinen die Arbeitsmöglichkeiten zuzunehmen. Allerdings müssen sie dabei offen sein für die Zusammenarbeit mit anderen gesundheitswissenschaftlichen Disziplinen und bereit, sich zusätzliche Qualifikationen, die für diese Kooperation wichtig sind, auch außerhalb soziologischer Studiengänge anzueignen (z. B. *Public Health*-Weiterbildungen). Veranstaltungen der *Sektion Gesundheits- und Medizinsoziologie* der *Österreichischen Gesellschaft für Soziologie*, die Tagungen der *Österreichischen Gesellschaft für Public Health* und viele andere, eher spezifisch themenbezogene Kommunikationsforen (z. B. Tagungen zu Gesundheitsförderung, Gesundheitskompetenz etc.) bieten sich als Chance für Lernen und inner- und interprofessionelle Vernetzungen an.

6 Literatur

a. Einführungsliteratur

Gabe, Jonathan/Monaghan, Lee (Eds.) (2013): Key concepts in medical sociology. London: Sage.

Hehlmann, Thomas/Schmidt-Semisch, Hennig/Schorb, Friedrich (2018): Soziologie der Gesundheit. München: UKV Verlag.

Richter, Matthias/Hurrelmann, Klaus (Hg.) (2016): Soziologie von Gesundheit und Krankheit. Wiesbaden: Springer.

Scambler, Graham (Ed.) (2018): Sociology as Applied to Health and Medicine. 7th ed. London: Palgrave Macmillan.

b. Weitere zitierte Literatur

Bröckling, Ulrich (2008): Vorbeugen ist besser ... Zur Soziologie der Prävention. In: Behemoth. A Journal on Civilisation, Vol. 1 (1), 38–48.

Coulter, Angela (2002): The Autonomous Patient. Ending paternalism in medical care. London: The Nuffield Trust.

Durkheim, Emile (1973 [1897]): Der Selbstmord. Neuwied: Luchterhand.

Fitzpatrick, Ray/Speed, Ewen (2018): Society and Changing Patterns of Health and Illness. In: Scambler, Graham (Ed.): Sociology as Applied to Health and Medicine. 7th ed. London: Palgrave Macmillan, 3–22.

Forster, Rudolf/Braunegger-Kallinger, Gudrun/Krajic, Karl (2011): Austrian Health Consumer Groups – A Voice Gaining Strength? In: Löfgren, Hans/De Leeuw, Evelyne/Leahy, Michael (Eds.): Democratising Health: Consumer Groups in the Policy Process. Cheltenham/Northampton: Edward Elgar Publishing, 143–160.

Forster, Rudolf/Rojatz, Daniela/Marent, Benjamin (2012): Auf dem Weg zur systematischen Kooperation. In: Das österreichische Gesundheitswesen – ÖKZ, Jg. 53, H. 10, 14–16.

Foucault, Michel (2005): Analytik der Macht. Frankfurt a. M.: Suhrkamp.

Gerlinger, Thomas (2016): Geschichte der Soziologie von Gesundheit und Krankheit. In: Richter, Matthias/Hurrelmann, Klaus (Hg.): Soziologie von Gesundheit und Krankheit. Wiesbaden: Springer VS, 89–103.

Kickbusch, Ilona (2006): Die Gesundheitsgesellschaft. Gamburg: Verlag für Gesundheitsförderung.

Krajic, Karl/Dietscher, Christina/Pelikan, Jürgen M. (2017): Gesundheitsförderung und Prävention – soziologisch betrachtet. In: Jungbauer-Gans, Monika/Kriwy, Peter (Hg.): Handbuch Gesundheitssoziologie. Wiesbaden: Springer, 1–31.

Krajic, Karl/Nowak, Peter/Peinhaupt, Christa/Pelikan, Jürgen M. (2002): Monade versus Netzwerk – Mir san mir oder: Gemeinsam sind wir leistungsfähiger. In: Meggeneder, Oskar/Noack, Horst (Hg.): Integration in der Versorgung und Pflege. Linz: OÖ Gebietskrankenkasse, 83–108.

Marmot, Michael (2010): Fair Societies, Healthy Lives. The Marmot Report. London: The Marmot Review.

Mielck, Andreas (2005): Soziale Ungleichheit und Gesundheit. Einführung in die aktuelle Diskussion. Bern: Hans Huber.
Parsons, Talcott (1951): Social Structure and Dynamic Process: The Case of Modern Medical Practice. In: Parsons, Talcott (Ed.): The Social System. New York: Free Press, 429–479.
Pelikan, Jürgen M. (2011): Zur Entwicklung eines gesundheitsförderlichen Settings. In: Dür, Wolfgang/Felder-Puig, Rosemarie (Hg.): Lehrbuch der schulischen Gesundheitsförderung. Bern: Hans Huber, 63–72.
Ruckstuhl, Brigitte (2011): Gesundheitsförderung. Entwicklungsgeschichte einer neuen Public Health-Perspektive. Weinheim/München: Juventa.
Schaeffer, Doris/Pelikan, Jürgen M. (Hg.) (2017): Health Literacy. Forschungsstand und Perspektiven. Bern: Hogrefe.
Siegrist, Johannes (2015): Arbeitswelt und stressbedingte Erkrankungen. Forschungsevidenz und präventive Maßnahmen. München: Urban & Fischer.
Siegrist, Johannes/Marmot, Michael (Hg.) (2008): Soziale Ungleichheit und Gesundheit: Erklärungsansätze und gesundheitspolitische Folgerungen. Bern: Hans Huber.
Straus, Robert (1957): The nature and status of medical sociology. In: American Sociological Review, Vol. 22 (2), 200–204.

c. Ausgewählte Zeitschriften

Gesundheitsförderung und Prävention
Health Promotion International
Social Science and Medicine
Social Theory and Health
Sociology of Health and Illness

Kriminalität und soziale Kontrolle

Günter Stummvoll und Walter Fuchs

1 Einleitung

Die Soziologie der Kriminalität und sozialen Kontrolle ist in das breite Forschungsfeld der Kriminologie eingebettet, die sich mit sozialen, juristischen, biologischen und psychologischen Aspekten abweichenden Verhaltens befasst. Der speziell soziologische Zugang zum Studium der Kriminalität als einer Form von *Devianz*[1] besteht jedoch in der Annahme, dass sowohl die Definition legalen und illegalen Handelns als auch die Form der sozialen Kontrolle einem permanenten sozialen Wandel unterliegt. Gilt eine Handlung als ungewöhnlich, irritierend, beleidigend, bedrohlich oder wird diese Handlung vom Gesetzgeber strafrechtlich kriminalisiert? Mit welcher Reaktion hat jemand, der abweichend handelt, zu rechnen? Wird ein Verhalten zwar prinzipiell abgelehnt, aber dennoch geduldet? Wird es mit sozialem Ausschluss sanktioniert? Wird eine Therapie angeordnet? Wird eine Geld- oder Freiheitsstrafe verhängt? Gleichzeitig interessiert sich die Kriminalsoziologie für den Zweck und die Wirkungsweise der Sanktion: Haben diverse Strafen das Ziel, einen Schaden wiedergutzumachen? Sollen sie zu einer Besserung des Täters bzw. der Täterin im Sinne einer Heilung beitragen? Wirken sie vergeltend? Hat die Sanktion präventive Wirkung auf einzelne Risikogruppen und auf die Gesellschaft insgesamt?

In aktuellen sozialpolitischen Diskussionen finden sich viele Beispiele für den Aushandlungsprozess in der Kriminalpolitik: Das Rauchverbot in öffentlichen Räumen, Sanktionen gegen alkoholisierte Lenker*innen bei Verkehrsunfällen, Doping im Sport, Korruption oder der Umgang mit süchtigen Drogenhändler*innen und geistig abnormen Rechtsbrecher*innen. Anhand dieser Beispiele lässt sich diskutieren, welche gesellschaftlichen Kontextbedingungen Devianz (bzw. das, was als deviant gilt) maßgeblich prägen, aber auch, welche Art und Wirkungsweise von der jeweiligen Sanktion erwartet wird.

Soziale Kontrolle ist ein Begriff, der auf den US-amerikanischen Soziologen Edward Ross zurückgeht (Ross 2012 [1901]). Im Laufe der Geschichte der Disziplin wurde er unterschiedlich weit gefasst. Während Ross darunter ganz allgemein die Lenkung

1 Der Begriff „Devianz" leitet sich vom lateinischen *devius* (abseits vom Weg, verirrt) bzw. vom spätlateinischen *deviare* (vom Weg abkommen, abirren, abweichen) ab und wird in der Soziologie als Fachterminus für „abweichendes Verhalten" verwendet.

von Individuen durch die Gesellschaft verstanden hatte, setzte sich später eine engere Bedeutung durch: Seit den 1960er Jahren bezeichnet soziale Kontrolle in der soziologischen Diskussion vor allem die soziale Reaktion auf Verhalten, das in einer Gesellschaft als abweichend definiert wird (Scheerer 2000).
Welches Handeln in einer Gesellschaft als strafbar gilt, ist stets Ergebnis sozialer Aushandlungen. Kriminalität und ihre Kontrolle verweisen damit immer auch auf wechselnde gesellschaftliche, politische, rechtliche, ökonomische und historische Kontextbedingungen.
Die Soziologie der Kriminalität und sozialen Kontrolle befasst sich mit dem Zusammenhang von Normen und abweichendem, insbesondere kriminellem Verhalten sowie der Wirkungsweise von Sanktionen durch Institutionen, die soziale Kontrolle ausüben. Die US-amerikanischen Kriminalsoziologen Sutherland und Cressey haben das Forschungsfeld treffend als „a study of law-making, law-breaking, and reactions to law-breaking" (Sutherland/Cressey 1974 [1924]: 21) beschrieben. Sie fragen: Wie werden Gesetze gemacht? Wie werden Gesetze gebrochen? Welche Reaktionen ziehen Gesetzesverletzungen nach sich? Heute könnte man mit Blick auf Formen der Prävention ergänzen: Mit welchen Mitteln wird versucht, Gesetzesverletzungen entgegenzuwirken?

2 Historische Grundlagen der Soziologie der Kriminalität und sozialer Kontrolle

In der Entwicklungsgeschichte des wissenschaftlichen Diskurses über Kriminalität lassen sich verschiedene Paradigmen unterscheiden. Im Folgenden geben wir einen Überblick über die Entwicklung des Fachgebiets beginnend mit der „klassischen Schule der Kriminologie" im Zeitalter der Aufklärung. Danach folgen wir den Spuren der positivistischen Kriminologie, leiten über zur funktionalistischen Sichtweise auf Devianz und beleuchten die konstruktivistische Denkweise.

2.1 Die klassische Schule der Kriminologie: Ein Produkt der Aufklärung

Die geistige Strömung des Rationalismus hat im 17. und 18. Jahrhundert eine vorwiegend religiös und metaphysisch begründete Weltsicht sukzessive abgelöst. Die Menschen wurden dabei als grundsätzlich freie Individuen gedacht, die rational entscheiden und dementsprechend handeln können, weswegen sie für ihr Tun auch verantwortlich zu machen sind. Kriminalität war in dieser Sichtweise nichts anderes als die Konsequenz einer freien Entscheidung, rechtliche Normen zu übertreten.

Der englische Utilitarist[2] Jeremy Bentham (1748–1832) verbreitete Ende des 18. Jahrhunderts eine Lehre, wonach Menschen vor allem solche Handlungen setzen, die ihnen Glück versprechen. Bentham zufolge ist Furcht – insbesondere vor Schmerzen – für alle Menschen der wichtigste und wirkungsvollste Faktor, der die Willensfreiheit beeinflusst. Deswegen sei Strafe die beste Maßnahme, um Verhalten zu kontrollieren. Das Strafrecht sollte daher bei allen Bürger*innen gleichermaßen angewendet werden: Alle Menschen, die einer bestimmten Tat von einem unabhängigen Gericht schuldig gesprochen werden, sollten entsprechend auch dieselbe Strafe erhalten. Die wahrscheinlich bedeutendste Schrift im Hinblick auf die Entwicklung eines aufgeklärten Strafrechts wurde 1764 von Cesare Beccaria publiziert. *Dei delitti e delle pene (Über Verbrechen und Strafe)* wurde in 22 Sprachen übersetzt und stellt den ersten Ansatz zu einem konsistenten und „humanen" Strafrechtssystem dar (Beccaria 1998 [1764]). Durch die Prinzipien Rationalität, Selbstverantwortung im Handeln, Verhältnismäßigkeit im Strafausmaß und Gleichheit vor dem Gesetz sollten die Menschen nicht mehr mit der Willkür eines Monarchen, sondern mit berechenbaren Sanktionen konfrontiert sein.

2.2 Das positivistische Erklärungsmodell

Das positivistische Erklärungsmodell für Kriminalität hat seinen Ausgangspunkt in Annahmen über die Natur des Menschen und beruht auf den damals zeitgenössischen Geistesströmungen der Evolutionstheorie von Charles Darwin (1809–1882) und dem sozialen Positivismus von Auguste Comte (1798–1857). In einem Weltbild nach Art der exakten Naturwissenschaft sollten Einflüsse auf menschliches Verhalten untersucht werden, die außerhalb der Kontrolle des Einzelnen liegen. Der Mensch ist in positivistischer Sichtweise kein freies, sondern ein determiniertes Wesen, dessen Verhalten durch interne (physiologische, psychologische) oder externe (soziale) Faktoren bestimmt ist. Kriminalität wird dann auch als Phänomen in den Blick genommen, das mit biologischen, psychologischen und sozialen Faktoren erklärbar ist.

Die sich herausbildenden Humanwissenschaften konnten sich im Laufe des 19. Jahrhunderts mehr und mehr auf Daten stützen, die von staatlichen Kontroll- und Wohlfahrtseinrichtungen gesammelt wurden. So gewährte man den Richtern[3]

2 Utilitarismus bezeichnet eine sozialphilosophische Lehre, die im Nützlichen den Maßstab für sittlich-moralisches Verhalten erkennt.

3 In diesem Fall wird bewusst auf die gendergerechte Schreibweise verzichtet, da das Richteramt erst in der Nachkriegszeit für Frauen zugänglich war.

allmählich mehr Spielraum bei der Strafzumessung und stellte ihnen justizexterne Experten zur Seite: Medizinische oder pädagogische Sachverständige sollten die subjektiven Lebensumstände von Tätern begreiflich machen, über deren Zurechnungsfähigkeit befinden und bei der Wahl einer möglichst passenden Sanktion behilflich sein.
Als einer der bedeutendsten Vertreter in der Entwicklungsgeschichte der Kriminologie gilt der italienische Psychiater Cesare Lombroso (1836–1909). In seiner Publikation *L'Uomo Delinquente* (2010 [1876]) hat Lombroso nach einem simplen Vergleich von Gesetzesbrechern in Gefängnissen mit „normalen" Menschen eine exakte Physiognomie von „geborenen Verbrechern" erstellt: Eigenartig geformte Ohren, eine vorgewölbte Stirn, überlange Arme und verdrehte Nasen galten ihm als Merkmale für Kriminelle. Die Theorie Lombrosos wurde schon zu seinen Lebzeiten vielfach widerlegt und gilt heute zu Recht als naiv und inhuman. Sein grundlegender Ansatz, „Kriminelle" von „Nichtkriminellen" durch bestimmte Personenmerkmale „wissenschaftlich" zu unterscheiden, blieb jedoch für eine lange Forschungstradition kriminalbiologischer und -psychologischer Ansätze bis heute maßgebend.
Soziologische Erklärungen, die dem positivistischen Paradigma folgen, nehmen an, dass Kriminalität durch äußere Umstände prädeterminiert und jene Handlungsfreiheit, die von den Rationalisten im 17. und 18. Jahrhundert vorausgesetzt wurde, durch soziale Umstände beschränkt ist. So wie der biologische und psychologische geht auch der soziologische Positivismus davon aus, dass diese Umstände grundsätzlich beobachtbar, messbar und beeinflussbar seien. Die Frage ist demnach: Weshalb üben einige soziale Strukturen auf bestimmte Personen einen deutlichen Druck aus, sodass sie sich eher abweichend als konform verhalten? Die Ursache für Kriminalität wird in diesem Modell nicht in individueller Pathologie gesucht, sondern in spezifischen gesellschaftlichen Bedingungen.

2.3 Funktionalismus

Emile Durkheim hat Ende des 19. Jahrhunderts im Rahmen einer damals innovativen und provokanten (in gewisser Weise also auch „abweichenden"), erstmals genuin soziologischen Betrachtung der Kriminalität auf die nützliche Funktion von Devianz hingewiesen. Er ging von der Beobachtung aus, dass abweichendes Verhalten in allen Gesellschaften vorkommt und deswegen ein notwendiges und zu erwartendes soziales Phänomen ist, das bestimmte Zwecke erfüllt. Indem Devianz kollektive moralische Gefühle verletzt, zeigt sie Durkheim zufolge die Grenzen von

„falsch" und „richtig" auf. Auf diese Weise vermag die Regelverletzung die Gültigkeit der Regel zu bekräftigen. Andererseits – und auch diesen Aspekt hat Durkheim betont – ändern sich gesellschaftliche Normen mit der Zeit. Durkheims intellektueller Anspruch war insbesondere die Untersuchung der Bedingungen sozialen Zusammenhalts in Anbetracht rapiden ökonomischen und sozialen Wandels. Die „sittliche Entwicklung" profitiere vom Verbrechen, denn „[...] es hält nicht bloß den notwendigen Änderungen den Weg offen, in manchen Fällen bereitet es auch diese Änderungen direkt vor" (Durkheim 1984 [1895]: 157ff.). Die funktionalistische Sichtweise von Devianz weist also darauf hin, dass abweichendes Verhalten nicht nur als Stütze geltender Normen wirken, sondern darüber hinaus auch ein Indikator für einen Normenwandel sein kann. So vermag anhaltende Devianz das Versagen geltender Normen und die Überprüfungsbedürftigkeit bisheriger Verhaltenserwartungen anzuzeigen (Lamnek 2018: 45). Funktionalistische Denkfiguren, mit denen das soziologische Nachdenken über Kriminalität beginnt, spielen bis heute in unterschiedlichen Ansätzen der positivistischen und konstruktivistischen Paradigmen eine Rolle.

2.4 Konstruktivismus: Kriminalität als sozial ausgehandeltes Konstrukt

Im Gefolge der amerikanischen Bürgerrechtsbewegung sowie feministischer und sozialpolitischer Revolten der Nachkriegszeit wurde Kritik am naturwissenschaftlich-positivistischen Ansatz zur Untersuchung von Kriminalität geäußert. Der Vorwurf galt der Vernachlässigung der sozialen und politischen Machtkonstellationen, aus denen heraus Gesetze entwickelt und angewendet werden. Die juristische Selbstverständlichkeit von Recht und Unrecht wurde plötzlich hinterfragt. Die Analyse beschäftigte sich nicht mehr allein mit der Persönlichkeit der Kriminellen oder der Desintegration der Gesellschaft, sondern mit den Institutionen, die für Ordnung, Recht und Kontrolle verantwortlich waren: Polizei und Justiz gerieten selbst in den Blickwinkel der Forschung, indem Kriminalität als Folge der Definition und Zuschreibung abweichender Verhaltensweisen betrachtet wurde. Diese Perspektive ist als *Labeling*-Theorie (deutsch: Etikettierungsansatz) in die Geschichte der Kriminologie eingegangen. Konstruktivist*innen haben im Anschluss an die soziologischen Theorieströmungen des Symbolischen Interaktionismus und der Ethnomethodologie postuliert, dass Kriminalität keine inhärente Verhaltenseigenschaft, sondern ein stigmatisierendes Etikett sei.

Konflikttheoretiker*innen gehen davon aus, dass es keine grundsätzliche Einigung über Normen, Werte oder Ziele in der Gesellschaft gibt und dass Interessenkonflikte häufig durch das Ausüben von Macht, Herrschaft und Kontrolle „gelöst" werden. Kriminolog*innen dieser Denkrichtung haben sich unter anderem intensiv mit marxistischer Theorie auseinandergesetzt und damit soziale Ungleichheiten auch im Erlassen, Anwenden und Auslegen von Gesetzen analysiert. In konflikttheoretisch-marxistischer Tradition wird Kriminalität vor allem auf die durch unterschiedlich verteilte Ressourcen gekennzeichnete Sozialstruktur einer Gesellschaft zurückgeführt – allerdings nicht in dem Sinne, dass eine schlechte soziale Stellung bestimmte Menschen gleichsam dazu „zwingt", kriminell zu werden. Kriminalität wird vielmehr als Kriminalisierung verstanden, als ein Herrschaftsinstrument dominanter sozialer Gruppen.

Ganz in diesem Sinne hat der deutsche Soziologe Fritz Sack (1968; 1972) in seiner marxistisch-interaktionistischen Spielart des *Labeling*-Ansatzes Kriminalität als „negatives Gut" bezeichnet, das in der Gesellschaft ungleich verteilt sei und völlig unabhängig von der Verbreitung bestimmter Verhaltensweisen in unterschiedlichen Bevölkerungsteilen ausschließlich durch Zuschreibungsprozesse zustande komme. Eine weniger radikale, aber dennoch gesellschaftskritische Perspektive wird von Vertreter*innen der *cultural criminology* verfolgt. Im Anschluss an die US-amerikanische Tradition der Subkulturforschung der 1950er und 60er Jahre (Cohen 1955; Sykes/Matza 1961) wurden vor allem am *Centre for Contemporary Cultural Studies* der *Universität Birmingham* in Großbritannien umfangreiche Studien zu Jugendsubkulturen und deren kriminellen Lebenswelten durchgeführt (Ferrell et al. 2015). Im Zentrum standen dabei einerseits, der Gedanke der Rekonstruktion von Macht und Herrschaftsverhältnissen in Alltagssituationen und, andererseits, das kultursoziologische Interesse, Devianz zu verstehen. Als Schlüsseltext der kritischen Kriminologie in Großbritannien gilt bis heute *The New Criminology* (Taylor et al. 1973).

3 Aktuelle Entwicklungen und Themen

Anhand dieser groben Einteilung wissenschaftstheoretischer Paradigmen entlang einer geistesgeschichtlichen Entwicklung können wir nun die soziologischen Forschungstraditionen der Kriminologie differenzierter betrachten. Einerseits lässt sich damit zeigen, wie die paradigmatischen Strömungen bestimmte Forschungsfelder hervorgebracht haben, in denen bis heute wissenschaftliche Arbeiten verfolgt werden. Andererseits lässt sich zeigen, dass die Kriminalpolitik in jüngerer Vergangenheit einem sozialen Wandel unterlegen ist.

3.1 Soziale Bedingungen für Kriminalität

Sozialwissenschaftler*innen der *University of Chicago*, allen voran Robert E. Park, Ernest Burgess, Clifford Shaw und Henry McKay, hatten in den 1920er und 30er Jahren umfangreiche Studien zu den urbanen Strukturen in der Stadt Chicago unternommen und dabei den Zusammenhang zwischen desolaten Lebensverhältnissen und Kriminalität untersucht. Soziale Segregation und die geografische Konzentration von schlechten ökonomischen Lebensgrundlagen (Armut, Arbeitslosigkeit, Migrationsströme) in einzelnen Stadtteilen wurden als *social disorder*-Phänomene identifiziert und galten als Grundlage für die hohe Bandenkriminalität zwischen Jugendlichen. Die Chicagoer Soziologen haben mit dieser Theorie einen wesentlichen Beitrag zur Methodenentwicklung geleistet, indem sie vor allem mit qualitativen ethnografischen Stadtteiluntersuchungen gearbeitet haben, um die soziale Wirklichkeit, mit der die Betroffenen konfrontiert waren, systematisch darzustellen. Edwin Sutherland, der ebenfalls in Chicago tätig war, beschreibt in seiner *Theorie der differentiellen Assoziation* den Konformitätszwang aus dem unmittelbaren Umfeld der sozialen Gruppe (Sutherland/Cressey 1974 [1924]). Kriminelles Verhalten werde nicht nur erlernt und nachgeahmt, sondern auch im Rahmen des Sozialisationsprozesses in der Gruppe unter sozialem Zwang angeeignet, um soziale Sanktionen zu vermeiden.

Während der Ansatz der *Chicago School* einen direkten Zusammenhang zwischen den räumlichen Lebensverhältnissen und Kriminalität herstellte, konzentrierten sich andere Theoretiker*innen auf makrosoziologische Fragen der Veränderung der Sozialstruktur. Demnach sind nicht allein die unmittelbaren sozialen Verhältnisse für Devianz entscheidend. Verantwortlich für eine Störung der sozialen Ordnung ist vielmehr der rasche Übergang zur industriellen (oder auch postindustriellen) Gesellschaft. Schon Emile Durkheim erkannte in seinen Studien über die fortschreitende soziale Arbeitsteilung, dass fehlende oder schwache Normen und Regeln zu Orientierungslosigkeit und damit zur Devianz führen können – ein Zustand, den er als „Anomie" bezeichnete (Durkheim 1992 [1893]: 421ff.).

Im Anschluss an Durkheim hat der amerikanische Soziologe Robert K. Merton in seiner Interpretation des Konzepts der Anomie auf das Ungleichgewicht zwischen kulturell allgemein als erstrebenswert angesehenen Zielen wie Reichtum und Besitz bestimmter materieller Güter einerseits und den gesellschaftlich ungleich verteilten Mitteln zum Erreichen dieser Ziele (Arbeit, Kapital, Vererbung, soziale Mobilität) andererseits hingewiesen. Abweichendes Verhalten erklärte er durch die Zugangsbeschränkungen unterprivilegierter Schichten der Bevölkerung zu legalen Mitteln,

die zur Zielerreichung erforderlich sind (Merton 1938). Wenn die soziale Struktur für einen großen Teil der Bevölkerung den Zugang zu legitimen Mitteln einengt oder verwehrt, steigt also die Wahrscheinlichkeit, dass Kriminalität gehäuft auftritt. Dies ist besonders dann der Fall, wenn in einer Kultur die Wahl der Mittel, mit denen bestimmte Erfolge angestrebt werden, gegenüber dem Erreichen begehrter Ziele als vergleichsweise unwichtig angesehen wird. Mit seiner Version der Anomietheorie hatte Merton auch eine Art soziologisches Porträt der US-amerikanischen Gesellschaft gezeichnet, die sich gleichermaßen durch eine relativ stark ausgeprägte soziale Ungleichheit wie durch den weitverbreiteten Glauben auszeichnet, der Weg „vom Tellerwäscher zum Millionär" durch eigene Leistung stehe allen offen.
Eine aktuelle kapitalismuskritische Weiterentwicklung seines Ansatzes vertreten Steven Messner und Richard Rosenfeld (2007), die ihre Untersuchungen dem Zusammenhang zwischen hohen Kriminalitätsraten und der Kultur des *American Dream* widmen, die sie durch Erfolgsbesessenheit, Konkurrenzmentalität und egoistischen Individualismus charakterisiert sehen. Wie Merton betonen sie in ihrer *Institutionellen Anomietheorie* die Widersprüche zwischen Kultur und Sozialstruktur. Dabei richten sie ihr Augenmerk aber nicht nur auf die Schichtverteilung, sondern auch auf das institutionelle Gefüge der Gesellschaft. Das (hohe) Ausmaß und die Struktur der Kriminalität in den USA erklären Messner und Rosenfeld mit einer starken Dominanz der Ökonomie über alle anderen Lebensbereiche.

3.2 Kriminalität als Ergebnis von Etikettierung *(Labeling)*

Sozialwissenschaftler*innen, die in ihren empirischen Arbeiten dem konstruktivistischen Paradigma folgen, befassen sich vor allem mit drei grundlegenden Fragen: Warum und wie werden manche Handlungen überhaupt in Strafgesetzen abstrakt als verbotene Handlungen definiert? Warum werden die Handlungen unterprivilegierter Bevölkerungsgruppen von Polizei und Gerichten viel öfter auch tatsächlich als kriminell etikettiert (engl. *„to label"*) als durchaus vergleichbare Verhaltensweisen von Gesellschaftsmitgliedern mit höherem sozialem Status? Wie wirkt sich die Erfahrung, durch formelle Instanzen der sozialen Kontrolle (z. B. in einem Gerichtsverfahren) als abweichend getadelt worden zu sein, auf das Selbstbild und die weiteren Handlungsoptionen der Betroffenen aus?
Howard S. Becker (1973) hat in seiner berühmten Studie *Außenseiter* eindrucksvoll argumentiert, dass das Verhalten der unteren sozialen Schichten der Bevölkerung kriminalisiert werde, während die Instanzen der sozialen Kontrolle über illegale Machenschaften von Reichen und Mächtigen hinweg sehen oder diese nicht einmal

als kriminell definieren würden. Gesellschaftliche Gruppen schaffen abweichendes Verhalten demnach dadurch, dass sie

> [...] Regeln aufstellen, deren Verletzung abweichendes Verhalten konstituiert, und dass sie diese Regeln auf bestimmte Menschen anwenden, die sie zu Außenseitern abstempeln. Von diesem Standpunkt aus ist abweichendes Verhalten keine Qualität der Handlung, die eine Person begeht, sondern vielmehr eine Konsequenz der Anwendung von Regeln durch andere und der Sanktion gegenüber einem „Missetäter". Der Mensch mit abweichendem Verhalten ist ein Mensch, auf den diese Bezeichnung erfolgreich angewendet worden ist; abweichendes Verhalten ist Verhalten, das Menschen so bezeichnen (Becker 1973: 8).

Das Erklärungsmodell vom „viktimisierten Täter" wurde seit den 1970er Jahren weit über marxistisch-interaktionistische Denkfiguren hinaus entwickelt. Vertreter*innen einer „radikalen Kriminologie" beschäftigen sich heute sowohl mit der Kriminalität der Mächtigen als auch der Machtlosen, jeweils in deren sozialem Kontext. Kriminalität wird in jedem Fall als Folge struktureller Machtverhältnisse in der Gesellschaft analysiert. Im Gefolge des *Labeling*-Ansatzes gerieten die Institutionen des staatlichen Strafverfolgungsapparats in den Blickwinkel sozialwissenschaftlicher Forschung. Die Arbeitsweise von Institutionen der formellen sozialen Kontrolle wie etwa der Polizei, der Staatsanwaltschaften oder der Gerichte wurde zu einem wichtigen Forschungsthema einer gesellschafts- und herrschaftskritischen Kriminologie. Das Erkenntnisinteresse war vor allem darauf gerichtet, die „Anwendungsregeln" der Strafnormen empirisch zu untersuchen, die sich aus dem Recht selbst nicht entnehmen lassen (sogenannter *second code*). Es sollte z. B. nachgewiesen werden, wie sehr – um den Titel einer Arbeit aus den 1970er Jahren zu zitieren – *Richter im Dienste der Macht* (Peters 1973) stehen. Die damit eingeleitete Perspektivenumkehr – weg von „kriminellen" Tätern und hin zu den Instanzen der Kriminalisierung – eröffnete jenseits einer radikalen, aber realpolitisch folgenlosen Anklage des Rechtsprechungssystems aus dem wissenschaftlichen Elfenbeinturm heraus ein wichtiges neues Untersuchungsfeld: Justiz- und Instanzenforschung ist heute ein wichtiger Bereich der angewandten Rechtssoziologie.

3.3 *Life-Course Criminology*

Diese aktuelle Forschungstradition befasst sich mit Kriminalität im Lebenslauf von Individuen, mit möglichen Risikofaktoren als Auslöser krimineller Handlungen *(onset)*, mit psychologischen und sozialstrukturellen Bedingungen der Fortsetzung

krimineller Karrieren *(persistence)* sowie mit Faktoren, die für ein Ende der Kriminalität im Lebenslauf einzelner Menschen verantwortlich sein können *(desistance)* (Carlsson/Sarnecki 2016). Forschungen zur Altersabhängigkeit der Kriminalitätsentwicklung zeigen einerseits erstaunliche Kontinuität von Delinquenz bei einzelnen Menschen (kriminelle Karrieren) und andererseits eine deutliche Variabilität in der Alterskurve von delinquenten Personen. Kriminalität hat in allen Gesellschaften einen Höhepunkt im Jugend- und frühen Erwachsenenalter und nimmt dann mit dem Alter stetig ab.
In empirischen Studien wird nach Erklärungen gesucht, die entweder auf individuelle Neigungen von jungen Menschen abzielen *(propensity model)* oder diverse Risikofaktoren im Lebenslauf – in der Familie, in der Schule oder in der Peergroup – in den Vordergrund stellen *(life-course model)*. Im ersten Fall wird von fehlender Selbstkontrolle ausgegangen. Gottfredson und Hirschi (1990) haben Persönlichkeitsfaktoren wie Impulsivität, Aufmerksamkeitsdefizite, Risikobereitschaft und Einfältigkeit als individuelle Voraussetzungen für kriminelles Verhalten identifiziert. Im zweiten Fall wird fehlende soziale Kontrolle für deviantes Verhalten verantwortlich gemacht. Sampson und Laub (1993) haben in ihren empirischen Studien Kriminalitäts-Lebensläufe untersucht und auf mögliche Wendepunkte *(turning points)* im Leben hingewiesen, die zum Abbruch krimineller Karrieren beitragen können. Die sozialen Veränderungen durch Partnerschaften, beim Eintritt ins Berufsleben, Heirat und Familiengründungen wirken sich tendenziell positiv auf das Legalverhalten von Menschen aus. Psycho-soziale Präventionsarbeit setzt folglich an der Stärkung der sozialen Bindungen in den entsprechenden Lebenslagen im Altersverlauf an, um diese Wendepunkte in kriminellen Karrieren zu fördern.

3.4 Soziale Kontrolle im Wandel

Michel Foucault hat in *Überwachen und Strafen* (1975) ausführlich dargelegt, wie sich die Praxis der Sozialkontrolle im ausgehenden 18. Jahrhundert in nur wenigen Jahrzehnten grundlegend geändert hat: von der Leibesmarter im Zuge einer öffentlichen Hinrichtung zur Disziplinierung in Gefängnissen; von der Sühne zur Besserung; und vom Spektakel der Bestrafung zur Durchsetzung von Disziplin mithilfe der Internalisierung von Recht und Ordnung. Das Panoptikum, ein kreisförmiger Gefängnisbau nach den Entwürfen von Jeremy Bentham, gilt ihm als Metapher für eine zentralisierte, aber gleichzeitig unsichtbare Form der Überwachung, die sich letztlich genauso für die Kontrolle in Schulen, Krankenhäusern und Arbeitsstätten eignet. Foucaults Studien zur Gouvernementalität, einem Neologismus aus *gouverner*

(regieren) und *mentalité* (Denkweise), deuten auf die Regierungstechniken der modernen Gesellschaft hin, deren Disziplinartechniken eine Scharnierfunktion zwischen Fremdzwang und Selbstzwang einnehmen und so den Charakter formen.
Auf ähnliche Weise beschreibt der britische Kriminologe David Garland in *Kultur der Kontrolle* (2008) einen radikalen Paradigmenwechsel in der Kriminalpolitik im Übergang zur Spätmoderne: Das „wohlfahrtsstaatliche Strafen" der Nachkriegszeit (mit dem Ziel der Besserung, Resozialisierung und Re-Integration von Straftäter*innen in die Gesellschaft) wird sukzessive verdrängt durch ein neues Bild sozialer Kontrolle. Garland konstatiert den Niedergang des „rehabilitativen Ideals" bei gleichzeitiger Radikalisierung strafrechtlicher Maßnahmen, die der populistischen Forderung nach Risikominimierung, sozialer Exklusion und Vergeltung folgen: „Das gängige wohlfahrtsstaatliche Bild vom Delinquenten als benachteiligten, bedürftigen, aus der Not heraus handelnden Menschen ist fast völlig verschwunden" (Garland 2008: 54). Erklärungen für die Ursachen kriminellen Verhaltens erfahren einen Wandel von dem einst zentralen Erklärungsansatz der *sozialen Deprivation* hin zu verschiedenen Kontrolltheorien. Mangelnde Erziehung, fehlende Bildung, schlechte Arbeitsmarktchancen oder mangelnde Behandlung psychischer Erkrankungen sind in den Hintergrund gerückt, während unzureichende polizeiliche Kontrolle oder mangelnde Selbstkontrolle für zunehmende Kriminalität verantwortlich gemacht werden.
Von praktischem Interesse ist gegenwärtig meist weniger die Gesellschaftsdiagnose; vielmehr soll die Sozialwissenschaft alltagstaugliche Empfehlungen ausarbeiten, um in Zukunft Straftaten, vor allem Eigentums- und Gewaltdelikte im öffentlichen Raum, zu verhindern. Die kriminologische Forschung fokussiert in diesem Fall auf die Analyse von Kriminalität in ihrer Erscheinungsform, beispielsweise in der intensiven Auseinandersetzung mit statistischen Daten zur geografischen Verteilung (*Hotspot*-Analysen), im Täter-Profiling, in der *Viktimologie* (Opferforschung) und in Befragungen zur Kriminalitätsfurcht.
Diese auf Risikomanagement aufbauende Präventionslogik ist Zeugnis für eine Renaissance des Rationalismus in neuem Gewand der *Rational Choice*-Theorie: Täter*innen werden als rationale Nutzenmaximierer*innen betrachtet, die „Kosten" für eine Straftat (Aufwand, Entdeckungsrisiko, Strafrisiko) dem „Gewinn" (Beute, Erfolgserlebnis) gegenüberstellen. Die unmittelbare Entscheidung für oder gegen eine kriminelle Handlung beruht auf der Summe von Informationen, die ein Täter bzw. eine Täterin vor der Tat einholt (Clarke/Cornish 1986). Die kriminologische Forschung wird nun beauftragt, Tatgelegenheiten zu untersuchen und daraus Risikoanalysen zu erstellen, um letztendlich ein wirksames Risikomanagement

gegen Kriminalität zu entwickeln (Stummvoll 2008; 2015; 2020). Kritisch wird gegen die aktuelle neo-rationale Kriminalpolitik eingewendet, dass Überwachung und Kontrolle mit einer Beweislastumkehr verbunden sind, indem Bürger*innen grundsätzlich als verdächtig gelten und (beispielsweise bei Securitychecks auf Flughäfen) präventiv ihre Unschuld nachweisen müssen.

4 Aktuelle Forschung in Österreich

Im Jahr 1972 wurde in Wien das außeruniversitäre *Institut für Rechts- und Kriminalsoziologie* gegründet, das bis heute über und für das Justizsystem forscht. Untersuchungsschwerpunkte im Hinblick auf die Kriminaljustiz waren bzw. sind, um nur einige ausgewählte zu nennen: die wissenschaftliche Unterstützung von Reformen des Strafrechts und der Einführung alternativer Konfliktregelungsverfahren, regional unterschiedliche Rechtsanwendungsstile, die Effekte bestimmter Sanktionen sowie die Analyse und Verbesserung der statistischen Datengrundlagen der Justizverwaltung. Mit der empirischen Erforschung von Vertretungs- und Unterstützungsmaßnahmen für behinderte und psychisch kranke Personen kam später ein bis heute relevantes rechtssoziologisches Thema hinzu, das im Bereich der Ziviljustiz angesiedelt ist (Fuchs 2017). Ein weiterer wichtiger Untersuchungsgegenstand ist schließlich die Entstehung von (Straf-)Gesetzen (*Normgeneseforschung*; Fuchs 2014).

Kriminalsoziologisch relevante Forschung findet in Österreich darüber hinaus regelmäßig an den Strafrechtsinstituten der *Universitäten Linz* und *Wien* statt. In allen genannten Einrichtungen ist eine zunehmende Orientierung an vergleichenden Studien innerhalb internationaler Forschungsprojekte zu beobachten. Im Rahmen von europäischen Netzwerken werden wissenschaftliche Projekte zu Themen wie Jugendstrafrecht, Kriminalitätsfurcht, außergerichtliche Konfliktschlichtung, Untersuchungshaft, soziale Folgen von Überwachungstechnik oder zur Kooperation privater und staatlicher Kontrollakteure durchgeführt. Darüber hinaus wird zu Themen an der Schnittstelle zwischen unterschiedlichen Disziplinen, beispielsweise zwischen Sozialer Arbeit und Polizeiarbeit (Umgang mit Drogenkonsum im öffentlichen Raum) oder zwischen Gesundheit und Justiz (Suchttherapie anstelle von Strafverfolgung, Gesundheit im Gefängnis), geforscht.

5 Anwendungsbezug

So wie in vielen anderen sozialwissenschaftlichen Teilgebieten lässt sich auch in der Kriminalsoziologie ein Trend feststellen, wonach die Forschung Expertise für öffentliche Stellen – etwa kriminal- und sicherheitspolitische Empfehlungen für Justizverwaltung und Exekutive – erarbeiten soll. Abgesehen von Auftragsstudien für die Bundesministerien für Justiz und Inneres oder etwa die Stadt Wien wurde auf nationaler Ebene im Jahr 2005 mit dem „*KIRAS*"-Sicherheitsforschungsprogramm ein entsprechendes Forschungsfeld eröffnet. Diese Projektfinanzierungsmöglichkeit wurde vom damaligen *Bundesministerium für Verkehr, Innovation und Technologie (BMVIT)* in Kooperation mit der *Österreichischen Forschungsförderungsgesellschaft (FFG)* in Abstimmung mit der Europäischen Sicherheitsstrategie ausgearbeitet und umfasst „Sicherheits- und Bedrohungsanalysen" zur Gefahrenvorbeugung. Die Programmlinien berücksichtigen die Sozialwissenschaft in erster Linie in der Form von begleitenden Akzeptanzstudien zur Entwicklung innovativer Sicherheitstechnologien zum Schutz „kritischer Infrastruktur". Dabei wird auf Untersuchungen zu subjektiven Unsicherheitswahrnehmungen und entsprechenden Präventionsmaßnahmen in öffentlichen Räumen ebenso Wert gelegt wie auf die Optimierung der Zusammenarbeit zwischen Exekutive, Sozialarbeit und städtebaulichen Planungsabteilungen.

6 Literatur

a. Einführungsliteratur

Foucault, Michel (1975): Überwachen und Strafen. Die Geburt des Gefängnisses. Frankfurt a. M.: Suhrkamp.

Garland, David (2008 [2001]): Kultur der Kontrolle. Verbrechensbekämpfung und soziale Ordnung in der Gegenwart. Frankfurt a. M./New York: Campus.

Kunz, Karl-Ludwig/Singelnstein, Tobias (2016): Kriminologie. Bern: UTB/Haupt.

Lamnek, Siegfried (2017): Theorien abweichenden Verhaltens 2 – „Moderne" Ansätze. Paderborn: Wilhelm Fink.

Lamnek, Siegfried (2018): Theorien abweichenden Verhaltens 1 – „Klassische" Ansätze. Paderborn: Wilhelm Fink.

Peters, Helge (2009): Devianz und soziale Kontrolle. Eine Einführung in die Soziologie abweichenden Verhaltens. Weinheim/München: Juventa.

b. Weitere zitierte Literatur

Beccaria, Cesare (1998 [1764]): Über Verbrechen und Strafen. Frankfurt a. M.: Insel.

Becker, Howard S. (1973): Außenseiter – Zur Soziologie abweichenden Verhaltens. Frankfurt a. M.: Fischer.

Carlsson, Christoffer/Sarnecki, Jerzy (2016): An Introduction to Life-Course Criminology. London: Sage.

Clarke, Ron V./Cornish, Derek B. (1986) (Eds.): The Reasoning Criminal. Rational Choice Perspectives on Offending. New York: Springer.

Cohen, Albert (1955): Delinquent Boys: The Culture of the Gang. New York: Free Press.

Durkheim, Emile (1992 [1893]): Über soziale Arbeitsteilung. Studie über die Organisation höherer Gesellschaften. Frankfurt a. M.: Suhrkamp.

Durkheim, Emile (1984 [1895]): Die Regeln der soziologischen Methode. Frankfurt a. M.: Suhrkamp.

Ferrell, Jeff/Hayward, Keith/Youg, Jock (2015): Cultural Criminology. London: Sage.

Fuchs, Walter (2014): Die Normgenese des Unternehmensstrafrechts – Eine Fallstudie anhand des österreichischen Verbandsverantwortlichkeitsgesetzes (VbVG). In: Zeitschrift für Rechtssoziologie, Band 34, H. 1–2, 51–89.

Fuchs, Walter (2017): Zwischen Epidemiologie und selektiver Rechtsmobilisierung – Zu den Bedingungsfaktoren der Nachfrage nach Erwachsenenvertretung. In: Brinek, Gertrude (Hg.): Erwachsenenschutz statt Sachwalterschaft – Schritte zu einem selbstbestimmten Leben. Wien: Edition Ausblick, 64–117.

Gottfredson, Michael/Hirschi, Travis (1990): A General Theory of Crime. Standford, CA: Standford University Press.

Lombroso, Cesare (2010 [1876]): L'Uomo Delinquente. London: The British Library.

Merton, Robert K. (1938): Social Structure and Anomie. In: American Sociological Review, Vol. 3 (5), 672–682.

Messner, Steven F./Rosenfeld, Richard (2007): Crime and the American Dream. Belmont: Thomson Wadsworth.

Peters, Dorothee (1973): Richter im Dienst der Macht. Zur gesellschaftlichen Verteilung der Kriminalität. Stuttgart: Enke.

Ross, Edward A. (2012 [1901]): Social Control. A Survey of the Foundations of Order. Forgotten Books – Classic Reprint Series. URL: https://www.forgottenbooks.com.

Sack, Fritz (1968): Neue Perspektiven in der Kriminologie. In: Sack, Fritz/König, René (Hg.): Kriminalsoziologie. Frankfurt a. M.: Akademische Verlagsanstalt, 431–475.

Sack, Fritz (1972): Definition von Kriminalität als politisches Handeln: Der labeling approach. In: Kriminologisches Journal, Jg. 4, 3–31.

Sampson, Robert J./Laub, John H. (1993): Crime in the Making: Pathways and Turning Points Through Life. Boston, MA: Harvard University Press.

Scheerer, Sebastian (2000): „Soziale Kontrolle" – schöner Begriff für böse Dinge? In: Peters, Helge (Hg.): Soziale Kontrolle. Zum Problem der Normkonformität in der Gesellschaft. Opladen: Leske + Budrich, 153–169.

Shaw, Clifford/McKay, Henry (1942): Juvenile Delinquency and Urban Areas. Chicago: University Press.

Stummvoll, Günter (2008): Stadtplanung und Design – Ein Normatives Konzept zur Kriminalprävention. In: SIAK-Journal – Zeitschrift für Polizeiwissenschaft und Polizeiliche Praxis. Bundesministerium für Inneres. Wien: Verlag NWV, 83–90.

Stummvoll, Günter (2015): Die Abstraktionsleiter der Städtebaulichen Kriminalprävention. In: SIAK-Journal – Zeitschrift für Polizeiwissenschaft und Polizeiliche Praxis. Bundesministerium für Inneres. Wien: Verlag NWV, 27–36.

Stummvoll, Günter (2020): Kontrollkultur im Städtebau: Kriminologische Paradigmen in der Städtebaulichen Kriminalprävention. In: Beiträge zur Sicherheitsforschung. Schriftenreihe des Landeskriminalamtes Niedersachsen. Frankfurt a. M.: Verlag für Polizeiwissenschaft, 151–167.

Sutherland, Edwin H./Cressey, Donald R. (1974 [1924]): Principles of Criminology. Philadelphia: Lipincott.

Sykes, Gresham/Matza, David (1961): Juvenile delinquency and subterranean values. In: American Sociological Review, Vol. 26, 712–719.

Taylor, Ian/Walton, Paul/Young, Jock (1973): The New Criminology. London: Routledge.

c. Ausgewählte Fachzeitschriften

British Journal of Criminology
Criminology and Criminal Justice
Deviant Behavior
European Journal of Criminology
Kriminologisches Journal
Monatsschrift für Kriminologie und Strafrechtsreform
Neue Kriminalpolitik
Punishment and Society
Theoretical Criminology
Zeitschrift für Rechtssoziologie

Kultur

Michael Parzer

1 Einleitung

Kultur ist aus der Soziologie nicht wegzudenken: Bereits in ihren frühen Schriften wurde der kulturellen Dimension sozialen Handelns eine zentrale Bedeutung beigemessen. Im zweiten Drittel des 20. Jahrhunderts kam es im Zuge des sogenannten *Cultural Turn* zu einem regelrechten Boom der kultursoziologischen Forschung. Zudem prägt das Wechselverhältnis von *Kultur* und *Struktur* immer wieder die Entwicklung der soziologischen Disziplin und sorgt bis heute für zahlreiche Debatten und Weiterentwicklungen, die weit über die Kultursoziologie hinausreichen.
Trotz dieser großen Bedeutung von Kultur in der Soziologie herrscht bis heute Uneinigkeit hinsichtlich der Frage, was denn nun unter „Kultursoziologie" zu verstehen sei. Ein Blick auf die kultursoziologische Landschaft zeigt, dass es nicht *die* Kultursoziologie gibt, sondern eine Vielzahl an zum Teil sehr unterschiedlichen Zugängen, in denen die Frage nach dem jeweiligen Gegenstand sowie den Aufgaben kultursoziologischer Forschung sehr unterschiedlich beantwortet wird.
Die Gründe für diese im Vergleich zu anderen Forschungsfeldern besonders stark ausgeprägte Heterogenität sind vielfältig. Die naheliegendste Erklärung ist wohl, dass Kultur ein Begriff mit sehr vielen unterschiedlichen Bedeutungen ist. Seine Wurzeln reichen zurück bis in die Antike. Der Terminus *„cultura"* bezeichnete zunächst die Pflege und Bearbeitung der Natur; später wurde er auf den Menschen (als Individuum), ab der Aufklärung auch auf Gesellschaft(en) – im Sinne von Kultivierung und Zivilisierung – übertragen. Von weitgehend normativen und explizit wertenden Kulturbegriffen, die z. B. Kultur als erstrebenswerte Lebensweise betrachten oder auf kulturkritische Aspekte abzielen, lassen sich Perspektiven unterscheiden, die Kultur in einem engeren Sinn mit Kunst oder auch anderen sozialen Feldern (wie z. B. Religion, Medien, Wissenschaft) gleichsetzen. Immer wieder fungiert *Kultur* auch als Gegenbegriff zum Terminus *Natur*; so war gerade für die Soziologie die Betrachtung von Kultur als „zweite Natur des Menschen" besonders wegweisend. Der Kulturbegriff wird aber auch zur Beschreibung der Gesamtheit einer bestimmten Lebensweise, z. B. einer sozialen Gruppe, eines Milieus, einer Jugendkultur oder einer Szene, verwendet und dient der Analyse von Zugehörigkeiten und Abgrenzungsprozessen. Als besonders einflussreich erweist sich schließlich ein Begriff von Kultur, der die symbolische Dimension des Sozialen in den Blick

nimmt; Kultur bezieht sich dann auf die Bedeutungen und Wissensbestände, die unser soziales Handeln ermöglichen und anleiten, aber auch beschränken, und die sich in unserem Handeln manifestieren.[1]

Diese hier nur grob skizzierten unterschiedlichen Kulturbegriffe haben vielfältige kultursoziologische Herangehensweisen, Theorien und Methoden hervorgebracht. Ganz allgemein lassen sich zwei unterschiedliche Stränge kultursoziologischen Forschens unterscheiden: Auf der einen Seite stehen jene Ansätze, die Kultur zum Gegenstand der Forschung machen und deren unterschiedliche Ausprägungen, Bedingungen und Konsequenzen untersuchen, z. B. die Entstehungsbedingungen von musikalischen Genres oder die jugendkulturelle Stilisierung in Szenen. Auf der anderen Seite sind jene Zugänge zu verorten, die sich als grundlegende soziologische Analyseperspektive verstehen: Hier geht es nicht um die Untersuchung von *Kultur* als Forschungsgegenstand (im Sinne einer *Speziellen Soziologie*), sondern um eine analytische Perspektive (im Sinne einer *Allgemeinen Soziologie*), die der ***kulturellen und symbolischen Dimension der sozialen Welt*** Rechnung trägt – und prinzipiell auf jedweden Gegenstand bzw. gesellschaftlichen Teilbereich anwendbar ist. Diese Gegenüberstellung, die im englischsprachigen Raum auch in der Unterscheidung von *sociology of culture* und *cultural sociology* eine Entsprechung findet (Spillman 2002; Alexander 2003), dient als erste Orientierung in diesem Forschungsfeld.

2 Historische Entwicklung der Kultursoziologie

Zu Beginn des 20. Jahrhunderts – die Soziologie befand sich noch in ihrer Gründungsphase – galt Kultur als ein nicht wegzudenkender Bestandteil jedweder Gesellschaftsanalyse. Exemplarisch lassen sich Max Webers Untersuchung der Bedeutung der protestantischen Ethik für die Entstehung des modernen Kapitalismus (Weber 2006 [1904]) ebenso nennen wie Georg Simmels im Jahr 1900 verfasste *Philosophie des Geldes*, die sich der Herausbildung eines modernen Lebensstils widmet (Simmel 1989 [1900]). In diesen und vielen anderen Studien stand die kulturelle Einbettung sozialen Handelns im Fokus der Analyse, wobei gerade das wechselseitige Verhältnis von *Kultur* und *Gesellschaft* besondere Berücksichtigung fand.[2] In der französischen Soziologie war es vor allem Emile Durkheim, der sich in seinen religionssoziologischen Schriften der Bedeutung von Symbolen, Riten

1 Für einen Überblick über die unterschiedlichen Kulturbegriffe und deren soziologische Relevanz siehe die Typologien von Reckwitz (2006: 64–90) und Schmidt-Lux et al. (2016: 15–25).

2 Ausführlich zum Einfluss soziologischer Frühschriften auf die Konstituierung kultursoziologischer Forschung siehe Lichtblau (1996) und Schroer (2010).

und Klassifikationen widmete; und auch die ethnografischen Untersuchungen der US-amerikanischen *Chicago School* Anfang des 20. Jahrhunderts nahmen Kultur – als interpretative und symbolische Dimension sozialer Strukturen – in den Blick. Ab den 1930er Jahren begann die Selbstverständlichkeit des Kulturbegriffs in der Soziologie langsam zu schwinden. Das Aufkommen und die spätere Dominanz strukturfunktionalistischer Theorieströmungen trugen dazu bei, dass *Gesellschaft* zum primären und eigentlichen Forschungsgegenstand der damals noch jungen Soziologie wurde, während *Kultur* mehr und mehr in den Hintergrund rückte. Begünstigt wurde diese Entwicklung durch die Hinwendung zu quantitativen Methoden der empirischen Sozialforschung. Die damit gewonnenen Daten galten nicht nur vielen Vertreter*innen des Faches selbst, sondern auch Akteur*innen der Praxis als relevanter und nützlicher als die Befunde kulturtheoretischer Reflexion oder ethnografischer Feldforschung (siehe dazu auch Tenbruck 1979: 410). Im letzten Drittel des 20. Jahrhunderts geriet die Verengung auf den Gesellschaftsbegriff allerdings zunehmend in Kritik. Im deutschsprachigen Raum war es vor allem eine Gruppe rund um den Soziologen Friedrich Tenbruck (1919–1994), dessen Plädoyer für eine stärkere Berücksichtigung von Kultur maßgebliche Impulse für eine Wiederentdeckung der kulturellen Dimension des Sozialen setzte (Albrecht/Moebius 2014). Als wegweisend dafür gilt Tenbrucks Aufsatz *Die Aufgaben der Kultursoziologie*, in dem er fordert, „[…] die zufolge der eingewöhnten Fixierung auf Strukturen unterschlagene Wirklichkeit wieder in Sicht zu bringen und die Soziologie aus der reduktiven Verkümmerung ihres Gesellschaftsbegriffs zu befreien" (Tenbruck 1979: 399). Tenbruck geht es dabei nicht darum, den Gesellschafts- durch den Kulturbegriff zu ersetzen, sondern Kultur und Gesellschaft in ihrer wechselseitigen Bedingtheit anzuerkennen: „Alle Kultur ist in Strukturen eingelagert, alle Struktur durch Kultur erfüllt" (Tenbruck 1979: 399). Gegenstand einer so verstandenen Kultursoziologie sind die Sinnzusammenhänge, (Be-)Deutungsmuster, kognitiven Ordnungsschemata und symbolischen Ordnungen und wie diese dem Handeln Sinn verleihen (Albrecht/Moebius 2014: 12f.). Eine zunehmende Beschäftigung mit Kultur fand aber nicht nur in der deutschsprachigen Soziologie, sondern auch in anderen nationalen Kontexten statt. Zu den bekanntesten und bis heute einflussreichsten Ansätzen zählen die Kultursoziologie des französischen Soziologen Pierre Bourdieu, die in Großbritannien entstandenen *Cultural Studies*, die aus den USA stammende *Production-of-Culture*-Perspektive sowie die ebenfalls in der US-amerikanischen Soziologie verortete *Cultural Sociology*, wie sie Jeffrey Alexander vorgeschlagen hat. Diese Ansätze, die aufgrund ihrer Relevanz für gegenwärtige Entwicklungen und Debatten in der Kultursoziologie im nächsten Abschnitt genauer beschrieben werden, sind Ausdruck einer breiten Entwicklung, die auch als *Cultural Turn* bzw. *kulturtheoretische Wende* bezeichnet wird (Bachmann-Medick 2016). Damit gemeint ist eine „[…] Umwälzung der Wissenschaftslandschaft in Richtung einer verstärkten, unterschiedliche Fachdisziplinen übergreifenden Forschung zu Fragen der Kultur" (Moebius 2009: 79).

3 Theoretische Ansätze und zentrale Fragestellungen

Der folgende Abschnitt widmet sich zunächst vier zentralen Forschungsansätzen, die mit ihren theoretischen Konzepten und Fragestellungen bis heute die kultursoziologische Forschungslandschaft prägen. Darauf folgt ein Ausblick auf neue Entwicklungen und Herausforderungen im gegenwärtigen Feld der Kultursoziologie.

3.1 Pierre Bourdieus kultursoziologische Perspektive auf soziale Ungleichheit

Zu einem der einflussreichsten Beiträge kultursoziologischer Forschung zählen die Arbeiten des französischen Soziologen Pierre Bourdieu (1930–2002). Ein besonderes Anliegen war Bourdieu die Klärung der Frage, warum gesellschaftliche Klassen – er unterschied Großbürgertum, Kleinbürgertum und Arbeiter*innenklasse – und die dieser sozialen Ordnung zugrundeliegende Hierarchie über die Zeit so stabil bleiben. Den Schlüssel zur Beantwortung dieser Frage sah Bourdieu in der kulturellen Dimension gesellschaftlicher Strukturierung: Soziale Klassen würden sich nämlich nicht nur durch ihre Ausstattung mit materiellen Ressourcen unterscheiden, sondern auch in Hinblick auf ihre kulturellen Vorlieben. In seinem 1979 erstmals in Frankreich erschienen Werk *Die feinen Unterschiede* zeigt Bourdieu (1987) anhand von alltäglichen Geschmacksurteilen, die von der Vorliebe für zeitgenössische Kunst über die als „schön" erachtete Wohnzimmereinrichtung bis hin zum bevorzugten Essen und Trinken reichen, wie im Geschmack die jeweilige Position der Gesellschaftsmitglieder in Form eines je spezifischen Lebensstils ihren Ausdruck findet.
Diese Erweiterung der traditionell ökonomisch orientierten Bestimmung sozialer Lebenslagen um eine symbolische Dimension ist die Grundlage von Bourdieus Kapitalsortentheorie (Bourdieu 1983), die neben ökonomischem und sozialem auch kulturelles Kapital unterscheidet. *Kulturelles Kapital* umfasst die von sozialen Akteur*innen im Sozialisationsprozess erworbenen Kompetenzen und Fähigkeiten, die in einer Gesellschaft zu einem bestimmten Zeitpunkt als wertvoll erachtet werden. Dazu zählen die im Rahmen der (schulischen) Ausbildung er-

worbenen Bildungsqualifikationen (z. B. Titel bzw. Ausbildungszertifikate), aber auch die Wissensbestände, die im Rahmen des familiären Sozialisationsprozesses angeeignet werden und im sogenannten *Habitus* zum Ausdruck kommen. Das in der jeweiligen Herkunftsfamilie erworbene kulturelle Kapital prägt schließlich auch unsere kulturellen Präferenzen – Geschmack wird damit zu einem aussagekräftigen Indikator der Klassenlage. Während der *legitime Geschmack* (z. B. die Vorliebe für die Musik von Johann Sebastian Bach) typisch für großbürgerliche Herkunft ist, gilt der *populäre Geschmack* (z. B. die Vorliebe für Schlager) als Ausdruck einer Herkunft aus der Arbeiter*innenklasse. Für Bourdieu ist Geschmack nicht einfach nur Resultat der klassenspezifischen Herkunft, vielmehr sieht er kulturelle Präferenzen (ebenso wie Aversionen) als Mittel der Stabilisierung von Klassenunterschieden: Weil Geschmäcker einer ästhetischen Hierarchie unterliegen – so eine der zentralen Annahmen Bourdieus –, nutzen bildungsprivilegierte Gesellschaftsmitglieder ihren Geschmack zur sozialen Distinktion, d. h. zur Abgrenzung von weniger privilegierten sozialen Klassen. Indem Geschmack mitsamt den dazugehörigen sozialen Praktiken von Generation zu Generation weitergegeben wird, trägt er dazu bei, das hierarchisch strukturierte Gesellschaftsgefüge aufrechtzuerhalten – Kultur wird zum zentralen Medium der Reproduktion sozialer Ungleichheit.
Auch wenn hier die Betonung auf der Perpetuierung von Strukturen (durch Kultur) liegt, handelt es sich bei Bourdieus Gesellschaftsentwurf keineswegs um ein statisches Konzept. Vielmehr fungiert der von ihm analysierte *soziale Raum* als dynamisches Kräftefeld, in dem durch die Anhäufung sowie die Umwandlung von Kapital die sozialen Positionen in einem gewissen Rahmen auch veränderbar sind. Insbesondere strukturelle Transformationen im letzten Drittel des 20. Jahrhunderts (Bildungsexpansion, Wohlstandssteigerung) haben zu einer zunehmenden sozialen Mobilität von Individuen und sozialen Klassen geführt. Welche Implikationen dieser soziale Wandel hinsichtlich der Reproduktion von sozialer Ungleichheit hat, ist Gegenstand zahlreicher soziologischer Kontroversen. So wurde insbesondere vor dem Hintergrund der Individualisierungsthese (Beck 1986) in den 1980er und 1990er Jahren davon ausgegangen, dass das Herkunftsmilieu an prägender Kraft verloren habe: Kulturelle Präferenzen seien demnach nicht länger das Resultat klassenspezifischer Dispositionen, sondern mehr oder weniger frei wählbar (Schulze 1992).
Eine kritische Auseinandersetzung mit Bourdieus Befunden findet sich auch in den musiksoziologischen Studien der US-amerikanischen Kultursoziolog*innen rund um Richard A. Peterson (Peterson/Kern 1996). Darin zeigt sich, dass Angehörige privilegierter Milieus nicht mehr länger eine exklusive Vorliebe für klassische

Musik haben, sondern neben Produkten der Hochkultur auch populäre Genres in ihr Geschmacksrepertoire integrieren. Diese Konsument*innen, die sich durch ihren breitgefächerten Musikgeschmack auszeichnen, werden auch *Omnivores* (dt. Allesfresser*innen) genannt – im Gegensatz zu den sogenannten *Univores*, also jenen vorwiegend aus bildungsbenachteiligten Milieus stammenden Konsument*innen, die lediglich an einem Genre Gefallen finden. Kultursoziolog*innen sehen darin eine neue Logik sozialer Distinktion, die den Umfang kultureller Vorlieben sowie eine prinzipielle Offenheit gegenüber vielen kulturellen Ausdruckformen zum grundlegenden Maßstab der Bewertung macht (Parzer 2011).

3.2 *Cultural Studies* und die Entdeckung der Popularkultur

Etwa zeitgleich mit der von Bourdieu vorangetriebenen Entwicklung einer auf soziale Ungleichheit fokussierten Kultursoziologie entwickelte sich in Großbritannien ein nicht weniger macht- und herrschaftskritisches Forschungsprogramm, das unter dem Label *Cultural Studies* einen zentralen Stellenwert in der inter- und transdisziplinären kulturwissenschaftlichen Forschungslandschaft einnimmt und bis heute wichtige Impulse für die Kultursoziologie liefert. Im Gegensatz zu Bourdieu, der den Blick auf die Distinktionsbestrebungen der „herrschenden Klasse" richtete, untersuchten die Begründer*innen der *Cultural Studies* die alltäglichen kulturellen Verhaltensweisen und Praktiken der weniger privilegierten Menschen. Zu einem besonders beliebten Forschungsgegenstand wurde die Popularkultur, die – unter dem Einfluss von marxistischer Theorie, Strukturalismus und Semiotik – als Ort der Produktion von widerständischen Bedeutungen gesehen wurde.

Zentrales Charakteristikum der *Cultural Studies* ist ihre kulturalistische Perspektive und die damit verbundene Neubestimmung des Kulturbegriffs. So entwickelte Raymond Williams (1921–1988) in seiner Auseinandersetzung mit dem Verhältnis von Kultur und Gesellschaft in Hinblick auf die Arbeiter*innenklasse einen explizit anti-elitären Kulturbegriff. Unter „Kultur" sollten nun nicht mehr länger ausschließlich die Werke der sogenannten Hochkultur subsumiert werden, sondern auch die alltäglichen Erfahrungen, Praktiken und Ausdruckformen aller Gesellschaftsmitglieder: „Yet a culture is not only a body of intellectual and imaginative work; it is also and essentially a whole way of life" (Williams 1983 [1958]: 325). Kritik richtete sich gegen die elitäre Vorstellung einer „Minoritätskultur" sowie die weit verbreitete Vorstellung von der Arbeiter*innenklasse als kulturlos.

In den Blick der *Cultural Studies* – und insbesondere der Studien, die am 1964 gegründeten *CCCS – Centre for Contemporary Cultural Studies* in Birmingham durchgeführt wurden – rückten jene Praktiken, die sich durch einen besonderen Bezug zum alltäglichen Leben der Menschen auszeichnen. Radio, Kino, Fernsehen, Computer, Zeitschriften, Kleidung und populäre Musik wurden dabei als Elemente eines Lebensstils gesehen, der den Wertvorstellungen traditioneller Lebensführung nicht nur zuwiderläuft, sondern auch das Potenzial zu Kritik, Widerstand und Opposition beinhaltet. Als besonders widerständisch und gesellschaftskritisch galten den Vertreter*innen der *Cultural Studies* die jugendkulturellen Stile der Punks, Hippies oder Rocker (exemplarisch Willis 1978; Hebdige 1979); spätere Arbeiten untersuchten auch weniger spektakuläre subkulturelle Medienrezeptionsformen wie z. B. den Konsum von Charts-Musik als Ausdruck subtilen Widerstands in einer kapitalistischen und patriarchalen Gesellschaft (Fiske 1989).

Während sich der Fokus der frühen *Cultural Studies* vor allem auf die Analyse von *sozialer Klasse* richtete, rückten ab den 1980er Jahren weitere Strukturkategorien sozialer Ungleichheit ins Blickfeld einer kulturanalytischen Betrachtung. Als besonders einflussreich haben sich dabei die Arbeiten von Stuart Hall zu *Ethnizität/race* (Hall 1997) sowie Angela McRobbies Studien zur lange vernachlässigten Bedeutung von *Geschlecht* in Jugendkulturen (McRobbie 1991) erwiesen.

3.3 *Production-of-Culture*-Perspektive: Strukturelle Bedingungen kultureller Produktion

„*Production-of-Culture*-Perspektive" ist die Bezeichnung für eine Reihe von Forschungsansätzen und Studien, die ganz maßgeblich zur Weiterentwicklung einer auf Kunst fokussierten Kultursoziologie beigetragen haben. In Abgrenzung zur insbesondere im kunstwissenschaftlichen Diskurs verbreiteten Annahme, wonach Kunstwerke das Resultat eines individuellen Schöpfungsaktes seien, betont die *Production-of-Culture*-Perspektive die Rolle des jeweiligen Kontexts, innerhalb dessen eine kulturelle Produktion stattfindet.

Das Label *Production-of-Culture* geht zurück auf die Arbeiten von Richard A. Peterson (1932–2010), der Mitte der 1970er Jahre eine Betrachtungsweise von Kultur vorschlug, die den Fokus auf die empirisch beobachtbaren strukturellen und organisationalen Rahmenbedingungen von Kultur im Allgemeinen und künstlerisch-kreativen Ausdrucksformen im Besonderen richtet (Peterson 1976).

In seinem *six-facet model of the production nexus* unterscheidet Peterson rechtliche Rahmenbedingungen, den Wandel der Technologien, die Industriestruktur, die Organisationsstruktur, Nachfrage- und Marketingkonzepte sowie institutionelle Berufsrollen. Ziel der jeweiligen Analyse ist es, anhand empirischer Befunde zu explizieren, wie diese Faktoren den Wandel der kulturellen Produkte beeinflussen. Eine empirische Anwendung fand Petersons Modell u. a. in seiner Analyse zur Entstehung von Rockmusik (Peterson 1990). Darin untersucht Peterson die strukturellen Transformationen der Kulturindustrie zwischen Anfang der 1940er und Ende der 1950er Jahre, die er anhand vielfältiger Verflechtungen von rechtlichen und technologischen Faktoren sowie grundlegender Veränderungen der Industriestruktur sowie der Organisationsformen der Radio- und Schallplattenindustrie hinsichtlich ihrer Relevanz für die Entstehung dieses neuen Genres analysiert.

Einen wesentlichen Beitrag zur Entwicklung der *Production-of-Culture*-Perspektive leistete der US-amerikanische Soziologe Howard S. Becker mit seinem 1982 erschienenen Buch *Art Worlds*, in dem er sich mit der Bedeutung der Interaktion unterschiedlicher Akteur*innen für die Hervorbringung von Kunstwerken auseinandersetzt. Herzstück von Beckers Perspektive, die ihre Wurzeln im Symbolischen Interaktionismus hat, ist die Kritik an der Ideologie des „kreativen Künstler*innen-Individuums". Kunstwerke seien nicht alleiniges Produkt eines kreativen Individuums, sondern das Resultat der Tätigkeiten zahlreicher mehr oder weniger unmittelbar am Kunstwerk beteiligter Akteur*innen. Mit seinem Konzept der *Art World*, das ein etabliertes Netzwerk von Verbindungen unter den Teilnehmer*innen in einem bestimmten Feld künstlerischer Produktion bezeichnet (Becker 1982: 34f.), setzte Becker wegweisende Impulse insbesondere kunstsoziologischer Forschung.

3.4 Jeffrey Alexander – Kultursoziologie als Analyseperspektive

Eine weitere in der US-amerikanischen Soziologie verankerte Spielart der Kultursoziologie ist mit dem Namen Jeffrey Alexander verbunden. Mit seinem Plädoyer für ein *strong program in cultural sociology* setzt sich Alexander (2003) dafür ein, Kultur nicht länger als Gegenstand zu betrachten, sondern als Grundlage für eine analytische und methodologische Perspektive, die auf unterschiedliche soziale Phänomene anwendbar ist und stärker die Eigenmächtigkeit von kulturellen Strukturen berücksichtigt.

Ausgangspunkt für Alexanders ab den 1990er Jahren entwickeltes kultursoziologisches Forschungsprogramm ist die Kritik an Ansätzen wie dem von Bourdieu, den *Cultural Studies* oder der *Production-of-Culture*-Perspektive. Diese würden Kultur auf ein von anderen Faktoren abhängiges Objekt reduzieren. Kultur sei dann entweder das Ergebnis sozialer Klassenverhältnisse, organisationaler Strukturen oder anderer nicht-kultureller Faktoren. Im Gegensatz zu dieser *sociology of culture* – unter diesem Label subsumiert Alexander diese Zugänge – schlägt Alexander eine *cultural sociology*

vor, eine kultursoziologische Perspektive also, die der Autonomie von Kultur stärker Rechnung trägt.
Theoretisch fußen diese Überlegungen auf handlungsorientierten und pragmatistischen Ansätzen; methodologisch plädiert Alexander für eine hermeneutische Rekonstruktion von sozialen Texten und schlägt dafür eine Orientierung an Richard Geertz' „dichter Beschreibung" (Geertz 2003 [1973]) vor. Darunter wird eine ethnografische Methode verstanden, die auf die Rekonstruktion von Bedeutungen abzielt. Thematisch gibt es in dieser Perspektive keinen Gegenstand, der nicht auf diese Weise untersucht werden könnte. Alexander selbst wendet seinen auch als „strukturale Hermeneutik" bezeichneten Zugang auf unterschiedliche Themenfelder an, z.B. kulturelle Traumata wie den Holocaust oder politische Skandale. Interessant ist, dass Alexanders Programm viele Parallelen zu der von Friedrich Tenbruck Ende der 1970er Jahre geforderten Neuausrichtung der Kultursoziologie aufweist (Schmidt-Lux et al. 2016: 28). Beide Ansätze fordern eine Kultursoziologie, die sich dezidiert nicht als „Bindestrich-Soziologie", sondern als eine grundlegende Perspektive versteht, die Bedeutungsstrukturen als Grundlage für soziales Handeln in den Fokus der Analyse rückt.

3.5 Aktuelle Entwicklungen und neue Herausforderungen

Die gegenwärtige kultursoziologische Landschaft ist durch eine theoretische, methodische und thematische Ausdifferenzierung gekennzeichnet.
In theoretischer Hinsicht erlebt die seit Beginn der Soziologie immer wieder aufflammende Debatte um das Wechselverhältnis von *Kultur versus Gesellschaft* (Rehberg 1986) eine neuerliche Renaissance. Gerade in Anbetracht der kulturtheoretischen Wende und der zunehmenden soziologischen Beschäftigung mit Kultur warnen einige Soziolog*innen vor einer inflationären Verwendung des Kulturbegriffs. Vor allem dort, wo mit dem *Cultural Turn* auch gleich der Gesellschaftsbegriff verabschiedet würde, bringe sich die Soziologie um ihr analytisches Potenzial (Gerhards 2008; Rojek/Turner 2000). Insbesondere im Bereich der kultursoziologischen Ungleichheitsforschung entstanden in den letzten Jahren eine Reihe von Studien, die dem spezifischen Zusammenspiel von *Kultur* und *Struktur* auch in theoretischer Hinsicht gerecht zu werden versuchen. Exemplarisch dafür seien die Arbeiten von Michèle Lamont genannt, die mit ihrem in Anlehnung an Bourdieu entwickelten Konzept der *symbolic boundaries* die Bedeutung von symbolischen Grenzziehungen für Prozesse sozialer Exklusion in den Blick nehmen (Lamont 1992; Lamont et al. 2014).

In methodischer Hinsicht lässt sich eine Öffnung hin zu quantitativen Methoden beobachten: Zwar kommen in der Kultursoziologie nach wie vor überwiegend qualitative bzw. interpretative Methoden zur Anwendung: Gerade dort, wo es um symbolische Ordnungen geht und Interpretationen und Bedeutungen von Individuen und sozialen Gruppen rekonstruiert werden sollen, bieten hermeneutische, rekonstruktive Zugänge oder die *Grounded Theory* ein umfangreiches Repertoire an geeigneten Methoden. Allerdings kommen zunehmend auch quantitative Methoden zur Anwendung, das ist insbesondere in der kultursoziologisch inspirierten Sozialstrukturanalyse bzw. Lebensstilforschung der Fall (u.a. Rössel/Otte 2011). Mittlerweile hat sich im deutschsprachigen Raum eine quantitativ forschende Kultursoziologie herausgebildet, exemplarisch dafür kann Jürgen Gerhards' Studie zur Vergabe von Vornamen genannt werden (Gerhards 2010).

Neue Entwicklungen zeigen sich auch in thematischer Hinsicht: Zum einen sind es neuartige soziale Phänomene, die zum Gegenstand kultursoziologischer Betrachtung werden. Aktuelle Arbeiten untersuchen die kulturellen Bruch- und Spaltungslinien, die das Erstarken von rechtspopulistischen Parteien oder Entwicklungen wie den *Brexit* oder die Wahl von Donald Trump zum US-amerikanischen Präsidenten begünstigen (Reckwitz 2017; Hochschild 2017); zu weiteren Themen aktueller kultursoziologischer Forschung zählen die veränderten kulturellen Bedingungen von Liebe unter dem Einfluss von Kapitalismus und Massenmedien (u.a. Illouz 2012), die Ursachen und Erscheinungsformen von Erschöpfung und Burn-Out (Neckel/Wagner 2013) oder die zunehmende Bedeutung von Prozessen des Wertens und Bewertens in der Gegenwartsgesellschaft (Nicolae et al. 2019). Zum anderen sind es aber auch bereits bekannte Phänomene, die von der Kultursoziologie erst kürzlich entdeckt wurden und denen erst jetzt Aufmerksamkeit zuteil wird. Dazu zählen u.a. Themen wie Fluchtmigration oder auch neue Formen sozialer Ungleichheit, deren kulturelle Grundlagen zum Gegenstand der Analyse gemacht werden (Neckel/Soeffner 2008), oder auch die Erforschung „kommunikativer Wissenskulturen", die ihren Fokus auf die kommunikative Dimension bei der Erzeugung, Verstetigung, Legitimierung und Weitergabe von Wissen richtet (Grenz et al. 2020). Freilich deuten sich hier zahlreiche Überschneidungen an, nicht nur mit anderen Forschungsfeldern der Soziologie, sondern auch mit anderen Fachdisziplinen sowie transdisziplinären Feldern. Damit ist eine der größten Herausforderungen der Kultursoziologie umrissen: nämlich dem eigenen Profil Konturen zu verleihen und herauszustreichen, worin die Identität und auch das spezifische Potenzial kultursoziologischer Forschung liegen (siehe dazu u.a. Moebius 2009: 197ff.).

4 Aktuelle Forschung in Österreich

Kultursoziologische Forschung wird mit unterschiedlichen Schwerpunktsetzungen an allen universitären Soziologie-Standorten in Österreich betrieben. Hervorzuheben ist das *Institut für Soziologie* in Graz, an dem innerhalb des Clusters *Theorie und Geschichte der Soziologie* detailliert und umfangreich die historischen Entwicklungslinien und theoretischen Grundlagen der soziologischen Beschäftigung mit Kultur aufgearbeitet werden (siehe dazu exemplarisch das 2019 von Stephan Moebius, Frithjof Nungesser und Katharina Scherke herausgegebene *Handbuch Kultursoziologie*). In Salzburg findet kultursoziologische Forschung in der Abteilung *Soziologie und Kulturwissenschaft* statt, in Innsbruck im Forschungsschwerpunkt *Materielle und kulturelle Ordnungen und Lebensführung der Gegenwart.* Am *Institut für Soziologie* der *Universität Wien* wird Kultursoziologie im Rahmen der Professur *Kultur und Wissen* sowie im Forschungsschwerpunkt *Kultur – Wissen – Bildwelten* betrieben. Hier reicht die Bandbreite an Themen von der Mediatisierung über neue Formen symbolischer Ordnung in Bildwelten bis hin zur kultursoziologischen Erforschung sozialer Inklusions- und Exklusionsprozesse.

Kultursoziologische Forschung findet sich auch an den Kunst- und Musikuniversitäten an ihren Schnittstellen zu Kultur- und Kunstwissenschaften (z. B. *Institut für Musiksoziologie* an der *Universität für Musik und darstellende Kunst Wien*; *IFK – Internationales Forschungszentrum Kulturwissenschaften der Kunstuniversität Linz*). Kultursoziologie existiert auch außerhalb der Universitäten, exemplarisch seien dafür das Institut *Educult* sowie die *Österreichische Kulturdokumentation Austria* genannt, die beide in der Kulturpolitik- und Kulturmanagementforschung angesiedelt sind. Als Plattform der Vernetzung von kultursoziologisch Forschenden in Österreich dient u. a. die *Sektion Kulturtheorie und Kulturforschung* der *ÖGS (Österreichische Gesellschaft für Soziologie).*

5 Anwendungsbezug

Der großen Vielfalt an Themen ist geschuldet, dass die Ergebnisse kultursoziologischer Forschung in unterschiedlichen Bereichen auf Interesse stoßen. Zum einen ist es die soziologische Fachdisziplin selbst, die von der Kultursoziologie profitiert: Das gilt für die *Allgemeine Soziologie*, die in einem Nahverhältnis zu vielen Spielarten kultursoziologischer Forschung steht, aber auch für die unterschiedlichen Forschungsfelder, die auf kultursoziologisches Wissen zurückgreifen.

Anwendung findet die Kultursoziologie auch in der Praxis: Nachfrage nach kultursoziologischem Wissen existiert in der Kulturpolitik- und Kulturmanagementforschung ebenso wie im Bereich der (kommerziellen) Lebensstilforschung (z. B. *Sinus-Milieus*). Die Kultursoziologie stellt aber auch ein bedeutsames Wissen für die breite Öffentlichkeit bereit: Viele kultursoziologische Arbeiten bieten Deutungen, Reflexionen und Selbstbeobachtungen, die gesellschaftliche Phänomene, soziale Konflikte und sozialen Wandel besser verstehbar machen (Schmidt-Lux et al. 2016) und öffentliche Debatten (mit)initiieren. Dies findet nicht zuletzt auch in der Popularität sogenannter Gesellschaftsdiagnosen Ausdruck, die hilfreiche Sichtweisen und Beschreibungen gesellschaftlicher Transformationsprozesse für alle Gesellschaftsmitglieder bereitstellen – und häufig kultursoziologischen Hintergrund haben. Dazu zählen – neben vielen anderen – Max Webers Rationalisierungstheorie ebenso wie Gerhard Schulzes Diagnose der *Erlebnisgesellschaft* (1992), die kapitalismuskritischen Beiträge von Richard Sennett (1998) sowie Luc Boltanski und Ève Chiapello (2003), Ulrich Bröcklings Analyse des *unternehmerischen Selbst* (2007) und jüngst auch Andreas Reckwitz' *Gesellschaft der Singularitäten* (2017). Gerade in Zeiten großer gesellschaftlicher Umbrüche und Konflikte kann die Kultursoziologie zu deren Verständnis sowie zu deren Bewältigung beitragen.

6 Literatur

a. Einführungsliteratur

Back, Les/Bennett, Andy/Desfor, Edles Laura/Gibson, Margret/Inglis, David/Jacobs, Ronald/Woodward, Ian (2012): Cultural Sociology: An Introduction. Chichester: Wiley-Blackwell.
Moebius, Stephan (2009): Kultur. Bielefeld: transcript.
Moebius, Stephan/Nungesser, Frithjof/Scherke, Katharina (Hg.) (2019): Handbuch Kultursoziologie (2 Bände). Wiesbaden: Springer VS.
Schmidt-Lux, Thomas/Wohlrab-Sahr, Monika/Leistner, Alexander (2016): Kultursoziologie. Eine problemorientierte Einführung. Weinheim/Basel: Beltz Juventa.
Schroer, Markus (2010): Kultursoziologie. In: Kneer, Georg/Schroer, Markus (Hg.): Handbuch Spezielle Soziologien. Wiesbaden: VS Verlag für Sozialwissenschaften, 197–219.
Spillman, Lyn (Ed.) (2002): Cultural Sociology. Malden, MA: Blackwell.
Wohlrab-Sahr, Monika (Hg.) (2010): Kultursoziologie: Paradigmen, Methoden, Fragestellungen. Wiesbaden: VS Verlag für Sozialwissenschaften.

b. Weitere zitierte Literatur

Albrecht, Clemens/Moebius, Stephan (2014): Die Rückkehr der Kultur in die Soziologie. Zur Gründungsgeschichte einer Sektion. In: Moebius, Stephan/Albrecht, Clemens (Hg.):

Kultur-Soziologie. Klassische Texte der neueren deutschen Kultursoziologie. Wiesbaden: Springer VS, 9–22.

Alexander, Jeffrey C. (2003): The meanings of social life: A cultural sociology. Oxford: Oxford University Press.

Bachmann-Medick, Doris (2016): Cultural turns: New orientations in the study of culture. Berlin/Boston: De Gruyter.

Beck, Ulrich (1986): Risikogesellschaft: Auf dem Weg in eine andere Moderne. Frankfurt a. M.: Suhrkamp.

Becker, Howard Saul (1982): Art Worlds. Berkeley: University of California Press.

Boltanski, Luc/Chiapello, Ève (2003): Der neue Geist des Kapitalismus. Konstanz: UVK.

Bourdieu, Pierre (1983): Ökonomisches Kapital, kulturelles Kapital, soziales Kapital. In: Kreckel, Reinhard (Hg.): Soziale Ungleichheiten. Göttingen: Otto Schwartz & Co., 183–198.

Bourdieu, Pierre (1987 [1979]): Die feinen Unterschiede. Kritik der gesellschaftlichen Urteilskraft. Frankfurt a. M.: Suhrkamp.

Bröckling, Ulrich (2007): Das unternehmerische Selbst: Soziologie einer Subjektivierungsform. Frankfurt a. M.: Suhrkamp.

Fiske, John (1989): Understanding popular culture. London: Routledge.

Geertz, Clifford (2003 [1973]): Dichte Beschreibung. Beiträge zum Verstehen kultureller Systeme. Frankfurt a. M.: Suhrkamp.

Gerhards, Jürgen (2008): Kultursoziologie diesseits des „Cultural Turn". In: Wohlrab-Sahr, Monika (Hg.): Kultursoziologie. Paradigmen, Methoden, Fragestellungen. Wiesbaden: Springer VS, 277–308.

Gerhards, Jürgen (2010): Die Moderne und ihre Vornamen. Eine Einladung in die Kultursoziologie. Wiesbaden: VS Verlag für Sozialwissenschaften.

Grenz, Tilo/Pfadenhauer, Michaela/Schlembach, Christopher (Hg.) (2020): Kommunikative Wissenskulturen. Theoretische und empirische Erkundungen in Gegenwart und Geschichte. Weinheim/Basel: Beltz Juventa.

Hall, Stuart (1997): Representation. Cultural Representations and Signifying Practices. London: Sage.

Hebdige, Dick (1979): Subculture, the meaning of style. London: Methuen.

Hochschild, Arlie Russell (2017): Fremd in ihrem Land: Eine Reise ins Herz der amerikanischen Rechten. Frankfurt a. M./New York: Campus.

Illouz, Eva (2012): Warum Liebe weh tut. Eine soziologische Erklärung. Frankfurt a. M.: Suhrkamp.

Lamont, Michèle (1992): Money, Morals & Manners. The Culture of the French and the American Upper-Middle Class. Chicago: The University of Chicago Press.

Lamont, Michèle/Beljean, Stefan/Clair, Matthew (2014): What is missing? Cultural processes and causal pathways to inequality. In: Socio-Economic Review, Vol. 12, 573–608.

Lichtblau, Klaus (1996): Kulturkrise und Soziologie um die Jahrhundertwende: Zur Genealogie der Kultursoziologie in Deutschland. Frankfurt a. M.: Suhrkamp.

McRobbie, Angela (1991): Feminism and youth culture. New York: Routledge.

Neckel, Sighard/Soeffner, Hans-Georg (2008): Mittendrin im Abseits: Ethnische Gruppenbeziehungen im lokalen Kontext. Wiesbaden: VS Verlag für Sozialwissenschaften.

Neckel, Sighard/Wagner, Greta (Hg.) (2013): Leistung und Erschöpfung: Burnout in der Wettbewerbsgesellschaft. Berlin: Suhrkamp.

Nicolae, Stefan/Endress, Martin/Berli, Oliver/Bischur, Daniel (Hg.) (2019): (Be)Werten: Beiträge zur sozialen Konstruktion von Wertigkeit. Wiesbaden: Springer VS.
Parzer, Michael (2011): Der gute Musikgeschmack: Zur sozialen Praxis ästhetischer Bewertung in der Popularkultur. Frankfurt a. M.: Peter Lang.
Peterson, Richard A. (1976): The Production of Culture: A Prolegomenon. In: American Behavioral Scientist, Vol. 19, 669–684.
Peterson, Richard A. (1990): Why 1955? Explaining the advent of rock music. In: Popular Music, Vol. 9, 97–116.
Peterson, Richard A./Kern, Roger M. (1996): Changing Highbrow Taste: From Snob to Omnivore. In: American Sociological Review, Vol. 61, 900–907.
Reckwitz, Andreas (2006): Die Transformation der Kulturtheorien. Zur Entwicklung eines Theorieprogramms. Weilerswist: Velbrück.
Reckwitz, Andreas (2017): Die Gesellschaft der Singularitäten: Zum Strukturwandel der Moderne. Berlin: Suhrkamp.
Rehberg, Karl-Siegbert (1986): Kultur versus Gesellschaft? Anmerkungen zu einer Streitfrage in der deutschen Soziologie. In: Neidhardt, Friedhelm/Lepsius, Rainer/Weiß, Johannes (Hg.): Kultur und Gesellschaft (KZfSS Sonderheft 27). Westdeutscher Verlag: Opladen, 92–115.
Rojek, Chris/Turner, Bryan (2000): Decorative Sociology: Towards a Critique of the Cultural Turn. In: The Sociological Review, Vol. 48 (4), 629–648.
Rössel, Jörg/Otte, Gunnar (Hg.) (2011): Lebensstilforschung (KZfSS Sonderheft 51). Wiesbaden: VS Verlag.
Schulze, Gerhard (1992): Die Erlebnisgesellschaft: Kultursoziologie der Gegenwart. Frankfurt a. M./New York: Campus.
Sennett, Richard (1998): Der flexible Mensch. Die Kultur des neuen Kapitalismus. Berlin: Berlin-Verlag.
Simmel, Georg (1989 [1900]): Philosophie des Geldes. Frankfurt a. M.: Suhrkamp.
Tenbruck, Friedrich H. (1979): Die Aufgaben der Kultursoziologie. In: Kölner Zeitschrift für Soziologie und Sozialpsychologie, Jg. 31, H. 3, 399–421.
Weber, Max (2006 [1904]): Die protestantische Ethik und der Geist des Kapitalismus. München: Beck.
Williams, Raymond (1983 [1958]): Culture and society, 1780–1950. New York: Columbia University Press.
Willis, Paul E. (1978): Profane culture. London/Boston: Routledge & K. Paul.

c. Ausgewählte Fachzeitschriften

American Journal of Cultural Sociology
Cultural Sociology
Cultural Studies
European Journal of Cultural Studies
Journal of Popular Culture
Media, Culture and Society
Poetics – Journal of Empirical Research on Culture, the Media and the Arts
Sociologia Internationalis – Europäische Zeitschrift für Kulturforschung
Theory, Culture and Society

Medien

Nikolaus Lehner

1 Einleitung

Ohne Schrift und Buchdruck, ohne elektronische und digitale Medien wäre die moderne Gesellschaft unvorstellbar. Das, was wir als gesellschaftliche Realität zu erkennen glauben, ist medial vermittelt. Auch unser Selbstzugang ist medial geprägt – das zeigt sich bereits daran, dass wir im Medium der Sprache denken, erzählen und reflektieren. Zudem hängen unsere gesellschaftlichen Teilhabemöglichkeiten von unserem Zugang zu den Medien ab. Wer keine E-Mails oder Social Media-Plattformen nutzt und keinen Computer bedienen kann, dessen Chancen sind heute sehr begrenzt. Wie Studien belegen, verbringen wir deshalb inzwischen einen Großteil unserer wachen Lebenszeit vor Displays (Greenfield 2015: 294). Der Verein *Media Server* (2015) stellte im Hinblick auf die österreichische Mediennutzung folgende Zahlen fest:

- Pro Person ab 14 Jahren macht die Mediennutzung in Österreich durchschnittlich 524 Minuten, also knapp 9¾ Stunden täglich, aus (Media Server 2015).
- Im Jahr 2019 nutzten 88 % aller Österreicher*innen das Internet (Eurostat 2020).
- In Österreich entfällt bei den 14- bis 29-Jährigen die Hälfte der Tagesnutzung (51 %) auf die Nutzung digitaler Medien (Media Server 2015).
- Während das Fernsehen im Jahr 2015 durchschnittlich 188 Minuten täglich lief (Media Server 2015), erhöhte sich die Nutzung im Jahr 2018 auf ein Allzeithoch von 192 Minuten täglich (ORF 2018). TV ist also keineswegs passé.
- 91,1 % aller österreichischen Internetnutzer*innen verwenden das Smartphone, um unterwegs online gehen zu können (Statistik Austria 2019). Einer deutschen Studie zufolge kommt das Smartphone beinahe drei Stunden täglich (161,95 Minuten) zum Einsatz (Montag et al. 2015).

Obwohl Medien allgegenwärtig sind, ist der Begriff „Medium“ vage: Die Schrift und die Sprache können ebenso als Medien bezeichnet werden wie Film, Musik, Zeitungen, Computerspiele und das Fernsehen. Ganz allgemein gilt, dass Medien etwas „vermitteln, indem sie selbst als vermittelndes Bindeglied fungieren“ (Hagen 2012). Medien vermitteln Bedeutungen und stellen Kommunikationsmöglichkeiten her. Zu beachten ist auch, dass Medien etwas „wahrnehmbar werden lassen“

(Heider 2005), dabei aber auch als Wahrnehmungsfilter wirken. Eine zentrale Aufgabe der Mediensoziologie besteht deshalb darin, die Selbstverständlichkeit unseres alltäglichen Medienkonsums infrage zu stellen. Die Soziologie widmet sich den Medien unter der Prämisse, dass diese bestimmte Kommunikationsformen ermöglichen und beeinflussen; zugleich weist sie darauf hin, dass Medien zwar kommunizieren lassen, aber auch ausschließen.

Ein soziologischer Medienbegriff
Ein Medium ist ein symbolisches oder technisches Artefakt, das, wenn es gebraucht wird, symbolische oder materielle Vermittlungsleistungen vollbringt. Ein Medium lässt etwas wahrnehmbar werden; darüber hinaus ermöglicht und beeinflusst es aber auch die Form der Kommunikation und damit die soziale Ordnung (Ziemann 2006: 17; Wagner 2014: 19).

Die Mediensoziologie ist interdisziplinär ausgerichtet: So finden sich etwa Überschneidungen zu den Medien- und Literaturwissenschaften, zu Sozialpsychologie, Philosophie und Geschichtswissenschaften. In Abgrenzung zu den Medienwissenschaften zeichnet sich die Mediensoziologie dadurch aus, Medienproduktion, -rezeption und -konsum sowie die sich dabei entfaltenden Diskurse an soziologische Kernbegriffe wie soziale Ungleichheit, Stratifikation, Identität, Gemeinschaft, Repräsentation, soziale Wirklichkeitskonstruktion und Macht rückzubinden (Brienza/Revers 2016: 540). Dementsprechend verknüpft die Mediensoziologie gesellschafts- und medientheoretische Ansätze und wendet diese auf soziologisch-historische, diskursive sowie empirische Mediennutzungs- und Medieninhaltsanalysen an (Ziemann 2006: 6).

2 Historische Entwicklung der Mediensoziologie

Heute nehmen Medienstudien eine bedeutende Rolle in der Soziologie ein. Im Grunde galt dies aber auch schon für die Anfänge der Soziologie. Grundzüge mediensoziologischer Denkweisen finden sich schon bei Autoren wie Alexis de Tocqueville und Gabriel Tarde. Tocqueville machte sich bereits im frühen 19. Jahrhundert Gedanken über den Zusammenhang von literarischer und demokratischer Kultur. Tarde wiederum hat bereits um 1890 darauf hingewiesen, dass die Presse ein Machtinstrument zur Herstellung von Trends und Massenhysterien ist.

In den USA gaben um 1900 unter anderem die Arbeiten von Charles H. Cooley und Robert Ezra Park wichtige Anstöße für die Mediensoziologie. Cooleys als „looking glass self" (1902: 152f.) bekanntes Theorem, das besagt, dass wir unser Selbstbild mithilfe dessen erschaffen, was wir aus den Blicken anderer über uns ableiten, wird bis heute rezipiert – etwa, wenn es darum geht, zu verstehen, wie wir uns in der Selfie-Kultur im Spiegel der Medien erfinden und verwerfen. Aus dieser Perspektive ist das Selbst ein Kommunikationseffekt, da wir auf die anderen angewiesen sind, um ein Bild von uns selbst zu gewinnen.

Im deutschen Sprachraum werden gemeinhin Max Webers (2003 [1910]) Überlegungen zu einer Soziologie der Presse und des Zeitungswesens als Fundament mediensoziologischen Forschens betrachtet, wenngleich es sich bei diesen nur um Ideenskizzen handelt. Dagegen sind Medien in Georg Simmels etwa zur selben Zeit verfassten sozialphilosophischen Studien omnipräsent. Simmels Schüler Siegfried Kracauer wiederum war ab den 1920er Jahren an der Etablierung der Filmsoziologie beteiligt. Zunehmend wurde dabei auch erkannt, dass Medien auf grundlegende Weise die Demokratie, die öffentliche Meinung und unsere Lebensweise beeinflussen. Ab den 1950er Jahren strebten Autoren wie Paul Lazarsfeld und Elihu Katz eine dezidiert empirisch ausgerichtete Massenkommunikations- und Medienwirkungsforschung an. Auf Basis solcher Forschungen behaupteten Lazarsfeld und Merton (1957) drei dominante soziale (Dys-)funktionen der Massenmedien:

(1) *Statusverleihung:* Durch Massenmedien wird Relevanz zugeteilt; das geht so weit, dass das als wichtig oder gerechtfertigt erscheint, was mediale Resonanz erfährt; dabei kann es sich etwa um Politiker*innen und politische Parteien, um Stars und Sternchen, Marken oder Unternehmen handeln. Dass die Funktion der Statusverleihung wirkt, lässt sich daran erkennen, dass Reality Stars und It-Girls vor allem bekannt sind, weil sie bekannt sind.

(2) *Durchsetzung sozialer Normen:* Auf Basis von Massenmedien erfahren wir, was als Norm und Normabweichung betrachtet wird. Das gilt etwa für die Darstellung von Geschlechterrollen, Familienleben und Arbeitswelt in TV-Serien.

(3) *Narkotisierende Dysfunktion:* Die Informationsflut führt Lazarsfeld und Merton zufolge eher zu Betäubung als zu Engagement: Wenn wir mit widersprüchlichen Informationen überschüttet werden, wird es schwieriger, sich zu orientieren oder für eine Sache zu entscheiden.

Paul Lazarsfeld spielte insgesamt eine wichtige Rolle für die Institutionalisierung der Medienforschung. Nach seiner Emigration in die USA war Lazarsfeld zudem entscheidend an der Gründung des *Instituts für Höhere Studien (IHS)* beteiligt. Ab der zweiten Hälfte des 20. Jahrhunderts rückte die Medientheorie mit Jürgen Habermas' *Strukturwandel der Öffentlichkeit* (1990 [1962]) sowie mit Niklas Luhmanns Systemtheorie ins Zentrum großangelegter soziologischer Gesellschaftstheorien. In den 1980er Jahren differenzierten sich mit Autor*innen wie Laura Mulvey und Teresa de Lauretis zunehmend auch die Perspektiven der Feministischen Filmtheorie, der *Gender Media-* und *Queer Studies* heraus. Nicht nur traditionelle Massenmedien, auch neuere Innovationen wie das Internet, *Virtual Reality* und Smartphones wurden von Soziolog*innen früh thematisiert.

3 Ausgewählte Theorien und Forschungsbereiche

Die Mediensoziologie ist eine Garbe unterschiedlicher Forschungsansätze und Theorien. Im Folgenden hebe ich Perspektiven hervor, die sich in den letzten Jahrzehnten als klassische Theorien und Themenbereiche herauskristallisiert haben und die sich dafür eignen, ein grundlegendes Verständnis für das Verhältnis von Medien und Gesellschaft zu entwickeln.

3.1 Ausgewählte theoretische Perspektiven

Die soziologische Erforschung der Medien erfolgt auf Basis einer Vielzahl sozialwissenschaftlicher Theorien. Besonders stark rezipiert wurden im deutschsprachigen Raum unter anderem die folgenden Perspektiven:

Kritische Theorie

Die Kritische Medientheorie wurde vor allem durch Autor*innen wie Theodor W. Adorno, Max Horkheimer, Herbert Marcuse, Hannah Arendt und Günther Anders geprägt. Ein frühes Hauptwerk stellt die *Dialektik der Aufklärung* (Adorno/Horkheimer 1969 [1944]) dar. Die beiden Autoren schreiben dieses Werk unter dem Eindruck des nationalsozialistischen Terrors in Europa und der künstlichen Paradiese Hollywoods, während sie selbst als Flüchtlinge in Los Angeles leben. Adorno und Horkheimer fürchteten insbesondere, dass die Kulturindustrie, wie sie die moderne Unterhaltungsindustrie nannten, zur massenhaften Angleichung und Normierung der Menschen führen würde. Im Zentrum des Werkes stehen Analysen zur industriellen Produktionslogik der Massenkultur, die sich in Schemen- und Klischeehaftigkeit, in den endlosen *Sequels* und *Prequels* ihrer Produkte widerspiegelt: So folgen Pop-Songs typischerweise einem modulhaften Aufbau, der auf einfachen Intro/Strophe/Refrain-Kompositionen basiert. Hollywood-Blockbuster erzählen uns die immergleichen Heldengeschichten in immer neuen Aufgüssen und reihen sich in klar separierbare Genres (wie z. B. Komödie, Thriller, Action oder Horror) ein. Adorno und Horkheimer gehen davon aus, dass die Standardisierung der Kulturprodukte auch zur Standardisierung der Individuen führt: Das, was in den Produkten der Kulturindustrie vorgelebt wird, diene als Modell für das eigene Leben (Adorno/Horkheimer 1969 [1944]: 176). Jürgen Habermas (1990 [1962]) aktualisiert die Kritische Medientheorie und verweist dabei auf den Verfall der deliberativen, also themensetzenden und zur vernünftigen Debatte fähigen Öffentlichkeit. Diese für das Funktionieren von Demokratien essentielle Form der Öffentlichkeit ist demnach aufgrund der Ökonomisierung der Medien und der damit einhergehenden Massenkultur in Gefahr, zu verschwinden. Inzwischen wird die Entwicklung der Massenmedien oftmals als vielschichtiger und ambivalenter aufgefasst. Aus heutiger Sicht wird so etwa die Vorstellung bezweifelt, dass Konsument*innen Medieninhalte völlig unkritisch aufsaugen.

Systemtheorie

Demgegenüber hat die Systemtheorie ein beschreibendes Medienverständnis: Medien sind Möglichkeitsbedingungen von Kommunikation. Niklas Luhmann unterscheidet in seinem Werk zwischen Verbreitungsmedien und symbolisch generalisierten Kommunikationsmedien. *Verbreitungsmedien* sind Medien wie die Schrift, der Buchdruck, Film und Fernsehen. Diese Medien erlauben es, die Reichweite der Kommunikation zu erhöhen (Luhmann 1998: 202). Zum einen führen Verbreitungsmedien zu mehr potenziellen Empfänger*innen. Zum anderen machen sie unabhängig gegenüber räumlichen und zeitlichen Einschränkungen. So konnte man vor der Erfindung der Schrift nur dann kommunizieren, wenn zwei oder mehr Personen gleichzeitig körperlich anwesend waren. Mit der Schrift verändert sich das gravierend: Man denke an den Briefwechsel, einer Kommunikation von wechselseitig füreinander abwesenden Personen. Nicht nur räumliche, auch zeitliche Distanzen werden mithilfe der Verbreitungsmedien überbrückt. So können wir heute die *Ilias* lesen, obwohl diese vor 2700 Jahren geschrieben wurde. Verbreitungsmedien führen zu Komplexitätszuwächsen, zur Vervielfachung von Möglichkeiten und Perspektiven. Eine Antwort auf diese Komplexitätszuwächse, die sich auch in Orientierungslosigkeit und Überforderung ausdrücken können, bieten Luhmann zufolge die *symbolisch generalisierten Kommunikationsmedien*. Diese werden auch „Erfolgsmedien" genannt, da sie die erfolgreiche Fortsetzung von Kommunikation wahrscheinlicher machen. So erhöht das Erfolgsmedium Geld die Annahmewahrscheinlichkeit einer wirtschaftlichen Kommunikation, selbst wenn man einander kaum versteht, andere Vorlieben oder kulturelle Hintergründe hat. Zu den Erfolgsmedien zählen neben Geld unter anderem Macht, Wahrheit, Liebe und Recht. Jedes Erfolgsmedium ist an ein soziales Funktionssystem gekoppelt: Geld an die Wirtschaft, Macht an die Politik, Wahrheit an die Wissenschaft, Liebe an Intimsysteme usw.

Diskurs- und Hegemonietheorie

Die Mediensoziologie beschäftigt sich auch damit, wie sich gesellschaftliche Vorstellungen und Ideologien medial verbreiten, abbilden und festigen. In diesem Fall geht es um Diskursforschung. Dem Terminus Diskurs liegt zum einen der Gedanke zugrunde, dass ein Begriff, eine Vorstellung oder eine Idee immer nur im Kontext eines Bedeutungssystems verstanden werden kann: „Der Diskurs ist die Gesamtheit erzwungener und erzwingender Bedeutungen, die die gesellschaftlichen Verhältnisse durchziehen" (Foucault 2003: 164). Zum anderen verweist der Begriff darauf, dass Sprache soziale Wirklichkeit prägt. In welcher Gesellschaft wir leben, was wichtig oder unwichtig, realistisch oder utopisch ist, was als Tatsache oder Schein gilt, wird in gesellschaftlichen Diskursen geklärt. Sicht- und Lebensweisen, die sich gesellschaftlich etablieren, nennen wir hegemonial. Die Diskursanalyse untersucht beispielsweise das Vorkommen und die Entwicklung bestimmter Begriffe, Ideen, Metaphern oder Darstellungen in der massenmedialen Berichterstattung. Im Zusammenhang damit steht auch das sogenannte *Framing*. *„Frames"* sind „Organisationsprinzipien für Ereignisse" zur „Organisation von Erfahrung" (Goffman 1980: 19). So kann in den Abendnachrichten schon ein einzelnes Wort als *Frame* dienen, um die Wahrnehmung eines Berichts zu organisieren, je nachdem, ob die Kombattanten als Freiheitskämpfer*innen oder Terrorist*innen bezeichnet werden (Nisbett 2015: 25). Aktuell ist die Erforschung von Rhetorik, *Framings*, Diskursen und Ideologien für ein besseres Verständnis populistischer Bewegungen und Parteien, aber auch für die Erforschung populistischer Medien relevant, die sich oftmals als unverblümte Sprachrohre der „einfachen Leute" inszenieren (Krämer 2014: 49).

3.2 Forschungsbereiche

Die verschiedenen Forschungsansätze innerhalb der Mediensoziologie lassen sich dahingehend unterscheiden, ob sie sich eher auf die Herstellung medialer Inhalte, auf den Konsum von Medieninhalten oder auf die Auswirkungen von Medienangeboten konzentrieren. So können wir wie im Folgenden zwischen Medienproduktionsforschung, Medienwirkungsforschung und Medienrezeptionsforschung unterscheiden:

Medienproduktion

Die Medienproduktionsforschung widmet sich vor allem dem Entstehungsprozess von Medieninhalten. In den Fokus rücken die ökonomischen, politischen und sozialen Produktionsbedingungen und -kontexte, etwa Fragen nach politischen Einflussnahmen und den Arbeitsbedingungen von Journalist*innen[1]. Zentral ist die Frage, wie und aus welchen Gründen was und in welcher Weise durch Medien sichtbar gemacht oder in den Hintergrund gerückt wird. Pierre Bourdieus Arbeit über das journalistische Feld (2005) und sein Buch über das Fernsehen (1998) können hier als beispielhafte Studien angesehen werden. Bourdieu (2005: 44) geht davon aus, dass der Journalismus heute nur unter Berücksichtigung der wirtschaftlichen Logik des Pressewesens verstanden werden kann. Alle Zeitungen arbeiten Bourdieu zufolge nach denselben profitorientierten Prinzipien. Weil es dabei um die Akquise möglichst vieler Kund*innen geht, kommt es zur Angleichung und Vereinheitlichung der journalistischen Sphäre. Der Wettbewerb führt demnach paradoxerweise nicht zu mehr Spielraum bei der Berichterstattung, sondern zu mehr Kommerzialisierung, Uniformität und (Selbst-)Zensur. Auch Herman und Chomsky (1988) versuchten mithilfe einer Analyse massenmedialer Produktionsbedingungen Verzerrungen im Journalismus zu erklären. Hervorgehoben wird der Einfluss von Profitorientierung und Eigentümerschaft, die Abhängigkeit von Werbegeldern, die Abhängigkeit von offiziellen Quellen und Nachrichtenagenturen wie *Reuters* (oder, auf österreichische Verhältnisse umgelegt, der *APA*), die Diskreditierung unliebsamer Medien abseits des Mainstreams sowie der Einfluss dominanter Ideologien (das Beispiel von Herman/Chomsky ist der Antikommunismus der USA zur Zeit des Kalten Krieges).

Jedenfalls dürfen ökonomische und weltanschauliche Faktoren keinesfalls unterschätzt werden. So übt die Digitalisierung großen Druck auf traditionelle Medienhäuser aus. Heute werden mehr Texte in kürzerer Zeit mit weniger ökonomischen Ressourcen geschrieben als je zuvor. In den USA schrumpften die Redaktionen der Tageszeitungen zwischen 2005 und 2015 um 40 % ihrer Mitarbeiter*innen, zugleich hat die Zeitungsbranche in dieser Zeit knapp die Hälfte ihrer Druckauflagen und Werbeeinnahmen verloren (Anderson et al. 2016: 62–74). International wie auch hierzulande lässt sich zudem eine Refeudalisierung des Medienwesens durch wohlhabende Gönner*innen und Investor*innen sowie die Etablierung von Medienkonglomeraten feststellen (ebd.: 69ff.). Der Begriff „Refeudalisierung“ bedeutet

1 Dies umfasst auch die Analyse von politischen Einflussnahmen und Zensur. Dass diese Forschung auch in demokratischen Ländern notwendig ist, zeigt sich in Österreich anhand der seit einigen Jahren „massive[n] Verschlechterung“ der Pressefreiheit (Reporter ohne Grenzen Österreich 2019).

also vor allem eine stärkere Macht- und Eigentumskonzentration. Potenziell erleichtern solche Entwicklungen Einflussnahmen auf die Berichterstattung durch einzelne Personen oder Unternehmen. In Österreich können so etwa René Benkos Beteiligung an der *Neuen Kronen Zeitung*, aber auch Dietrich Mateschitz' *ServusTV* und *Addendum*-Projekt als Refeudalisierungstendenzen der Medienlandschaft beschrieben werden. Die Medienkonzentration und Konglomeratsbildung ist in Österreich seit Jahrzehnten hoch: *Mediaprint* (bzw. der sogenannte *Mediamil*-Komplex) und wenige andere Akteure wie der *ORF* und die *Styria Media Group* beherrschen weite Teile der Medienlandschaft. In demokratischen Gesellschaften gelten Medien als die vierte Säule der Demokratie. Wer über die finanziellen Ressourcen verfügt, Medien zu beeinflussen, beeinflusst damit mittelbar auch ein Fundament des demokratischen Zusammenlebens.

Medienwirkung

Studien, die der Medienwirkungsforschung zuzurechnen sind, beschäftigen sich damit, in welcher Weise und wie stark Medien sich auf Konsum- und Wahlentscheidungen auswirken; auch die Effekte des Medienkonsums auf die öffentliche Wahrnehmung sozialer Gruppen sowie Einflüsse auf die Kommunikation und Lebensweise der Menschen werden erforscht. Letztlich geht es also auch um die Frage, welche kulturellen Auswirkungen der Medienkonsum hat. So postuliert George Gerbners (1970) Kultivationshypothese etwa, dass besonders aktive Fernsehkonsument*innen eher meinen, in einer gewaltsamen Welt zu leben als Wenigseher*innen, da das Fernsehen für Vielseher*innen zu einem wichtigen Fenster ihres Weltbezuges wird. Wir glauben das, was wir immer wieder sehen, hören oder lesen.

Viele Medienwirkungseffekte sind deshalb gesellschafts- und demokratiepolitisch relevant. So hilft uns der Sleeper-Effekt (Hovland et al. 1949) dabei, die Problematik von Falschmeldungen besser zu verstehen: Der Sleeper-Effekt beschreibt das Phänomen, dass unglaubwürdige Nachrichten nach und nach glaubwürdiger, glaubwürdige Nachrichten hingegen unglaubwürdiger werden, weil wir mit der Zeit die Nachrichtenquelle vergessen. Damit besteht die Gefahr, dass Falschnachrichten unsere politische Meinungsbildung selbst dann beeinflussen, wenn wir die Qualität der Nachrichtenquelle ursprünglich in Zweifel gestellt haben.

Medienrezeption

Die Medienrezeptionsforschung umfasst Zugänge wie die *Cultural Studies* und den *Uses and Gratifications Approach*. Letzterer (Donsbach/Mothes 2017) interessiert sich für die Art und Weise und die Motive des Medienkonsums. Im Vordergrund stehen Fragen wie: Wer nutzt das jeweilige Medienangebot? Wie wird es genutzt? Aus welchen Gründen wird es genutzt? Dabei gehen Vertreter*innen des *Uses and Gratifications*-Ansatzes davon aus, dass es letztlich um Bedürfnisbefriedigung geht. Von den Konsument*innen wird angenommen, dass diese schon vor dem Konsumakt wissen, was sie weshalb suchen. Viele Autor*innen heben dabei hervor, dass sozialstrukturelle und persönlichkeitsspezifische Eigenschaften, aber auch Affekte (etwa Angst, Wut, Lust oder Bindungsbedürfnisse) den Medienkonsum beeinflussen. Andere Erklärungsansätze setzen die Emphase auf den subjektiven Nutzen des Medienkonsums: So werden Medien etwa seit jeher dazu genutzt, dem Alltag zu entkommen, wenn wir uns in Romanwelten, Fernsehserien oder Computerspielen verlieren. Musik kann wiederum dazu verwendet werden, Gruppenzugehörigkeiten zu festigen (man denke an das Singen der Nationalhymne in Fußballstadien und an den Gesang im Rahmen religiöser Feste und Zeremonien) oder auch dazu, den individuellen Gefühlshaushalt zu regulieren (wenn wir allein sind, schalten wir vielleicht das Radio ein, um die Einsamkeit zu vertreiben; ein anderes Mal versuchen wir, uns mit Musik in Partylaune zu versetzen oder auch eine romantische Atmosphäre aufzubauen). Die u. a. von Stuart Hall (2005 [1973]) und John Fiske (2000 [1989]) geprägten *Cultural Studies* widmen sich der Frage, wie wir mediale Angebote kreativ nutzen, um bestimmte Lebensweisen und Identitäten hervorzubringen. Kultur wird dabei als ein Fundus an Bedeutungsmöglichkeiten verstanden. Dieser Fundus ist offen für individuelle Sinngebungen: Wir, die Konsument*innen, können uns Medienangebote aneignen und sie mit unterschiedlichen Sinngehalten versehen. Mitunter tun wir das, um uns selbst besser zu verstehen, sozial verorten oder einordnen zu können. Die *Cultural Studies* gehen davon aus, dass die Medienaneignung auch völlig neuartige Sinngebungen ermöglichen kann. Filme, Popmusik und Videospiele können wie Texte auf unterschiedlichste Weise und immer wieder von Neuem interpretiert werden. Aus dieser Perspektive stellen sich daher Fragen wie: Welche Rezeptionsweisen dienen der Reproduktion von Interpretationsmustern, die gesellschaftlich erwünscht oder dominant sind? Welche Aneignungspraktiken weichen von diesen ab? Übernehmen sie die vorherrschenden Deutungsmuster, bringen sie neue Bedeutungen ein oder verkehren sie die Deutungsangebote gar? So könnten die aggressiven, sexistischen und sprachlich eher einfach strukturierten Lieder eines Deutschrappers wie Bushido von einem syrischen Flüchtling, der gerade Deutsch lernen möchte, völlig anders genutzt werden als von einem durch seine feministische Freundin in seinem Männlichkeitsbild verunsicherten Investmentbanker oder einem 65-jährigen, homosexuellen Kulturwissenschaftler mit Hang zur Ironie – auch wenn alle drei auf ihre Weise glühende Fans seiner Musik sein mögen. Die verschiedenen Aneignungspraktiken dieser drei Personen werden klar erkennbar: Der Investmentbanker übernimmt die vorherrschenden Deutungsangebote (und nutzt sie zur Stabilisierung seines angeschlagenen Selbstbildes). Der Flüchtling bringt neue Bedeutungen in Bushidos Musik ein: Für ihn stellt diese Musik vor allem den Zugang zu einer neuen Sprache dar. Der Kulturwissenschaftler verkehrt die Bedeutung Bushidos Musik und macht sie zum Ausdruck einer ungezwungenen, liberalen Lebensführung. Den *Cultural Studies* geht es deshalb, wie Elke Wagner schreibt, „[...] nicht so sehr um die Frage, was die Medien mit uns machen, sondern vielmehr um die Frage, was wir mit den Medien machen" (Wagner 2014: 58).

4 Aktuelle Forschung in Österreich

Die österreichischen Beiträge zur Mediensoziologie sind wie die internationale Forschung vielfältig. Lehr- und Forschungsgebiete an den Universitäten sind unter anderem die Massenkommunikationsforschung, Mediatisierung und Digitalisierung sowie die *Gender Media Studies*. Die thematische Vielfalt bildet sich auch in den Publikationen österreichischer Autor*innen ab: So finden sich Arbeiten über den Strukturwandel der Öffentlichkeit im digitalen Zeitalter (Hahn/Langenohl 2017), die zeigen, dass wir es heute in zunehmendem Maße mit verschiedenen Teilöffentlichkeiten zu tun haben, die jeweils eigenen Kommunikationslogiken unterliegen und je spezifische Publika ausprägen. Studien zur Öffentlichkeit befassen sich in kritischer Weise mit der Befürchtung, dass es durch die Popularität digitaler Medien zu einem stärkeren politischen Auseinanderdriften der Gesellschaft, zu politischem Radikalismus und zum Wuchern von Verschwörungstheorien kommen könnte (Schink 2017). Forschungen in den *Gender Media Studies* behandeln die mediale Darstellung und Herstellung von Geschlechterordnungen. Eva Flicker (2013: 214) hat so etwa die Berichterstattung und Kommentierung zur Kleidung von Politikerinnen untersucht und darauf hingewiesen, dass Frauen in der Politik einem klassischen *double bind* unterliegen: Wenn sie den Anforderungen weiblicher Selbstinszenierung entsprechen, werden sie politisch als zu „soft" wahrgenommen, wenn sie sich männlich konnotierten Anzugsnormen unterwerfen, wird ihnen Weiblichkeit aberkannt. Zudem gibt es Studien, die sich mit kulturellen und identitätsbildenden Aspekten des Medienkonsums beschäftigen (Smudits 2019; Titton 2016). Monica Titton (2015) hat etwa gezeigt, wie Modeblogs auf die Subjektivität ihrer Betreiber*innen zurückwirken: Mit dem autobiografischen Erzählen und Fotografien des eigenen Körpers erschaffen die Betreiber*innen Titton zufolge sich selbst

als *fashionable personas*. Im Zuge dessen formen die Blogger*innen jedoch nicht nur ihre eigenen Lebensgeschichten auf Basis der Narrative und Sinnangebote der Modewelt: Sie reproduzieren zugleich das kollektive Imaginäre der Mode (Titton 2015: 216). Darüber hinaus finden sich neben qualitativen Studien theoretische Beiträge über die Auswirkungen der Algorithmisierung (Fuchs 2019; Lehner 2019; Mager 2011) sowie Theoriearbeiten, mit denen jüngere Medienentwicklungen erfasst werden sollen (Wieser 2018; Schmidl 2018; Grenz/Eisewicht 2017). So arbeitet Christian Fuchs (2019) an einer zeitgemäßen marxistischen Analyse des Big Data Kapitalismus, die unter anderem zeigt, dass Online-Plattformen ihre Wertschöpfung durch die unbezahlte Arbeit ihrer User*innen erzielen.
In institutioneller Hinsicht gibt es in Österreich einzelne außeruniversitäre Institute, die sich der Medienforschung widmen: So das *Institut für vergleichende Medien- und Kommunikationsforschung* an der *Österreichischen Akademie der Wissenschaften*. Auch die Institute *SORA* und *FORBA* schaffen mediensoziologisch relevante Studien. Im Vergleich zu Deutschland fällt auf, dass es in Österreich kaum Professuren für Mediensoziologie gibt, obwohl auch hierzulande ein großes Interesse an mediensoziologischen Fragestellungen zu bemerken ist. Der schwach ausgeprägte institutionelle Stand der Mediensoziologie zeigt sich auch daran, dass dezidiert mediensoziologische Lehrangebote an den österreichischen Universitäten selten sind. Auch gibt es in der *Österreichischen Gesellschaft für Soziologie (ÖGS)* bislang keine Sektion für Mediensoziologie, wohingegen eine solche Sektion in der *Deutschen Gesellschaft für Soziologie (DGS)* schon seit Langem besteht.

5 Anwendungsbezug

Noch nie war die Gesellschaft so sehr von Medien bestimmt und auf diese angewiesen wie heute. So gesehen ist mediensoziologisches Wissen relevanter denn je. Trotzdem werden mediensoziologische Forschungsergebnisse und Theorien vor allem in der Fachwelt rezipiert. Dennoch finden sich mediensoziologische Anwendungen in der Politikberatung, in der Medienpädagogik, in Werbung und Marketing, in den *Public Relations* und in der Organisationsberatung. Wie werden politische Inhalte effektiv kommuniziert? Wie funktioniert Werbung? Worauf sollten wir bei der Mediennutzung unserer Kinder achten? Wie verändert sich die Wertschöpfung in Unternehmen aufgrund neuer Medien? Solche für die Praxis essentiellen Fragen werden von der Mediensoziologie adressiert. Darüber hinaus erscheinen Beiträge von Mediensoziolog*innen auch in Zeitungen und Zeitschriften, Fernseh- und Radiosendungen. Politisch und gesellschaftlich relevant ist die Mediensoziologie heute, weil sie aufzeigt, wie die operativen Eigenlogiken der Medien daran beteiligt sind, den politischen Diskurs, die öffentliche Sphäre und unser Selbstverständnis zu verändern und zu reproduzieren. Medienkompetenz, ein Grundverständnis dafür, wie massenmediale Angebote funktionieren, welchen Kräften und Einflüssen sie unterliegen, ist unabdingbar für die Demokratie. Mediensoziologisches Wissen leistet also einen gewissen, wenn auch nicht leicht messbaren Beitrag, wenn es darum geht, die gesellschaftliche Reflexionsfähigkeit zu bereichern und mediale Entwicklungen kritisch zu begleiten: Die Mediensoziologie schafft ein Bewusstsein dafür, dass Medien gesellschaftliche Prozesse nicht nur widerspiegeln, sondern auch schaffen, festigen und formen.

6 Literatur

a. Einführungsliteratur

Hoffmann, Dagmar/Winter, Rainer (Hg.) (2018): Mediensoziologie. Handbuch für Wissenschaft und Studium. Baden-Baden: Nomos.

Jäckel, Michael (Hg.) (2005): Mediensoziologie. Grundfragen und Forschungsfelder. Wiesbaden: VS Verlag für Sozialwissenschaften.

Luhmann, Niklas (2009): Die Realität der Massenmedien. Wiesbaden: VS Verlag für Sozialwissenschaften.

Schudson, Michael (2003): The Sociology of News. New York/London: W.W. Norton & Company.

Wagner, Elke (2014): Mediensoziologie. Konstanz/München: UVK.

Ziemann, Andreas (2006): Mediensoziologie. Bielefeld: transcript.

b. Weitere zitierte Literatur

Adorno, Theodor/Horkheimer, Max (1969 [1944]): Dialektik der Aufklärung. Philosophische Fragmente. Frankfurt a. M.: Fischer.

Anderson, C.W./Downie Jr., Leonard/Schudson, Michael (2016): The News Media. What Everyone Needs To Know. Oxford: Oxford University Press.

Bourdieu, Pierre (1998): Über das Fernsehen. Frankfurt a. M.: Suhrkamp.

Bourdieu, Pierre (2005): The Political Field, the Social Science Field, and the Journalistic Field. In: Benson, Rodney/Neveu, Eric (Eds.): Bourdieu and the Journalistic Field. Cambridge: Polity Press, 29–47.

Brienza, Casey/Revers, Matthias (2016): The Field of American Media Sociology. Origins, Resurrection, and Consolidation. In: Sociology Compass, Vol. 10 (7), 539–552.

Cooley, Charles Horton (1902): Human Nature and the Social Order. New York/Chicago/Boston: Charles Scribner's Sons.

Donsbach, Wolfgang/Mothes, Cornelia (2017): Selectivity Paradigms and Cognitive Dissonance. In: Rössler, Patrick/Hoffner, Cynthia A./van Zoonen, Liesbet (Eds.): International Encyclopedia of Media Effects. Malden/Oxford: John Wiley & Sons.

Eurostat (2020): Individuals – internet use. URL: https://appsso.eurostat.ec.europa.eu/nui/print.do [09.04.2020].

Fiske, John (2000 [1989]): Reading the Popular. New York/London: Routledge.

Flicker, Eva (2013): Fashionable (dis-)order in politics. Gender, power and the dilemma of the suit. In: International Journal of Media & Cultural Politics, Vol. 9 (2), 201–219.

Foucault, Michel (2003): Schriften. Dits et Ecrits. Band III. Berlin: Suhrkamp.

Fuchs, Christian (2019): Karl Marx in the Age of Big Data Capitalism. In: Ders./Chandler, David (Eds.): Digital Objects, Digital Subjects. Interdisciplinary Perspectives on Capitalism, Labour and Politics in the Age of Big Data. London: University of Westminster Press, 53–72.

Gerbner, George (1970): Political Intelligence for America's Future. Cultural Indicators: The Case of Violence in Television Drama. In: The Annals of the American Academy of Political and Social Science, Vol. 388, 69–81.

Goffman, Erving (1980): Rahmen-Analyse. Ein Versuch über die Organisation von Alltagserfahrungen. Frankfurt a. M.: Suhrkamp.

Greenfield, Susan (2015): Mind Change. How Digital Technologies Are Leaving Their Mark on Our Brains. New York: Random House.

Grenz, Tilo/Eisewicht, Paul (2017): Variants of Interplay as Drivers of Media Change. In: Media and Communication, Vol. 5 (3), 5–14.

Habermas, Jürgen (1990 [1962]): Strukturwandel der Öffentlichkeit. Untersuchungen zu einer Kategorie der bürgerlichen Gesellschaft. Frankfurt a. M.: Suhrkamp.

Hagen, Wolfgang (2012): Metaxy. Eine historiosemantische Fußnote zum Medienbegriff. In: Münker, Stefan/Roesler, Alexander (Hg.): Was ist ein Medium? Frankfurt a. M.: Suhrkamp.

Hahn, Cornelia/Langenohl, Andreas (2017): Zur Einführung: Brauchen wir ein neues Öffentlichkeitskonzept für dynamische (Medien-)Gesellschaften? In: Dies. (Hg.): Kritische Öffentlichkeiten – Öffentlichkeiten in der Kritik. Wiesbaden: Springer VS.

Hall, Stuart (2005 [1973]): Encoding/Decoding. In: Ders./Hobson, Dorothy/Lowe, Andre/Willis, Paul (Eds.): Culture, Media, Language. Working Papers in Cultural Studies (1972–1979). London/New York: Routledge.

Heider, Fritz (2005): Ding und Medium. Berlin: Kadmos.

Herman, Edward S./Chomsky, Noam (1988): Manufacturing Consent. The Political Economy of the Mass Media. New York: Pantheon Books.

Hovland, Carl I./Lumsdaine, Arthur A./Sheffield, Fred D. (1949): Experiments on Mass Communication. Vol. III. Princeton: Princeton University Press.

Krämer, Benjamin (2014): Media Populism. A Conceptual Clarification and Some Theses on its Effects. In: Communication Theory, Vol. 24 (1), 42–60.

Lazarsfeld, Paul F./Merton, Robert K. (1957): Mass Communication, Popular Taste and Organized Social Action. In: Rosenberg, Bernard/White, David Manning (Eds.): Mass Culture, The Popular Arts in America. New York: The Free Press.

Lehner, Nikolaus (2019): The work of the digital undead. Digital capitalism and the suspension of communicative death. In: Continuum, Vol. 33 (4), 475–488.

Luhmann, Niklas (1998): Die Gesellschaft der Gesellschaft. Frankfurt a. M.: Suhrkamp.

Mager, Astrid (2011): „Algorithmic Ideology". How capitalist society shapes search engines. Konferenzpaper für „A Decade in Internet Time". OII, Oxford, 21–24.

Media Server (2015): Wie die Österreicher die Medien nutzen. URL: https://www.vereinmediaserver.at/files/downloads/2015-11-17%20Media%20Server%20-%20Wie%20Österreicher%20die%20Medien%20nutzen.pdf [09.04.2020].

Montag, Christian/Błaszkiewicz, Konrad/Sariyska, Rayna/Lachman, Bernd/Andone, Ionut/Trendafilov, Boris/Eibes, Mark/Markowetz, Alexander (2015): Smartphone usage in the 21st century: who is active on WhatsApp? In: BMC Research Notes, 8, 331, 1–6.

Nisbett, Richard E. (2015): Mindware. New York: Farrar, Strauss & Giroux.

ORF (2018): Fernsehnutzung in Österreich. URL: https://der.orf.at/medienforschung/fernsehen/fernsehnutzunginoesterreich/index.html [09.04.2020].

Reporter ohne Grenzen Österreich (2019): Rangliste Pressefreiheit 2019. URL: http://www.rog.at/press-freedom-index/ [09.04.2020].

Schink, Alan (2017): Veröffentlichung und Verschwörungsdenken. Eine diskursethnographische Untersuchung zur Debatte über heterodoxe Praktiken des Internet-Aktivismus. In: Hahn, Cornelia/Langenohl, Andreas (Hg.): Kritische Öffentlichkeiten – Öffentlichkeiten in der Kritik. Wiesbaden: Springer VS.

Schmidl, Alexander (2018): Intensive Abwesenheit. Leibgebundene Emotionalität unter den Bedingungen entfernter Kopräsenz. In: Klemm, Michael/Staples, Ronald (Hg.): Leib und Netz. Wiesbaden: Springer VS, 97–112.

Smudits, Alfred (2019): Music Sociology After Mass Modernity. In: Ders. (Ed.): Roads to Music Sociology. Wiesbaden: Springer VS, 7–21.

Statistik Austria (2019): IKT-Einsatz in Haushalten 2019. URL: http://www.statistik.at/web_de/statistiken/energie_umwelt_innovation_mobilitaet/informationsgesellschaft/ikt-einsatz_in_haushalten/index.html [09.04.2020].

Titton, Monica (2015): Fashionable Personae: Self-identity and Enactments of Fashion Narratives in Fashion Blogs. In: Fashion Theory, Vol. 19 (2), 201–220.

Titton, Monica (2016): Ready – Made – Mode. Über Vetements. In: Pop-Zeitschrift, H. 9, 69–79.

Weber, Max (2003 [1910]): Vorbericht über eine vorgeschlagene Erhebung über die Soziologie des Zeitungswesens. In: Hennis, Wilhelm (Hg.): Max Weber und Thukydides. Tübingen: J.C.B. Mohr.

Wieser, Matthias (2018): Medien als Akteur-Netzwerk. Die Mediensoziologie der Akteur-Netzwerk-Theorie: In: Winter, Rainer/Hoffmann, Dagmar (Hg.): Mediensoziologie. Handbuch für Wissenschaft und Studium. Baden-Baden: Nomos, 138–145.

c. Ausgewählte Fachzeitschriften

Communication and Critical/Cultural Studies
Continuum. Journal of Media & Cultural Studies
Convergence. The International Journal of Research into New Media Technologies
Grey Room
Mass Communication & Society
Media, Culture & Society
New Media & Society
Political Communication
The Journal of Popular Culture
Zeitschrift für Medienwissenschaft

Migration

Elisabeth Scheibelhofer

1 Einleitung

Migration und die damit verbundenen gesellschaftlichen Veränderungen werden täglich in der österreichischen Politik und in den Massenmedien verhandelt. Die Daten der Statistik Austria weisen für das Jahr 2018 aus, dass ca. 150.000 Personen nach Österreich gezogen sind, während mehr als 110.000 das Land verlassen haben (Statistik Austria 2019a). Soziologisch ergeben sich bereits aus diesen beiden Überblickszahlen eine Menge spannender Forschungsfragen: Wer wandert unter welchen Umständen nach Österreich? Sind es in den letzten Jahren vor allem Geflüchtete, die nach Österreich kommen? Sehen manche Personen Österreich bei ihrer Einreise als Durchgangsstation, d. h., haben sie die Absicht, weiterzuwandern? Und wenn ja: Geschieht dies dann im weiteren Verlauf tatsächlich? Soziolog*innen haben sich in den letzten Jahrzehnten mit diesen und ähnlichen Fragen deutlich häufiger als bis zum Ende der 1980er Jahre beschäftigt. Diese Entwicklung ist auch auf die Tatsache zurückzuführen, dass Flüchtlingsbewegungen (wie auch mehrfach im vergangenen Jahrhundert) in den Fokus der Aufmerksamkeit gerückt sind.

Der soziologische Fokus im Bereich Migration liegt auf den Gründen von Wanderungen, den dabei voneinander zu unterscheidenden Migrationsformen sowie auf deren Auswirkungen auf Individuen, Haushalte und Familien, auf soziale Gruppen sowie letztlich auf die Gesellschaft insgesamt. Dabei umfassen die Gründe von Migration auf der einen Seite die Motive der Wandernden selbst als auch die strukturellen Ursachen andererseits – wobei Motive und Ursachen oft in einer Wechselwirkung zueinander stehen. Der Ausdruck „Migration“ ist dabei in der Soziologie als Oberbegriff für unterschiedlichste Formen der physischen Bewegung von einem Wohnort zu einem anderen zu sehen. Zur Unterscheidung zwischen Migration und anderen Formen der Mobilität (z. B. touristische oder Geschäftsreisen) ist es üblich, für Migration von einer Mindestdauer von einem Jahr für den Aufenthalt an einem Ort auszugehen.

Neben den Gründen für Arbeits- und Fluchtmigration sind Untersuchungen zu Fragen der sozialen Integration der Migrant*innen sowie ihrer Nachkommen zentral. Außerdem werden Untersuchungen zu Segregation[1] bei der Wahl des Wohn-

1 Darunter ist die Trennung verschiedener Bevölkerungsgruppen aufgrund spezifischer ethnischer bzw. nationaler Merkmale zu verstehen.

ortes oder am Arbeitsmarkt durchgeführt sowie die Lage der zweiten (und dritten) Generation thematisiert. Häufig werden auch geschlechtsspezifische Fragen untersucht. Hinzu kommt die Analyse verschiedener Formen der Migration wie etwa Pendel- und Rückkehrmigration sowie Formen der zirkulären, d. h. wiederkehrenden internationalen Wanderung.
Bei der Bearbeitung dieser vielfältigen Schwerpunkte kooperieren Migrationssoziolog*innen häufig mit Forscher*innen anderer Disziplinen und beziehen auch deren Ergebnisse mit ein.
Innerhalb der Soziologie gibt es mit fast jedem Forschungs- und Anwendungsfeld der Soziologie Berührungspunkte, da es sich bei Migration um ein Querschnittsthema handelt, das alle Bereiche des gesellschaftlichen Lebens berührt.

2 Historische Entwicklung der Migrationssoziologie

Die Untersuchung der Motive steht, historisch gesehen, am Beginn der sozialwissenschaftlichen Migrationsforschung. Der Demograf Ernest G. Ravenstein (1972 [1885, 1889]) formulierte in den 1880er Jahren *Gesetze der Wanderung*. Vor dem Hintergrund der Industrialisierung Englands und damit verbundenen Migrationsbewegungen sowie der Überseewanderung formulierte Ravenstein Bedingungen für und Folgen von Migration.
Die Frage nach den Gründen für Migration beschäftigte die Sozialwissenschaften weiterhin intensiv. So ging Shmuel Eisenstadt (1954) auf Basis seiner empirischen Untersuchungen zur Einwanderung davon aus, dass Menschen vor allem dann migrieren, wenn sie mit ihren aktuellen Lebensumständen unzufrieden sind. Eine Zusammenfassung von Migrationsursachen in einem *Push-Pull*-Modell legte Everett S. Lee (1966) vor. Diesem Modell folgend vergleicht das Individuum Vor- und Nachteile der Ausgangs- und der Zielregion miteinander. Aufgrund persönlicher Merkmale kommt es schließlich zu einer migrationsrelevanten Entscheidung.
Die Arbeiten der *Chicago School* markieren den Beginn der Forschungsspezialisierung Migration innerhalb der Disziplin: Für die weitere Entwicklung der Migrationssoziologie waren die empirischen Arbeiten zu den Veränderungen der Stadt wichtig, da der Zuzug vieler Europäer*innen in den Jahrzehnten rund um 1900 Chicago in seiner sozialen Dynamik geprägt hat (Behrends 2007). Mit der größten Zuwanderungsgruppe – jener aus Polen – beschäftigte sich William I. Thomas. Zusammen mit Florian Znaniecki verfasste er *The Polish Peasant in Europe and America* (1918–1920). Die herausragende Bedeutung für die Soziologie liegt bei dieser Arbeit auch in der Formulierung theoretischer Hypothesen sowie in der verschrift-

lichten Reflexion des methodologischen und methodischen Vorgehens zur Lage der untersuchten Personen.

Georg Simmel (1992 [1908]) beschrieb in seinem Aufsatz *Exkurs über den Fremden* die besondere soziale Position, die der Fremde einnimmt. Weder gehört er jener Gruppe, in der er sich befindet, in derselben Art und Weise an wie die immer schon Anwesenden, noch ist er ein gänzlich Fremder wie etwa der Reisende, der bald wieder weiterzieht. Vom Wandernden unterscheidet sich der Fremde nach Simmel dadurch, dass der Wandernde weiterzieht, während der Fremde bleibt. Dennoch hat der Fremde die Gelöstheit des Kommens und Gehens nicht vollständig überwunden, obwohl er ein Teil der sozialen Gruppe ist, zu der er dazugestoßen ist. Auch auf dieser Grundlage verfasste Robert E. Park seine Ausführungen zum Wandernden als *marginal man* (Park 1928). Dabei bezog sich Park auf die soziale Randlage der zweiten und dritten Generation jüdischer Einwander*innen in den USA: Aufgrund der Zugehörigkeit zu unterschiedlichen „Kulturen" fühlten sie sich weder der Herkunftsethnie ihrer Eltern noch den USA zugehörig. Daraus ergab sich für sie ein Verharren in einer Zwischenposition, die zu seelischer Instabilität, erhöhter Befangenheit und Unruhegefühlen führte.

Der in Wien geborene Jurist, Soziologe und Ökonom Alfred Schütz (1972 [1944]) beschrieb in seiner Arbeit *Der Fremde* jene sozialen Prozesse, die mit der Annäherung an eine bisher unbekannte soziale Umgebung verbunden sind. Dem Fremden gelingt es dabei nicht, sein bereits erworbenes Wissen mit jenem Wissen in Übereinstimmung zu bringen, über das die „Einheimischen" verfügen. Diese Situation wird dadurch erschwert, dass Wissen auch über Traditionen und kulturelle Schemata im Lebensverlauf permanent vermittelt werden. Derartige Schemata benötigen wir nach Schütz generell, um uns in unserem Alltag orientieren zu können. Die Orientierungsschemata des Fremden sind zumindest lückenhaft, weshalb der Fremde über das Sammeln von Wissensbeständen die Sinnhorizonte der für ihn neuen Umgebung erst deuten lernen muss. Dabei hinterfragt er auch Dinge, die für die Angehörigen der Gruppe selbstverständlich sind – was wiederum seine Loyalität in den Augen der Ankunftsgruppe zu dieser infrage stellen kann.

Die Frage, wie sich Migrant*innen in der Ankunftsgesellschaft verhalten und in diese einfügen, beschäftigte Milton M. Gordon (1964). Er hat hierzu eine Assimilationstheorie entwickelt, die von der Situation in den USA ausging und nach wie vor bedeutsam ist. Assimilation vollzieht sich demnach in spezifischen Teilprozessen (siehe Tabelle 1), wobei zunächst die kulturelle Assimilation erfolgt, anschließend eine strukturelle Assimilation einsetzt, gefolgt von interethnischen Eheschließungen. Anschließend setzt eine identifikative Assimilation ein, gefolgt von einer Assimilation im Bereich der Einstellungen, des Verhaltens und des zivilen Auftretens.

Tabelle 1: Phasen der Assimilation nach Gordon (1964: 71), eigene Übersetzung

Teilprozesse der Assimilation	Inhaltliche Ausprägungen bzw. Bedingungen
Kulturelle Assimilation	Angleichung kultureller Muster an jene der Ankunftsgesellschaft
Strukturelle Assimilation	Eintritt in Institutionen der Ankunftsgesellschaft
Interethnische Eheschließungen	Weite gesellschaftliche Verbreitung interethnischer Ehen
Identifikative Assimilation	Zugehörigkeitsgefühl ausschließlich ausgerichtet auf die Ankunftsgesellschaft
Assimilation im Bereich der Einstellungen	Vorurteile nicht vorhanden
Assimilation im Bereich des Verhaltens	Diskriminierungen nicht vorhanden
Zivile Assimilation	Wert- und Machtkonflikte nicht vorhanden

Dass die Anfänge der Migrationssoziologie vor allem in den USA zu finden sind, ist im US-amerikanischen Selbstverständnis als einer Nation von (europäischen) Einwander*innen begründet. In Europa hingegen finden sich historisch gesehen hiervon abweichende Zugänge zum Thema der Migration.

3 Wichtige Themenbereiche innerhalb der Migrationssoziologie

Die historisch gewachsene Vielfalt an Migrationsphänomenen bringt es mit sich, dass sich die Migrationssoziologie mit unterschiedlichen Fragestellungen befasst. Dies geschieht je nach Fragestellung und Erkenntnisinteresse mittels unterschiedlicher theoretischer und methodologischer Zugänge, wie im Folgenden kurz dargestellt wird.

3.1 Ursachen für Migration und Flucht

Migrationssoziologie hat sich seit ihren Anfängen mit der Untersuchung der Gründe für Migration beschäftigt. Neben ökonomischen Beweggründen können etwa

politische Motive eine Rolle spielen, die dazu Anlass geben, dass sich Personen für eine Auswanderung entscheiden. Hinzu kommen Gründe für eine Auswanderung bzw. Flucht, die auf die Unterdrückung oder Verfolgung aufgrund von Geschlecht, Rasse, Religion oder sexueller Orientierung zurückgehen. Dabei ist die Unterscheidung zwischen Migrant*innen und Flüchtlingen aus soziologischer Perspektive keine einfache. Eine Möglichkeit besteht hier darin, den Grad der Freiwilligkeit im Kontext der Wanderungsentscheidung heranzuziehen.
Zu den Ursachen für internationale Migration zählt, dass sich vergleichsweise hoch qualifizierte Personen in anderen Nationalstaaten niederlassen, um bessere Arbeitsbedingungen vorzufinden. Moderne Kommunikations- und Massenmedien spielen für die Wanderungen heutzutage auch eine wichtige Rolle, deren vielschichtige Qualitäten momentan interdisziplinär untersucht werden. Quantitativ betrachtet ist in Österreich die derzeit größte Gruppe der neu zugewanderten Personen jene aus Deutschland, wobei sich dies je nach wirtschaftlicher Entwicklung in den kommenden Jahren durchaus als Momentaufnahme herausstellen kann.

3.2 Integration und gesellschaftliche Teilhabe

Nach erfolgter Immigration erhebt sich die Frage, welche soziale Stellung Migrant*innen in einer Gesellschaft einnehmen (können). Je nach Untersuchungsgruppe und Nationalstaat fallen die Befunde hier unterschiedlich aus. Der Großteil der Forschung beschäftigt sich mit sozial benachteiligten Gruppen sowohl der ersten als auch der Folgegenerationen von Migrant*innen. Dabei wird etwa auf den Zugang zu Bildung, Arbeitsmarkt, Lebens- und Wohnraum, Gesundheitsversorgung oder zu politischer Teilhabe fokussiert. Die gesellschaftliche Teilhabe kann durch strukturellen Rassismus und/oder Alltagsrassismus beeinträchtigt sein. In diesem Bereich stellt sich auch die Frage, wie Migrant*innen in der Öffentlichkeit, insbesondere in Massenmedien, (re-)präsentiert sind.
Die genannten Fragestellungen werden mit unterschiedlichen theoretischen Zugängen untersucht. Einen wichtigen Stellenwert haben hierbei Theorien, die sich mit dem Prozess der Eingliederung und Angleichung an die autochthone Bevölkerung[2] beschäftigen. Auch im Anschluss an Milton Gordons Assimilationsmodell hat der deutsche Soziologe Hartmut Esser (1980: 22) Assimilation als einen „Zustand der Ähnlichkeit" bezogen auf Handlungsweisen, soziale Orientierungen und Interaktionsformen im Vergleich zur Mehrheitsbevölkerung beschrieben. Essers

2 Damit ist jener Teil der Bevölkerung gemeint, der nicht migriert ist.

Beitrag beruht auf einer Theorie des sozialen Handelns und Lernens, da er davon ausgeht, dass Migrant*innen zunächst mit einer Aufgabe ihrer gewohnten Bezugsgrößen konfrontiert sind und ihre bisherigen Alltagsroutinen nicht mehr greifen. Im Verlauf der Assimilation sind absolute Eigenschaften (hierzu zählt Esser etwa Fertigkeiten, Werte und Traditionen) betroffen sowie relationale Eigenschaften (Interaktionen oder Rollenausübung). Der Prozess der Angleichung kann laut Esser anhand von vier Dimensionen (kognitiv, identifikativ, sozial und strukturell) beschrieben werden, die teilweise an Gordon anschließen.

Dabei weichen soziologische Definitionen von „Assimilation" durchaus voneinander *und* vom Alltagsgebrauch ab. Douglas Massey et al. (1998: 3) haben Assimilation von Migrant*innen als „the means, mechanisms, and policies by which immigrants adapt to and are incorporated within receiving countries" beschrieben. Somit wird hier ein wechselseitiger Prozess zwischen Eingewanderten und der sie umgebenden Gesellschaft und ihrer Institutionen konzipiert.

An dieser Stelle setzen auch Kritiker*innen des Assimilationskonzeptes an, welches in der soziologischen Debatte der letzten Jahrzehnte durchaus nicht unhinterfragt geblieben ist. Hier wird diskutiert, dass in den assimilationstheoretischen Ansätzen sehr viel mehr Augenmerk auf den Anpassungsleistungen der Zugewanderten liegt als auf den Auswirkungen auf diejenigen, die nicht gewandert sind (etwa Jiménez 2017). Außerdem wird in der aktuellen Debatte darauf verwiesen, dass wir es nicht mehr mit homogenen „Ankunftsgesellschaften" zu tun haben, in die einige wenige „Andere" zuwandern – sondern dass sich heutige Gesellschaften generell durch Vielfalt und Diversität auszeichnen (Dahinden 2016; Vertovec 2007). Dies bedeutet freilich nicht, dass soziale Ungleichheiten verschwinden würden – allerdings machen Sozialwissenschaftler*innen darauf aufmerksam, dass soziale Unterschiede heute viel eher an der Schnittstelle von Geschlecht, sozialer Herkunft und Zuwanderung verfestigt werden. Daher braucht es intersektionale Zugänge, um die heute relevanten exkludierenden sozialen Prozesse zu thematisieren (Anthias 2013).

Jenseits der Debatten rund um Assimilation und Integration steht wie oben kurz angedeutet Migrationssoziologie im Kontext der Frage von gesellschaftlicher Teilhabe jedenfalls in der Tradition der Erforschung sozialer Ungleichheit. Dies äußert sich etwa in der Grundannahme, dass die Strukturen moderner Gesellschaften den Zugang von Migrant*innen zu wichtigen Ressourcen bestimmen (Scheibelhofer/ Holzinger 2018). Theoretisch wird etwa mit dem Konzept der segmentierten Assimilation gearbeitet, wonach die Eingliederung unterschiedlicher Zuwanderungsgruppen entlang bestimmter Pfade verläuft. Alejandro Portes und Rubén Rumbaut (2001) haben für die zweite Generation von Immigrant*innen in den USA dieses

Konzept entwickelt. Dabei weisen sie darauf hin, dass das klassische Assimilationskonzept u. U. zu linear konzipiert ist, um die Erfahrungen der zweiten Generation abzubilden. In dem von ihnen vorgestellten Modell wird daher auf die Komplexität bestimmender Faktoren eingegangen, um zu einem besseren Verständnis davon zu gelangen, warum bestimmte (Sub-)Gruppen in den USA besser integriert sind als andere. Zu diesen vielfältigen Einflussfaktoren zählen etwa die Geschichte der Immigration der ersten Generation sowie die Geschwindigkeit der Akkulturation[3] von Eltern und Kindern. Für Österreich wurde das Konzept der segmentierten Assimilation ebenfalls angewandt, um die bestehenden Unterschiede in den Bildungserfolgen der zweiten Generation zwischen verschiedenen Einwanderungsgruppen zu untersuchen (Herzog-Punzenberger 2017).

3.3 Migration im biografischen Verlauf

Da Menschen mit unterschiedlichsten Voraussetzungen und soziodemografischen Eigenschaften wandern, können wir davon ausgehen, dass sich diese Erfahrungen und ihre Bedeutung für die einzelnen Personen, ihre Familien und Freundeskreise voneinander unterscheiden. Soziologisch betrachtet lassen sich dennoch Regelmäßigkeiten feststellen.

Aktuelle Arbeiten in diesem Kontext beschäftigen sich etwa mit dem biografischen Verlauf von Wanderungen und den Bedeutungen, den Migrant*innen selbst ihrer Auswanderung beimessen. In diesem Bereich soziologischer Forschung stehen Fragestellungen im Zentrum, die die Verwobenheit von gesellschaftlichen Rahmenbedingungen und dem Handeln der migrierenden Individuen – seien es nun Migrant*innen oder Flüchtlinge – in den Fokus des Forschungsinteresses stellen. Hierzu werden einerseits Muster für die jeweiligen Gruppen von Wandernden herausgearbeitet und andererseits gleichzeitig die Heterogenität von Lebensumständen nach Wanderungen aufgezeigt.

Roswitha Breckner (2005) untersuchte mittels biografischer Interviews Migrant*innen, die aus Rumänien, Ungarn, Polen und Russland vor 1989 in den Westen kamen. Anhand dieser empirischen Daten hat Breckner die biografische Bedeutung von Migrations- und Fremdheitserfahrungen herausgearbeitet. In weiteren Studien wurde am Beispiel österreichischer Migrant*innen, die nach New York ausgewandert waren, herausgearbeitet, dass der Wert der Selbstverwirklichung für diese Wanderungsverläufe zentral zu sehen ist (Scheibelhofer 2009; 2018).

3 Unter „Akkulturation" ist dabei die einseitige Annäherung an eine zunächst andersartige Kultur zu verstehen, die von Zugewanderten vollzogen wird.

3.4 Transmigration

Seit den 1990er Jahren wird in der internationalen Migrationsforschung eine Thematik zunehmend untersucht, die empirisch schon lange Realität war (Morokvasic/ Rudolph 1994): Migrant*innen kehren nach einigen Jahren in ihr Herkunftsland zurück, wandern in ein drittes Land weiter, beschließen, in das Geburtsland ihrer Eltern zu ziehen oder verbringen in regelmäßigen Abständen einige Monate an dem einen Ort – und den Rest des Jahres an einem anderen. Neben das klassische Bild einmaliger grenzüberschreitender Migration treten somit im Kontext zunehmender Globalisierung unterschiedlichste Formen transnationaler Lebensstile, der Migration und Mobilität. Diese Debatte wurde durch die Arbeiten von Linda Basch, Nina Glick Schiller und Cristina Szanton Blanc (1994) angestoßen. Die Autorinnen stellten fest, dass „[…] the processes by which immigrants forge and sustain multistranded social relations […] link together their societies of origin and settlement" (Basch et al. 1994: 7). In ihren Fallstudien – die die einleitend erwähnte Definition von Migration zumindest vor Herausforderungen stellen – stießen sie immer wieder auf die herausragende Bedeutung der politischen Teilhabe in den Herkunftsländern. Diese Forschungsarbeiten sowie die darauf aufbauenden konzeptionellen Beiträge zur Migrationsforschung haben in den folgenden Jahren eine Welle von Transnationalismusforschung inspiriert (Faist 2007; Pries 1997). Im Fokus standen dabei Fragestellungen, die sich mit der Beschaffenheit transnationaler sozialer Beziehungen und deren Einfluss auf den Alltag von Migrant*innen und Sesshaften beschäftigten. Außerdem wird in diesem Forschungsbereich untersucht, wie Nationalstaaten und deren Institutionen transnationale Aktivitäten unterstützen bzw. für ihre Zwecke zu nutzen versuchen (Çağlar 2013).

Die Perspektive transnationaler Migrationsforschung hat dabei auch einen geschlechterspezifischen Blick gestärkt – und vice versa: Insbesondere im Bereich der Pflege von älteren Menschen sowie bei der Kinderbetreuung und der Haushaltsarbeit hat die transnationale Perspektive zu neuen Einsichten geführt. So zeigt etwa Bettina Haidinger (2016), dass sich die Lebenslagen von Migrant*innen in diesen Bereichen erst ausreichend verstehen lassen, wenn der Aspekt der transnationalen – also: grenzüberschreitenden – sozialen Ungleichheit mitgedacht wird. Haidinger zeigt, dass österreichische Haushalte auf die Arbeitsleistungen von Frauen aus der Ukraine zurückgreifen, ohne dass dadurch sozialrechtlich abgesicherte Beschäftigungsverhältnisse für die Migrantinnen entstehen. Gleichzeitig bedarf es häufig der Versorgung von Familienangehörigen in der Ukraine, die nicht mehr durch die nunmehr abwesenden Migrantinnen erbracht werden kann.

Konzeptuell stützt sich diese Studie auf die Forschungsarbeiten von Helma Lutz (2008; 2018), die Haushaltsarbeiterinnen als transnationale Akteurinnen beschreibt. Dabei wird in ihren Analysen deutlich, wie sich globale Veränderungen lokal auf die Migrantinnen auswirken und wie diese Haushaltsarbeiterinnen in soziale Kontexte sowohl des Herkunftslandes als auch jenem ihres Arbeitsortes eingebunden sind. In der Transnationalismusforschung wird häufig mit Ansätzen aus der Netzwerkforschung gearbeitet, um die soziale Einbettung der untersuchten Migrant*innen zu analysieren.

4 Aktuelle Forschung in Österreich

Bis in die 1990er Jahre wurde Migration in Österreich sowohl in der öffentlichen Debatte als auch innerhalb der Sozialwissenschaften kaum thematisiert.
Im Vergleich zu anderen westeuropäischen Ländern war Österreich auch erst relativ spät mit einem Arbeitskräftemangel konfrontiert. Im *Raab-Olah-Abkommen* aus dem Jahr 1961 einigten sich die österreichischen Arbeitgeber*innen- und Arbeitnehmer*innenvertreter sozialpartnerschaftlich darauf, Arbeitsmigrant*innen – damals wurde der Begriff der „Fremdarbeiter*innen" verwendet – nach Österreich zu bringen. Die Arbeitsmigrant*innen waren an ihre Arbeitgeber*innen gebunden und in ihren sozialen und politischen Rechten stark eingeschränkt. Die Idee war, diese Arbeitskräfte nur so lange in Österreich zu belassen, wie es die konjunkturelle Lage am Arbeitsmarkt erforderlich machen würde. Migrationspolitik wurde damit zu diesem Zeitpunkt großteils als Arbeitsmarktpolitik verstanden (Münz et al. 2003: 22).
Da die Anwerbung jedoch nicht die erwünschten Erfolge zeitigte, verlagerte Österreich das Gewicht auf die zunächst nicht erwünschte Kettenmigration[4]. Über diese Kanäle der Arbeitsmigration veränderte sich die Zusammensetzung der österreichischen Bevölkerung bis zum heutigen Tag nachhaltig. Im Zuge der auch in Österreich einsetzenden Wirtschaftskrise Anfang der 1970er Jahre verkündete Österreich 1974 einen Anwerbestopp. Politisch wurde von da an das Ziel verfolgt, möglichst viele Arbeitsmigrant*innen zu einer Rückkehr in ihre Herkunftsländer zu bewegen. Pionierarbeiten in Österreich wie jene der Geografinnen Elisabeth Lichtenberger (1984) oder Helga Leitner (1983) beschäftigten sich mit der Migration nach Österreich unter dem Blickwinkel der „Gastarbeit". Es herrschte die – auch in der öffentlichen Meinung vertretene – Ansicht, dass die zunächst aktiv angewor-

4 Darunter ist zu verstehen, dass Personen bereits Emigrierten folgen.

benen Migrant*innen in ihre Herkunftsländer zurückkehren würden, nachdem sie in Österreich eine gewisse Zeit lang gearbeitet haben. Anschließend sollten andere Ausländer*innen wiederum für eine begrenzte Zeit an ihre Stelle treten. Eine solche Rotation brachte es auch mit sich, dass die Beteiligung von Migrant*innen in dieser frühen Phase der Arbeitsmigration in der Forschung kaum thematisiert wurde.

Parallel zur Veränderung der Migrationspolitik in Österreich stieg die Zahl von Personen aus Ostmitteleuropa, die in Österreich um Asyl ansuchten. Dies führte schließlich dazu, dass Österreich seine Asylpolitik ab Mitte der 1980er Jahre restriktiv handhabte. Während bis dahin Flüchtlinge aus diesen Regionen automatisch als politische Flüchtlinge aufgenommen wurden, ging die Anerkennungsquote Ende der 1980er Jahre um die Hälfte zurück (Münz et al. 2003: 24). Die kriegerischen Auseinandersetzungen im ehemaligen Jugoslawien führten zu einer Massenflucht aus diesen Regionen. Die somit vergleichsweise hohen Zahlen an Ausländer*innen Anfang der 1990er Jahre gingen mit dem Aufenthaltsgesetz aus dem Jahr 1993 allerdings stark zurück.

Seit dem EU-Beitritt Österreichs im Jahr 1995 hat die Gesetzgebung der Europäischen Union einen bedeutenden Einfluss auf den Zuzug von Ausländer*innen nach Österreich: EU- und EWR-Bürger*innen können sich unter bestimmten Bedingungen in Österreich niederlassen und sind Inländer*innen am Arbeitsmarkt sowie sozialrechtlich zumindest theoretisch gleichgestellt (zur sozialen Realität neu zugewanderter EU-Bürger*innen etwa Scheibelhofer/Holzinger 2018).

Die hier nur kurz skizzierten Entwicklungen haben dazu geführt, dass sich die österreichische Bevölkerung zum jetzigen Zeitpunkt aus Personen unterschiedlichster Herkunftsländer zusammensetzt: Im Jahr 2018 lebten etwa 1,5 Millionen Menschen in Österreich, die im Ausland geboren sind (Statistik Austria 2019b, Bevölkerung mit Migrationshintergrund[5]). 530.000 in Österreich lebende Personen hatten Eltern, die beide im Ausland geboren wurden. Zählt man diese beiden Gruppen zusammen, ergibt sich, dass fast ein Viertel der österreichischen Bevölkerung selbst bzw. beide Eltern nach Österreich migriert ist. Etwas mehr als ein Drittel dieser insgesamt ca. 2 Millionen Menschen stammen aus einem anderen EU-Staat, während etwas weniger als ein Drittel Personen türkischer Herkunft bzw. deren Eltern

5 Im wissenschaftlichen Diskurs wird der Begriff „Migrationshintergrund" kritisch diskutiert: Einerseits ermöglicht eine derartige Unterscheidung es zwar, Diskriminierungen von Folgegenerationen empirisch aufzuzeigen; andererseits kann der Begriff auch selbst als diskriminierend gedeutet werden, da in Österreich geborene Menschen auf diese Weise von einer Mehrheitsbevölkerung mit in Österreich geborenen Eltern separiert werden.

(13 %) und Personen aus anderen Ländern Europas und der restlichen Welt (21 %) ausmachen; rund ein Viertel stammt aus Ex-Jugoslawien (Statistik Austria 2019b).
Seit 2015 ist die Thematik der Flucht wieder in den Fokus der öffentlichen Aufmerksamkeit gerückt. Mit der im Vergleich zu den Vorjahren hohen Zahl von Geflüchteten für Österreich in den Jahren 2015 und 2016 vor allem aus Syrien und Afghanistan (Statistik Austria 2019c) veränderte sich der öffentliche Diskurs rund um Zuwanderung, da nunmehr hauptsächlich die Frage der Begrenzung von Immigration im Zusammenhang mit Flucht verhandelt wurde. Gerade im Bereich Asyl wird deutlich, wie sehr gesetzliche Rahmenbedingungen die Eingliederungschancen von neu Zugewanderten beeinflussen (Scheibelhofer 2019). Die lange Wartezeit im Asylverfahren zwingt Geflüchtete zur Untätigkeit sowie in eine soziale Isolation (Fritsche 2012; Scheibelhofer/Täubig 2019). Diese biografische Phase hat auch Auswirkungen auf jene, die nach positivem Abschluss des Verfahrens in Österreich leben. Strukturelle Hürden machen es ihnen schwer, rasch die deutsche Sprache zu erlernen bzw. zu verbessern, eine Wohnung sowie einen Arbeitsplatz zu finden.
Diese hohe Diversität innerhalb der Bevölkerung hat sich in den letzten Jahren in allen Lebensbereichen gezeigt und zu teils heftigen öffentlichen Debatten geführt. Entsprechende soziologische Forschung im Bildungsbereich hat gezeigt, dass Schüler*innen mit Migrationshintergrund vor allem in Schultypen zu finden sind, die weniger Aussicht auf hoch qualifizierte Tätigkeiten versprechen (Herzog-Punzenberger 2017).
Nicht nur jüngere Menschen, deren Eltern oder die selbst nach Österreich eingewandert sind, sind Thema der soziologischen Forschung: Da die Anwerbung der ersten sogenannten Gastarbeiter*innen-Generation nun schon einige Jahrzehnte zurückliegt, befindet sich diese Personengruppe heute bereits im pensionsfähigen Alter. Zu deren Lebenslagen hat Christoph Reinprecht (2006) geforscht und herausgefunden, dass sich die Situationen, in denen sich diese Menschen befinden, durchaus voneinander unterscheiden. Gemeinsam haben sie allerdings, dass die Benachteiligungen und vielfältigen Belastungen, die mit dem Migranten- und Arbeiterdasein in Österreich über Jahrzehnte verbunden waren, auch noch im Alter nachwirken und den Übergang von der beruflichen in die nachberufliche Phase erschweren.

5 Anwendungsbezug

Die hohe Sichtbarkeit von Migration und ihre breite öffentliche Thematisierung haben mit dazu geführt, dass die Migrationsforschung in Österreich in den letzten

Jahrzehnten beachtlich zugenommen hat. Auch Institutionen der österreichischen Gesellschaft – wie etwa das öffentliche Schulwesen, das Arbeitsmarktservice oder Stadtverwaltungen – setzen sich zunehmend mit der Tatsache auseinander, dass Österreich ein Einwanderungsland ist. Aus diesem Faktum ergeben sich unterschiedliche Folgen – sei es nun im Bereich der Politik, der Bildungsinstitutionen, der sozialen Sicherungssysteme oder im Gesundheitswesen. Politisch wurde das Thema Migration zu einem Feld, das insbesondere von konservativen und rechten Parteien als Möglichkeit der Abgrenzung „österreichischer" von „nicht-österreichischer" Bevölkerung genutzt wird. Eine starke Polarisierung in der politischen Debatte hat auch Auswirkungen auf die Lebenswirklichkeiten der in Österreich lebenden Menschen – was sich wiederum in vielen soziologischen Studien zeigt (beispielhaft Scheibelhofer/Holzinger 2018). Migration ist somit jedenfalls im öffentlichen Bewusstsein präsent und viele Entscheidungsträger*innen in unterschiedlichsten gesellschaftlichen Bereichen leiten daraus folgerichtig Forschungs- und Handlungsbedarf ab. Verstärkt durch Vorgaben der Europäischen Union entstehen neue Konzepte, wie mit der sozialen Vielfalt in Österreich umgegangen werden kann. Soziologische Forschung kann beispielsweise dabei helfen, wichtige Datengrundlagen bereitzustellen; außerdem haben es sich Migrationssoziolog*innen zur Aufgabe gemacht, essentialisierende, kulturalisierende und vorurteilsbeladene Bilder *der* Migrant*innen per se aufzubrechen und die Heterogenität der Lebenslagen zu verdeutlichen, die hinter derartigen Zuschreibungen stecken.

6 Literatur

a. Einführungsliteratur

Castles, Stephen/de Haas, Hein/Miller, Mark (Eds.) (2014): The Age of Migration. Basingstoke/New York: Palgrave Macmillan.

Pries, Ludger (2010): Soziologie der Migration. In: Kneer, Georg/Schroer, Markus (Hg.): Handbuch Spezielle Soziologien. Wiesbaden: VS Verlag für Sozialwissenschaften, 475–490.

Treibel, Annette (2008): Migration in modernen Gesellschaften. Soziale Folgen von Einwanderung, Gastarbeit und Flucht. Weinheim/München: Juventa.

b. Weitere zitierte Literatur

Anthias Floya (2013): Moving beyond the Janus face of integration and diversity discourses: Towards an intersectional framing. In: The Sociological Review, Vol. 61, 323–343.

Basch, Linda G./Glick Schiller, Nina/Szanton Blanc, Cristina (1994): Nations Unbound. Transnational Projects, Postcolonial Predicaments and Deterriorialized Nation States. Amsterdam: Gordon & Breach Science Publishers.

Behrends, Jan C. (2007): Moskau und Chicago als Metropolen der Moderne. Sozialer Konflikt und gesellschaftliche Integration 1870–1914. Berlin: WZB, Discussion Paper no. SP IV 2007–402. URL: http://hdl.handle.net/10419/49617 [26.06.2019].

Breckner, Roswitha (2005): Migrationserfahrung – Fremdheit – Biografie. Zum Umgang mit polarisierten Welten in Ost-West-Europa. Wiesbaden: Verlag für Sozialwissenschaften.

Çağlar, Ayse (2013): Turkey and Europe: Locating Homeland Ties and Re-scaling Migration Scholarship. In: European Review, Vol. 21 (3), 400–411.

Dahinden Janine (2016): A plea for the ‚de-migranticization' of research on migration and integration. In: Ethnic and Racial Studies, Vol. 39 (13), 2207–2225.

Eisenstadt, Shmuel (1954): The Absorption of Immigrants. A Comparative Study. Based Mainly on the Jewish Community in Palestine and the State of Israel. London: Routledge & Kegan Paul LTD.

Esser, Hartmut (1980): Aspekte der Wanderungssoziologie. Assimilation und Integration von Wanderern, ethnischen Gruppen und Minderheiten. Eine handlungstheoretische Analyse. Darmstadt/Neuwied: Luchterhand.

Faist, Thomas (2007): Transnationale Migration als relative Immobilität in einer globalisierten Welt. In: Berliner Journal für Soziologie, Jg. 17, H. 3, 365–385.

Fritsche, Andrea (2012): Zeit. Macht. Flüchtlinge. Und Flüchtlinge machen Zeit. Konzeptionen biographischer Zeiten im Asylkontext. In: SWS Rundschau, Jg. 52, H. 4, 362–388.

Gordon, Milton (1964): Assimilation in American Life. The Role of Race, Religion, and National Origin. New York: Oxford University Press.

Haidinger, Bettina (2016): Flexibilität, Absicherung und Interessenvertretung in der 24-Stunden-Betreuung … grenzenlos. In: Österle, August/Weicht, Bernhard (Hg.): Im Ausland zu Hause pflegen. Die Beschäftigung von MigrantInnen in der 24-Stunden-Betreuung. Berlin et al.: LIT-Verlag, 87–115.

Herzog-Punzenberger, Barbara (2017): Ungleichheit in der Einwanderungsgesellschaft: Intergenerationale Mobilität der angeworbenen Arbeitskräfte in Österreich. Wiesbaden: Springer-Verlag.

Jiménez, Tomas (2017): The other side of assimilation: How immigrants are changing American life. Berkeley: University of California Press.

Lee, Everett S. (1966): A Theory of Migration. In: Demography, Vol. 3 (1), 47–57.

Leitner, Helga (1983): Gastarbeiter in der städtischen Gesellschaft. Segregation, Integration und Assimilation von Arbeitsmigranten. Am Beispiel jugoslawischer Gastarbeiter in Wien. Frankfurt a. M.: Campus.

Lichtenberger, Elisabeth (1984): Gastarbeiter. Leben in zwei Gesellschaften. Wien: Böhlau.

Lutz, Helma (2008): Vom Weltmarkt in den Privathaushalt. Die neuen Dienstmädchen im Zeitalter der Globalisierung. Opladen/Farmington Hills: Barbara Budrich.

Lutz, Helma (2018): Care. An intersectional analysis of transnational care work and transnational families. In: Amelina, Anna/Lutz, Helma (Eds.): Gender and Migration. Transnational and Intersectional Perspectives. London: Routledge, 59–82.

Massey, Douglas/Arnago, Joaquin/Hugo, Graeme et al. (1998): Worlds in motion. Understanding International Migration at the End of the Millennium. Oxford: Clarendon Press.

Morokvasic, Mirjana/Rudolph, Hedwig (Hg.) (1994): Wanderungsraum Europa. Menschen und Grenzen in Bewegung. Berlin: edition sigma.

Münz, Rainer/Zuser, Peter/Kytir, Josef (2003): Grenzüberschreitende Wanderungen und ausländische Wohnbevölkerung. Struktur und Entwicklung. In: Fassmann, Heinz/Stacher,

Irene (Hg.): Österreichischer Migrations- und Integrationsbericht. Demographische Entwicklungen – sozioökonomische Strukturen – rechtliche Rahmenbedingungen. Klagenfurt: Drava, 20–61.

Park, Robert E. (1928): Human Migration and the Marginal Man. In: American Journal of Sociology, Vol. 33 (6), 881–893.

Portes, Alejandro/Rumbaut, Rubén (2001): Legacies. The Story of the Immigrant Second Generation. Berkeley: University of California Press.

Pries, Ludger (Hg.) (1997): Transnationale Migration. Baden-Baden: Nomos (Soziale Welt. Sonderband 12).

Ravenstein, Ernest George (1972 [1885, 1889]): Die Gesetze der Wanderung I und II. In: Szell, György (Hg.): Regionale Mobilität. Elf Aufsätze. München: Nymphenburger Verlagshandlung, 41–94.

Reinprecht, Christoph (2006): Nach der Gastarbeit. Prekäres Altern in der Einwanderungsgesellschaft. Wien: Braumüller.

Scheibelhofer, Elisabeth (2009): Understanding European Emigration in the Context of Modernization Processes – Contemporary Migration Biographies and Reflexive Modernity. In: Current Sociology, Vol. 57 (1), 5–25.

Scheibelhofer, Elisabeth (2018): Shifting migration aspirations in second modernity. In: Journal of Ethnic and Migration Studies, Vol. 44 (6), 999–1014.

Scheibelhofer, Elisabeth (2019): Conceptualising the social positioning of refugees reflections on socio-institutional contexts and agency with a focus on work. In: Identities, Vol. 26 (3), 289–304.

Scheibelhofer, Elisabeth/Holzinger, Clara (2018): ‚Damn It, I am a Miserable Eastern European in the Eyes of the Administrator.' EU migrants' experiences with (transnational) social security. In: Social Inclusion, Vol. 6 (3), 201–209.

Scheibelhofer, Elisabeth/Täubig, Vicki (2019): Beyond employability: Refugees' working lives. In: Identities, Vol. 26 (3), 261–269.

Schütz, Alfred (1972 [1944]): Der Fremde. Ein sozialpsychologischer Versuch. In: Ders.: Gesammelte Aufsätze. Band 2. Studien zur soziologischen Theorie. Den Haag: Martinus Nijhoff, 53–69.

Sievers, Wiebke (2012): Migrations- und Integrationsforschung in Österreich: Literaturdatenbank und Forschungsstand. Wien: Österreichische Akademie der Wissenschaften. URL: http://www. oeaw. ac. at/kmi/Bilder/kmi_WP18. pdf [25.06.2019].

Simmel, Georg (1992 [1908]): Exkurs über den Fremden. In: Ders.: Soziologie. Untersuchungen über die Formen der Vergesellschaftung. Hg. von Otthein Rammstedt. Frankfurt a. M.: Suhrkamp, 764–771.

Statistik Austria (2019a): Ergebnisse im Überblick: Wanderungen. URL: https://www.statistik.at/web_de/statistiken/menschen_und_gesellschaft/bevoelkerung/wanderungen/wanderungen_insgesamt/index.html [09.06.2019].

Statistik Austria (2019b): Bevölkerung mit Migrationshintergrund im Überblick, Jahresdurchschnitt 2018. URL: https://www.statistik.at/web_de/statistiken/menschen_und_gesellschaft/bevoelkerung/bevoelkerungsstruktur/bevoelkerung_nach_migrationshintergrund/index.html [09.06.2019].

Statistik Austria (2019c): Asylanträge 2000–2017 nach Staatsangehörigkeit. URL: https://www.statistik.at/web_de/statistiken/menschen_und_gesellschaft/bevoelkerung/wanderungen/asyl/index.html [09.06.2019].

Thomas, William I./Znaniecki, Florian (1918–1920): The Polish Peasant in Europe and America. Monograph of an Immigrant Group. 5 Bände. Chicago/Boston: University of Chicago.
Vertovec Steven (2007): Super-diversity and its implications. In: Ethnic and Racial Studies Vol. 30 (6), 1024–1054.
Weiss, Hilde (Hg.) (2007): Leben in zwei Welten. Zur sozialen Integration ausländischer Jugendlicher der zweiten Generation. Wiesbaden: Verlag für Sozialwissenschaften.

c. Ausgewählte Fachzeitschriften

Ethnic and Racial Studies
International Migration Review
International Migration
Journal of Ethnic and Migration Studies
Journal of International Migration and Integration
Migration letters
Mobilities

Organisation

Ulrike Froschauer

1 Einleitung

Für Menschen in modernen Gesellschaften sind Organisationen ein unausweichlicher Bestandteil ihres Daseins: Sie werden vorwiegend in einer Klinik geboren, als Kind im Kindergarten erzogen, in Schulen und Universitäten ausgebildet und arbeiten später in Organisationen. Medizinisch werden Menschen in Spitälern betreut, Geldgeschäfte wickeln sie über Banken ab und im Alltag profitieren sie von Erkenntnissen, die an Universitäten oder Forschungsinstituten entwickelt wurden. Sie können sich in Wellness-Einrichtungen erholen und in Museen mit Kunst auseinandersetzen und selbst nach ihrem Tod werden sie von Bestattungsunternehmen verabschiedet. Sich von Organisationen fernzuhalten, ist in unserer Gesellschaft schlicht unmöglich. Insofern bestimmt die Einbettung in Organisationen auch die Teilhabe am sozialen Leben, etwa über Mitgliedschaften oder Konsummöglichkeiten. Auch wenn Organisationen kein neues Phänomen sind, so erhöhten die Industrialisierung sowie die zunehmende arbeitsteilige Ausdifferenzierung die gesellschaftliche Komplexität, die dafür neue Formen der Koordination entwickelte.
Organisationen kommt die Aufgabe zu, das soziale Zusammenleben zu regulieren und dabei Verbindlichkeit und Erwartungssicherheit herzustellen. Sie gelten daher als ein Schlüsselbereich zum Verständnis moderner Gesellschaft. Entsprechend befassen sich organisationssoziologische Arbeiten mit vielfältigen Fragestellungen wie: Wie entstehen, verändern sich und verschwinden Organisationen? Wie gestalten sich die Beziehungen innerhalb, aber auch zwischen Organisationen? Inwiefern schaffen es Organisationen, sich zu stabilisieren und zu erhalten? Was sind generell bestimmende Elemente, die die Funktionsweise von Organisationen verständlich machen?
Das Themenspektrum ist breit gefächert und zusätzlich scheint es gar nicht so einfach zu sein, sich dem Gegenstand zu nähern. So verweigern führende Theoretiker wie z.B. James G. March oder Karl E. Weick gleich einmal die Definition ihres Gegenstandes „Organisation“.[1] Auch die theoretischen Perspektiven sind alles andere als einheitlich. Die folgenden Ausführungen versuchen daher, einen kleinen Einstieg in organisationstheoretische Denkansätze zu geben. Dabei werden exem-

1 Siehe dazu z.B. die Interviews, die Theodor M. Bardmann und Torsten Groth mit Organisationstheoretiker*innen führten (Bardmann/Groth 2001).

plarisch solche Ansätze herangezogen, die in der soziologischen Literatur eine prominente Rolle einnehmen.

2 Historische Entwicklung der Organisationssoziologie

Dieser Abschnitt konzentriert sich auf jene Ansätze, welche die organisationstheoretische Diskussion lange dominierten. Im Zentrum standen häufig Überlegungen zur Optimierung von Organisationen (insbesondere Unternehmen), die Frage der Herrschaftsausübung in modernen Gesellschaften (mit Konzentration auf Verwaltung) sowie die Diskussion der Rationalität von Entscheidungen in organisationalen Kontexten (mit der Verschiebung zur begrenzten Rationalität).

2.1 Von der Organisation als Maschine zur Organisation sozialer Beziehungen

Die systematische Erforschung von Organisationen setzte am Beginn des 20. Jahrhunderts ein. Frederick W. Taylor war einer der Ersten, der sich mit wissenschaftlichen Beobachtungen und akribischen Bewegungsmessungen der rationalen Strukturierung von Arbeitsabläufen widmete. Darüber hinaus entwickelte er Prinzipien des *scientific management* zur möglichst effizienten Gestaltung von Organisationen (Taylor 1919). Für Frederick W. Taylor funktionierten Organisationen wie Maschinen, wobei es ihm darum ging, Arbeitszeit nicht zu vergeuden, Defizite der Arbeiter*innen durch Standardisierung auszugleichen, Arbeitsprozesse von den Arbeiter*innen zu lösen und alle Handgriffe durch das Management vorzugeben.
Frederick W. Taylor leistete jene Pionierarbeit, die Henry Ford in der industriellen Fertigung zur Massenproduktion perfektionierte (Ford 1923). Durch ihn wurde das Fließband zum Symbol der Industriearbeit, bei dem die Arbeiter*innen an das Maschinensystem angepasst wurden. Sowohl Frederick W. Taylor als auch Henry Ford verstanden sich als Menschenfreunde, was allerdings die Arbeiter*innen vielfach nicht so sahen – bei Frederick W. Taylor vermuteten sie (nicht zu Unrecht) eine verstärkte Ausbeutung der Lohnarbeiter*innen und Henry Ford duldete Gewerkschaften erst dann, als er dazu verpflichtet wurde.
Diese Entwicklung, die im Rahmen der Industrialisierung ihre Blüte erreichte und sich bis heute in betrieblichen Rationalisierungsstrategien fortsetzt (z. B. im Rahmen des *Business Process Reengineering*), war gleichzeitig der Beginn einer ganz anderen Richtung, Organisationen zu verstehen. So interessierte sich das Management eines großen amerikanischen Unternehmens *(Hawthorne-Werke)* in den Zwanziger-

jahren des letzten Jahrhunderts für den Zusammenhang zwischen Ermüdung, Monotonie und Arbeitszufriedenheit. In diesem Zusammenhang führte es eine Reihe von Experimenten zur Erforschung der Beziehung zwischen Beleuchtungsintensität und Produktivität durch. Die Ergebnisse dieser Beleuchtungsstudien waren für das Management sehr schwer interpretierbar und lösten dementsprechend Irritationen aus. Daraufhin entschied man sich, weitere vertiefende Forschungsprojekte zu dieser Thematik durchzuführen, und wandte sich an die *Harvard Business School*, um diese Experimente aus wissenschaftlicher Sicht beobachten und kommentieren zu lassen. Das war der Zeitpunkt, als Elton Mayo und Fritz J. Roethlisberger in das Forschungsprojekt einbezogen wurden (Roethlisberger/Dickson 1956).
In der Folge wurden in mehreren Phasen weitere Studien durchgeführt, wobei die Ergebnisse darauf schließen ließen, dass nicht die strukturellen Arbeitsbedingungen, sondern die soziale Zuwendung zur Leistungssteigerung führten.
Insgesamt zeigten die Forschungen der *Hawthorne-Studies*, dass Organisationen nicht wie Maschinen funktionieren, sondern dass soziale Beziehungen einen ganz entscheidenden Faktor darstellen – eine Ansicht, die in die *Human Relations*-Bewegung mündete. Dies brachte eine Fülle von Erkenntnissen über die Bedeutung informeller Gruppen und die sich ausbildenden Gruppennormen für die soziale Dynamik in Organisationen. Diese Studien waren auch der Ausgangspunkt für die moderne Organisationsentwicklung und die Aktionsforschung (French/Bell 1995): In dieser Tradition werden Organisationen als sich ständig verändernde soziale Gebilde begriffen, die man nur verstehen kann, wenn man auch die Bedingungen und Kräfte des Wandels versteht. Damit rückt das aktiv gestaltende soziale Handeln ins Zentrum des Interesses.

2.2 Bürokratie als reinste Form legaler Herrschaft

Stellten die oben genannten Ansätze die Organisation in das Zentrum ihrer ursprünglich stark betriebswirtschaftlich geprägten Überlegungen, war dies bei Max Weber völlig anders. Sein Ausgangspunkt ist gesellschaftstheoretisch begründet, nämlich im Verständnis des Verhältnisses von traditionaler und legaler Herrschaft. Nur in dieser Differenz von Herrschaftstypen entfaltet sich die Bedeutung einer bürokratischen Struktur als reinstem Typus legaler Herrschaft (Weber 1972 [1922]: 126, 551f.), die in der modernen Verwaltung ihren Ausdruck findet. Webers Bezug zur Herrschaft bietet sich deshalb an, weil jede Verwaltung im Rahmen der Verteilung von Befehlsgewalten irgendeine Form von Herrschaft benötigt und folglich jede Herrschaft auch als Verwaltung funktioniert (Weber 1972 [1922]: 545).

Vormoderne Formen von Herrschaft beruhen auf Tradition und stützen sich auf eingewohnte Autoritätsverhältnisse persönlichen Zusammenlebens. Die Ausbildung eines Verwaltungsstabs folgt dabei der Entwicklung eines patrimonialen[2] Beamtentums. Diesem fehlt die Trennung zwischen privater und amtlicher Sphäre, die Übertragung von Befugnissen erfolgt nach persönlichen Vertrauensbeziehungen, wobei Zuständigkeiten über persönliche Rechte definiert sind. Darüber hinaus erfolgt die materielle Versorgung über Pfründe oder Lehen, die die Grundlage feudaler Organisation bilden.

Im Rahmen der legalen Herrschaft entwickelte sich jedoch ein vollkommen anderes System einer bürokratisch organisierten Herrschaftsausübung, das folgende Charakteristika aufweist: Die Organisationsmitglieder sind frei in dem Sinne, dass sie nicht der Person des*der Vorgesetzten ausgeliefert, sondern ausschließlich der Sachlichkeit verpflichtet sind, wobei der*die Vorgesetzte selbst der unpersönlichen Ordnung unterworfen ist. Diese Unpersönlichkeit wird auch durch die schriftliche Fixierung aller Entscheidungen abgesichert, die damit Geltung unabhängig von den entscheidenden Beamt*innen erlangen. Für die Rekrutierung von Beamt*innen gilt als Auswahlkriterium das Fachwissen; die weitere Karriere hängt von erbrachten Leistungen ab. Beamt*innen sind in diesem System über Verträge in die Organisation eingebunden und werden mit Geld entlohnt.

Gerade in der Betonung der Sachlichkeit, der Unpersönlichkeit und der Kalkulierbarkeit sieht Max Weber den Vorteil der Bürokratie gegenüber traditionalen Herrschaftsformen, weil sie willkürliche Entscheidungen, Abhängigkeiten und Korruption (wie sie in vormodernen Verwaltungen üblich waren), hintanhält. In diesem Sinne gilt die Bürokratie als formal rationalste Form der Herrschaftsausübung durch Wissen und bildet gleichzeitig die Keimzelle der Massenverwaltung, die in modernen Staaten mit legaler Herrschaftsform unentrinnbar ist.

Dass bürokratische Organisationsformen nicht nur Vorteile, sondern auch Probleme mit sich bringen, zeigten spätere Studien, die sich sehr intensiv und kritisch mit dem Phänomen der Bürokratie beschäftigten. So machte z.B. Robert K. Merton auf die Dysfunktionen von Bürokratie aufmerksam (Merton 1957: 197). Er wies nach, dass die Regelbefolgung – ursprünglich ein Mittel zum Zweck – plötzlich

2 Patrimoniale Herrschaft erweitert nach Weber (1972 [1922]: 580ff.) die patriarchalische Herrschaft (diese gründet auf der Unterwerfung unter die persönliche Autorität des Hausherrn, der seine Gewalt schrankenlos und nach freiem Belieben ausübt) über die unmittelbare Hausgemeinschaft hinaus und beruht auf einer Dezentralisierung der Hausgewalt an abhängige Hausangehörige. Das schwächt die Möglichkeiten der reinen Willkür patriarchalischer Herrschaft, beruht aber immer noch auf persönlichen Abhängigkeiten.

zum Selbstzweck werden kann, und bemängelt, dass dadurch die Organisationsziele in den Hintergrund gedrängt werden. Robert K. Merton spricht in diesem Zusammenhang vom bürokratischen Virtuosen, der niemals auch nur eine einzige Regel für seine Amtshandlung außer Acht lässt (Merton 1957: 199).
Während Max Weber die bürokratische Ordnung noch an gesellschaftstheoretische Überlegungen ankoppelte, hat sich die jüngere bürokratietheoretische Diskussion davon weitgehend entkoppelt und fokussiert primär auf bürokratische Merkmale und die damit einhergehende Dynamik.

2.3 Die begrenzte Rationalität organisationaler Entscheidungen

Bereits bei Max Weber klingt die Bedeutung von Entscheidungen an, die im Zuge der Auseinandersetzung mit organisationalem Handeln dann auch einen zentralen theoretischen Bezugspunkt bilden. Den eigentlichen Durchbruch schafften diesbezüglich die Untersuchungen von James G. March und Herbert A. Simon (1993 [1958]), die herausfinden wollten, wie Organisationen in einer sich ändernden sozialen Umwelt überleben können. Um sich dieser Fragestellung theoretisch und empirisch zu nähern, griffen sie das Organisationskonzept von Chester I. Barnard (1938) auf. Dieser ging davon aus, dass Organisationen nicht aus den Organisationsmitgliedern, Gebäuden, Geräten etc. bestehen, sondern aus Handlungen. Für ihn waren diese Gegenstand bewusster Koordination, und diese Handlungskoordination war die Grundlage von Handlungssystemen. Diese folgen jedoch anderen Regeln als individuelle Handlungen. Somit betrachtete er organisationale Handlungssysteme losgelöst von den einzelnen Personen: Diese werden nunmehr als (personale) Umwelt für das (organisationale) Handlungssystem gesehen, in das sie ausschließlich über ihre Beiträge (z. B. Arbeitsleistungen) und die dafür erhaltenen Gegenleistungen (z. B. Lohn) eingebunden sind.
James G. March und Herbert A. Simon entwickelten diese Sichtweise weiter und zentrierten ihre Forschungen auf die Analyse von Entscheidungen in Organisationen. Dabei ging es ihnen weniger um die Erstellung einer formalen Entscheidungslogik, sondern um tatsächliches Entscheidungsverhalten. Sie versuchten also, Organisationen aus einer Entscheidungsperspektive zu verstehen, und verwendeten dafür Fallstudien zur Analyse konkreter Entscheidungsprozesse. In ihren empirischen Studien konzentrierten sie sich auf die Informationssuche, auf die Alternativenbewertung und auf die unterschiedlichen Interessenkonstellationen in Organisationen. Die Ergebnisse dieser Studien zur Entscheidungspraxis in Organisationen ergaben interessante Erkenntnisse, die in klarem Widerspruch zu den neoklassischen Prä-

missen der Ökonomie und dem damit verbundenen Rationalitätskonzept standen (March/Simon 1993 [1958]: 158f.):

- Sie kamen zu dem Schluss, dass Entscheidungspersonen das umfassende Wissen fehlt, welche Alternativen es denn überhaupt gibt, weshalb sie nur von einer *begrenzten Auswahl an Entscheidungsalternativen* ausgehen können.
- Selbst wenn alle Möglichkeiten bekannt wären, so argumentierten die beiden Autoren weiter, hätten die Entscheidungspersonen immer noch *zu wenig Wissen, um die Alternativen mit Präferenzen zu versehen.*
- Entscheidungspersonen verfügen außerdem nicht über das *Wissen*, das für eine objektiv rationale Entscheidung notwendig wäre, *um zukünftige Ereignisse zu bewerten.* Da die Ergebnisse und Auswirkungen von Entscheidungen nicht im Vorhinein bestimmbar sind, bedarf es Überlegungen, wie mit dieser Ungewissheit umgegangen werden könnte.
- Präferenzen sind darüber hinaus nicht exogen vorgegeben, sondern werden *endogen konstituiert*, und das bedeutet, dass diese sich im Prozess des Entscheidens verändern. Die Präferenzen, auf deren Basis Entscheidungen getroffen werden, verändern sich daher kontinuierlich.

James G. March und Herbert A. Simon zeigten anhand ihrer Studien, dass Entscheidungen situationsabhängig sind (March/Simon 1993 [1958]: 161). Sie werden aufgrund einer befriedigenden Alternative getroffen und nicht aufgrund einer optimalen Alternative. Diese Überlegungen bilden den Kern des Konzepts der begrenzten Rationalität. Wenn also Entscheidungen nicht nach objektiv rationalen Kriterien getroffen werden können, so stellt sich die Frage, welche Möglichkeiten sich in Organisationen entwickeln, um die Komplexität von Entscheidungssituationen zu reduzieren. In ihren Analysen verwiesen sie dabei auf eine Reihe von strukturellen Aspekten: Arbeitsteilung, standardisierte Verfahren wie Programme, Herrschaft und Hierarchie, Kommunikation und Koordinierung sowie Indoktrination (March/Simon 1993 [1958]: 163f.). Wenn nun Handlungen und Entscheidungen verändert werden sollten – so die weitere Schlussfolgerung – ist es notwendig, an diesen Strukturen anzusetzen und nicht am konkreten Handeln oder Entscheiden.

3 Neuere theoretisch-konzeptionelle Perspektiven

Inzwischen hat sich nicht zuletzt durch die Entwicklung und Etablierung interpretativer Forschungsstrategien und -methoden die organisationtheoretische Landschaft weiterentwickelt und eine Reihe weiterer Konzeptionen hervorgebracht. Qualitativ ausgerichtete Organisationsforschungen führten zu einem veränderten Verständnis von Organisation. Dominierten lange Zeit die Fokussierung auf formale Strukturen, organisationale Rationalität und Steigerung der Effizienz den organisationstheoretischen Diskurs, so rücken zunehmend Prozesse des Organisierens, Reflexivität und das Verstehen organisationsinterner Handlungen ins Zentrum der Aufmerksamkeit (Froschauer/Lueger 2018: 181f.). Dazu zählen etwa die Arbeiten zu Prozessen des Organisierens von Weick (1985; 1995), interpretativ orientierte organisationstheoretische Ansätze (wie Froschauer 2012) oder auch strukturationstheoretische Überlegungen (z. B. Ortmann et al. 1997). Die folgenden Ausführungen stellen exemplarisch zwei inzwischen etablierte neuere organisationstheoretische Ansätze vor: den systemtheoretischen und den neo-institutionalistischen.

3.1 Organisationen systemtheoretisch betrachtet

Bereits in seinem frühen Werk über *Funktionen und Folgen formaler Organisation* grenzt sich Niklas Luhmann von klassischen Organisationslehren ab, die versuchen, „richtiges" Handeln und Prinzipien „richtiger" Organisation (Luhmann 1976 [1964]: 17) zu analysieren. Den Grenzen einer solch normativen Ausrichtung begegnet seiner Ansicht nach eine funktionale Analyse, indem sie Handlungen und Verhaltenserwartungen als systembildende Leistungen versteht, für die es immer auch funktionale Äquivalente gibt. Damit steht im Vordergrund, welche manifesten und/oder latenten Funktionen Handlungen erfüllen, welche Alternativen es dazu gibt und auf welche Weise sich solcherart soziale Systeme organisieren.

Für Niklas Luhmann sind Organisationen das Produkt evolutionärer Entwicklung. Erst mit einer zunehmenden funktionalen Differenzierung und der damit einhergehenden Ausdifferenzierung von Funktionssystemen (z. B. Wissenschaft, Recht, Wirtschaft, Erziehung) in der modernen Gesellschaft entstand aufgrund der gehäuft anfallenden Entscheidungen (z. B. Produktion und Verteilung von Gütern) die Notwendigkeit für die Entwicklung eines neuen Systemtypus. Dieser musste in der Lage sein, mit den neuen Anforderungen umzugehen. Für Niklas Luhmann sind dies Organisationen, weil sie sowohl für Personen als auch für Funktionssysteme Leistungen erbringen und somit als Schnittstelle fungieren (Luhmann 1997: 827).

Organisationen werden im Rahmen der Systemtheorie als verkettete Abfolge von Kommunikation verstanden. Sie bestehen demzufolge aus kommunizierten Entscheidungen, die wiederum rekursiv an anderen Entscheidungen anschließen und selbst andere Entscheidungen nach sich ziehen (Luhmann 1997: 831). In diesem

Sinne sind Organisationsstrukturen letztlich das Resultat von Entscheidungen (Luhmann 1997: 833), wobei die Rekursivität die Organisationen operativ schließt, was bedeutet, dass das System auf die eigenen Operationsweisen reagiert. Auf diese Weise werden Entscheidungen auf der Basis der Systemrationalität (systemspezifisch) getroffen und sind daher weder willkürlich noch von außen bestimmt. Dieser Logik zufolge wird daher auch die Grenze zur sozialen Umwelt über Entscheidungen gezogen.

Allerdings sind Entscheidungen höchst kurzlebig, da sie unmittelbar nach dem Prozess des Entscheidens wieder verschwinden. Damit aber Entscheidungsfähigkeit trotzdem ermöglicht wird, bedarf es sogenannter Erwartungsstrukturen. Diese sind selbst das Produkt von Entscheidungen, ihre Relevanz reicht aber über eine einzelne anstehende Entscheidung hinaus. Luhmann spricht in diesem Kontext von Entscheidungsprämissen, die er folgendermaßen unterteilt (Luhmann 2000: 225):

- *Kommunikationswege:* Diese legen Wege fest, die eingehalten werden müssen, damit Entscheidungen in der Organisation als relevant anerkannt werden.
- *Personaleinsatz:* Wenn Personen eingestellt oder für bestimmte Aufgaben eingesetzt werden, so bedeutet das, dass sie künftig Entscheidungen in dieser Position treffen werden. Deshalb ist es eine wichtige Prämisse, wen man für eine bestimmte Position rekrutiert.
- *Programme:* Sie sind Regulative für richtiges Entscheiden, wobei zwischen Konditional- und Zweckprogrammen unterschieden werden kann. Konditionalprogramme sind Entscheidungen, bei denen die Bedingungen vorgeben, welche Entscheidungen zu treffen sind. Bei Zweckprogrammen ist hingegen nur der Zweck vorgegeben, zu dessen Erreichung die geeigneten Mittel zu wählen sind.

Entscheidungsprämissen reduzieren Komplexität und bieten in der konkreten Situation für die Organisationsmitglieder Orientierung. Sie erhöhen damit die Wahrscheinlichkeit, dass weitere Anschlussentscheidungen getroffen werden. Wenngleich diese Entscheidungsprämissen mögliche Alternativen reduzieren, kann von keiner deterministischen Kausalbeziehung ausgegangen werden. Deshalb bleibt immer die Unsicherheit darüber, wie letztlich entschieden werden wird.

3.2 Die institutionelle Erklärung von Organisationen

Der Ausgangspunkt des *Neuen Institutionalismus* ist die radikale Kritik am klassischen rationalen Organisationsverständnis, das davon ausgeht, dass Organisationsstrukturen und -prozesse rational an den Zielen der Organisation ausgerichtet sind und dass formale Strukturen die Effizienz der Organisation im Sinne der Zielerreichung sicherstellen. Hier bezieht der *Neue Institutionalismus* eine eindeutige Gegenposition, wonach formale Strukturen gerade nicht der Effizienzsicherung, sondern der Legitimation im Sinne einer Rechtfertigung bestimmter Handlungsweisen oder Ordnungen dienen. In dieser Konzeption ist daher keineswegs entscheidend, ob Organisationen rational handeln, sondern vielmehr, dass der Glaube an die Rationalität organisationalen Handelns in einer verfestigten gesellschaftlichen Erwartungsstruktur verankert, d. h. institutionalisiert ist. Insofern bringen formale Organisationsstrukturen Mythen im Sinne kultureller Deutungsmuster zum Ausdruck, die in ihrer gesellschaftlichen Umwelt institutionalisiert sind. Solche Mythen sind etwa Fortschrittsglaube oder Zweckrationalität, die durch Managementinstrumente, Technologien oder Evaluation symbolisiert werden. Ihre Legitimationskraft beziehen sie aus Erwartungsstrukturen bezüglich angemessenen Handelns und Entscheidens in einer Gesellschaft. Indem Organisationen nun diese Mythen aufgreifen und für sich in Anspruch nehmen, entwickelt sich zugleich eine Strukturähnlichkeit zwischen Organisation und Umwelt. Diese verbessert die Überlebensfähigkeit der Organisation nachhaltiger als eine Orientierung nach technisch-instrumentellen Kriterien.

Konkret gehen John W. Meyer und Brian Rowan (1991: 49f.) in diesem Sinne davon aus, dass durch die Übernahme von Elementen aus der Umwelt eine Strukturangleichung innerhalb bestimmter organisationaler Felder stattfindet. Diesen Prozess bezeichnen die beiden als Isomorphie.

Paul J. DiMaggio und Walter W. Powell (1991: 67f.) konkretisierten dieses Konzept der Isomorphie, indem sie drei unterschiedliche Mechanismen der Isomorphie beschreiben:

- den durch andere Organisationen oder gesellschaftliche Erwartungen ausgeübten Zwang, der Handlungsspielräume reduziert;
- die Imitation, indem sich Organisationen davon leiten lassen, was andere Organisationen in ihrem Bereich tun;
- den normativen Druck, der primär aus Professionalisierungstendenzen von Berufsgruppen herrührt.

Allerdings kann es zwischen den zu bewältigenden Aufgaben und den Legitimationsanforderungen der institutionellen Umwelt zu Widersprüchen kommen. Deshalb gehen John W. Meyer und Brian Rowan (1991: 55) von einem Auseinanderklaffen von Formal- und Aktivitätsstruktur aus: Dabei bildet die Formalstruktur gleichsam die zelebrierte Oberfläche der institutionalisierten Rationalitätsmythen,

während die Aktivitätsstrukturen sich an der faktischen Aufgabenerfüllung orientieren. Diese Entkoppelung ist besonders stark, wenn die Erfüllung der Organisationsaufgaben schlecht messbar ist und Ursache-Wirkungs-Beziehungen unbestimmt bleiben.
Die Besonderheit dieser Überlegungen liegt also darin, die Organisation nicht mehr als Mittel zur Zielerreichung oder in der Funktionalität ihrer Strukturen und Prozesse zu messen, sondern vor dem Hintergrund einer Umwelt zu betrachten, die Erwartungen an sie heranträgt, die für das Überleben derselben besonders wichtig sind. Aber genau darin begründet sich auch die eher reaktive Konzeption von Organisationen: Zwar wählen sie im Anpassungsprozess aus dem vorhandenen Angebot aus und entscheiden sich für eine bestimmte Richtung, aber im Rahmen des *Neuen Institutionalismus* bleibt die gestaltende Komponente von Organisationen eher im Hintergrund.

4 Aktuelle Forschung in Österreich

In den letzten beiden Jahrzehnten wurden auch in österreichischen universitären und außeruniversitären Forschungseinrichtungen vermehrt organisationssoziologische Studien durchgeführt. Einige Beispiele dazu:
Am *Institut für Soziologie* der *Universität Wien* haben sich mehrere Masterstudierende in ihren Abschlussarbeiten mit Veränderungsprozessen in Organisationen beschäftigt, woraus der Sammelband *Organisationen zwischen Dynamik und Stabilität* (Froschauer/Lueger 2015) entstanden ist. Auch Dissertationen werden in diesem Themenbereich verfasst, wie beispielsweise die Arbeit von Julia Dahlvik *Inside Asylum Bureaucracy: Organizing Refugee Status Determination in Austria* (2018). Sie konzentrierte sich in ihrem Forschungsprojekt auf die Erforschung von Entscheidungsprozessen im österreichischen Bundesasylamt, wobei sie die Wechselwirkungen zwischen den strukturellen Rahmenbedingungen und dem Entscheiden herausarbeitete. Die *Forschungs- und Beratungsstelle Arbeitswelt (FORBA)* analysiert ausgehend vom Thema Arbeit und Internationalisierung verstärkt Fragen nach deren Auswirkungen auf Organisationen. In diesem Sinne behandelt eine Publikation die Struktur der grenzüberschreitenden Wertschöpfungsketten und Unternehmensnetzwerken, in denen heute vorwiegend Güter produziert und Dienstleistungen erbracht werden (Flecker 2012).
In Kooperation zwischen dem *Forschungsinstitut für Familienunternehmen* der *Wirtschaftsuniversität Wien* und dem *Institut für Soziologie* der *Universität Wien* wird die Erforschung von Familienunternehmen vorangetrieben. Familienunternehmen sind

aus soziologischer Perspektive nicht nur deshalb interessant, weil sie die Mehrzahl aller Unternehmen repräsentieren, sondern auch zwei soziale Systeme (Familie und Unternehmen) mit höchst unterschiedlichen Dynamiken und Strukturen miteinander verknüpfen. Diese Studien betrachten etwa *Family Governance*-Strategien als Zukunftssicherung für Familienunternehmen (Lueger/Frank 2015) oder auch die Bedeutung von Konflikten und deren Bearbeitung in Unternehmensfamilien (Lueger/Froschauer 2018).

5 Anwendungsbezug

Die oben angeführten Studien machen deutlich, dass organisationssoziologische Fragestellungen in unterschiedlichsten Bereichen relevant sind. Betrachtet man konkret die Umsetzung organisationssoziologischer Forschung in der Praxis, so finden sich zwei weit verbreitete Anwendungsfelder:

Organisationsanalysen im Kontext von *Teamentwicklungs-* und *Beratungsprozessen*: In den letzten Jahrzehnten sind Organisationsberatung und Teamentwicklung in vielfältige Bereiche moderner Industriegesellschaften vorgedrungen. Während Unternehmen solche Leistungen schon seit vielen Jahrzehnten in Anspruch nehmen (etwa im Zuge von Steuerberatungen bis hin zu strategischen Entwicklungsplanungen), hat sich inzwischen Teamentwicklung und Beratung auch an Universitäten oder in der Politik etabliert. Hier dominieren zwar noch immer betriebswirtschaftliche Perspektiven, jedoch haben gerade im Zuge der Etablierung von Prozessberatungen sozialwissenschaftliche Ansätze an Bedeutung zugelegt. Besonders zeigt sich dies bei systemisch orientierten Beratungskonzepten, die explizit auf systemtheoretische Grundlagen und auf wissenschaftliche Erkenntnisse der Gruppendynamik zurückgreifen (z.B. Königswieser/Hillebrand 2017 [2004]; Wimmer et al. 2014).

Organisationsanalysen im Kontext von *Evaluationen*: Hier können Analysen unterschiedliche Funktionen übernehmen, deren Basis häufig eine systematische Reflexion über Prozesse und Strukturen in einer Organisation bildet und damit die Selbstbeobachtungsfähigkeit seitens der Organisation fördert. Darüber hinaus können sie auch Voraussetzungen für organisationale Lernprozesse schaffen, Feedbackprozesse im Zuge von organisationalem Wandel etablieren oder eine Bewertung der Dynamik und der Folgen von Veränderungsprozessen ermöglichen (z.B. Froschauer/Lueger 2006). Generell stehen im Hintergrund all dieser Anwendungen die wissenschaftliche Analyse der dynamischen Strukturierung sozialer Phänomene sowie das Verständnis der Organisationswirklichkeit. Gerade weil Organisationen aus dem modernen gesellschaftlichen Leben nicht wegzudenken sind, benötigt man angemessene theoretische Ansätze und sorgfältige empirische Analysen, um (a) das Phänomen „Organisation“ in seiner Komplexität besser zu verstehen und (b) den Alltag von Organisationen empirisch zuverlässig erfassen zu können. Empirische Organisationsanalysen können dabei einen wesentlichen Beitrag zum Verständnis der Funktionsweise moderner Gesellschaften leisten. Eine Analyse von Organisationen, die sich um das Verständnis von deren innerer Logik bemüht, kann sich nicht darauf beschränken, die praktischen Erfordernisse und ideologischen Grundhaltungen von Management oder Politik nachzuzeichnen. Eine fundierte soziologische Analyse versucht vielmehr zu erfassen, wie Organisationen die kollektiven Aktivitäten ihrer ausdifferenzierten Teams und ihrer Mitglieder koordinieren, sodass relativ stabile wechselseitige Erwartungen herausgebildet werden. Erst auf diesem Fundament ist es möglich, die spezifische Entwicklungsdynamik, die strategische Grundhaltung, Konflikte in Organisationen, Formen der Bezugnahme auf die Gesellschaft, den Aufbau von Wissen oder den Umgang mit Komplexität zu verstehen (für eine qualitative Analyse von Organisationen siehe Froschauer/Lueger 2012).

Am Anfang des Beitrags wurde auf die Bedeutung von Organisationen im Alltag moderner Industriegesellschaften verwiesen. Organisationstheoretische Ansätze bilden ein wichtiges Instrument zur analytischen Durchdringung des Phänomens „Organisation“. Gerade indem sie jeweils unterschiedliche Teilaspekte bevorzugt in ihr Zentrum stellen, bieten sie die Möglichkeit, der Komplexität des Gegenstandsbereichs gerecht zu werden. Dazu zählen etwa: die technische Rationalität von Arbeitsabläufen, die Dynamik sozialer Beziehungen, die Funktionalität spezifischer Organisationsstrukturen, die organisationale Entscheidungspraxis, die Bedeutung von Erwartungsstrukturen und die Etablierung von Entscheidungsprämissen, die Legitimation von Handlungsweisen über externe Umweltanforderungen oder einfach der Aufbau von Sicht- und Handlungsweisen in Organisationen. Immer aber steht im Hintergrund die Frage, wie Organisationsmitglieder im Kooperationszusammenhang auch in Form von Arbeitsteams jene Muster erzeugen, die eine Organisation charakterisieren. Damit eng verbunden ist eine zweite Frage, nämlich was die involvierten Akteure dazu bringt, genau so zu handeln, dass sie diese Charakteristik hervorbringen. Selbstverständlich spielt dabei auch die Frage, was sie dabei ausblenden (blinde Flecken), eine zentrale Rolle. Die Kenntnis der Vielfalt verfügbarer organisationstheoretischer Vorstellungen (in diesem Beitrag wurde nur eine einführende Auswahl dargestellt) ist eine Voraussetzung, um das theoretische Repertoire angemessen für empirische Organisationsstudien einsetzen zu können. Nur ein solcherart grundlagentheoretisch fundiertes Verständnis organisationaler

Prozesse macht es möglich, zuverlässige Erkenntnisse über die Praxis zu gewinnen und diese für praktische Problemstellungen anwendbar zu machen.

6 Literatur

a. Einführungsliteratur

Bardmann, Theodor M./Groth, Torsten (Hg.) (2001): Zirkuläre Positionen, 3. Band: Organisation, Management und Beratung. Wiesbaden: Westdeutscher Verlag.

French, Wendell L./Bell, Cecil H. (1995): Organization Development. Behavioral Science Interventions for Organization Improvement. Englewood Cliffs: Prentice-Hall.

Luhmann, Niklas (1976 [1964]): Funktionen und Folgen formaler Organisation. Berlin: Duncker & Humblot.

March, James G./Simon, Herbert A. (1993 [1958]): Organizations. Oxford: Blackwell.

Powell, Walter W./DiMaggio, Paul J. (Eds.) (1991): The New Institutionalism in Organizational Analysis. Chicago: University of Chicago Press.

Weber, Max (1972 [1922]): Wirtschaft und Gesellschaft. Grundriß der verstehenden Soziologie. Tübingen: Mohr.

b. Weitere zitierte Literatur

Barnard, Chester I. (1938): The Functions of the Executive. Cambridge: Harvard University Press.

Dahlvik, Julia (2018): Inside Asylum Bureaucracy: Organizing Refugee Status Determination in Austria. Cham: Springer Open.

DiMaggio, Paul J./Powell, Walter W. (1991): The Iron Cage Revisited. Institutional Isomorphism and Collective Rationality in Organization Fields. In: Powell, Walter W./DiMaggio, Paul J. (Eds.): The New Institutionalism in Organizational Analysis. Chicago: University of Chicago Press, 63–82.

Flecker, Jörg (Hg.) (2012): Arbeit in Ketten und Netzen. Die dynamische Vernetzung von Unternehmen und die Qualität der Arbeit. Berlin: edition sigma.

Ford, Henry (1923): Mein Leben und Werk. Leipzig: List.

Froschauer, Ulrike (2012): Organisationen in Bewegung. Beiträge zur interpretativen Organisationsanalyse. Wien: facultas.

Froschauer, Ulrike/Lueger, Manfred (2006): Qualitative Prozessevaluierung in Unternehmen. In: Flick, Uwe (Hg.): Qualitative Evaluationsforschung. Konzepte – Methoden – Umsetzung. Reinbek bei Hamburg: Rowohlt, 319–338.

Froschauer, Ulrike/Lueger, Manfred (2012): Qualitative Organisationsdiagnose als Grundlage für Interventionen und als Intervention. In: Froschauer, Ulrike: Organisationen in Bewegung. Beiträge zur Interpretativen Organisationsanalyse. Wien: facultas, 149–213.

Froschauer, Ulrike/Lueger, Manfred (Hg.) (2015): Organisationen zwischen Dynamik und Stabilität. Wien: facultas.

Froschauer, Ulrike/Lueger, Manfred (2018): Organisationsforschung. In: Bohnsack, Ralf/ Geimer, Alexander/Meuser, Michael (Hg.): Hauptbegriffe Qualitativer Sozialforschung. Opladen/Toronto: utb/Barbara Budrich, 181–183.

Königswieser, Roswita/Hillebrand Martin (2017 [2004]): Einführung in die systemische Organisationsberatung. Heidelberg: Carl-Auer.

Lueger, Manfred/Frank, Hermann (Hg.) (2015): Zukunftssicherung für Familienunternehmen. Good Practice Fallanalysen zur Family Governance. Wien: facultas.

Lueger, Manfred/Froschauer, Ulrike (2018): Konflikte und Konfliktbearbeitung in Unternehmensfamilien. In: Lueger, Manfred/Frank, Hermann/Korunka, Christian (Hg.): Die Unternehmerfamilie im Kontext ihres Familienunternehmens. Wien: facultas, 87–123.

Luhmann, Niklas (1997): Die Gesellschaft der Gesellschaft. Band 2. Frankfurt a. M.: Suhrkamp.

Luhmann, Niklas (2000): Organisation und Entscheidung. Opladen: Westdeutscher Verlag.

Merton, Robert K. (1957): Social Theory and Social Structure. Glencoe: Free Press.

Meyer, John W./Rowan, Brian (1991): Institutionalized Organizations. Formal Structure as Myth and Ceremony. In: Powell, Walter W./DiMaggio, Paul J. (Eds.): The New Institutionalism in Organizational Analysis. Chicago: University of Chicago Press, 41–62.

Ortmann, Günther/Sydow, Jörg/Türk, Klaus (1997): Organisation, Strukturation, Gesellschaft. Die Rückkehr der Gesellschaft in die Organisationstheorie. In: Dies. (Hg.): Theorien der Organisation. Die Rückkehr der Gesellschaft. Opladen: Westdeutscher Verlag, 15–34.

Roethlisberger, Fritz J./Dickson, William J. (1956): Management and the Worker. An Account of a Research Program Conducted by the Western Electric Company, Hawthorne Works, Chicago. Cambridge: Harvard University Press.

Taylor, Frederick W. (1919): Die Grundsätze wissenschaftlicher Betriebsführung. München: Oldenbourg.

Weick, Karl E. (1985): Der Prozeß des Organisierens. Frankfurt a. M.: Suhrkamp.

Weick, Karl E. (1995): Sensemaking in Organizations. Thousand Oaks: Sage.

Wimmer, Rudolf/Glatzel, Katrin/Lickweg, Tania (Hg.) (2014): Beratung im Dritten Modus. Die Kunst, Komplexität zu nutzen. Heidelberg: Carl-Auer.

c. Ausgewählte Fachzeitschriften

Administrative Science Quarterly

GIO – Gruppe. Interaktion. Organisation. Zeitschrift für Angewandte Organisationspsychologie

Journal of Management & Organization

Organization. The interdisciplinary journal of organization, theory and society

Organization Science

Organization Studies

ZOE – Organisationsentwicklung. Zeitschrift für Unternehmensentwicklung und Change Management

Sozialpolitik

Elisabetta Mocca und Yuri Kazepov

1 Einführung

Anton ist arbeitslos und hat kein Einkommen; Angela hat ein zwei Jahre altes Kind, muss aber arbeiten, um über die Runden zu kommen; Walter hat Krebs und braucht medizinische Hilfe. Was haben sie gemeinsam? Bedürfnisse, die befriedigt werden müssen. Aber werden diese Bedürfnisse auf die gleiche Weise befriedigt? Sozialpolitik hilft bei der Beantwortung dieser Fragen.

Um zu verstehen, worum es in der Sozialpolitikforschung geht, ist es von entscheidender Bedeutung, „Sozialpolitik" zu definieren. Einen Beitrag dazu lieferte Titmuss (1974), der die beiden in diesem Begriff enthaltene Wörter – „sozial" und „Politik" – reflektierte. Während sich die Definition von „Politik" als eine einfache Übung erweist, ist das Attribut „sozial" nicht so einfach zu erklären. Politik, im Sinne von politischen Richtlinien, bezeichnet „Prinzipien, die das auf bestimmte Ziele ausgerichtete Handeln bestimmen" (ebd.: 23). Als solche bezieht sich Politik auf eine Reihe von Handlungen, vom Entwurf bis zur Umsetzung, die auf die Erreichung eines bestimmten Ziels ausgerichtet sind. In diesem Sinne kann Sozialpolitik als eine spezifische Form der öffentlichen politischen Maßnahmen definiert werden. Ihre Hauptmerkmale sind Umverteilung; die Bereitstellung von Ressourcen, die die Wohlfahrt der Empfänger*innen erhöhen; öffentliche Interventionen zur Eindämmung ungleicher Kapitalzuteilungen; die implizite Anerkennung „sozialer Rechte". Was den Begriff „sozial" betrifft, so wies Titmuss darauf hin, dass der wohltätige oder wohlfahrtsorientierte oder auch altruistische Aspekt der Sozialpolitik oft betont werde (ebd.: 26f.). Wie Titmuss bemerkte, dürfen wir jedoch nicht zum Schluss kommen, dass ein Staat, „wenn er eine Sozialpolitik betreibt oder soziale Dienste entwickelt hat, […] diese in der Praxis tatsächlich so funktionieren, dass sie die Ziele der progressiven Umverteilung, der Gleichheit und des sozialen Altruismus fördern" (ebd.: 27). Diese Definition unterstreicht die politische Perspektive der Sozialpolitik, die wichtige Auswirkungen auf die soziale Stratifikation hat.

2 Die sozialpolitische Forschung im Wandel der Zeit

Armut wurde lange Zeit nicht als soziales Problem erachtet. Den Armen zu helfen wurde bis in das 16. Jahrhundert lediglich als Wohltat aus Nächstenliebe verstanden (Simmel 1908). Die Gründe für Armut wurden damals eher dem individuellen Scheitern als einem strukturellen Problem (z. B. unfreiwillige Arbeitslosigkeit) zugeschrieben. Als erste, wenn auch unausgereifte, Ausformungen einer Sozialpolitik können die Armengesetze *(poor laws)* bezeichnet werden, die 1601 in England verabschiedet wurden. Sie teilten von Armut Betroffene in zwei Gruppen: „Würdige" *(deserving)* und „Unwürdige" *(undeserving)* (Romano 2018). Unter anderem führten diese Gesetze die Armenhäuser ein, die jenen Personen Arbeit geben, die keine finden konnten. Mit dem Armenhaus war aber ein Stigma verbunden: Menschen, die darauf angewiesen waren, wurden als eher unwürdig *(undeserving)* eingestuft und haben beim Eintreten, *de facto,* die Grundrechte verloren.
Die Industrielle Revolution des 18. und 19. Jahrhunderts führte zu einer Umwälzung traditioneller Wirtschafts- und Sozialsysteme. Ein Resultat dieser Veränderungen war ein massiver Zustrom in die Städte. Die Menschen verließen ihre Dörfer, um in den wachsenden Industrien der Städte zu arbeiten. Der rapide Urbanisierungsprozess führte jedoch zu Armut, Gesundheits- und Wohnungsproblemen, da nicht genug (leistbarer) Wohnraum zur Verfügung stand. Es entstanden Elendsviertel *(Slums)* der wachsenden Arbeiter*innenklasse. Friedrich Engels' Werk *Die Lage der arbeitenden Klasse in England* (1845) war ein empirischer Bericht der damaligen Missstände. Darüber hinaus ist das Buch ein bedeutendes politisches Manifest jener Zeit.
Heutige Forschungen sehen in den weitreichenden Veränderungen der Industriellen Revolution einen paradigmatischen Wechsel in der Handhabung von Armut und sozialen Risiken (Alber 1982; Flora/Heidenheimer 1981). So ist die Erforschung von Armut, sozialer Risiken und deren politischer Thematisierung unausweichlich mit historischen Entwicklungen verbunden. Wichtige erste Beiträge zur sozialpolitischen Forschung stammen von Booth (1902) und Rowntree (1901; 1951), die sich im Rahmen ihrer Studien in England vor allem mit den Bedingungen von Armut beschäftigten. Rowntree unternahm den Versuch, die Grundbedürfnisse anhand eines standardisierten Warenkorbs darzustellen (z. B. 2,5 kg Brot pro Woche für einen erwachsenen Mann). Anhand der Gesamtkosten für die Waren im Warenkorb machte Rowntree die Armutsgrenze fest.
In seinen Studien zeigte Rowntree, dass Armut nicht das Ergebnis individuellen Fehlverhaltens war, sondern das Resultat struktureller Veränderungen in der Ge-

sellschaft. Hervorgehoben wurden die neuen sozialen Risiken, die mit der Industrialisierung verbunden waren und die die Arbeiter*innenklasse der Armut ausgesetzt haben. Rowntree (1951) bestätigte, dass sozialpolitische Interventionen eine maßgebende Rolle bei der Armutsbekämpfung gefährdeter Gruppen spielen, wie beispielsweise für Senior*innen (durch das Pensionssystem) und für Arbeitslose (durch Arbeitslosengeld).

In den 1870er Jahren etablierten sich in einigen europäischen Ländern erste Formen der Sozialversicherung. Die erste dieser Art wurde 1871 von Bismark im Deutschen Reich ins Leben gerufen und deckte im Rahmen ihrer Zuständigkeit hauptsächlich Arbeitsunfälle ab. Die Anmeldung zur Sozialversicherung war zunächst freiwillig; so war es jedem Arbeiter und jeder Arbeiterin selbst überlassen, sich zu versichern, und staatliche Regulierungseingriffe waren begrenzt. Erst im Laufe der Zeit wurde die Sozialversicherung verpflichtend für Arbeiter*innen, Pensionist*innen und Menschen mit Behinderung (Ritter 1991). Solche Maßnahmen verdeutlichen die Kluft zwischen den „würdigen" und „unwürdigen" Armen (Romano 2018): Nur jene, die Beiträge bezahlten, hatten Zugang zu den Maßnahmen.

In der Zwischenkriegszeit wurden die Sozialversicherungssysteme durch die Einführung des sozialen Wohnbaus und des Arbeitslosengeldes weiter ausgebaut. Eine wichtige Rolle in der Geschichte der Sozialpolitik spielte der 1942 veröffentlichte *Beveridge Report*. Der Bericht war nicht nur richtungsweisend in der Etablierung des britischen Wohlfahrtsstaats, sondern diente auch als Wegweiser für andere europäische Länder (Benassi 2010). Das Kernstück des Berichts war die Einführung des „Prinzips des Universalismus", das die Beziehung zwischen Staat und Bürger*innen veränderte. Beveridge definierte dieses Prinzip als „das Recht auf einheitliche, universelle und beitragsbezogene Versicherung, um sicher zu stellen, daß jeder Mann ein existenzsicherndes Einkommen für sich selbst und seine Familie zur Verfügung hat; ohne dabei zu überprüfen oder nachzufragen, wie vermögend sie seien" (Hansard 1953, zit. nach Woodroofe 1968: 304).

Im Zuge des wirtschaftlichen Wachstums in der Zeit nach dem Zweiten Weltkrieg wurde der Wohlfahrtsstaat in vielen industrialisierten Ländern erweitert. Dabei fand in der Nachkriegszeit die Expansion der sozialen Sicherungssysteme, die mehr Leistungsempfänger*innen, mehr Lebensereignisse und großzügigere Leistungen umfasste, nicht nur in Großbritannien, sondern auch in anderen Ländern statt (Woodroofe 1968).

Der Errichtung des Wohlfahrtsstaats lag eine Reihe von miteinander vernetzten wirtschaftlichen, sozialen, demografischen und politischen Triebkräften zugrunde, die die historische Forschung zu entwirren versucht hat. Unter den wirtschaftlichen

Aspekten wurde bereits auf die Bedeutung der Industrialisierung mit ihren neuen Marktbeziehungen und Produktionssystemen hingewiesen. Das kapitalistische Produktionssystem der Industrialisierung setzte die Arbeiter*innenklasse und gefährdete Gruppen Risiken wie Arbeitslosigkeit, Krankheit und Invalidität aus. Insbesondere traf das in den Städten zu, in die die Arbeiter*innen vom Land strömten. Die Industrialisierung stellte aber auch Ressourcen durch Wohlstand und Besteuerung zur Verfügung, um soziale Risiken zu mindern. Die Festigung der Wohlfahrtsstaatssysteme wurde auch durch soziale und demografische Faktoren bestimmt. Der rapide Bevölkerungsanstieg nach dem Zweiten Weltkrieg, bei gleichzeitiger Abnahme traditioneller Familienkonstellationen, machte weitere sozialpolitische Interventionen notwendig. Die Mobilisierung der Arbeiter*innenschaft mündete in neuen Forderungen, wie die demokratische Partizipation am Arbeitsplatz und den Ausbau der Arbeitnehmer*innenrechte (Korpi 1983).

3 Zentrale Forschungsbereiche, Theorien und Herausforderungen

Der folgende Abschnitt widmet sich einigen zentralen Bereichen der Sozialpolitikforschung, die soziologisch relevant sind, um die soziale Stratifikation moderner Gesellschaften zu verstehen.

3.1 Wohlfahrtsstaatsforschung

In der Nachkriegszeit kam es zu einer eindrucksvollen Expansion wohlfahrtsstaatlicher Systeme, welche die Aufmerksamkeit der Forscher*innen auf sich zog. Sie interessierten sich vor allem für die Unterschiede und Gemeinsamkeiten zwischen den unterschiedlichen Wohlfahrtsstaaten. Zu den bahnbrechendsten Werken auf dem Gebiet der wohlfahrtsstaatlichen Analyse zählen Titmuss' (1958) *Essays über den Wohlfahrtsstaat* und Gøsta Esping-Andersens (1990) *Die drei Welten des Wohlfahrts-Kapitalismus.*

Titmuss unterschied drei wohlfahrtsstaatliche Systeme: 1) das *residuale Wohlfahrtsmodell*, welches all jene Systeme umfasst, bei denen hauptsächlich der Markt und die Familie die Wohlfahrt leisten; 2) das *industrielle Leistungs-Performanz-Modell* konservativer Ausführung, welches Unterschiede hinsichtlich eines Klassen- oder Sozialstatus weiter verschärft; 3) das *institutionelle Umverteilungsmodell*, welches das Prinzip des universellen Zugangs zu Wohlfahrtsleistungen verfolgt (Abrahamson 1999).

Esping-Andersen verfeinerte diese Typologie und stellte drei Formen wohlfahrtsstaatlicher Regime vor: 1) Das *liberale Regime* (UK, Irland, Kanada, USA, Australien), das sich mit bedürftigkeitsprüfender Unterstützung, geringfügig (USA) bis mäßig universeller Transferleistung (UK) und mäßiger Sozialversicherungssysteme primär an einkommensschwache Haushalte und Individuen richtet, welche von starker Armut und Ungleichheit betroffen sind. 2) Das *konservative-korporatistische Regime* (Österreich, Frankreich, Deutschland und Italien), das durch starke staatliche Intervention (hohe Sozialausgaben) in den Markt eingreift, dabei allerdings ausgeprägte Klassen- und Statusunterschiede aufrechthält; gleichzeitig wird ein traditionelles Familienkonzept und das (staatlich unterstützte) Subsidiaritätsprinzip bewahrt. 3) Das *sozialdemokratische Regime* (skandinavische Länder: Schweden, Finnland, Norwegen), das durch Universalismus und Dekommodifizierung der Sozialleistungen charakterisiert ist, d. h. von einer Abkopplung sozialer Sicherheit von der Beteiligung am Arbeitsmarkt, den Individuen ermöglicht, unabhängig vom Markt zu agieren, und soziale Stratifizierung reduziert. Dieses Wohlfahrtsregime zeichnet sich durch besonders hohe Sozialausgaben, eine hohe Erwerbsbeteiligung von Frauen, niedrige Armutsraten und geringe soziale Ungleichheit aus.

Obwohl sie einen länderübergreifenden Vergleich von Wohlfahrtspolitiken ermöglicht, stieß Esping-Andersens Typologie auf Kritik. Einige Forscher*innen wiesen darauf hin, dass Esping-Andersen die Abhängigkeit des Individuums vom Markt beschreibt, ohne dabei die Rolle der Frau oder der Familie im Dekommodifizierungsprozess ausreichend zu berücksichtigen (Lewis 1992). Weiters wurde er kritisiert, bestimmte politische Maßnahmen (Arbeitslosenunterstützung, Pensionen und Krankheitsversicherungen) in die Beobachtung miteinzubeziehen, während andere (z. B. Sozialhilfe) nicht berücksichtigt wurden (Leibfried 1991). Die einseitige Betrachtung mache es unmöglich, die Charakteristika verschiedener Staaten im Rahmen dieser Typologie adäquat abzubilden. Diese Kritiken führten zur Weiterentwicklung Esping-Andersens Typologie; die Länder Südeuropas *(latin rim)* stimmen mit einigen Tendenzen der konservativen Typen überein, übertragen jedoch die Verantwortung sozialer Risiken sehr viel stärker auf die Familie. Diese Länder (z. B. Spanien, Italien) charakterisiert ein niedriger Anteil an Sozialausgaben für Familien, niedrige weibliche Erwerbsarbeit, hohe Jugendarbeitslosigkeit und ein hoher Anteil an Pensionsausgaben. Als spezielle Hybridformen galten post-kommunistische Länder, für die relativ niedrige Sozialausgaben und eine langsam, aber stetig wachsende Ungleichheit sowie aufgrund des EU-Beitritts zunehmende Angleichung staatlicher Institutionen typisch sind (Cerami/Vanhuysse 2009). Tabelle 1 fasst wichtige Länderunterschiede zusammen:

Tabelle 1: Sozioökonomische Indikatoren und Sozialausgaben ausgewählter Wohlfahrtsstaaten in Europa
Quelle: Eurostat online database, URL: https://ec.europa.eu/eurostat/de/home [15.04.2020].

Wohlfahrtsregime		**kontinentale**	**südeuropäische**	**nordische**	**post-sozialistische**	**liberale**		
	Jahr	**AT**	**IT**	**SE**	**HU**	**UK**	**EU27**	**EU28**
Bevölkerung								
Nichtehelich Lebendgeborene	2018	41,3	34,0	54,5	43,9	48,2[1]	*n.a.*	*n.a.*
Brutto-Scheidungsrate	2018	1,8	1,5	2,5	1,7	1,8[2]	1,9[3]	1,9[2]
Beschäftigungsquoten								
Beschäftigungsquote Frauen (15–64 Jahre)	2018	68,6	49,5	75,9	62,3	70,3	62,3	63,3
Beschäftigungsquote Männer (15–64 Jahre	2018	77,4	67,6	78,8	76,3	79,1	73,0	73,8
Arbeitslosenquoten								
Arbeitslosenquote Männer (55–64 Jahre)	2018	3,9	6,3	5,1	2,3	3,4	5,6	5,4
Arbeitslosenquote insgesamt	2018	4,9	10,6	6,3	3,7	4,0	7,3	6,8
Jugendarbeitslosigkeitsquote (15–24 Jahre)	2018	9,4	32,2	17,4	10,2	11,3	16,1	15,2
NEET	2018	6,8	19,2	6,0	10,7	10,4	10,4	10,4
Soziale Ausgaben								
Sociale Ausgaben (€ per capita)	2017	10.720	7.765	12.428	2.230	8.687	7.674	7.809
Soziale Ausgaben als % des BIP	2017	28,6	28,0	28,2	18,1	26,1	26,8	26,8
Alter und Hinterbliebene*	2017	50,2	57,9	44,2	49,7	43,4	46,2	45,8
Arbeitslosigkeit*	2017	5,8	5,8	3,5	1,7	1,3	4,9	4,4
Familie und Kinder*	2017	9,5	6,3	10,2	12,1	9,4	8,6	8,7
Armut und Ungleichheit								
Armutsgefährdet	2018	17,5	27,3	18,0	19,6	23,1	21,6	21,8
Gini Koeffizient (Skala von 0 bis 100)	2018	26,8	33,4	27,0	28,7	33,5	30,4	30,8

(*) % der gesamten sozialen Ausgaben; (1) 2017, (2) 2016, (3) 2015.

3.2 Die neo-marxistische und neo-liberale Forschungstradition der Sozialpolitik

Neben den vorab erwähnten Zugängen zur Erforschung von Armut und wohlfahrtsstaatlichen Regimen existieren eine Reihe anderer Sichtweisen auf das Thema. So kritisierten Lenhardt und Offe (1977) und O'Connor (1973) im Rahmen ihrer neo-marxistischen Kritik den Wohlfahrtsstaat als Instrument der Bourgeoisie. Sie argumentieren in Übereinstimmung mit Marx' Konzept des Staats, dass staatliche Institutionen lediglich die Bedürfnisse der herrschenden Klasse bedienen und deren Privilegien reproduzieren. Ihre Kritik weist darauf hin, dass der Wohlfahrtsstaat in einem System eingebettet ist, welches darauf ausgelegt ist, ungleiche soziale Verhältnisse aufrechtzuerhalten. Der Wohlfahrtsstaat wird als Nebenerscheinung kapitalistischer Produktionsbedingungen betrachtet. Denn das Prinzip der Umverteilung, auf welches sozialpolitische Maßnahmen abzielen, führt in der Folge zur Verfestigung der Arbeiter*innenklasse als untergeordnete soziale Gruppe. Im Gegensatz zur neo-marxistischen Forschungstradition formuliert die neoliberale Kritik, dass das Fortbestehen von Armut an der niedrigen Erwerbsbeteiligung, gestützt auf großzügige Sozialleistungen, liegt, welche als negativer Anreiz gegen Arbeitsaufnahme wirken (Murray 1979). Das kreiere Sozialhilfen-Abhängigkeit und die sogenannte „Armutsfalle", die nach Mead (1992) nur durch strikte Auflagen der Sozialleistungen und Arbeitsverpflichtung durchbrochen werden kann.

3.3 Änderungen in der Sozialpolitikforschung: Neue Herausforderungen, Konzepte und Themen

Es besteht ein enger Zusammenhang zwischen dem gesellschaftlichen Wandel der letzten Jahrzehnte und dem Aufkommen neuer sozialer Risiken. Die Entwicklung der sozialpolitischen Forschung folgt diesem Wandel und verschiebt die eigenen analytischen Schwerpunkte. Der Geburtenrückgang und neue Migrationsströme, die Deindustrialisierung seit 1990 und eine parallel dazu aufkommende wissensbasierte Wirtschaft *(knowledge based economy)* stellen besondere Herausforderungen für den Wohlfahrtsstaat dar. Der Abbau vieler Arbeitsplätze und die Einführung flexibler (atypischer) Beschäftigungsformen haben in vielen Ländern eine wachsende Gruppe an prekären Arbeitnehmer*innen geschaffen. Wenn auch mit unterschiedlichen Geschwindigkeiten, so haben diese Verschiebungen in allen europäischen Ländern die Struktur des Arbeitsmarkts um die Jahrtausendwende verändert und so neue Formen sozialer Risiken hervorgebracht (Ranci 2010).

Diese Risiken und die damit verbundenen Unsicherheiten bedeuten neue gesellschaftliche Herausforderungen, denen heutige Wohlfahrtsstaaten begegnen müssen (Esping-Andersen 2002; Taylor-Gooby 2004; Ranci 2010). Die wichtigsten Herausforderungen sind:

(1) **Eine alternde Gesellschaft:** Demografische Herausforderungen sind durch eine alternde Population (oft alleinstehende Frauen mit niedrigen Pensionen) und zurückgehende Geburtenraten gekennzeichnet. Die aufkommende Pflegebedürftigkeit und die damit einhergehenden Kosten haben Auswirkungen auf die finanzielle Tragfähigkeit der Wohlfahrtsstaaten.

(2) **Migration:** Der Zuzug potenzieller Leistungsempfänger*innen ohne Staatsbürgerschaft unterbricht die enge Verknüpfung zwischen Staatsbürgerschaft und wohlfahrtsstaatlichen Leistungen. Daher wurden die Kriterien für den Bezug von Wohlfahrtsleistungen – in unterschiedlichem Ausmaß – ausgeweitet, um auch Migrant*innen zu unterstützen.

(3) **Prekarisierung und Arbeitsflexibilität:** Im Unterschied zu den traditionell lebenslangen Arbeitsverhältnissen hindert die Verbreitung von befristeter und Teilzeiterwerbsarbeit das Prinzip einer intergenerationellen Solidarität. Im Zuge der Verbreitung neuartiger Erwerbsarbeitsverhältnisse wurden für die Jobsuche Arbeitsberatung und Zuwendungen für die Zeit zwischen den Jobs eingeführt.

(4) **Soziale und ökologische Nachhaltigkeit:** Umweltforscher*innen kritisieren Wohlfahrtsregime für ihre implizite Produktivitätslogik des endlosen Wirtschaftswachstums. Sie befürworten daher die Bestrebungen eines grünen Wohlfahrtstaats mit grüner Sozialpolitik, der ein „nachhaltiges Wachstum" in Einklang mit natürlichen Ressourcen forciert (Fitzpatrick 2011: 62).

Diese Herausforderungen führten in der Folge zu fünf großen Veränderungen in der sozialpolitischen Forschung:

(1) **Vom Universalismus zur Bedingtheit:** In Anbetracht der Reformen wohlfahrtsstaatlicher Systeme der 1970er Jahre lässt sich ein grundlegender Wandel von Sozialhilfe *(welfare)* zu Hilfe zur Arbeit *(workfare)* erkennen (Lødemel/ Trickey 2001). Damit ist eine aktive Arbeitsmarktpolitik gemeint, die darauf abzielt, Erwerbslose in Form von Schulungen, Jobvermittlung und der Bereitstellung subventionierter Erwerbsarbeit zu unterstützen (Martin/Grubb 2001: 4).

(2) **Von Armut zur sozialen Exklusion:** Die zweite Veränderung gründet auf der Verschiebung wissenschaftlicher Aufmerksamkeit von Armut hin zur sozialen Exklusion. Dieser Begriff kam erstmals in den 1990er Jahren auf und erweitert

das Konzept von Armut. Während die Betrachtung von Armut zunächst vorwiegend ökonomische Bedingungen fokussierte, konnte durch die Berücksichtigung sozialer Exklusion eine Verbindung zwischen ökonomischer Not und sozialer Marginalisierung hergestellt werden. Zahlreiche Forschende (Townsend 1979; Paugam 2008; Kronauer 2010) betonen, dass Armut Individuen dazu zwingt, am Rande der Gesellschaft zu leben. Denn es fehlt von Armut betroffenen Menschen das nötige finanzielle, soziale und kulturelle Kapital, um aktiv am gesellschaftlichen Leben teilzunehmen.

(3) **Von der Umverteilung zur sozialen Gerechtigkeit:** Ein Paradigmenwechsel lässt sich an der Abwendung von der marxistischen und neo-marxistischen Idee der Umverteilung erkennen. Sie wird durch das Konzept der sozialen Gerechtigkeit ersetzt, welches Umverteilung von besser zu schlechter gestellten Individuen als Frage gleicher Rechte neu interpretiert. Somit wurde Umverteilung in einem breiteren Diskurs eingebettet, der Wohlfahrtsleistungen als Bürger*innenrechte verstand.

(4) **Von passiven Empfänger*innen zu aktiven Staatsbürger*innen:** Ein signifikanter Wandel in der sozialpolitischen Forschung war die Verlagerung des Schwerpunkts von passiven Wohlfahrtsleistungen auf den Begriff der aktiven Staatsbürger*innen. Im Zuge der Veränderung vom Universalismus zur Bedingtheit führte der neue Wohlfahrtsstaat Maßnahmen ein, die Leitungsempfänger*innen mehr Verantwortung über ihre wirtschaftliche Situation übertrug. Die Vorstellung einer aktiven Gesellschaft knüpft an der von Marshall (1987 [1950]) entwickelten Idee der „dreidimensionalen Bürgerrechte" an. Er unterscheidet drei Arten von Bürgerrechten: zivile, politische und soziale Rechte. Diese sollen die individuelle Freiheit, das Recht auf demokratische Partizipation und den Anspruch auf ein anständiges Maß an Wohlstand widerspiegeln. Später wurde dieses Verständnis von Bürgerrechten erweitert. Walters (1997: 221) stellt fest, dass die aktive Gesellschaft die Ausübung bezahlter Arbeitsverhältnisse für die meisten sozialen Gruppen zur Norm macht. Umschulungsprogramme würden Individuen in die Lage versetzen, sich selbst zu ermächtigen und einen Job zu finden.

(5) **Von ex-post zu ex-ante Interventionen:** Zuguterletzt lässt sich ein Wandel in der Betrachtung sozialpolitischer Maßnahmen von ex-post zu ex-ante feststellen. Demnach sollen sozialpolitische Maßnahmen nicht länger darauf abzielen, aufgetretene Probleme zu lösen (z. B. Arbeitslosigkeit), sondern soziale Probleme vorab zu verhindern.

3.4 Aktuelle Entwicklungen der sozialpolitischen Forschung

Die jüngsten Trends der sozialpolitischen Forschung spiegeln gegenwärtige gesellschaftliche Herausforderungen wider. So widmet sich die aktuelle Forschung neben der Umverteilung von Ressourcen auch der Umverteilung von Entscheidungsgewalt und unterstreicht die Bedeutung von Partizipation und sozialer Innovation. Neue Beiträge schlagen ein breiteres Verständnis von Sozialpolitik vor: Während einige Forschende Sozialpolitik nicht nur als Kostenfaktor, sondern vielmehr als zukunftsweisendes soziales Investment betrachten, untersuchen andere ökologische Auswirkungen von Sozialpolitik. Daraus sind folgende Forschungsthemen entstanden:

Soziales Investment

Die EU definiert die Politik des „Sozialen Investments" (SI) als Initiativen, die dazu führen, die Fähigkeiten und Fertigkeiten der Menschen zu fördern, um sie in der Folge bei der Teilnahme am Arbeits- und Sozialleben zu unterstützen (European Commission 2013). Dies ist ein Paradigmenwechsel in der sozialpolitischen Analyse, der aufgrund folgender Interpretationen entstanden ist: a) wachsende Kosten des Sozialsystems, welche – angeblich – jenseits der wirtschaftlichen Tragfähigkeit sind; b) die Tatsache, dass soziale Risiken, die den Lebensverlauf beeinflussen, vom Sozialsystem immer weniger abgedeckt sind; c) die Notwendigkeit von Investitionen in Bildung, um über eine wissensbasierte Wirtschaft international wettbewerbsfähig zu werden. Daher sollte die Sozialpolitik nicht nur ausgleichend sein, sondern die Einzelne bzw. den Einzelnen darauf vorbereiten, in Zukunft auf neue Risiken reagieren zu können (Hemerijck 2017).

Soziale Innovation

Soziale Innovationen beziehen sich auf Initiativen, Aktionen und politische Maßnahmen, die bisher vernachlässigte soziale Grundbedürfnisse abdecken. Erreicht werden soll das durch die Transformation sozialer Beziehungen. Diese Transformation soll durch die Steigerung von Handlungsfähigkeit und den Zugang zu Ressourcen für die jeweilige Zielgruppe gelingen (Moulaert/MacCallum 2019). Die wachsende Relevanz sozialer Innovationen ist das Resultat von Dezentralisierungs- und Externalisierungsprozessen der Sozialpolitik, welche die Rolle der Zivilgesellschaft unterstreichen. Soziale Innovation ist als an der zivilgesellschaftlichen Basis ansetzender Prozess zu verstehen, der lokale Akteur*innen bzw. Initiativen mit Institutionen auf anderen Ebenen (z. B. regional oder national) verbindet.

Koproduktion
„Koproduktion besteht aus dauerhaften Beziehungen zwischen Dienstleistungsanbieter*innen (aller Bereiche), Dienstleistungsempfänger*innen und anderen Mitgliedern einer Gemeinschaft, in der alle Mitglieder bedeutende Ressourcen einbringen" (Bovaird 2007: 847). Dadurch versteht man Bürger*innen in der öffentlichen Politikverwaltung nicht mehr als Objekt der Forschung, sondern als Subjekte und „Koproduzent*innen" (Pestoff 2006; Osborne/Strokosch 2013). Das Konzept gewann in den 1970er und 1980er Jahren große Aufmerksamkeit in der sozialpolitischen Forschung. Dieser Zugang ermöglichte es, die Rolle der Leistungsempfänger*innen hinsichtlich ihres potenziellen Einflusses bei der Gestaltung besserer Sozialleistungen hervorzuheben (Pestoff 2006).

Ökologische Sozialpolitik
Ein aufkommender Bereich der Forschung thematisiert die ökologische Nachhaltigkeit wohlfahrtsstaatlicher Systeme. Forschende untersuchen den von politischen Akteur*innen beworbenen Übergang zu einer ökologisch nachhaltigen und sozial gerechten Gesellschaft. Für den Wohlfahrtsstaat würde das die Zusammenlegung von sozial- und umweltpolitischen Maßnahmen bedeuten. Eine ökologische Sozialpolitik würde demnach „neue Formen der Produktion, Konsumation und Investition fördern, die das Verhalten von Produzent*innen und Konsument*innen bei gleichzeitiger Verbesserung des Wohlergehens verändern und eine gerechtere Verteilung von Macht und Ressourcen gewährleisten" (Gough 2013: 198).

4 Aktuelle Forschung in Österreich

Der österreichische Wohlfahrtsstaat wird von Forscher*innen als „korporatistisch, konservativ oder auch männliches Ernährermodell" *(corporatist, conservative, male-breadwinner model)* bezeichnet, das vor allem durch einen starren Arbeitsmarkt und starke Familiennetzwerke gekennzeichnet ist (Österle/Heitzmann 2020: 21). Die Schwerpunkte des österreichischen Wohlfahrtsstaats sind ein umfassendes Sozialversicherungssystem und universelle Pflege- und Bildungsmaßnahmen.
Die ersten wohlfahrtsstaatlichen Maßnahmen lassen sich auf Ende des 19. Jahrhunderts datieren. Über die Jahre wurde das Angebot und die Kompetenz beteiligter Institutionen erweitert, beispielsweise die Etablierung verschiedener Arbeitsverträge und Arbeitsrechte (Österle/Heitzmann 2020). In der Nachkriegszeit expandierte der Wohlfahrtsstaat durch den ökonomischen Aufschwung und eine niedrige Arbeitslosenquote (Tálos 2006b).

Im Laufe der folgenden Jahre konnte aufgrund einer Kombination von makroökonomischen, industriellen, sozial-, arbeits- und lohnpolitischen Maßnahmen ein staatlicher Haushaltsüberschuss zusammenkommen. So war der österreichische Staat für die kommenden Krisen des späten 20. Jahrhunderts im Vergleich zu anderen Ländern relativ gut gerüstet (Hemerijck et al. 2000: 193). 1971 erreichte die *Sozialistische Partei Österreichs*, heute *Sozialdemokratische Partei Österreichs (SPÖ),* erstmals die absolute Mehrheit und war bis in die späten 1990er Jahre in Allein- und Koalitionsregierungen maßgeblich für die politische Gestaltung Österreichs verantwortlich (Unger/Heitzmann 2003). Diese fast 30-jährige Periode war von einer politischen Gesinnung gezeichnet, die Forscher*innen als „Austro-Keynesianismus", eine milde Form des Keynesianismus, bezeichnen (Österle/Heitzmann 2020). Im Zuge des ökonomischen Aufschwungs erweiterte der österreichische Wohlfahrtsstaat seine Sozialpolitik durch die Regulierung von Arbeitsbedingungen, die Einführung weiterer Maßnahmen zur Arbeitsmarktsteuerung und die Familienzuschüsse (Tálos 2006b).

Ein besonderes Merkmal des österreichischen Wohlfahrtsstaats ist seine dezentrale, territoriale Organisation (Föderalismus): So entscheiden die neun Bundesländer individuell über die Ausgestaltung von Sozialleistungen im Bereich Gesundheit, Kinderbetreuung und Wohnungsbau. Jedoch sind die Bundesländer, ungeachtet ihrer Autonomie, von der Finanzierung des Bundes abhängig (Österle/Heitzmann 2020). Darüber hinaus zeichnet sich der österreichische Wohlfahrtsstaat durch eine hohe Beschäftigungsquote aus. Auch eine hohe Frauenerwerbsquote kann festgestellt werden, allerdings lässt sich diese auf den hohen (Höchstwert innerhalb der EU) Anteil von Teilzeiterwerbsarbeit zurückführen (Österle/Heitzmann 2020). Auch beim geschlechtsspezifischen Lohngefälle *(gender pay gap)* schneidet Österreich schlecht ab und weist eines der deutlichsten Einkommensgefälle in der EU auf (21,6% im Jahr 2016 gegenüber 16,2% EU-Durchschnitt) (Österle/Heitzmann 2020: 26).

Sozialpolitische Forschungen heben zwei Prinzipien des österreichischen Wohlfahrtsstaats hervor: erstens das Versicherungsprinzip, nach dem in erster Linie beitragszahlende Arbeitnehmer*innen (über Lohnabrechnung) und Pensionist*innen wohlfahrtsstaatliche Leistungen erhalten. Zweitens das Äquivalenzprinzip, das ein Gleichgewicht zwischen „eingezahlten Beiträgen und erhaltenen Leistungen" herstellen soll (Österle/Heitzmann 2020: 23).

Darüber hinaus ist das korporatistische Wohlfahrtsmodell Österreichs durch die Interessenvermittlung zwischen Regierung, Arbeitgeber*innen- und Arbeitnehmer*innenvertretungen gekennzeichnet. Diese „Sozialpartnerschaft" fungiert als wichtiges Bindeglied in der Koordination von Interessen in der Einkommens-, Wirtschafts-, Sozial- und Arbeitsmarktpolitik und prägt den österreichischen Wohlfahrtsstaat maßgeblich (Tálos 2006a). Soziale Akteur*innen, wie Gewerkschaften und Arbeitgeber*innenorganisationen, spielen eine überaus wichtige Rolle in der aktiven Mitgestaltung politischer Maßnahmen. Ihr Einfluss ist so stark, dass sie oft als „Schatten-Regierung" bezeichnet werden (Unger 1999: 110, zit. nach Unger/Heitzmann 2003: 374).

Wie viele andere Länder Europas musste auch der österreichische Wohlfahrtsstaat zu Beginn des 21. Jahrhunderts erhebliche Veränderungen im Wirtschaftssystem und am Arbeitsmarkt bewältigen. In jüngsten wissenschaftlichen Auseinandersetzungen identifizierten Lundvall und Johnson (2016: 109) diese einschneidenden Veränderungen unter anderem in der rasanten Entwicklung von Informations- und Kommunikationstechnologien (IKT), in einer höchst flexiblen Spezialisierung am Arbeitsmarkt sowie in vorangetriebenen Innovationsprozessen.

5 Anwendungsbezug

In diesem Beitrag wurde ein kurzer Überblick über die sozialpolitische Forschung von ihren Anfängen bis zu den neuesten Entwicklungen gegeben. Dabei wurde deutlich, dass Sozialpolitikforschung auf die Formung sozialer Bedürfnisse, die gesellschaftliche Abwehr von Risiken (wie Armut) und der institutionellen Ausgestaltung von Sozialpolitik eingeht. Demnach reicht der Anwendungsbezug sozialpolitischer Forschung von der Beratung zur Gestaltung neuer Maßnahmen, bis hin zu deren Evaluation. Ein zentrales Anliegen ist die Analyse von Folgen sozialpolitischer Maßnahmen, wie etwa Umverteilungswirkung, soziale Stratifizierung und Ungleichheit. Die Relevanz von Sozialpolitik für das Wohlergehen der Bevölkerung verleiht auch dem Wissen über die Funktionsweise von Sozialpolitik, ihren Gestaltungsprinzipien und ihren praktischen Auswirkungen zentrale Bedeutung.

6 Literatur

a. Einführungsliteratur

Frevel, Bernhard/Dietz, Berthold (2008): Sozialpolitik kompakt. Cham: Springer.

Kaufmann, Franz-Xaver (2009): Sozialpolitik und Sozialstaat: Soziologische Analysen. Heidelberg: Springer VS.

Kennett, Patricia/Lendvai-Bainton, Noemi (2017): Handbook of European social policy. Cheltenham: Edward Elgar.

Obinger, Herbert/Schmidt, Manfred G. (2019): Handbuch Sozialpolitik. Heidelberg: Springer VS.
Schmidt, Manfred G./Ostheim, Tobias/Siegel, Nico/Zohlnhöfer, Reimut (2007): Der Wohlfahrtsstaat. Eine Einführung in den historischen und internationalen Vergleich. Wiesbaden: VS Verlag für Sozialwissenschaften.

b. Weitere zitierte Literatur

Abrahamson, Peter (1999): The welfare modelling business. In: Social Policy & Administration, Vol. 33 (4), 394–415.
Alber, Jens (1982): Vom Armenhaus zum Wohlfahrtsstaat: Analysen zur Entwicklung der Sozialversicherung in Westeuropa. Frankfurt a. M.: Campus.
Benassi, David (2010): Father of the Welfare State? Beveridge and the Emergence of the Welfare State. In: Sociologica, Vol. 3, 1–15.
Booth, Charles/Argyle, Jesse (1902): Life and labour of the people in London. London: Macmillan.
Bovaird, Tony (2007): Beyond engagement and participation – user and community co-production of public services. In: Public Administration Review, Vol. 67, 846–860.
Cerami, Alfio/Vanhuysse, Pieter (Eds.) (2009): Post-Communist Welfare Pathways: Theorizing Social Policy Transformations in Central and Eastern Europe. Basingstoke: Palgrave.
Engels, Friedrich (1845): Die Lage der arbeitenden Klasse in England. Leipzig: Verlag Otto Wigand.
Esping-Andersen, Gøsta (1990): The Three Worlds of Welfare Capitalism. Cambridge: Polity Press.
Esping-Andersen, Gøsta (2002): Why We Need a New Welfare State. New York: Oxford University Press.
European Commission (2013): Towards Social Investment for Growth and Cohesion – including implementing the European Social Fund 2014–2020. Brussels: European Commission.
Fitzpatrick, Tony (Ed.) (2011): Understanding the environment and social policy. Bristol: Policy Press.
Flora, Peter/Heidenheimer, Arnold J. (Eds.) (1981): The Development of Welfare States in Europe and America. New Brunswick: Transaction Books.
Gough, Ian (2013): Climate change, social policy, and global governance. In: Journal of International and Comparative Social Policy, Vol. 29, 185–203.
Hansard, House of Lords (1953): Vol. 182, 675–676.
Hemerijck, Anton (2017): The uses of social investment? Oxford: Oxford University Press.
Hemerijck, Anton/Rhodes, Martin/Ferrera, Maurizio (2000): The Future of Social Europe: Recasting Work and Welfare in the New Economy. Oeiras: Celta Editora.
Korpi, Walter (1983): The democratic class struggle. London/Boston/Melbourne: Routledge.
Kronauer, Martin (2010): Exklusion: Die Gefährdung des Sozialen im hoch entwickelten Kapitalismus. Frankfurt a. M.: Campus.
Leibfried, Stephan (1991): Towards a European welfare state? On Integrating Poverty Regimes into the European Community: In: Ferge, Zsuzsa/Kolberg, Jon E. (Eds.): Social Policy in a Changing Europe. Frankfurt a. M.: Campus, 245–280.
Lenhardt, Gero/Offe, Claus (1977): Staatstheorie und Sozialpolitik. In: von Ferber, Christian/Kaufmann, Franz-Xaver (Hg.). Soziologie und Sozialpolitik (Kölner Zeitschrift für Soziolo-

gie und Sozialpsychologie Sonderheft 19). Wiesbaden: VS Verlag für Sozialwissenschaften, 98–127.

Lewis, Jane (1992): Gender and the Development of Welfare Regimes. In: Journal of European Social Policy, Vol. 2 (3), 159–173.

Lødemel, Ivar/Trickey, Heather (Eds.) (2001): ‚An offer you can't refuse': workfare in international perspective. Bristol: Policy Press.

Lundvall, Bengt-Åke/Johnson, Björn (2016): The Learning Economy. In: Ludvall, Bengt-Åke (Ed.): The Learning Economy and the Economics of Hope. London: Anthem Press, 107–131.

Marshall, Thomas H. (1987 [1950]): Citizenship and Social Class. London: Pluto Press.

Martin, John P./Grubb, David (2001): What works and for whom: A review of OECD countries' experiences with active labour market policies. IFAU – Office of Labour Market Policy Evaluation, Working paper 14.

Mead, Lawrence M. (1992): The New Politics Of Poverty: The Nonworking Poor In America. New York: Basic Books.

Moulaert, Frank/MacCallum, Diana (2019): Advanced introduction to Social Innovation. Cheltenham: Edward Elgar.

Murray, Charles (1979): Losing ground: American social policy, 1950–1980. New York: Basic Books.

O'Connor, James (1973): The fiscal crisis of the state. New York: St. Martin's Press.

Osborne, Stephen P./Strokosch, Kirsty (2013): It takes Two to Tango? Understanding the Co-production of Public Services by Integrating the Services Management and Public Administration Perspectives. In: British Journal of Management, Vol. 24, 31–47.

Österle, August/Heitzmann, Karin (2020): Austrification in Welfare System Change? An Analysis of Welfare System Development in Austria between 1998 and 2018. In: Blum, Sonja/Kuhlmann, Johanna/Schubert, Klaus (Eds.): Routledge Handbook of European Welfare Systems. London: Routledge.

Paugam, Serge (2008): Die elementaren Formen der Armut. Hamburg: Hamburger Edition.

Pestoff, Victor (2006): Citizens and co-production of welfare services. In: Public Management Review, Vol. 8 (4), 503–519.

Ranci, Costanzo (2010): Social vulnerability in Europe: The new configuration of social risks. Basingstoke: Palgrave.

Ritter, Gerhard (1991): Der Sozialstaat: Entstehung und Entwicklung im internationalen Vergleich. Oldenburg: De Gruyter.

Romano, Serena (2018): Moralising Poverty. The ‚Undeserving' Poor in the Public Gaze. Abingdon: Routledge.

Rowntree, Benjamin S. (1901): Poverty: A study of town life. London: Macmillan.

Rowntree, Benjamin S./Lavers, G.R. (1951): Poverty and the welfare state: A third social survey of York dealing only with economic questions. London: Longmans.

Simmel, Georg (1908): Soziologie. Untersuchungen über die Formen der Vergesellschaftung. Kapitel VII: Der Arme. Berlin: Duncker & Humblot, 345–374.

Tálos, Emmerich (2006a): Sozialpartnerschaft. Austrokorporatismus am Ende. In: Dachs, Herbert (Hg.): Politik in Österreich. Das Handbuch. Wien: Manz, 426–442.

Tálos, Emmerich (2006b): Sozialpolitik. Zwischen Expansion und Restriktion. In: Dachs, Herbert (Hg.): Politik in Österreich. Das Handbuch. Wien: Manz, 624–637.

Taylor-Gooby, Peter (Ed.) (2004): New Risks, New Welfare: The Transformation of the European Welfare State. Oxford: Oxford University Press.
Titmuss, Richard M. (1958): Essays on the welfare state. London: Allen & Unwin.
Titmuss, Richard M. (1974): Social Policy: An Introduction. London: Allen & Unwin.
Townsend, Peter (1979): Poverty in the United Kingdom. A Survey of Household Resources and Standards of Living. Harmondsworth: Penguin Books.
Unger, Brigitte/Heitzmann, Karin (2003): The Adjustment Path of the Austrian Welfare State – Back to Bismarck? In: Journal of European Social Policy, Vol. 13 (4), 371–387.
Walters, William (1997): The ‚active society': new designs for social policy. In: Policy & Politics, Vol. 25 (3), 221–234.
Woodroofe, Kathleen (1968): The making of the welfare state in England: A summary of its origin and development. In: Journal of Social History, Vol. 1 (4), 303–324.

c. Ausgewählte Fachzeitschriften

Critical Social Policy
International Journal of Social Welfare
Journal of European Social Policy
Journal of Social Policy
Social Policy and Administration
Social Policy and Society
Zeitschrift für Sozialreform

Stadt

Christoph Reinprecht

1 Einleitung

2007 gilt als Wendepunktjahr: Seit damals lebt mehr als die Hälfte der Weltbevölkerung in Städten. Ein halbes Jahrhundert davor war es erst ein knappes Drittel. Bis um die Mitte des 21. Jahrhunderts soll, den aktuellen demografischen Prognosen zufolge, weltweit das europäische Niveau erreicht sein: Mehr als drei Viertel der Menschheit leben dann in städtischen Zusammenhängen. Doch was bedeutet es, wenn die absolute Mehrheit der Menschen in Städten lebt und der Grad der Verstädterung weltweit weiter zunimmt? Und inwiefern handelt es sich dabei nicht nur um ein demografisches, sondern um ein eminent soziologisches Phänomen?

Globale Verstädterung ist Ergebnis *und* Motor sozialstruktureller und soziokultureller Veränderungen. Seit ihren Anfängen betrachtet die Soziologie die Großstadt als Gegenstand und Ausdruck gesellschaftlicher Transformationsprozesse, erst von der feudalen zur Industriegesellschaft, heute zur postnationalen und postindustriellen Weltgesellschaft. Städte existieren seit Jahrtausenden – man denke an Babylon, die Städte des Altertums oder der Renaissance –, im Kontext der europäischen Moderne verändern sie sich jedoch in ihrer Form, ihren Eigenschaften und Funktionen. Das Sinnbild der modernen, kapitalistischen Stadt ist die pulsierende Metropole: Inbegriff von sozialer Unordnung, Differenziertheit, Konflikt, aber auch von Planungseuphorie und kultureller Innovation. In den globalisierten Zusammenhängen der Gegenwart verschiebt sich der Blickwinkel. Weltweit überschreitet alle 16 Monate eine Stadt die Zehn-Millionen-Einwohner*innen-Grenze. Lassen sich die Realitäten und Widersprüche des mega-städtischen Lebens mit den Erfahrungen der europäischen Großstadt in Einklang bringen?

Als *Verstädterung* wird ein Prozess definiert, bei dem ein zunehmender Anteil der Bevölkerung in städtischen Agglomerationen, d.h. in zusammenhängenden Siedlungsgebieten lebt. Der Begriff der *Urbanisierung* hingegen bezieht sich auf die Durchsetzung einer bestimmten Einstellungs- und Lebensweise, „das, was die Lebensart der Stadtbewohner von der der Landbevölkerung unterscheidet" (Siebel 1998: 262). In der Großstadt bestimmen Dichte und Heterogenität der Bevölkerung das Zusammenleben – dieses wird komplexer, unübersichtlicher, anonymer und individualisierter. In der Großstadt zu leben, erfordert gewisse Kompetenzen, allen voran die Fähigkeit zu rationalem und affektkontrolliertem Handeln sowie zu einem entspannten („gleichgültigen") Umgang mit Differenz und Ambiguität. Verweist Stadt auf einen funktionalen, beschreibt das Konzept der Urbanität einen normativen Zusammenhang. „Urbanität als Ergebnis und Ort der Kultivierung enthält von Anfang an ein emanzipatorisches Element, zunächst von Natur, später aus gesellschaftlichen Zwängen" (Siebel 1998: 262). Der Begriff *planetary urbanization* (Brenner/Schmid 2012) reflektiert die These, dass der Urbanisierungsprozess inzwischen weltweit alle Lebensrealitäten erfasst, auch jenseits der materialen Stadt. Doch was bleibt vom Anspruch auf Befreiung durch Urbanität in den sozial zerrissenen, fragmentierten Städten der Gegenwart?

Die weltweite Ver(groß)städterung unserer Tage spiegelt die Logik der ökonomischen Globalisierung: Verstädterung war und ist funktional für die Durchsetzung der kapitalistischen Ordnung. Der für die europäische Moderne ab dem 18. Jahrhundert charakteristische (und vielschichtige) Zusammenhang von Verstädterung, Industrialisierung und Nationalstaatenbildung löst sich in der Gegenwart jedoch auf: im globalen Norden als Folge von De-Industrialisierung sowie der Bedeutung des Finanzkapitalismus; im globalen Süden als Konsequenz der strukturellen Verarmung der massiv in die Städte strömenden Landbevölkerung. Auch aus diesem Grund schafft die weltweite Verstädterung kontrastreiche Realitäten, oftmals sogar innerhalb ein und derselben Stadt. Auf der einen Seite stehen pulsierende *Global Cities* (Sassen 2001) als strategische Knoten weltweit vernetzter (polit-)ökonomischer Macht. Auf der anderen Seite finden sich diffus wuchernde Mega-Agglomerationen, ohne ausreichende Infrastrukturen für die in Armut und informeller Behausung lebende Bevölkerung, die aus ländlichen Peripherien zuströmt, in der Hoffnung auf ein besseres Leben.

Eine einheitliche Definition dessen, was Stadt ausmacht, existiert nicht. Dies ist auch der Vielfalt an städtischen Realitäten geschuldet. Im demografischen Jahrbuch der Vereinten Nationen (UN 2005) werden auf Basis eines weltweiten Screenings über 100 Definitionen aufgelistet, beginnend mit administrativ-rechtlichen Bestimmungen (Stadtstatut, Gebietskörperschaft) über Bevölkerungszahl bis zu wirtschaftlichen Aspekten (nicht-agrarisch, Dominanz von Industrie und Dienstleistungen) und Zentrumsfunktionen. Soziologisch sind Städte mehr als bloß administrativ und territorial begrenzte Siedlungsformen, in der eine Vielzahl und Diversität an Menschen und Tätigkeiten konzentriert sind. Geht es aus technisch-planerischer Perspektive darum, die zentralen Funktionen des Städtischen wie Wohnen, Arbeit oder Verkehr möglichst effizient zu gestalten, lenkt die Soziologie ihren Blick auf die Mechanismen der Stadt- bzw. Raumproduktion, die darin involvierten (öffentlichen und privaten) Akteur*innen und Interessen, vor allem aber auf Stadt als Interak-

tions- und Vergesellschaftungsraum: Gelegenheitsstruktur für (neue, ungeplante) Begegnungen, ein Mosaik vielfältiger Milieus und Lebensstile. Stadtsoziologische Zugänge fokussieren sowohl auf die *Bevölkerung* als auch auf den *Raum*.
Die Verknüpfung von sozialstrukturellen und raumsoziologischen Ansätzen erlaubt vielfältige Analysen etwa zur räumlichen Dimension sozialer Ungleichheit, zur Hierarchisierung und sozialen Differenzierung urbaner Milieus oder zur Aneignung des öffentlichen Raums. Stadtsoziologische Forschungen berühren sich mit vielen anderen speziellen Soziologien (Arbeit, Bildung, Migration, Jugend, Familie, Abweichung und Soziale Kontrolle) und sind häufig interdisziplinär ausgerichtet. Wichtige Fächer, die zur Analyse städtischer Lebens- und Produktionszusammenhänge beitragen, sind Wirtschaft- und Rechtswissenschaften, Humangeografie und Demografie, Stadt- und Raumplanung, Geschichte, Sozial- und Kulturanthropologie, Psychologie und Politikwissenschaft.

2 Historische Entwicklung der Stadtsoziologie

Der folgende Abschnitt skizziert die Entwicklung der Stadtsoziologie mit ihren spezifischen theoretisch-konzeptuellen Zugängen in einer historischen Perspektive.

2.1 Ansätze soziologischer Klassiker

In ihren Anfängen begreift die Soziologie das städtische Leben gewissermaßen als Symbol und Synonym für den Zeitenwandel. Zahlreiche Beispiele lassen sich hier nennen, exemplarisch etwa Friedrich Engels' (1845) Untersuchung zur *Lage der arbeitenden Klasse in England*. Gemeinsam mit Karl Marx formuliert Engels die einflussreiche These, dass der Gegensatz von agrarischer und industrieller Produktionsweise den zentralen Widerspruch und Motor für die Entstehung der modernen kapitalistischen Gesellschaften bilde.
In seinem Frühwerk *Über soziale Arbeitsteilung* begreift Emile Durkheim (1992 [1893]) die moderne Stadt in ihrer materiellen und moralischen Dichte als soziale Tatsache, charakterisiert durch Arbeitsteilung (Differenzierung der Funktionen) und Individualisierung. Die sich durchsetzende *organische Form der Solidarität* wird als konträr zur traditionellen, in ländlichen Kontexten vorherrschenden *mechanischen Solidarität* betrachtet. Städtisches Leben öffnet Freiheits- und Möglichkeitsräume für das Individuum, macht dieses aber zugleich verwundbarer (Gefahr von Anomie, d. h. Normenzerfall). Max Weber rückt aus einem politik- und wirtschaftshistorischen Blickwinkel die wirtschaftliche und bürokratische Organisationsform

der „okzidentalen Stadt“ in den Mittelpunkt seiner Analyse (1972 [1922]). Politische Selbstverwaltung und Marktgeschehen begünstigen das Heraustreten der Menschen aus der Hauswirtschaft und die Ausdifferenzierung von Öffentlichkeit (Markt) und Privatheit (Betrieb und Wohnung) – beides Voraussetzungen für den Aufstieg der bürgerlichen Gesellschaft und des rationalen Kapitalismus. Ebenfalls zu Beginn des 20. Jahrhunderts publiziert Georg Simmel (1995 [1903]) *Die Großstädte und das Geistesleben* – einen Essay zu den spezifischen Anforderungen des Zusammenlebens in der Großstadt. Nach Simmel sind dies Individualität (als Anspruch und Lebensstil) und eine gegen die Reizüberflutung schützende Mentalität (Blasiertheit und Distanziertheit). Zu den frühen deutschsprachigen Beiträgen zur Stadtsoziologie zählen auch die Schriften von Walter Benjamin (2012 [1935]), dessen Studien über *Paris, die Hauptstadt des XIX. Jahrhunderts* eine unentbehrliche Grundlage für die Analyse der Stadt als Ort des (Massen-)Konsums bilden (erste Analyse des Warenhauses).

2.2 *Chicago School:* Beginn einer eigenständigen Stadtsoziologie

Als eigenständige Spezialisierung entfaltet sich Stadtsoziologie im Umfeld der sogenannten *Chicago School* in den USA der 1920er Jahre. Unter dem Eindruck von Wirtschaftsboom und Massenzuwanderung formulierten Soziologen wie Robert E. Park, Louis Wirth, William J. Thomas oder Ernest W. Burgess auf der Grundlage interdisziplinärer Studien einen sozialökologischen Forschungsansatz, der dazu beitragen sollte, die Veränderungen in der Lebensweise, den sozialen Beziehungen und in der Form und Funktion der Stadt aufzudecken und zu erklären. Zu den wichtigsten Annahmen zählten die stufenweise Einschmelzung der neu zugewanderten ethnischen Gruppen *(race-relation cycle)*, damit einhergehende Störprozesse (Anpassungsprobleme an die Umwelt, *marginal man*) und Veränderungen der sozialen und räumlichen Ordnung. In diesem Zusammenhang wird auch eine Wechselseitigkeit sozialer und räumlicher Beziehungen behauptet: Physische Distanz gilt als Anzeiger für soziale Distanz, durch räumliche Nähe erzeugter Anpassungsdruck als ursächlich für ethnische Vergemeinschaftung und Abschottung.
Die *Chicago School* betrachtet Städte als Maschinen der Transformation, von Filterung und Selektion, von Integration (Normierung) und Differenzbildung. Urbanität wird als die Bilanz dieser Spannungsgegensätze theoretisiert, als eine Art Gleichgewicht zwischen dem Wettbewerb um soziale Positionen und Lebenschancen und dem Streben nach Konsens und Gemeinschaft. Louis Wirth (1938) wirft die Frage nach dem Verhältnis von Integration und Separation auf, die nicht nur für

städtische Lebenszusammenhänge, sondern für die moderne Gesellschaft schlechthin grundlegend ist: Wie viel Heterogenität verträgt die Stadt? Wie können sich unter den Bedingungen zunehmender sozialer und kultureller Pluralität verbindliche Normen und Werte herausbilden? Ab wann sind Kommunikationsfähigkeit und sozialer Ausgleich bedroht?

2.3 Forschungsperspektiven ab der zweiten Hälfte des 20. Jahrhunderts bis in die Gegenwart

In den ersten Jahrzehnten nach dem Zweiten Weltkrieg treten die sozialen Folgeprobleme der funktionalen Gliederung der Stadt in den Mittelpunkt der Forschungsinteressen: die Trennung von Wohnen und Arbeiten, die Errichtung großer Wohnhausanlagen in den Stadterweiterungsgebieten oder die Automobilisierung mit ihren Auswirkungen auf Lebensqualität und Mobilität. Stadtforschung ist zu dieser Zeit vor allem Siedlungssoziologie und Sozialstrukturforschung: Analysiert werden Prozesse der Suburbanisierung (Abwanderung von Bevölkerungsschichten aus der Kernstadt in das Umland), Wohn- und Mobilitätsverhalten nach Klassen- und Schichtzugehörigkeit, Tendenzen und Muster residenzieller Segregation, vor allem im Zusammenhang mit der Zuwanderung ausländischer Arbeitskräfte ab den 1960er Jahren und der beginnenden Stadterneuerung ab den 1970er Jahren. Mit dem allgemeinen Gesellschaftswandel (Krise der fordistischen Massenproduktion, De-Industrialisierung, Dienstleistungsgesellschaft) widmet sich die Stadtsoziologie verstärkt den Themen Armut und soziale Exklusion, analysiert werden urbane Spaltungs- und Desintegrationstendenzen.

In den 1970er Jahren formuliert der französische Soziologe Henri Lefebvre: „Das Urbane gewinnt kosmische Bedeutung, umfasst die ganze Welt“ (Lefebvre 1976: 134). Mit Lefebvre artikuliert sich eine neo-marxistisch orientierte Stadtsoziologie unter der Formel *New Urban Sociology*. Dieser Ansatz interpretiert die Stadt als Ausdruck und Verkörperung des (Spät)Kapitalismus, verfolgt wird eine kritische Analyse der Politik und Ökonomie von Stadtproduktion und Stadtentwicklung (Castells 1972), aufgezeigt werden das Vordringen neoliberaler Konzepte (Privatisierungen, Kommodifizierung des öffentlichen Raums und des Wohnungsmarkts) und die Logik der sozialen Kämpfe, die sich in den Städten entfalten und ein „Recht auf Stadt“ (der Begriff geht auf Henri Lefebvre zurück) proklamieren. Forschungen kreisen um die teils dramatischen Folgen der De-Industrialisierung (Davis 1990), die Inwertsetzung des Stadtraums („Gentrifizierung“) (Smith/Williams 1986) oder die politischen und ökonomischen Prozesse, die die sozialräumliche Ausschließung der „Verdammten der Stadt" (Wacquant 2018) verantworten. Im beginnenden 21. Jahrhundert rücken die urbanen Auswirkungen der ökonomischen Globalisierung (Andreotti et al. 2018) und der Widerstand dagegen (Harvey 2013) in den Fokus der Literatur.

2.4 Raumsoziologische Ansätze und Eigenlogik der Städte

Während es in der Stadtforschung lange Zeit üblich war, Raum als physikalische Größe und insofern losgelöst vom Handeln sozialer Akteur*innen anzusehen, nimmt der relationale Ansatz der Raumsoziologie die Alltagsgebundenheit der Raumkonstitution zum Ausgangspunkt. Seinen gesellschaftlichen Charakter, so die These, erhält der städtische Raum „erst im Kontext der gesellschaftlichen Praxis der Menschen, die in ihm leben, ihn nutzen und reproduzieren" (Läpple 1991: 197). Raumsoziologie interessiert sich dafür, „welche Orte von welchen sozialen Gruppen zu Räumen konstituiert werden können" (Manderscheid 2004: 141).
Die Unterscheidung von Ort und Raum bildet einen Kernpunkt der Raumsoziologie. Martina Löw definiert Räume als „relationale (An)Ordnung sozialer Güter und Menschen an Orten" (Löw 2001: 224), die unterschiedlich stark institutionalisiert sind (Straßen, Parks, Plätze, Schulhöfe, Museumsinseln). Räume erhalten ihre spezifische Bedeutung und Bewertung jedoch erst über kognitive Prozesse von *Spacing* (Platzieren von Elementen im Raum) und *Synthese* (Zusammenfassung dieser Elemente zu einem Raum). Politische und ökonomische Logiken bleiben hier eher im Hintergrund.
Der raumsoziologische Ansatz öffnet den Blick für die Entkopplung von Ort und Milieu. Soziales Leben ist nicht an einen Ort gebunden oder durch diesen definiert. Zugleich unterstreichen sie den pluralen Charakter des Raums. Schicht- oder geschlechtsspezifische, gegenkulturelle oder virtuelle Raumkonstruktionen bilden Konfliktzonen urbaner Realitäten, die sich nicht immer berühren, aber in Konkurrenz zueinander stehen können und auszuhandeln sind. Ein Beispiel wären die unterschiedlichen Raumkonzepte und Nutzungsstrategien von Mädchen und Burschen und die damit verbundenen Auseinandersetzungen um öffentlichen Raum.
Im Unterschied zu stadtsoziologischen Ansätzen, die das städtische Leben als Spiegel des allgemeinen Gesellschaftswandels (Modernisierung, Differenzierungsprozesse, Kapitalismus) betrachten, versucht die Raumsoziologie die „Eigenlogik" der Städte zu verstehen (Berking/Löw 2008). Städte, Quartiere, auch Wohnhäuser verfügen über eine eigene Geschichte, eine Biografie, ein Gedächtnis. Auf diese Weise

beeinflussen sie die in ihr lebenden Menschen, ihre Identität und urbane Praxis und bestimmen die Teilhabechancen von neu Hinzukommenden.

3 Aktuelle Forschungen: Ausgewählte Themenbereiche

Aus dem weit aufgespannten Themenspektrum der internationalen stadtsoziologischen Forschung werden vier Themenbereiche ausgewählt: Stadt und Ungleichheit, Nachbarschaft, Wohnen und öffentlicher Raum.

3.1 Stadt und soziale Ungleichheit

Stadt bildet aus soziologischer Sicht „eine soziale Tatsache, die sich räumlich formt" (Siebel 2012: 201), und zwar in Interaktion mit den jeweils vorherrschenden Formen der Vergesellschaftung. Analysen von Wohn- und Betriebsstandorten zeigen typische Muster: sektorale Gliederung in Arbeiter- und bürgerliche Viertel; konzentrischer Aufbau der Siedlungszonen entlang der Achse Zentrum-Peripherie; funktionale Differenzierung und Knotenbildung. Für deren Herausbildung sind neben historischen auch institutionelle Realitäten ausschlaggebend. So sind europäische Städte durch den Aufbau öffentlicher Infrastrukturen geprägt, etwa in den Bereichen Transport, Wasser- und Elektrizitätsversorgung, Wohnen. In Wien trägt der kommunale Wohnbau seit den 1920er Jahren dazu bei, dass stadträumliche Disparitäten vergleichsweise gering ausgeprägt sind.

Die sozialräumliche Stadtstruktur ist das Ergebnis einer Verteilungsfrage. Segregation wird als Ungleichverteilung von Merkmalsträgern in einem Stadtgebiet bzw. als ungleich verteilte Chancen, den Wohnort in einer Stadt frei wählen zu können, definiert. Die Merkmale, nach denen die sozialräumliche Anordnung erfolgt, variieren historisch (Berufsgruppen, Klassenzugehörigkeit, Familienstatus, Religion, Ethnizität). Sozialräumliche Segregation wird als soziales Problem definiert, wenn sie mit einer Ungleichverteilung von Lebensqualität und Lebenschancen einhergeht oder eine solche aktiv befördert. Die heutige Stadt ist ein fragmentierter Zusammenhang: Hier die Stadt als Erlebnisraum, die Viertel der kreativen Klassen (Florida 2004), da die Stadtgebiete, die durch Arbeitslosigkeit und Einkommensarmut charakterisiert sind, oft in Verbindung mit Migration und ethnischer Enklavenbildung. Diese Viertel sind oftmals durch mangelhafte Infrastrukturversorgung und hohe Umweltbelastungen geprägt. Aktuelle Themen wie Klimawandel und Stadthitze treffen hier auf eine besonders vulnerable Bevölkerung.

Welche Folgen hat eine Konzentration benachteiligter Bevölkerungsgruppen? Die Forschung liefert uneinheitliche Ergebnisse: Der Beobachtung einer Abwärts- bzw. Deprivationsspirale (Friedrichs et al. 2003) steht die These von Nachbarschaft als „Ressource und sozialer Erfahrungsraum" (Kronauer/Vogel 2004: 236) gegenüber. Offen ist, warum es manchen Vierteln besser als anderen gelingt, Ressourcen zur Bewältigung von Benachteiligung und sozialer Ausgrenzung zur Verfügung zu stellen. Informelle Strukturen gegenseitiger Unterstützung können zur Kompensation von Angebots- und Versorgungsdefiziten beitragen und stiften Zugehörigkeit, Vertrautheit und Solidarität. Fortdauernde Marginalisierung schreibt sich jedoch als kollektive Erfahrung in den Stadtraum ein und wird als „Ortseffekt" (Bourdieu 1997) wirksam.

Segregationsprozesse entlang der Merkmale Migration und ethnische Zugehörigkeit haben seit den 1990er Jahren an Bedeutung gewonnen. Migrantische Bevölkerungsgruppen teilen in allen europäischen Großstädten die Erfahrung von Restriktionen im Zugang zu Wohnraum und in der Wohnortswahl, viele leben in den am wenigsten nachgefragten Stadtgebieten und Segmenten des Wohnungsmarktes. Wohnortentscheidungen gründen mitunter auf Milieuzugehörigkeit oder sozialen Netzwerken; entscheidend sind aber die selektiven und vielfach diskriminierenden Praktiken am Wohnungsmarkt. In Ländern wie Österreich, wo der Wohnungsmarkt durch den sozialen Sektor geprägt ist, sind neben der Marktlogik auch administrative Bestimmungen bedeutsam (Reinprecht 2014).[1]

Städtische Ungleichheit ist auch ein Produkt stadtpolitischer Gestaltung und Steuerung, es geht um die Zusammensetzung und Mächtigkeit der Akteur*innen, die Formen und Dynamiken ihres Zusammenspiels, ihre Interessen und Strategien, die Rolle von Zivilgesellschaft, sozialen Bewegungen, auch marginalisierten Akteur*innen wie Migrant*innen (Çağlar/Glick Schiller 2018). Im Unterschied zu herkömmlichen *top-down*-Prozessen berücksichtigen Strategien der *New Urban Governance* auch von lokalen Bevölkerungsgruppen eingebrachte Lösungsansätze *(bottom-up)*. Eine der Herausforderungen besteht darin, Städte und Stadtteile nicht als territoriale (Verwaltungs-)Behälter zu betrachten. Diese Vorstellung beruht auf einer Konzeption von Stadt als einem Ort mit klarer administrativer und territorialer Grenzziehung, der die Menschen mit ihren Bedürfnissen und die Dinge, die Gebäude, Straßen, Infrastrukturen wie ein Container umschließt. Diese lange dominierende Betrachtungsweise verleitet zu Fehlinterpretationen von statistischen

1 So ist der Zugang zum geförderten Wohnbau an gewisse finanzielle und soziale Voraussetzungen gebunden. In Wien etwa werden Personen mit längerem Hauptwohnsitz privilegiert, Drittstaatsangehörige waren bis 2006 vom Zugang de facto ausgeschlossen etc.

Zusammenhängen – etwa zwischen Armut, physischem Verfall und abweichendem Verhalten oder in Bezug auf Schwellenwerte ethnischer Konzentration – und leistet auf diese Weise generalisierenden Diskursen, etwa über Migration und Ghettoisierung, Vorschub (Dangschat 2016). Infrage gestellt ist das Behältermodell von Stadt auch durch Prozesse der Globalisierung und transnationaler Migration, welche die im Alltagsbewusstsein als natürlich wahrgenommene Verankerung der Menschen in ihrem Stadtraum aufbrechen und transformieren.

3.2 Nachbarschaft: Komplexe Beziehung von räumlicher und sozialer Nähe und Distanz

Dem sozialwissenschaftlichen Befund sozialräumlicher Ungleichheit und Ausgrenzung begegnen Stadtpolitik und Stadtplanung mit Zielvorstellungen von „sozialer Stabilisierung durch soziale Mischung". Die Beziehung von räumlicher und sozialer Nähe ist allerdings komplexer Natur (Chamboredon/Lemaire 1970). So führt räumliche Annäherung, etwa durch gemischte Besiedlung im geförderten Wohnbau, nicht zwangsläufig zu sozialer Angleichung, sondern begünstigt eher soziale Schließung und Differenzierung, wobei sowohl klassen- als auch herkunftsbezogene Statusmerkmale eingesetzt werden.

Der scheinbar naheliegende Umkehrschluss (soziale Nähe als quasi „natürliche" Quelle von Kohäsion und Solidarität) wird empirisch ebenfalls nicht gestützt. In *Etablierte und Außenseiter* demonstrieren Norbert Elias und John Scotson (1993 [1965]) am Beispiel eines Vororts der britischen Industriestadt Leicester, dass erst sozialer Wandel (Zuzug neuer Bewohner*innengruppen) dazu führt, dass die ansässige Bevölkerung ein Gefühl der Zusammengehörigkeit entwickelt, und zwar über die Stigmatisierung der (sozial und kulturell nahestehenden) neuen Nachbar*innen, die diese Zuschreibung übernehmen und damit die Machtbeziehung stabilisieren.

Die Studie von Elias und Scotson erhellt die Funktion und Bedeutung von negativen Zuschreibungen für soziale Dominanzverhältnisse. Die Stigmatisierung von Wohngebieten kann weitreichende Folgen haben, etwa bei der Jobsuche oder im Polizeihandeln (wenn z. B. vom schlechten Ruf eines Viertels auf die Eigenschaften einer Person geschlossen wird). Der Rückgriff auf soziale oder ethnische Kategorien hat zur Folge, dass Ähnlichkeiten nach innen und Differenzen nach außen überbetont werden. Die Sozialraumanalyse bildet ein methodisches Verfahren, diese Prozesse sichtbar zu machen, die oftmals sehr kleinräumig und querliegend zu den dominanten Gliederungslinien wie Klasse, Migration/Ethnizität oder Haushaltsstatus auftreten.

3.3 Wohnen in der globalisierten Stadt

Eine für Städte charakteristische Dynamik entsteht aus der Beziehung von Dauerhaftigkeit (Bauwerke, Infrastrukturen) und Beweglichkeit (Menschen, Arbeitsplätze, Verkehr, Konsum). Wohnen fungiert als Scharnier für die Teilhabe an der Stadt, vermittelt Aufenthalt und Schutz, schafft Raum für Privatheit und Intimität, dient der Reproduktion der Arbeitskraft, aber auch, über die mit dem Wohnen verbundenen Tätigkeiten in Haushalt und Familie, der Reproduktion von Handlungs- und Denkschemata (z. B. Geschlechter- und Generationsrollen). Stadtsoziologie interessiert sich für die ungleichheitsbezogenen wie auch soziokulturellen Aspekte des Wohnens. Zu Letztgenannten zählen Praktiken des Wohnens und Wohnvorstellungen, die schicht- und sozialisationsbedingt normativ unterlegt sind. Zu Ersteren gehören Sachverhalte wie Wohnungsarmut und Wohnungslosigkeit, aber auch der strukturelle Wandel der Haushaltsformen (z. B. Einpersonenhaushalte, Wohngemeinschaften) und Erscheinungsformen des autonomen und informellen Wohnens (Wagenplätze, vertraglose Untermiete, Zeltsiedlung) und der Unterbringung, wie sie etwa das Leben vieler Geflüchteter prägen (Arouna et al. 2019).
Wohnen und Wohnort galten lange Zeit synonym für lokale Verwurzelung und soziale Identität. Auch der soziale Radius wurde über die Klassenbindung bestimmt: Je niedriger der soziale Status, desto räumlich konzentrierter die Kontaktkreise. In globalisierten Kontexten verändert sich dieser Zusammenhang, soziale Beziehungen sind transnational organisiert, soziale Nachbarschaften formieren sich überlokal. Dies gilt für migrantische Arbeitskräfte ebenso wie für Eliten und kreative Milieus. Nach Albrow (1998) bilden Städte ein Amalgam aus „Soziosphären", deren Ortsbezogenheit unterschiedlich ausgeprägt und für die soziale Position bestimmend ist. Die Spaltungslinie zwischen lokal verankerten und multi-lokalen Lebenswelten bildet ein prägendes Element des urbanen Gefüges der globalisierten Stadt.

3.4 Integration und öffentlicher Raum

Die klassischen Texte der Stadtforschung beschrieben die Stadt als Mosaik sozialer und kultureller Welten und argumentierten, dass anders als der Nationalstaat die Stadt eine Integration erlaubt, ohne dass Heterogenität und Diversität verschwinden müssten. In der Stadt definiert der öffentliche Raum den Bereich der Begegnung von Fremden. Öffentlicher Raum steht emblematisch für Urbanität. Im Gegensatz zur exklusiven lokalen Gemeinschaft ermöglicht er Integration durch Differenz,

sorgt für wechselnde und überraschende Interaktionsmöglichkeiten und stimuliert interkulturelle Dialog- und Lernprozesse. Bei Streifzügen durch die Viertel einer x-beliebigen Stadt lässt sich die Offenheit des öffentlichen Raums gut beobachten. Eine bestimmende Frage der Forschung ist, wie eine offene Stadt aussehen kann, die geprägt ist von Vielfalt und gerechter Teilhabe (Sennett 2018). Sozioökonomische Spaltungen, Enklavenbildungen von Superreichen oder ethnischen Minderheiten, Kommerzialisierung (wie Übertourismus) oder Einsatz neuer Kontroll- und Überwachungstechniken untergraben die kommunikative, integrative Kraft des öffentlichen Raums, der Widersprüche zulässt, aushält und absorbiert.
Die Stadtsoziologie analysiert aktuelle Entwicklungen, die der Stadt ihren offenen Charakter nehmen, als Ausdruck unternehmerischer Stadtplanung, aber auch als Folge von diskursiven und exkludierenden Zuschreibungsprozessen (Rassifizierung, Ethnisierung) (Ha 2014). Diese Entwicklungen tragen dazu bei, dass marginalisierte Bevölkerungen, aber auch Nutzungsbedürfnisse von gesellschaftlich wenig repräsentierten Gruppen wie Kinder und Jugendliche zum Verstummen gebracht werden. Rezente Forschungen interessieren sich für alternative (und kreative) Aneignungen und Nutzungsformen von Zwischenräumen, Brachen, Geschäfts- und Wohnungsleerstand, auch als mikropolitisches Plädoyer für ökologisch und sozial (generationsübergreifend) nachhaltige Stadtstrukturen (Gemeinschaftsgärten, Nachbarschaftstafeln) (Knierbein/Viderman 2020).

4 Aktuelle Forschung in Österreich und Anwendungsbezug

Die Stadtsoziologie in Österreich ist praxis- und anwendungsorientiert, die Nachfrage nach planungsrelevantem Wissen ist groß. Forschungen sind vielfach interdisziplinär ausgerichtet, als Auftraggeber*innen und Kooperationspartner*innen fungieren vielfach Kommunalverwaltungen und andere öffentliche Körperschaften wie die *Arbeiterkammer*, es werden aber auch Studien im europäischen Verbund durchgeführt. Mit einer Professur für Raumsoziologie an der *Fakultät für Architektur und Raumplanung* an der *Technischen Universität Wien*, einer ebendort eingerichteten Stiftungsprofessur für Stadtkultur und öffentlichen Raum und einer Professur mit Schwerpunkt internationale Stadtforschung am *Institut für Soziologie* der *Universität Wien* hat die österreichische Stadtsoziologie ihren universitären Schwerpunkt in Wien. In der *Österreichischen Gesellschaft für Soziologie* ist die Stadtsoziologie mit einer eigenen Sektion verankert. Eine Besonderheit ist die aktive außeruniversitäre Szene rund um die Zeitschrift *dérive* (www.derive.at).

Zahlreiche Forschungen beziehen sich auf Wien und die mit dem Stadtwandel verbundenen Fragen von sozialer und sozialräumlicher Ungleichheit. Beforschte Themen sind Gentrifizierung (Kadi/Verlič 2019), Lebensqualität (Verwiebe et al. 2014), Entwicklungen im sozialen Wohnbau (Reinprecht 2017), die Bedeutung von kreativen Milieus (Frey 2008), ethnische Ökonomien (Parzer 2018) oder soziale Bewegungen (Aigner/Kumnig 2019). Ein weiteres vielbeforschtes Thema ist der Wandel des öffentlichen Raums, der durch steigenden Nutzungs- und Kommerzialisierungsdruck, aber auch durch Milieudifferenzierung und zunehmende Normierungen geprägt ist. Studien beschäftigen sich mit Aspekten der Raumkonstitution im Spannungsfeld von Aneignung und gesellschaftlicher Prägung sowie unter Berücksichtigung von Geschlecht, Klasse, Alter, Ethnizität (Kogler 2019; Dlabaja 2016; Edthofer et al. 2015) und diskutieren die Folgen sozialer Veränderungsprozesse im Stadtraum (Rode et al. 2010), auch vor dem Hintergrund des Leitbilds der nachhaltigen Stadt (Novy et al. 2019).

5 Literatur

a. Einführungsliteratur

Eckardt, Frank (2012): Handbuch Stadtsoziologie. Wiesbaden: Springer VS.

Häußermann, Hartmut (Hg.) (1998): Großstadt. Soziologische Stichworte. Opladen: Leske + Budrich.

Lin, Jan/Mele, Christopher (Eds.) (2013): The Urban Sociology Reader. Abington: Routledge.

Löw, Martina (2018): Vom Raum aus die Stadt denken. Grundlagen einer raumtheoretischen Stadtsoziologie. Bielefeld: transcript.

b. Weitere zitierte Literatur

Aigner, Heidrun/Kumnig, Sarah (Hg.) (2019): Stadt für Alle! Analysen und Aneignungen. Wien: Mandelbaum.

Albrow, Martin (1998): Auf Reisen jenseits der Heimat. Soziale Landschaften in einer globalen Stadt. In: Beck, Ulrich (Hg.): Kinder der Freiheit. Frankfurt a. M.: Suhrkamp, 288–314.

Andreotti, Andrea/Benassi, David/Kazepov, Yuri (Hg.) (2018): Western Capitalism in Transition: Global Processes, Local Challenges. Manchester: Manchester University Press.

Arouna, Mariam/Breckner, Ingrid/Ibis, Umut/Schroeder, Joachim/Sylla, Cornelia (2019): Fluchtort Stadt: Explorationen in städtische Lebenslagen und Praktiken der Ortsaneignung von Geflüchteten. Wiesbaden: Springer VS.

Benjamin, Walter (2012 [1935]): Paris, die Hauptstadt des XIX. Jahrhunderts. In: Unseld, Siegfried (Hg.): Illuminationen. Ausgewählte Schriften 1. Frankfurt a. M.: Suhrkamp.

Berking, Helmuth/Löw, Martina (2008): Die Eigenlogik der Städte. Neue Wege für die Stadtforschung. Frankfurt a. M.: Campus.

Bourdieu, Pierre (1997): Das Elend der Welt. Zeugnisse und Diagnosen alltäglichen Leidens an der Gesellschaft. Konstanz: UVK.

Brenner, Neil/Schmid, Christian (2012): Planetary urbanization. In: Gandy, Matthew (Ed.): Urban Constellations. Berlin: Jovis, 10–13.

Çağlar; Ayse/Glick Schiller, Nina (2018): Migrants and City Making. Dispossession, Displacement, and Urban Regeneration. Durham: Duke University Press.

Castells, Manuel (1972): Die kapitalistische Stadt. Ökonomie und Politik der Stadtentwicklung. Hamburg: VSA.

Chamboredon, Jean-Claude/Lemaire, Madelaine (1970): Proximité spatiale et distance sociale. Les grands ensembles et leur peuplement. In: Revue Française de Sociologie, Vol. 11 (1), 3–33.

Dangschat, Jens S. (2016): Residentielle Segregation nach Nationalität – ein Diskurs voller Widersprüche. In: Reinprecht, Christoph/Latcheva, Rossalina (Hg.): Migration: Was wir nicht wissen. Forschungs- und Wissenslücken der Migrationssoziologie. Österreichische Zeitschrift für Soziologie, Sonderheft 15. Wiesbaden: Springer, 81–102.

Davis, Mike (1990): City of Quartz: Excavating the Future in Los Angeles. New York: Verso.

Dlabaja, Cornelia (2016): Das Wiener Brunnenviertel. Urbane Raumproduktion. Wien: New Academic Press.

Durkheim, Emile (1992 [1893]): Über soziale Arbeitsteilung. Studie über die Organisation höherer Gesellschaften. Frankfurt a. M.: Suhrkamp.

Edthofer, Julia/Gouma, Assimina/Neuhold, Petra/Prokop, Petra/Reinprecht, Christoph/Scheibelhofer, Paul (2015): Das geheime Leben der Grätzeln. Wien: Mandelbaum.

Elias, Norbert/Scotson, John L. (1993 [1965]): Etablierte und Außenseiter. Frankfurt a. M.: Suhrkamp.

Engels, Friedrich (1845): Die Lage der arbeitenden Klasse in England. Leipzig: Otto Wiegand.

Florida, Richard (2004): Cities and the Creative Classes. New York: Routledge.

Frey, Oliver (2008): Die Amalgame Stadt. Wiesbaden: VS Verlag.

Friedrichs, Jürgen/Galster, George/Musterd, Sako (2003): Neighbourhood Effects on Social Opportunities. The European and American Research and Policy Context. In: Housing Studies, Vol. 18 (6), 797–806.

Ha, Noa (2014): Perspektiven urbaner Dekolonisierung. Die europäische Stadt als ‚Contact Zone'. In: sub/urban. Zeitschrift für kritische Stadtforschung, Jg. 2, H. 1, 27–48.

Harvey, David (2013): Rebellische Städte. Berlin: Suhrkamp.

Häußermann, Hartmut/Läpple, Dieter/Siebel, Walter (2008): Stadtpolitik. Frankfurt a. M.: Suhrkamp.

Kadi, Justin/Verlič, Mara (Hg.) (2019): Gentrifizierung in Wien: Perspektiven aus Wissenschaft, Politik und Praxis. Wien: AK Wien.

Knierbein, Sabine/Viderman, Tihomir (Hg.) (2020): Public Space Unbound. Urban Emancipation and the Post-Political Condition. Abington: Routledge.

Kogler, Raphaela (2019): Räume für Kinder – Räume der Kinder. Typologien urbaner Kinderräume. In: Forum Wohnen und Stadtentwicklung 1/2019, 11–14.

Kronauer, Martin/Vogel, Berthold (2004): Erfahrung und Bewältigung sozialer Ausgrenzung in der Großstadt. Was sind Quartierseffekte, was Lageeffekte? In: Häußermann, Hartmut/Kronauer, Martin/Siebel, Walter (Hg.): An den Rändern der Städte. Frankfurt a. M.: Suhrkamp, 235–257.

Läpple, Dieter (1991): Essay über den Raum. Für ein gesellschaftswissenschaftliches Raumkonzept. In: Häußermann, Hartmut/Ipsen, Detlev/Krämer-Badoni, Thomas (Hg.): Stadt und Raum. Pfaffenweiler: Centaurus, 157–207.

Lefebvre, Henri (1976): Die Revolution der Städte. München: Syndikat.

Löw, Martina (2001): Raumsoziologie. Frankfurt a. M.: Suhrkamp.

Manderscheid, Katharina (2004): Milieu, Urbanität und Raum. Soziale Prägung und Wirkung städtebaulicher Leitbilder und gebauter Räume. Wiesbaden: VS Verlag für Sozialwissenschaften.

Novy, Andreas/Plank, Leonhard/Kroismayr, Sigrid/Strickner, Alexandra (2019): Alltagsökonomie in Wien – ein neuer Zugang zu Ökonomie und Stadt. Werkstattbericht 183. Wien: MA 18.

Parzer, Michael (2018): Jenseits von Parallelgesellschaft und Aufstiegsmythos. Soziologische Betrachtungen zum Integrationspotenzial migrantischer Ökonomien. In: Emunds, Bernhard/Czingon, Claudia/Wolff, Michael (Hg.): Stadtluft macht reich/arm. Stadtentwicklung, soziale Ungleichheit und Raumgerechtigkeit. Frankfurt a. M.: Metropolis-Verlag, 81–104.

Reinprecht, Christoph (2014): Social Housing in Austria. In: Scanlon, Kath/Whitehead, Christine/Fernández-Arrigoitia, Melissa (Hg.): Social Housing in Europe. Oxford: Wiley-Blackwell, 61–73.

Reinprecht, Christoph (2017): Kommunale Strategien für bezahlbaren Wohnraum. Das Wiener Modell oder die Entzauberung einer Legende. In: Schönig, Barbara/Kadi, Justin/Schipper, Sebastian (Hg.): Wohnraum für Alle?! Perspektiven auf Planung, Politik und Architektur. Bielefeld: transcript, 213–230.

Rode, Philipp/Giffinger, Rudolf/Reinprecht, Christoph (2010): Soziale Veränderungsprozesse im Stadtraum. Wiener Sozialraumanalyse mit Vertiefung in acht ausgewählten Stadtgebieten. Werkstattbericht 104. Wien: MA 18.

Sassen, Saskia (2001): The Global City. New York: Princeton University Press.

Sennett, Richard (2018): Die offene Stadt. Eine Ethik des Bauens und Bewohnens. München: Hanser.

Siebel, Walter (1998): Urbanität. In: Häußermann, Hartmut (Hg.): Großstadt. Soziologische Stichworte. Opladen: Leske + Budrich, 262–270.

Siebel, Walter (2012): Die europäische Stadt. In: Eckardt, Frank (Hg.): Handbuch Stadtsoziologie. Wiesbaden: Springer VS, 201–212.

Simmel, Georg (1995 [1903]): Die Großstädte und das Geistesleben. In: Ders.: Aufsätze und Abhandlungen 1901–1908. Gesamtausgabe, Bd.7. Frankfurt a. M.: Suhrkamp, 116–131.

Smith, Neil/Williams, Peter (1986) (Eds.): Gentrification of the City. London: Allen and Unwin.

UN (2005): Demographic Yearbook. URL: https://unstats.un.org/unsd/demographic/sconcerns/densurb/Defintion_of%20Urban.pdf [16.06.2020].

Verwiebe, Roland/Troger, Tobias/Riederer, Bernhard (2014): Lebensqualität in Wien 1995–2013. Sozialwissenschaftliche Grundlagenforschung II. Werkstattbericht 147. Wien: MA 18.

Wacquant, Loïc (2018): Die Verdammten der Stadt. Eine vergleichende Soziologie fortgeschrittener Marginalität. Wiesbaden: Springer.

Weber, Max (1972 [1922]): Wirtschaft und Gesellschaft. Grundriß der verstehenden Soziologie. Tübingen: Mohr.

Wirth, Louis (1938): Urbanism as a Way of Life. In: American Journal of Sociology, Vol. 19 (7), 1–24.

c. Ausgewählte Fachzeitschriften

Dérive – Zeitschrift für Stadtforschung
European Planning Studies
European Urban and Regional Studies
Housing Studies
International Journal of Urban and Regional Research
Journal of Urban Affairs
sub/urban. Zeitschrift für kritische Stadtforschung
Urban Research & Practice
Urban Studies

Technik und Technikentwicklung

Vera Gallistl und Franz Kolland

1 Einleitung

Der technologische Wandel ist seit Mitte des 19. Jahrhunderts eine wesentliche Bedingung der gesellschaftlichen Dynamik und eng an die Entwicklung des Kapitalismus gebunden. Seit dem späten 20. Jahrhundert sind es besonders digitale Technologien, die neue Formen der Produktion und des Konsums bedingen – „Industrie 4.0" ist hier nur eines von vielen Schlagworten, das diese gesellschaftliche Entwicklung illustriert. Technologien sind ein untrennbarer Bestandteil unserer Lebenswelten und auf vielfältige Art und Weise mit unseren Alltagspraktiken und unserem Sozialleben verknüpft.

Auf den ersten Blick überraschend mag hierbei erscheinen, dass ein vermeintlich „unsoziologischer" Themenbereich (die technische Entwicklung) als soziologisches Forschungsfeld und soziale Tatsache relevant ist. Wie wurde die Technik ein Thema für die Soziologie? Welche Aspekte des Technologischen kamen dabei in den Blick? Die Techniksoziologie lässt sich als ein vergleichsweise junges Forschungsfeld verstehen. Erst seit etwa 1970 bildete sich, in enger Kooperation mit der Wissenschaftssoziologie, eine eigenständige Techniksoziologie heraus (Schäfers 1993), die sich in der Folge zu entsprechenden Schriften verdichtete (Jokisch 1981; Hochgerner 1986). Sie entwickelte sich zu einer Zeit, als die Grenzen zwischen dem, was wir als „technisch", und dem, was wir als „sozial" verstehen, erstmals verschwimmen. Den Grund dafür sieht Lösch (2012) in einer „Verflüssigung" (ebd.: 253) von Technik: Damals wie heute kommt es zu einer zunehmenden Entgrenzung von Technologien, die dazu führt, dass sich technische Artefakte und soziale Prozesse kaum noch voneinander trennen lassen: Wo hören etwa, wenn wir an heutige Formen von Online-Kommunikation denken, technische Aspekte auf zu wirken und wirken stattdessen soziale Faktoren?

Die technische und soziale Entwicklung – davon geht die Techniksoziologie heute aus – findet zunehmend in Beziehung und Relation zueinander statt. Betrachten wir Gesellschaft aus der Perspektive der Techniksoziologie, so können wir von einer Koevolution von Technik und Gesellschaft ausgehen: Technik ist ein gesellschaftliches Konstrukt, weil sie von Menschen in sozialen Zusammenhängen entwickelt, von Märkten nachgefragt und von Konsument*innen in ihren Lebenswelten und im Alltag verwendet wird. Gleichzeitig ist Gesellschaft eine soziale *und* eine technische Tatsache, weil Technik die gesellschaftliche Ordnung beeinflusst. In welcher Gesellschaftsform wir leben wird auch dadurch bestimmt, welche Technologien in dieser Gesellschaft zirkulieren, verwendet und entwickelt werden.

2 Historische Entwicklung der Techniksoziologie

Techniksoziologie bildete sich in den 1970er Jahren heraus, nicht zuletzt auch, weil in dieser Zeit neue sozio-technische Debatten durch den technologischen Wandel angestoßen wurden. 1978 kam es in Österreich zu heftigen Protesten und einer Volksabstimmung im Rahmen der Inbetriebnahme des bereits fertiggestellten Atomkraftwerks Zwentendorf. Die äußerst knappe Entscheidung zugunsten der Gegner*innen der Inbetriebnahme zeigte die gespaltene Sicht der Gesellschaft auf hochtechnische Systeme. In ähnlicher Weise führte in den 1980er Jahren die Planung der Startbahn West (Frankfurt a. M.) zu extremer Eskalation und politischen Protesten. Zudem entwickelten sich in dieser Zeit Technologien, die kleiner und preiswerter waren und damit den Weg in das alltägliche Leben einer breiten Gruppe der Bevölkerung fanden (Passoth 2008), wie Haushalts- oder Telekommunikationstechnologien. Technologien wurden zu dieser Zeit auch erstmals miteinander kombiniert – sie bildeten autonome Netzwerke oder sozio-technische Systeme, etwa im neu entstehenden Flugverkehr. All diese Entwicklungen führten dazu, dass die Verschränkung von Technik und Gesellschaft Thema des soziologischen Arbeitens wurde.

Am Beginn der Techniksoziologie stand auch die Frage, was unter „Technik" und „Technologie" zu verstehen ist. Dies wurde historisch und in unterschiedlichen Bereichen jeweils unterschiedlich beantwortet. So werden aus einer technikdeterministischen Perspektive Artefakte zur Erklärung gesellschaftlichen Wandels herangezogen. Als ein Beispiel dafür gilt die Erfindung des Steigbügels, der die Entstehung des Berufsstandes der Ritter ermöglichte. Demgegenüber sieht die sozio-technische Perspektive das Artefakt als solches nicht als Gegenstand der Analyse, sondern die sozialen Prozesse, die es verkörpert (Weyer 2008). In der öffentlichen Diskussion wiederum wird unter dem Begriff Technik meist Informations- und Kommunikationstechnik (IKT), wie Radio, Fernsehen, Computer und Internet, verstanden (Bundesministerium für wirtschaftliche Zusammenarbeit und Entwicklung 2013). Im Unterschied zur öffentlichen Diskussion lassen sich in der Soziologie eine Vielzahl von Technikbegriffen unterscheiden (Passoth 2008). Technologie meint die Wissenschaft und Lehre von der Technik zur Planung und Herstellung von Materialitäten. In der grundlegendsten Form können wir Technik als ein basales Faktum menschlicher Existenz verstehen: Technik ist, in unterschiedlichen Formen, schon immer untrennbarer Teil menschlicher Lebenswelten. In der Antike bedeutete *techne* die Kunst des Machens, die sich von den schönen Künsten durch ihre Nützlichkeit unterschied. Technik bezeichnete damit eher eine Handlungspraxis und Handlungskompetenz als einen verfestigten technologischen Gegenstand. Wir finden ein solches Technikverständnis bis heute in der Alltagssprache, etwa wenn wir von „Moderationstechnik“ sprechen, um unterschiedliche Instrumente der Moderation zu beschreiben. Heute geläufige „verfestigte“ Vorstellungen von Technik entwickelten sich in der Industrialisierung, als sich der Technikbegriff erstmals auf Artefakte „verengte“ (Rammert 2008). Wird in Zeiten der Digitalisierung hingegen von Technik gesprochen, meinen wir damit zunehmend digitale Technologien, die nicht mehr so „fest, sichtbar und groß“ (Rammert 2008: 15) wie die des Industriezeitalters sind. In Zeiten der *Artificial Intelligence* oder *Virtual Reality* bezeichnet Technik mehr als ein konkretes Artefakt, sondern technisch gestützte Umwelten, in denen sich Menschen bewegen.

Wenn wir soziale Prozesse rund um Technik im Rahmen der Techniksoziologie erforschen und analysieren möchten, ist es hilfreich, Soziales und Technisches gemeinsam zu denken. Soziologisch relevant ist Technik vor allem dann, wenn sie mit sozialen Handlungsformen und Praktiken verknüpft wird: Neben dem Artefakt selbst (z. B. Hammer; Fitbit-Armband) gehören auch die sozialen Praktiken rund um dieses Artefakt (z. B. Handwerk; Fitnesstracking, Selbstvermessung) zum sozialen Phänomen „Technik“. Technik fällt damit vor allem dann in den Gegenstandsbereich der Soziologie, wenn „die Verknüpfung eines Artefakts mit einer sozialen Handlungsform“ untersucht wird, „die in dem materiellen Objekt vergegenständlicht ist und von den Nutzer[*innen, Anm. der Autor*innen] angeeignet und verändert werden kann“ (Weyer 2018: 451). Vereinfacht und überspitzt bedeutet das: Die Techniksoziologie interessiert sich nicht für das technische Artefakt, wie zum Beispiel das Telefon – sie interessiert sich aber für Praktiken des Telefonierens, an denen Menschen und Dinge gleichermaßen beteiligt sind. Die Techniksoziologie erforscht weniger die materiellen Qualitäten, sondern die Handlungsformen mit Technologien (Weyer 2008).

Techniksoziologie als ein Forschungsfeld beschäftigt sich mit der Entwicklung, Anwendung, Nutzung und den Folgen von technischen Innovationen und mit der Frage, wie technologischer und gesellschaftlicher Wandel miteinander verknüpft sind. Sie untersucht „Praktiken und Institutionen der Entstehungs- und Verwendungszusammenhänge von Techniken“ (Rammert 2002: 594) und damit

a) die sozialen Bedingungen der Konstruktion von Technik,
b) die Entwicklung und Steuerung von technischen Systemen („Technikgenese“) und
c) die sozialen Wirkungen von Technik („Technikfolgenabschätzung“).

Im Fokus der Techniksoziologie stehen damit die sozialen Prozesse und unterschiedliche Kontexte rund um die Herstellung als auch Anwendung von Technik (Häußling 2014), die sich an den folgenden Fragen illustrieren lassen:

- *Technikgenese:* Wie entstehen neue Technologien? Wie prägen soziale Prozesse die Entstehung neuer Technologien? Durch wen werden Technologien entwickelt?
- *Soziale Strukturen von Technik:* Welchen Stellenwert haben soziale Faktoren für das Funktionieren von Technik? Wie hat die Einbettung in den sozialen Kontext zu erfolgen? Wie beeinflussen soziale Strukturen Technikentwicklung und -nutzung?
- *Technikfolgen:* Welche Auswirkungen haben technische Neuerungen?
- *Technikgestaltung und/-steuerung:* Wie lässt sich technische Entwicklung steuern? Welche Rolle spielen verschiedene Akteur*innen?

3 Themen und Debatten der Techniksoziologie

Eine zentrale und einflussreiche Debatte der Techniksoziologie war und ist die Positionierung zwischen Technikdeterminismus und Sozialdeterminismus. Das Verhältnis von Technik und Gesellschaft, ihre Wechselbezüge und Austauschverhältnisse sind dabei bis heute ein „Bezugsproblem“ (Passoth 2008: 43) der Techniksoziologie. Viele Theorien und Debatten oszillieren bis heute um diese beiden Erklärungsmuster oder positionieren sich rund um diese Problemstellung (Passoth 2008). Dabei skizzieren zwei Fragen die unterschiedlichen Positionen in dieser Diskussion: Inwiefern ist die Gesellschaft durch die technische Entwicklung geprägt oder sogar determiniert (Technikdeterminismus)? Inwiefern wird Technik durch gesellschaftliche Faktoren (Akteure, Organisationen, Machtverhältnisse) geprägt oder sogar determiniert (Sozialdeterminismus)? Heute wird in komplexeren Technikmodellen wie beispielsweise in den *Science and Technology Studies (STS)* und der Akteur-Netzwerk-Theorie (ANT) (siehe Kapitel 2.2) von einem wechselseitigen Konstitutionsprozess des Sozialen und des Technologischen ausgegangen: Mit dem Zitat von John Culkin (1967: 70) „We shape our tools and thereafter they shape us“

lässt sich diese Position der Ko-Konstitution von Gesellschaft und Technologien pointiert auf den Punkt bringen.

3.1 Technikgenese als sozialer Konstruktionsprozess – *SCOT*

Ein Versuch, solche Dichotomien in der techniksoziologischen Theorie zu überschreiten, stellt das *SCOT*-Modell (*Social Construction of Technology*, Bijker et al. 1987) dar. Während zu Beginn techniksoziologischer Forschung noch lineare Modelle der Technikentwicklung dominierten, die die Illusion entstehen ließen, technische Entwicklung sei ein linearer Prozess von der Grundlagenforschung bis zur Nutzung durch Konsument*innen, zeigten Arbeiten im Kontext der *SCOT* erstmals auf, welche sozialen Bedingungen in der Technikentwicklung relevant sind. Technikentwicklung, so Wiebe Bijker, Thomas Hughes und Trevor Pinch (1987), ist keine lineare Abfolge von Arbeitsschritten, deren Fortschritt sich aus einer technischen Logik ergibt, sondern ein ambivalenter, multidirektionaler Prozess, an dem viele unterschiedliche soziale Akteur*innen beteiligt sind: Konsument*innen, Designer*innen, Forschungsförderungsinstitutionen und viele weitere soziale Akteur*innen haben einen Anteil daran, unter welchen Bedingungen und in welcher Form eine bestimmte Technologie entwickelt wird. Jede Technik, so die Grundannahme der *SCOT*, ist damit sozial konstruiert. Wann und warum entsteht eine neue Technologie? Aus der Perspektive der *SCOT* findet technologische Entwicklung problemorientiert statt, d. h., ein sozial relevantes Problem bildet den Ausgangspunkt der technischen Entwicklung. Ein relevantes Problem entsteht allerdings nur dann, wenn es eine (relevante) soziale Gruppe gibt, die das Problem anerkennt und äußert und damit das Problem als sozial relevanten Wissensbestand konstituiert. Dabei wird auch deutlich, dass die Frage, welche Definitionsmacht unterschiedliche Akteur*innen in diesem Prozess einnehmen, eine Frage der Technikentwicklung wird: Welche Gruppen können relevante Probleme definieren? Welche Probleme sollen durch Technik gelöst werden, welche Probleme (von welchen Akteur*innen) werden ausgeblendet? Technische Entwicklung ist aus dieser Perspektive kein lineares Geschehen, sondern ein multidirektionaler Prozess, in den jeweils unterschiedliche Akteur*innen eingebunden sind (Variation und Selektion):

(1) **Die Phase der interpretativen Flexibilität**, d. h., es gibt (noch) keine fest gezogenen Grenzen und Anwendungsbereiche eines neuen Artefakts, sondern unterschiedliche soziale Gruppen sehen verschiedene Dinge und Funktionen in einem Artefakt (z. B. „Wofür soll eine Smartwatch genutzt werden?").

(2) **Die Phase der sozialen Schließung bzw. Stabilisierung**, d. h., die Flexibilität der Interpretation wird rhetorisch eingeschränkt. Dies geschieht meist dadurch, dass sich die Interpretation einer relevanten Gruppe im Konstruktionsprozess der Technik durchsetzt (z. B. „Die Smartwatch wird hauptsächlich zum Fitnesstracking verwendet.“).
(3) **Die Phase der Rekontextualisierung des entwickelten Artefakts**, d. h., dass neue Verbindungen zwischen dem entwickelten Artefakt, der dazugehörigen Interpretation und neuen sozialen Kontexten hergestellt werden (z. B. wenn die Smartwatch nicht nur zum Fitnesstracking, sondern auch als Notrufarmband in der Angehörigenpflege eingesetzt wird).

SCOT wurde immer wieder für eine verkürzte Sicht auf Technikentwicklung kritisiert. Der Vorwurf lautet, dass materielle Aspekte des Technikentwicklungsprozesses nicht ausreichend berücksichtigt, d. h., die sozialen Prozesse überbetont werden: „Nach dem SCOT-Ansatz sind Technologien ausschließlich Produkte gesellschaftlicher Konstruktionsprozesse. Durch rein technische Kriterien, etwa das bessere oder schlechtere Funktionieren, so die Annahme, lassen sich die konkreten Ausprägungen moderner Technik nicht erklären“ (Passoth 2008: 193). Die Akteur-Netzwerk-Theorie (ANT) bietet hier eine Weiterentwicklung an, die versucht, materielle und soziale Anteile *(human and non-human actors)* gleichermaßen zu berücksichtigen.

3.2 Das Menschliche und das Nicht-Menschliche: Akteur-Netzwerk-Theorie

Ein zentraler Kritikpunkt an *SCOT* stellte die Tatsache dar, dass diese Ansätze zwar die sozialen Prozesse der Technikentwicklung betonen, die Dichotomie zwischen Technik und Sozialem allerdings nicht auflösen konnten: Wenn Technikentwicklung nun ein sozialer Konstruktionsprozess ist, wie lässt sich dann die materielle Logik von technischen Artefakten erklären? Die um den französischen Soziologen Bruno Latour entstandene Akteur-Netzwerk-Theorie (ANT), die ihren Ursprung in der Wissenschaftsforschung und Feldforschung im Labor der 1980er Jahre hat, versucht hier, die Trennung zwischen dem, was wir als „sozial“ verstehen, und dem, was wir als „materiell bzw. technisch“ verstehen, aufzulösen. Die soziale Welt, so die ANT, ist von beiden Aspekten – menschlichen und nicht-menschlichen Akteur*innen – konstituiert und die Soziologie sollte sich mit den Verbindungen (Assoziationen) zwischen diesen beiden Akteur*innengruppen beschäftigen (Latour 2004). Technik und Gesellschaft sowie Natur und Soziales lassen sich für Vertreter*innen der ANT, wie Bruno Latour, Madelaine Akrich, Michel Callon und Annemarie Mol, nicht trennen, sondern diese beiden Ebenen stehen in einem dauerhaften Prozess der Ko-Produktion. Der Begriff der Ko-Produktion *(co-production)* beschreibt dabei „the proposition that the ways in which we know and represent the world (both nature and society) are inseperable from the ways we choose to live in" (Jasanoff 2004: 2). Wissenschaftliche Erkenntnisse und technologische Innovationen entwickeln sich also nicht aus sich selbst heraus, sie sind durch kognitive, materielle, soziale und normative Prozesse mitbestimmt.

Damit stellt die ANT auch die Trennung zwischen Technik und Sozialem – zwischen Technologie und Mensch – ganz grundlegend in Frage. Jede soziale Tatsache, so die Annahme, ist materiell (d. h. technisch) und gleichzeitig sozial (d. h. menschlich): So ist auch der Mensch selbst ein Hybrid aus sozialen (z. B. der Einbindung in soziale Beziehungen) und materiellen Anteilen (z. B. die materielle Basis unseres Körpers). Ein besonders einflussreiches Konzept der ANT ist es deswegen, die (vermeintliche) Differenz zwischen menschlichen und nicht-menschlichen Akteur*innen in der soziologischen Forschung aufzugeben und stattdessen die vielfältigen Verbindungen und Assoziationen (Netzwerke) zwischen menschlichen und nicht-menschlichen Elementen (Akteur*innen) zu untersuchen. In der Altersforschung spielen solche Hybride beispielsweise häufig eine Rolle – wenn zum Beispiel Menschen als „alt" angesehen werden, weil sie einen Rollator benutzen, ein Hörgerät oder eine große Brille tragen. Alt-Sein, so lässt sich an dem Beispiel verdeutlichen, ist nicht nur sozial (d. h. von Menschen gemacht), sondern auch materiell (d. h. durch Dinge gestaltet). Im Zentrum der Techniksoziologie stehen dabei nicht mehr (nur) Mensch *oder* Maschine, sondern die vielfältigen Netzwerke und Verbindungen (Mensch-Maschine), die diese beiden eingehen. Menschliche und nicht-menschliche Akteur*innen durchlaufen ständig neue Prozesse der Gruppenbildung – sie gehen Assoziationen ein, die sich andauernd finden, stabilisieren, zerfallen und sich wieder zusammensetzen – und diese Assoziationen sollten Gegenstand der Techniksoziologie werden. Für die Forschung bedeutet das, die unterschiedlichen Akteur*innen in ihren Kontexten und Verbindungen zu untersuchen – durch ein konsequentes „following the actors" (Strathern 1996; Baiocchi et al. 2013) schafft es die Techniksoziologie, Akteur*innen in je unterschiedlichen Kontexten zu sehen und zu beschreiben.

3.3 Technik und soziale Ungleichheit

Einen zweiten komplexeren Zugang zum Verhältnis zwischen Technik und Sozialität stellen ungleichheits- und machttheoretische Ansätze der Techniksoziologie dar, die danach fragen, innerhalb welcher Strukturen, Normen, Herrschaftsverhältnisse unterschiedliche Technologien entstehen und wie diese die Nutzung von bestimmten Technologien beeinflussen. Winner (1986) setzt sich hier beispielsweise mit der Politik der Technologien („Do Artefacts Have Politics?"), auseinander. Er fragt: Wie kommt es, dass die Brückenunterführungen auf den Straßen zwischen New York und Long Island (einem Erholungsgebiet) so niedrig gebaut wurden? In seiner Analyse stellt Winner hierbei eine Verbindung zwischen technischem Design der Straßen und den sozialen Machtverhältnissen der USA der 1970er Jahre fest: So wurden diese Straßen absichtlich so designt, dass diese nur von Privatfahrzeugen der mehrheitlich weißen Bevölkerung genutzt werden konnten, während öffentliche Busse, die vornehmlich vom strukturell ärmeren afro-amerikanischen Teil der Bevölkerung verwendet wurden, die Straßen zum Erholungsgebiet nicht nutzen konnten. Technische Konstruktionen sind aus dieser Perspektive nicht neutral, sondern gesellschaftlich-historisch bestimmt und verortet und haben politische Effekte: Technische Entwicklungen sind abhängig von ökonomischen Interessen, politischen Machtpotenzialen und kulturellen Werthaltungen. Eine solche Perspektive auf Macht- und Ungleichheitsaspekte der Techniksoziologie beschäftigt sich etwa mit folgenden Fragen: Wer entwickelt und definiert Technologien? Wer kann Technologien nutzen? Wer ist von ihrer Nutzung ausgeschlossen? Welche sozialen Gruppen sind von technologischen Entwicklungen in welcher Art und Weise betroffen? Wer profitiert von Technikentwicklung? Für wen ergeben sich ökonomische Vorteile, für wen Nachteile?

Technische Neuerungen sind aus dieser Perspektive nicht „nur" materielle Artefakte, sondern machtvolle Einschreibungen, die eine bestimmte Art der sozialen Ordnung, eine bestimmte Lebensform für unterschiedliche soziale Gruppen dauerhaft festschreiben (Degele 2002). Technologien sind damit als Machtinstrumente zu verstehen, die die gesellschaftliche Verteilung von Macht und Ressourcen dauerhaft weiterschreiben. Technik ist keine inhärente, eigene gestaltende Kraft, sondern ein Mittel zur Durchsetzung von Machtinteressen.

Macht- und Ungleichheitsfragen in der Techniksoziologie wurden maßgeblich von einer explizit auf Geschlechterungleichheiten bezogenen, feministischen Argumentation weiterentwickelt. Vor allem inspiriert durch die Schriften von Wajcman (1991) entwickelte sich in den 1990er Jahren die feministische Techniksoziologie als neues Forschungsfeld, das Ideen rund um männliche Technikdominanz und patriarchale Herrschaftsstrukturen, die Technologien eingeschrieben werden, kontextualisiert und aufarbeitet (Wajcman 2007).

3.4 Aktuelle Forschungsfelder der Techniksoziologie

Techniksoziologie stellt heute ein breites und vielfältiges Forschungs- und Anwendungsfeld dar, das Überschneidungen zur Wissenssoziologie und Wissenschaftsforschung aufweist, aber auch Bezüge zur Umweltsoziologie hat und damit zu Fragen der Nachhaltigkeit und des Klimawandels. Aktuell entwickelt sich eine Soziologie des Digitalen (Philipps 2017) bzw. eine Sozialtheorie der Digitalen Gesellschaft (Mühlhoff et al. 2019; Nassehi 2019). Im Folgenden werden nun zwei beispielhafte Anwendungsfelder der Techniksoziologie in ihren aktuellen empirischen Befunden dargestellt: Die Analyse der digitalen Spaltung und der Entwicklung rund um partizipative und reflexive Technikentwicklung.

Die digitale Spaltung als gesellschaftliche Bruchlinie

Digitalisierung als gesellschaftlicher Trend beeinflusst alle gesellschaftlichen Teilbereiche wie Arbeit, (Aus)Bildung, Freizeit, bis hin zu unserem sozialen Verhalten. Ein sozialpolitisch relevanter Tatbestand stellt in diesem Zusammenhang die digitale Spaltung dar. Dieses Konzept beschreibt soziale Ungleichheiten im Zugang und in der Nutzung von neuen, digitalen Technologien, die in digitalen Gesellschaften erhebliche exkludierende Folgen haben können: Niedrige Kompetenzen in der Nutzung digitaler Technologien sind beispielsweise eine wichtige Voraussetzung zur Teilhabe am Arbeitsmarkt und das Fehlen digitaler Kompetenzen ist eine Hürde beim Eintritt in Arbeitsverhältnisse. Die ungleiche Verteilung der Nutzungsmöglichkeiten von Informations- und Kommunikationstechnologien nach sozialen Merkmalen wird in der Techniksoziologie als *Digital Divide* oder digitale Spaltung bezeichnet (als Übersicht Marr/Zillien 2010).

Eine der stärksten Prädiktoren für digitale Kompetenzen stellt bis heute das Alter dar: Während einkommens-, herkunfts- oder bildungsbezogene soziale Ungleichheiten im Zugang zum Internet in der EU in den letzten Jahrzehnten deutlich reduziert wurden, ist die altersbezogene Spaltung nach wie vor prävalent. Schmidt-Hertha (2014) zeigt etwa auf Basis der für Deutschland repräsentativen CiLL (*Competencies in Later Life*)-Daten signifikante Unterschiede in der Techniknutzung zwischen verschiedenen Altersgruppen: Liegt der Anteil von Personen, die noch nie einen Computer genutzt haben, bei 65- bis 69-Jährigen bei 38 %, liegt dieser bei den 70- bis 74-Jährigen mit 57 % höher und er liegt mit 74 % in der Altersgruppe 75 bis 80 Jahre am höchsten. Außerdem verweisen Studienergebnisse darauf, dass die digitale Spaltung zwischen Altersgruppen auch in der nahen Zukunft bestehen bleiben wird: Obwohl die Internetnutzung in den vergangenen fünf Jahren bei über

65-jährigen Schweizer*innen angestiegen ist, bleibt der Anteil der *Offliner* in dieser Altersgruppe im Vergleich zur Gesamtbevölkerung hoch (Seifert/Schelling 2016). Erklärt werden kann diese Persistenz der digitalen Spaltung durch den ständigen technologischen Fortschritt. In der permanenten Entwicklung und Diffusion neuer Technologien kommt es zu einer Trennung zwischen *early adopters* – insbesondere jüngeren Menschen – und den älteren *laggards* – also Nachzügler*innen der technischen Innovation (Beal/Bohlen 1957). Die digitale Spaltung, so legt diese Argumentation nahe, ist also als ein dauerhaftes Ungleichheitsphänomen zwischen Jung und Alt zu sehen (Kolland et al. 2019).

Partizipative Technikentwicklung

Ein weiterer aktueller Bereich der Techniksoziologie beschäftigt sich empirisch mit Prozessen der Technikentwicklung. Die Einbindung von Nutzer*innen als sogenannte *end-user* in der Technikentwicklung ist dabei eine neue Entwicklung, die in Forschungsprojekten häufig durch sozialwissenschaftliche Forschungsinstitute unterstützt und durch soziologische Kompetenz begleitet wird. Der Einbezug von Nutzer*innen in die Entwicklung technischer Innovationen hat dabei eine relativ lange Geschichte, die ihren Beginn in der Entwicklung von Technologien für den Arbeitsmarkt nimmt (für einen Überblick siehe Bodker/Pekkola 2010). Seit ihren Anfängen hat sich die Einbindung von Nutzer*innen in der Technikentwicklung auf das Design von Alltags- und Gesundheitstechnologien und auf heterogene Zielgruppen ausgeweitet. Damit haben sich auch die Methoden und Zugänge zu partizipativen Designprozessen vervielfacht und zirkulieren heute unter Schlagwörtern wie *end-user* orientiertem Design, wertsensibles Design, partizipatives Design, Nutzer*innen-zentriertes Design, kollaboratives Design, *living labs* usw. (für einen Überblick siehe Hakley/Nivala 2010). Historisch lässt sich ein Trend von der Einbindung von Techniknutzer*innen, die bereits entwickelte Technologien evaluieren und in deren Nutzung beobachtet werden, hin zu früherer und tatsächlich kollaborativer Einbindung „auf Augenhöhe“ feststellen (Salvo 2001).
Soziologisch sind in diesem Bereich Prozesse des *scriptings* (Akrich 1992) ein interessantes Forschungsfeld. Dabei stellen sich Forscher*innen die Frage, welche Annahmen und Vorstellungen von bestimmten Bevölkerungsgruppen in entwickelte Technologien eingeschrieben (gescripted) werden. Als Konsequenz führt dies für Nutzer*innen dazu, sich mit diesen Annahmen auseinandersetzen zu müssen. Forscher*innen, die sich empirisch mit der Entwicklung von Pflegetechnologien für ältere Menschen beschäftigen, haben hier beispielsweise gezeigt, dass stereotype Vorstellungen über ältere Menschen (als krank, unselbstständig und technisch wenig

kompetent) in der Technikentwicklung dazu führen, dass ältere Nutzer*innen die für ihre Zielgruppe entwickelten Technologien zwar für andere ältere Nutzer*innen als sinnvoll empfinden, die eigene Nutzung aber ablehnen – „But obviously not for me“ (Neven 2010). Ethnografische Studien zu Sturzsensoren in Privatwohnungen älterer Menschen zeigen, wie stereotype Vorstellungen über ältere Menschen in Sturzsensoren eingeschrieben wurden: Monika Urban (2017) macht dies am Beispiel eines Sensorbetts deutlich, welches nicht nur bei einem epileptischen Anfall, sondern auch beim Geschlechtsverkehr des älteren Paares Alarm schlägt. Dabei ist von den Entwickler*innen weder bedacht worden, dass sexuelle Aktivität auch im Alter vorkommt, noch wurde diese Praxis als höherwertig als die körperliche Unversehrtheit eingestuft.

4 Aktuelle Forschung in Österreich

Neben zahlreichen Schwerpunkten an österreichischen Universitäten, die sich mit Fragen rund um Technik und Digitalisierung aus einer sozialwissenschaftlichen Perspektive auseinandersetzen (siehe dazu beispielsweise das *Institut für Wissenschafts- und Technikforschung* der *Universität Wien*, das *Institut für Gestaltungs- und Wirkungsforschung* der *Technischen Universität Wien* sowie die Forschungsplattform *Mediatisierte Lebenswelten* an der *Universität Wien*), existieren in Österreich zahlreiche angewandte, außeruniversitäre Forschungseinrichtungen, in denen techniksoziologische Forschung durchgeführt wird.

Beispielsweise lässt sich das *Zentrum für Soziale Innovation (ZSI)* nennen, das als renommiertes Forschungsinstitut im Bereich der Techniksoziologie (teils angewandte) Projekte durchführt und die gesellschaftliche Einbettung und Wirkungen von Innovationen untersucht. Solches Wissen hilft bei der nachhaltigen Gestaltung von Innovationen in Österreich, etwa im Bereich der *Citizen Science* oder der *Responsible Research and Innovation*. Der Schwerpunkt des Zentrums liegt auf sozio-technischen Innovationen, vor allem im Bereich der Bildung und beruflichen Weiterbildung, technisch gestütztem Lernen *(technology enhanced learning)* und partizipativer Technikentwicklung und -gestaltung. Weitere Forschungseinrichtungen mit techniksoziologischen Arbeitsbereichen sind etwa das *Austrian Institute for Technology (AIT)*, das *Institut für Technikfolgenabschätzung (ITA)* oder das *Vienna Centre for Societal Security (VICESSE)*.

5 Anwendungsbezug

Techniksoziologische Forschung hat vielfältige Anwendungsmöglichkeiten und ist – häufig durch ihre Zusammenarbeit mit technischen Wissenschaften – in vielen Bereichen in anwendungsorientierte Forschungsprojekte eingebunden. Anwendungsbereiche der Technikentwicklung sind dabei etwa Wohnen, Mobilität, Kommunikation, in denen zunehmend auch soziologisches Wissen bzw. soziologische Expertise berücksichtigt werden. Im breiten Feld der Pflegetechnologien *(Ambient* bzw. *Active Assisted Living, AAL)* finden sich die Sozialwissenschaften häufig als verpflichtender Projektpartner in Ausschreibungen der Forschungsförderung, um Stellungnahmen zu ethischen Fragestellungen im Projekt abzubilden oder eine partizipative Nutzer*inneneinbindung zu gewährleisten (Gallistl/Wanka 2019).
Ein zweiter Anwendungsbereich techniksoziologischen Wissens liegt in der Technikfolgenabschätzung, die bis heute ein breiter Forschungsbereich ist. Techniksoziologisches Wissen findet hier aktuell Eingang in die Gestaltung von *E-Governance (E-Government, E-Democracy)*, aber auch in die Gestaltung von Digitalisierungsprozessen etwa im Gesundheitssektor und in der Arbeitswelt. Techniksoziologie kann hier wichtige Impulse liefern, indem Wissen zur Verfügung gestellt wird, wie Digitalisierungsprozesse nachhaltig und sozial verträglich gestaltet werden können. Dabei geht es aus einer soziologischen Perspektive auch darum zu fragen, wie Macht und Kontrolle durch Technologien stabilisiert, verteilt oder hinterfragt werden und welche sozialen Ungleichheiten durch die Etablierung neuer Technologien entstehen.

6 Literatur

a. Einführungsliteratur

Häußling, Roger (2014): Techniksoziologie. Baden-Baden: Nomos.
Latour, Bruno (2004): Reassembling the social: An introduction to actor-network-theory. Oxford: University Press.
Mühlhoff, Rainer/Breljak, Anja/Slaby, Jan (2019) (Hg.): Affekt Macht Netz. Auf dem Weg zu einer Sozialtheorie der Digitalen Gesellschaft. Bielefeld: transcript.
Passoth, Jan-Hendrick (2008): Technik und Gesellschaft. Sozialwissenschaftliche Techniktheorien und die Transformation der Moderne. Wiesbaden: Springer.
Rammert, Werner (2002): Die technische Konstruktion als Teil der gesellschaftlichen Konstruktion der Wirklichkeit. In: TUTS – Working Papers, Jg. 2002, H. 2, 1–14.
Wajcman, Judy (2010): Feminist theories of technology. In: Cambridge Journal of Economics, Vol. 34 (1), 143–152.

Weyer, Johannes (2008): Techniksoziologie. Genese, Gestaltung und Steuerung soziotechnischer Systeme. Weinheim/München: Juventa.
Weyer, Johannes (2018): Technik. In: Kopp, Johannes/Steinbach, Anja (Hg.): Grundbegriffe der Soziologie. Wiesbaden: Springer, 451–454.

b. Weitere zitierte Literatur

Akrich, Madelaine (1992): The De-Scription of Technical Objects. In: Bijker, Wiebe/Law, John (Eds.): Shaping Technology, Building Society: Studies in Sociotechnical Change. Cambridge: MIT Press, 205–224.
Baiocchi, Gianpaolo/Graizbord, Diana/Rodrigues-Muniz, Michael (2013): Actor-Network-Theory and the ethnographic imagination. An exercise in translation. In: Qualitative Sociology, Vol. 36 (3), 323–341.
Beal, George/Bohlen, Joe (1957): The Diffusion Process. Ames, IA: Iowa State University of Science and Technology.
Bijker, Wiebe/Hughes, Thomas/Pinch, Trevor (1987) (Eds.): The social construction of technological systems: New directions in the sociology and history of technology. Cambridge/London: MIT Press.
Bodker, Susanne/Pekkola, Samuli (2010): A short review to the past and present of participatory design. In: Scandinavian journal of information systems, Vol. 22 (1), 45–48.
Bundesministerium für wirtschaftliche Zusammenarbeit und Entwicklung (2013): Informations- und Kommunikationstechnologien. Schlüsseltechnologien für eine nachhaltige Entwicklung. Bonn/Berlin: BMZ.
Culkin, John M. (1967): A Schoolsman's Guide to Marshall Mc Luhan. In: The Saturday Review, 18.3.1967, 51–53, 70–72.
Degele, Nina (2002): Einführung in die Techniksoziologie. München: Fink (UTB).
Gallistl, Vera/Wanka, Anna (2019): Representing the older end user? Challenging the role of social scientists in the field of active and assisted living. In: International Journal of Care and Caring, Vol. 3 (1), 123–128.
Haklay, Mordechai/Nivala, Annu-Maaria (2010): User-centred design. In: Haklay, Mordechai (Ed.): Interacting with Geospatial Technologies. Chinester: John Wiley & Sons, 91–106.
Hochgerner, Josef (1986): Arbeit und Technik. Einführung in die Techniksoziologie. Stuttgart: Kohlhammer.
Jasanoff, Sheila (2004) (Ed.): States of knowledge. The co-production of science and the social order. London/New York: Routledge.
Jokisch, Rodrigo (1981) (Hg.): Techniksoziologie. Frankfurt a. M.: Suhrkamp.
Kolland, Franz/Wanka, Anna/Gallistl, Vera (2019): Technik und Alter – Digitalisierung und die Ko-Konstitution von Alter(n) und Technologien. In: Künemund, Harald/Vogel, Claudia/Schroter, Klaus (Hg.): Handbuch Soziologie des Alter(n)s. Wiesbaden: Springer, 1–19.
Lösch, Andreas (2012): Techniksoziologie. In: Maasen, Sabine/Kaiser, Mario/Reinhart, Martin/Sutter, Barbara (Hg.): Handbuch Wissenschaftssoziologie. Wiesbaden: Springer, 251–264.
Marr, Mirko/Zillien, Nicole (2010): Digitale Spaltung. In: Schweiger, Wolfgang/Beck, Klaus (Hg.): Handbuch Online-Kommunikation. Wiesbaden: Springer, 257–282.
Nassehi, Armin (2019): Muster: Theorie der digitalen Gesellschaft. München: Beck.

Neven, Louis (2010): But obviously not for me. Robots, laboratories and the defiant identity of elder test users. In: Sociology of Health and Illness, Vol. 32 (2), 335–347.

Philipps, Axel (2017): Brauchen wir eine Soziologie des Digitalen? In: Soziologie, Jg. 46, H. 4, 403–416.

Rammert, Werner (2008): Technik und Innovationen. Kerninstitutionen der modernen Wirtschaft. In: Technical University Technology Studies Working Papers, Jg. 2008, H. 1, 1–52.

Salvo, Michael (2001): Ethics of Engagement: User-Centered Design and Rhetorical Methodology. In: Technical Communication Quarterly, Vol. 10 (3), 273–290.

Schäfers, Bernhard (1993): Techniksoziologie. In: Korte, Hermann/Schäfers, Bernhard (Hg.): Einführung in Spezielle Soziologien. Opladen: Leske & Budrich, 167–190.

Schmidt-Hertha, Bernhard (2014): Technologiebasierte Problemlösekompetenz. In: Friebe, Jens/Schmidt-Hertha, Bernhard/Tippelt, Rudolg (Hg.): Kompetenzen im höheren Lebensalter. Ergebnisse der Studien „Competencies in Later Life“ (CiLL). Bielefeld: Bertelsmann, 99–115.

Seifert, Alexander/Schelling, Hans (2016): Alt und offline? Zeitschrift für Gerontologie und Geriatrie, Jg. 49, H. 7, 619–625.

Strathern, Marilyn (1996): Cutting the network. In: Journal of the Royal Anthropolical Institute, Vol. 2, 517–535.

Urban, Monika (2017): This really takes it out of you. The senses and emotions in digital health practices of the elderly. In: Digital Health, Vol. 3, 1–16.

Wajcman, Judy (1991): Feminism Confronts Technology. University Park: Pennsylvania State University Press.

Wajcman, Judy (2007): From women and technology to gendered technoscience. In: Information, Communication and Society, Vol. 10 (3), 287–298.

Winner, Langdon (1986): Whale and the Reactor – A Search for the Limits in an Age of High Technology. Chicago: University of Chicago Press.

c. Ausgewählte Fachzeitschriften

Issues in Science and Technology
Science, Technology and Human Values
Science, Technology and Society
Technology and Culture

Umwelt und soziale Ökologie

Marina Fischer-Kowalski und Anke Schaffartzik

1 Einleitung – *What do we want? Climate Justice!*

Wir schreiben dieses Kapitel im Sommer 2019, im heißesten Juni und heißesten Juli aller Zeiten. Österreich wird seine Ziele zur Reduktion von Treibhausgasemissionen unter dem Pariser Abkommen, dem Ergebnis der 2015er Klimaschutzkonferenz der Vertragsparteien der Klimarahmenkonvention der *Vereinten Nationen* (COP21), nicht erreichen. Wir spüren die Auswirkungen unseres unnachhaltigen fossilen Energiesystems und tun doch nichts dagegen. Wir setzen vor allem Menschen anderswo und in der Zukunft den Risiken des Klimawandels aus: In den Ländern des globalen Südens und mit den jungen Menschen in Österreich treffen die Folgen des Klimawandels jene, die am wenigsten dazu beigetragen haben ihn zu verursachen. Wie kann das sein?

Vor ziemlich genau einem Jahr, im August 2018, nahm die *Fridays for Future*-Bewegung ihren Anfang (fridaysforfuture.org). Greta Thunberg, eine schwedische Schülerin, löste einen mittlerweile internationalen Schüler*innenstreik aus, mit dem junge Menschen von ihren Regierungen Maßnahmen zur Eindämmung der globalen Erderwärmung fordern: „Wir streiken, bis ihr handelt!" Auch in Österreich gingen und gehen Schüler*innen und Lehrlinge auf die Straße, um die Einhaltung des 1,5 Grad Ziels und globale Klimagerechtigkeit zu fordern (fridaysforfuture.at).

Ursachen und Auswirkungen des menschengemachten Klimawandels liegen in der ökologischen und sozialen Krise, die unsere Gesellschafts-Natur-Verhältnisse grundlegend in Frage stellt. Damit wird die Soziologie herausgefordert, sich aus den akademischen Elfenbeintürmen hermetisch voneinander abgegrenzter Disziplinen herauszubewegen. Denn klar ist, dass wir niemals nur Beforschende des globalen Wandels unserer Umwelt sind. Wir sind gleichzeitig Verursachende und Betroffene. Als solche brauchen wir eine Wissenschaft, die nicht nur verständnis-, sondern auch problem- und somit lösungsorientiert arbeitet. Eine solche Wissenschaft kann nur in inter- und transdisziplinärer Zusammenarbeit entstehen. Das ist für die Umweltsoziologie, wie wir in diesem Kapitel zeigen werden, eine besondere Herausforderung.

Unser Beitrag ist zugleich Beschäftigung mit einigen der dringendsten Probleme unserer Zeit; mit der Forderung an die Soziologie, zu deren Lösung beizutragen; und mit dem dazu notwendigen Neu-Denken von Wissenschaft und wissenschaftlicher Praxis. Er ist vor allem auch Einladung an die Leser*innen, ihre Perspektiven einzubringen und zur Weiterentwicklung dieser Forschung beizutragen.

2 Historische Entwicklung der Umweltsoziologie

In der zweiten Hälfte des 19. Jahrhunderts schlug die Biochemikerin Ellen Swallow Richards vor, dass es in dem komplexen Geflecht natürlicher und sozialer, menschgemachter Ereignisse einer Wissenschaft des alltäglichen Lebens bedarf; einer Wissenschaft, die menschliche Aktivitäten wie Essen, Wohnen, Arbeiten in ihrem natürlichen Wirkungszusammenhang versteht. Sie schlug vor, diese Wissenschaft *Oekology* zu nennen und mit ihr die Veränderung der Natur durch menschliche Aktivitäten und das Rückwirken dieser veränderten Natur auf den Menschen zu erforschen (Richardson 2002). Während ihr heute der Versuch zugutegehalten wird, „ein Forschungsfeld zu etablieren, das wohl dem der heutigen Umweltsoziologie recht nahe gekommen wäre" (Groß 2011: 9), war sie zu ihren Lebzeiten (sie starb 1911) den Naturwissenschaften zu „unwissenschaftlich" und der sich formierenden Soziologie zu „untheoretisch" (Richardson 2002).

Richards trug ihre Idee der *Oekology* und später der *human ecology* nach Chicago. Die sich dort formierende *Chicago School* spezialisierte sich, angesichts des rapiden und sozial problematischen Wachstums der Metropole Chicago, auf Städtesoziologie; vor allem auf die Auswirkungen der städtischen Umwelt auf die Menschen. Robert E. Park und Ernest W. Burgess, deren Namen bis heute für die *Chicago School* stehen, arbeiteten mit vielen jungen Absolvent*innen zusammen. Die Soziologin und Kriminologin Ruth Shonle Cavan zum Beispiel fand eine Häufung von Selbstmorden dort, wo die gebaute Umwelt und ihre gesellschaftliche Organisation gelebte Gemeinschaft erschwerten oder gar verunmöglichten (Moyer 1990). Die Soziologin und Aktivistin Jane Addams untersuchte die Ausbreitung von Typhus in Chicago: Korruption und die Vorherrschaft wirtschaftlicher Interessen führten zur Verletzung der Vorgaben zu Wohnungsbau und Gesundheit, sodass vor allem die ärmsten Bevölkerungsschichten von Typhus betroffen waren (Platt 2000).

Ein halbes Jahrhundert später, wieder in Chicago, setzte sich der Soziologe Otis Duncan für humanökologische Perspektiven in der Soziologie ein. Wie auch bei den Forscher*innen, die ihm vorausgingen, ist es eine problembezogene Perspektive, die ihn treibt. Laut Duncan sind Luft- und Wasserverschmutzung und die Zerstörung der Ökosysteme zwar große gesellschaftliche Probleme, müssen aber dennoch als ökologische Probleme bearbeitet werden. Das sei mit den hergebrachten Methoden und Konzepten der Soziologie nicht möglich (Duncan 1961). Damit die

Soziologie für das, was in der Welt passiert, relevant bleibt, müsse sie berücksichtigen, wie biologische, physische und soziale Elemente in Ökosystemen interagieren. Für die Analyse schlägt Duncan die ihm zufolge „leicht willkürlich vereinfachten" (Duncan 1961: 145, Ü.d.A.) Kategorien von Bevölkerung, Organisation, Umwelt und Technologie vor (Abbildung 1).

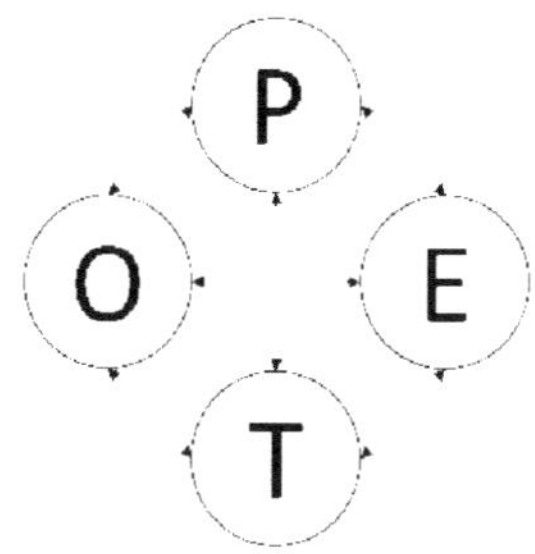

Abbildung 1: Duncans (1961: 145) POET Modell der Interaktion von Bevölkerung (*population* P), Organisation (*organization* O), Umwelt (*environment* E) und Technologie (*technology* T). Quelle: Eigene Darstellung.

Die ökologischen Probleme, auf die Duncan hinwies, häuften sich im Zuge des rasanten Wachstums, das in Nordamerika und West-Europa auf die Zerstörung im Zweiten Weltkrieg folgte und heute als Beginn der „großen Beschleunigung" gewertet wird (Steffen et al. 2015). 1962 eröffnete die Meeresbiologin Rachel Carson ihr Buch *Silent Spring (Der stumme Frühling)* mit einem „Zukunftsmärchen" von einer Stadt in Amerika, in der der Frühling nicht kommt. Die Vögel sind tot oder krepieren, die Flüsse ohne Fische, es ist gespenstisch still. Die Stadt, erklärt Carson, hat es nie gegeben und doch könnte es sie geben, überall auf der Welt. Denn was sie in ihrem Zukunftsmärchen schildert, sind die Auswirkungen des in den 1940er Jahren eingeführten Insektizids DDT (Dichlordiphenyltrichlorethan), das nicht nur die Schädlinge tötet, gegen die es eingesetzt wird, sondern sich in der Nahrungskette anreichert, die Hormonhaushalte von Säugetieren – auch jene der Menschen – verändert. Wenn dieses Mittel weiterhin so flächendeckend und wahllos ausgebracht würde, so warnte Carson, würde aus dem Märchen des stummen Frühlings Realität werden.

Die Intensivierung der Landwirtschaft – mit Insektiziden, Herbiziden, Düngemitteln, Bewässerung und fossiler Energie – ermöglicht, gemeinsam mit der Ausdehnung in der Fläche, enormes Wachstum der Ernte. Dieses Wachstum würde jedoch nicht ausreichen, um die explosionsartig wachsende Weltbevölkerung zu ernähren, so eine weitverbreitete Befürchtung in den 1950er und 60er Jahren, die sich im Bestseller des amerikanischen Biologen Paul Ehrlich[1] *The Population Bomb* (*Die Bevölkerungsbombe*; Ehrlich 1968) widerspiegelt. Die von Duncan im POET Modell vereinfachten, komplexen Interaktionen und inneren Mechanismen von Gesellschaft und Umwelt werden in Ehrlichs Arbeit reduziert auf die Auswirkungen von Bevölkerungswachstum auf die Umwelt.

In der Logik von Ökosystemen dachte in der zweiten Hälfte des 20. Jahrhunderts weder die Soziologie als Disziplin noch die Politik. Im Gegenteil kennzeichneten Versuche, die Anfang der 1970er Jahre so beeindruckend veranschaulichten „Grenzen des Wachstums" (Meadows et al. 1972) zu verschieben, das Entwicklungsleitbild. So wurde in den 1970ern das Insektizid DDT zwar weitgehend verboten, doch die wachstumsorientierte Produktionsweise blieb erhalten und andere Insektizide rückten nach; teilweise mit noch verheerenderen Folgen als denen, vor denen Carson in *Der stumme Frühling* gewarnt hatte.

Die ökosystemaren Grenzen derart zu ignorieren, dass dadurch menschliches Überleben nicht nur in der Zukunft, sondern jetzt gefährdet wird, ist – so argumentierten die Soziologen William Catton und Riley Dunlap (1978) – nur aus einer anthropozentrischen Perspektive heraus möglich. Der Mensch, ausgestattet mit Kultur, Sprache und Technologie, wird dabei als von seiner Umwelt unabhängig betrachtet. Um Katastrophen zu vermeiden, gelte es, dieses *human exemptionalism paradigm* (HEP) zu ersetzen, mit einem *new environmental paradigm* (NEP), das auf drei zentralen Annahmen beruhen sollte: 1) Menschen sind eine Spezies wie andere auch, und als solche Teil einer Gemeinschaft von Lebewesen, 2) in diesem „Naturnetz" führen Wechselwirkungen zwischen allen Beteiligten zu unerwünschten Nebenwirkungen menschlichen Handelns und 3) die Erde ist begrenzt, Wirtschaftswachstum und sozialer Fortschritt können nur innerhalb der physischen und biologischen Grenzen unseres Planeten stattfinden.

Die Dringlichkeit dieses Umdenkens in der noch jungen Umweltsoziologie wurde von menschgemachten Umweltkatastrophen viel zu regelmäßig unterstrichen. Auf DDT folgte Carbarbyl als Pflanzenschutzmittel. Nicht nur führte sein Einsatz zum Tod von ganzen Bienenvölkern, sondern die Carbarbyl-Produktion löste im Dezember 1984 in einer Fabrik im zentralindischen Bhopal eine Chemiekatastrophe aus, die mehrere Tausend Menschen tötete und bei einer halben Million zum Teil schwere Verletzungen hervorrief (Varma/Varma 2005). Noch bevor Carbarbyl in

1 Erst in einem 2009 veröffentlichten Aufsatz wird die Biologin Anne Ehrlich als Ko-Autorin des 1968 erschienenen Buchs genannt (Ehrlich/Ehrlich 2009).

den 1980er und 90er Jahren weitgehend verboten wurde, brachte der US-amerikanische Konzern Monsanto das Breitbandherbizid Glyphosat auf den Markt. Mit der Ausnahme von gentechnisch veränderten Pflanzen, die resistent gegenüber dem Wirkstoff sind (und deren Saatgut ebenfalls monopolisiert und profitreich von Monsanto vermarktet wird), sterben alle mit diesem Mittel behandelten Pflanzen (Mendelson 1998). Solche menschgemachten Umweltkatastrophen verdeutlichten die Unzulänglichkeit des Fokus auf die Gestaltung der Umwelt durch den Menschen ohne Berücksichtigung der Rückwirkung der (veränderten) Natur auf menschliche Gesellschaften. Daran, diesem Forschungsauftrag gerecht zu werden, arbeitet die Umweltsoziologie nach wie vor.

3 Drei Perspektiven auf den Gegenstand

Aus der Entstehungsgeschichte der Umweltsoziologie wird deutlich: Hier wird Wissenschaft angetrieben von wahrgenommenen Problemen, oft in der unmittelbaren Umgebung der Forscher*innen. Doch welche Aufgabe stellt sich der Wissenschaft angesichts dieser Probleme? Gilt es, sie zu beobachten und zu dokumentieren? Zur Lösung beizutragen? Ist das dann noch Wissenschaft? Können oder müssen Forscher*innen ihre aktivistische Tätigkeit von ihrer wissenschaftlichen Arbeit trennen? Führen vielleicht genau diese Fragen dazu, die Umweltsoziologie als Wissenschaft besser zu verstehen? Der Soziologe Karl Werner Brand (1997) schlägt vor, dass sich die Soziologie in drei idealtypischen Mustern auf die Debatte um nachhaltige Entwicklung bezieht: 1) aus der Beobachter*innenperspektive[2], 2) aus der problembezogenen Perspektive und 3) aus der reflexiven Perspektive.

3.1 Die Beobachter*innenperspektive

Mit einem Bild des im Hochwasser untergehenden Kölner Doms untermalte das Nachrichtenmagazin *Der Spiegel* im Jahr 1986 seine Titelgeschichte zur „Klima-Katastrophe“. 32 Jahre später, im Sommer 2018, nimmt die *Fridays for Future*-Bewegung ihren Anfang. Wie kann es sein, dass im Klimaschutz über so lange Zeit so wenig erreicht wurde? Die Soziologie kann, aus einer Beobachter*innenperspektive heraus, untersuchen, wie sich Diskurse zu Gesellschafts-Natur-Verhältnissen verbreiten, wie sie sich in unseren Problemwahrnehmungen, unserem Handeln, unseren Praktiken und der Gestaltung unserer Institutionen niederschlagen.

2 Im Original: Die Beobachterperspektive.

Beobachtend analysiert werden z. B. Umweltbewegungen und ihre Aktionsformen. Heute sind wir vertraut mit Bewegungen zum Schutz der Umwelt, die sich mit globalen Themen befassen und gleichzeitig stark lokal verortet sein können. Doch schon im 19. Jahrhundert wurde der Schutz von „Heimat" und Wildnis gefordert, in den USA als *conservationism*, in Österreich und Deutschland als Natur- und Heimatschutz (Payer/Zangerl-Weisz 1997; Fleming 1988). Die Analyse dieser Bewegungen gibt Aufschluss über die Gesellschaften, denen sie entspringen: Welche Umwelt soll geschützt werden? Warum? Vor wem oder was und mit welchen Mitteln? Die Umweltbewegungen der 1970er Jahre prägen bis heute ein dominantes Verständnis von Umweltproblemen als eine Schädigung der Umwelt durch menschliche Aktivitäten, die letztlich die Lebensgrundlagen der Menschen gefährdet. Dabei hat sich deutlich gewandelt, wessen Gefährdung berücksichtigt wird. In den USA war vor allem die Forschung zu *environmental racism* – der Häufung von gefährlicher Umweltverschmutzung in Gegenden mit afroamerikanischer oder *Latina* Bevölkerung, zum Beispiel – ausschlaggebend für ein Umdenken: Giftige Abgase? Klärschlamm und Abwasser? Mülldeponien? Nukleartests? Sicher nicht hinter meinem Haus, *not in my backyard (NIMBY)*, hieß es zunächst. Je mehr größere Zusammenhänge in den Vordergrund rückten, desto häufiger wurde die Forderung zu „Hinter keinem Haus!", *not in anyone's backyard* oder auch *build absolutely nothing near anyone (BANANA)*! Der Nachhaltigkeits- und andere gesellschaftliche Diskurse verlagerten sich in gegenseitiger Abhängigkeit. In *The Environmentalism of the Poor (Der Umweltschutz der Armen)* argumentiert der Ökonom Joan Martínez-Alier (2003), dass Umweltschutz abhängig von dem, was die Umwelt den betroffenen Menschen bedeutet, unterschiedlich bewertet und kommuniziert wird. Vielen ist es z. B. fremd, ihre Umwelt monetär zu bewerten.

Es erscheint paradox, dass wir gesellschaftlich die ökologische Krise wahrnehmen und verhandeln und gleichzeitig an eben den Praktiken festhalten, die zu dieser Krise beitragen (Blühdorn 2007). Soziologische Analyse, die eine Beobachter*-innenperspektive einnimmt, zeigt uns, welche unterschiedlichen Haltungen (Gruppen von) Menschen zum Thema Nachhaltigkeit einnehmen, und warum sie das tun (Brand 1997). Sie hilft uns dadurch, die Vorbedingungen für eine Nachhaltigkeitstransformation zu erforschen.

3.2 Die problembezogene Perspektive

Wenn wir nach Vorbedingungen für grundlegende Veränderungen in den Gesellschafts-Natur-Verhältnissen suchen, nehmen wir eine problembezogene Perspekti-

ve ein. Wir suchen nach den Ursachen unnachhaltiger Entwicklung (Brand 1997). Eine problembezogene Perspektive setzt voraus, dass ein Problem als solches erkannt und definiert wird. Dies wiederum erfordert eine normative Setzung: Was als gesellschaftliches Problem gilt, hängt von moralisch-politischen Urteilen ab. Um etwa den anthropogenen Klimawandel als gesellschaftliches Problem zu identifizieren, muss nicht nur sein naturwissenschaftlicher Nachweis anerkannt, sondern auch der Befund geteilt werden, dass seine sozial-ökologischen Folgen abzulehnen und daher seine Ursachen zu bekämpfen sind. Eine problembezogene Perspektive kann sich nie auf den Standpunkt einer rein beobachtenden Neutralität zurückziehen, sondern erkennt den Umstand an, dass die Produktion gesellschaftsrelevanten Wissens immer auch eine Intervention in die beobachtete Gesellschaft darstellt.
Dort, wo Gesellschaft Umwelt zerstört und damit auch ihre eigenen Überlebensgrundlagen gefährdet, kann Wissenschaft aufklären, warum das passiert, und somit Interventionsmöglichkeiten ausmachen. Dafür braucht es eine interdisziplinäre Arbeitsweise, in Kooperation zwischen Natur- und Sozialwissenschaften, mit geteilten konzeptuellen Rahmungen der Gesellschafts-Natur-Verhältnisse.
Die Fähigkeit der Soziologie, zentrale gesellschaftliche Probleme, wie das des Klimawandels, in der Forschung nicht nur aufzugreifen, sondern produktiv zu Lösungen beizutragen, führt auch zu Schlüssen über den Zustand der Disziplin und die Tragfähigkeit des theoretischen und methodischen Kanons und der inter- und transdisziplinären Durchlässigkeit. Hiermit eröffnet sich notwendigerweise auch eine reflexive Perspektive auf die Soziologie selbst.

3.3 Die reflexive Perspektive

In der reflexiven Perspektive rückt die Soziologie selbst ins Blickfeld. Kann Soziologie als Wissenschaft mit ihren theoretischen und methodischen Traditionen Gesellschafts-Natur-Verhältnisse erfassen? Hat sie, als Beobachterin von Gesellschaft, die Natur überhaupt im Blick? Der Soziologie wird vorgeworfen, naturvergessen zu sein, die Natur auszuklammern oder zu ignorieren, sich als Wissenschaft zu konzipieren, als wäre die Natur egal (*„Sociology as If Nature Did Not Matter"*, Murphy 1995).[3] Bei genauerer Betrachtung zeigt sich, dass die Ausprägungen der Soziologie, denen diese Vorwürfe gemacht werden, die Natur durchaus im Blick haben, aber eben als in der Abgrenzung und als Gegenüber (siehe Abbildung 2).

3 Einen Überblick über und eine ausführliche Antwort auf diese Kritik liefert Matthias Groß (2001) in *Die Natur der Gesellschaft*.

Noch bevor die Soziologie als eigenständige wissenschaftliche Disziplin etabliert war, wurden bereits theoretische Grundlagen gelegt, die sich explizit auf die Interaktion zwischen Mensch (oder Gesellschaft) und Natur beriefen. In der ersten Hälfte des 19. Jahrhunderts entwarf Auguste Comte die *physique sociale* (und später *sociologie*) als Meta-Wissenschaft, die die Erkenntnisse sämtlicher Naturwissenschaften zueinander und zum Sozialen in Bezug setzen sollte. Karl Marx räumte der Natur – vermittelt durch menschliche Arbeit – eine zentrale Rolle in der Produktion von Mehrwert ein: „Die Arbeit ist zunächst ein Prozeß zwischen Mensch und Natur, ein Prozeß, worin der Mensch seinen Stoffwechsel mit der Natur durch seine eigne Tat vermittelt, regelt und kontrolliert" (Marx/Engels 1867: 192).
In der Definition der Soziologie als Disziplin erfolgt ein (logischer) Fokus auf das Soziale, das Gesellschaftliche, in Abgrenzung zu einer speziellen Biologie des Menschen und einer Erklärung von gesellschaftlichen Phänomenen aus dem Individuellen heraus. Dadurch „bleibt nur die Gesellschaft übrig. Wir müssen also die Erklärung des sozialen Lebens in der Natur der Gesellschaft selbst suchen", so Emile Durkheim Ende des 19. Jahrhunderts. Doch die Emanzipation von den Naturwissenschaften zieht auch eine gedachte Emanzipation der Gesellschaft von der Natur nach sich: Die Menschen machen sich die Erde zum Untertanen, die unterworfene Erde wirkt nicht mehr auf die Gesellschaft zurück. Klar, dass man aus heutiger Sicht Durkheim und Weber und anderen „Klassikern" der Soziologie vorwirft, sie hätten etwas Wichtiges vergessen.
Wieder ins Gedächtnis gerufen wird der Soziologie die Natur mit den Umweltbewegungen des 20. Jahrhunderts und der – größtenteils aus der Biologie hervorgebrachten – Wissenschaft, die sie anstößt und begleitet (und zu der Carsons *Der stumme Frühling* und *Die Bevölkerungsbombe* der Ehrlichs gehören). Wenn auch nicht im Mainstream der Soziologie, so reagieren doch Soziolog*innen wie z. B. Duncan, Catton und Dunlap (siehe Abschnitt 2) auf diese neuen Herausforderungen, indem sie der Soziologie die Gesellschafts-Natur-Verhältnisse als Forschungsgegenstand verschreiben. In *Risikogesellschaft* beschreibt der Soziologe Ulrich Beck (1986), dass im Zuge der „reflexiven Modernisierung" Herrschaft über Natur ausgebaut und Verteilungsfragen zugespitzt wurden, die zu Umweltstörungen und erheblichen Risiken für die Gesellschaft selber führen. Im gleichen Jahr thematisiert Niklas Luhmann (1986) die gesellschaftliche Schwierigkeit, auf selbstverursachte Umweltprobleme angemessen zu reagieren, als systemisches Kommunikationsproblem.
Aufschlussreich sind die Forschungsrichtungen, die der Soziologie nicht zutrauen, zur Überwindung der sozio-ökologischen Krise beitragen zu können. Die Philosophie der *deep ecology* (Næss 1973) verortet den Menschen als eine Spezies unter vie-

len und spricht ihm keine „Höherwertigkeit" oder kein Recht zu, die Natur auszubeuten und zu zerstören. Im Ökofeminismus wird dargelegt, wie systematisch das „grenzenlose" Wachstum auf einem begrenzten Planeten mit Gewalt – gegen die Natur, gegen Frauen, gegen „andere" – durchgesetzt wird (Merchant 1980; Mies/Shiva 2016). Die *social ecology* nach Bookchin (1982) fasst soziale Missstände als Ursache ökologischer Probleme und schreibt die Umgestaltung von Gesellschaft nach ethischen Prinzipien als Bedingung für die Überwindung der ökologischen Krise vor. Der Kulturanthropologe Maurice Godelier (1990) bietet eine universale Theorie der Produktionsverhältnisse an, derzufolge der Mensch Veränderungen in der natürlichen Umwelt auslöst, die auf ihn zurückwirken und neue gesellschaftliche Arrangements erfordern. Gesellschaftlicher Wandel erklärt sich aus dem dynamischen Verhältnis von natürlichen und sozialen Systemen. Diese vielfältigen Herangehensweisen an Gesellschafts-Natur-Verhältnisse verdeutlichen die blinden Flecken, die in der Forschung entstanden, die Gesellschaft und Natur als getrennt oder gar unabhängig voneinander dachte.

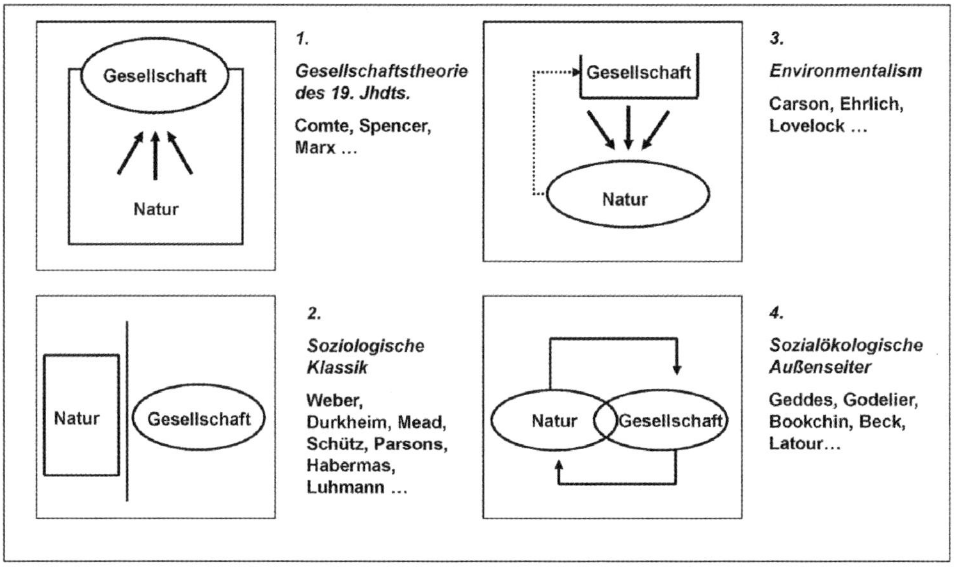

Abbildung 2: Mögliche Denkmodelle für das Gesellschaft-Natur-Verhältnis: 1. Gesellschaft befreit von „natürlichen Zwängen", unterwirft ihrerseits die Natur (Gesellschaftstheorie des 19. Jahrhunderts); 2. Natur (als Gegenstand der Naturwissenschaften) weitgehend ignoriert, bei Max Weber sogar „instrumentelles Handeln" (z.B. einen Nagel einschlagen) nicht Teil von „sozialem Handeln" (sich auf andere Menschen beziehen); 3. Natur als Opfer gesellschaftlicher Gewalt; 4. symmetrischeres, ko-evolutives Verhältnis zwischen Gesellschaft und Natur. Quelle: Eigene Darstellung.

3.4 Soziale Ökologie

Angeleitet von den problembehafteten und krisenhaften Gesellschafts-Natur-Verhältnissen, der Einsicht in die Notwendigkeit von Lösungen und der Erkenntnis, dass keine einzelne wissenschaftliche Disziplin diese wird liefern können, bemüht sich die soziale Ökologie (Fischer-Kowalski et al. 1997; Fischer-Kowalski 2015) um eine Konzeptualisierung von Gesellschaft als gleichzeitig sozial (und somit als Forschungsgegenstand der Soziologie) und natürlich (und somit auch die Betrachtung aus naturwissenschaftlichen Perspektiven herausfordernd). Gesellschaft muss sich nach diesem Verständnis sozial *und* biophysisch reproduzieren. Um die in ihr lebenden Menschen, ihre Nutztiere und Artefakte (Infrastrukturen, Gebäude, Güter und Gegenstände) zu reproduzieren, ist sie von Energie und Material aus ihrer Umwelt abhängig. Die entsprechende Extraktion, z.B. im Bergbau oder bei der Land- und Forstwirtschaft, und Importe werden gesellschaftlich organisiert. Diese Inputs werden umgewandelt, entweder in Teile der gesellschaftlichen Bestände (wenn z.B. Holz entnommen wird, das im Hausbau verwendet wird) oder direkt bei der Nutzung in Abfall und Emissionen (z.B. in die Wärme und die Gase, die bei der Verbrennung von Erdöl entstehen). Inputs können auch als Exporte an andere sozioökonomische Systeme weitergegeben werden. In der sozialen Ökologie werden diese Grundlagen für die biophysische Reproduktion einer Gesellschaft als gesellschaftlicher Stoffwechsel (oder Metabolismus, siehe Abbildung 3) beschrieben. Dieser wird nicht nur sozial bestimmt, sondern die biophysischen Flüsse und Bestände erfordern auch ihrerseits bestimmte Formen gesellschaftlicher Organisation. Ein über Jahrhunderte für den Individualverkehr aufgebautes Transportsystem beispielsweise produziert andere soziale Verhaltensweisen, als dies ein von geteilten Infrastrukturen – öffentlicher Nahverkehr, Fuß- und Radwege – geprägtes System tun würde. Und natürlich sind die jetzigen und zukünftigen Inputs, die gebraucht werden, und Emissionen, die in der Nutzung entstehen, auch sehr unterschiedlich. Um die benötigten Inputs aus der Natur entnehmen zu können, gestalten Gesellschaften Natur für ihre Zwecke und organisieren die entsprechenden Arbeitsprozesse. Diese kontinuierlichen und intendierten Eingriffe als Vorleistung für die Befriedigung gesellschaftlicher Ansprüche werden in der sozialen Ökologie als Kolonisierung von Natur gefasst. Gesellschaften greifen so in natürliche Systeme ein, dass sie für sie nützlicher sind als in ihrem ursprünglichen Zustand, und stellen damit sicher, dass der Stoffwechsel zwischen Natur und Gesellschaft aufrechterhalten werden kann. Natur und die durch gesellschaftliche Eingriffe veränderte Natur (oft wahrgenommen als Ereignisse) werden gesellschaftlich beobachtet und in der

Kommunikation über Natur repräsentiert. Dementsprechend werden Programme entwickelt oder verändert, die die kolonisierenden Maßnahmen anleiten. Die Gesellschaft wird abhängig von ihren kolonisierenden Eingriffen und muss – oft auf lange Sicht – die Ressourcen und die Arbeitskraft aufbringen, um die Kolonisierung aufrechterhalten zu können. Kolonisierende Interventionen umfassen zum Beispiel Roden, Pflügen, Düngen und Bewässern, wodurch für die Landwirtschaft Ökosysteme in einen Zustand gebracht werden, in dem es möglich ist, viel zu ernten. Aber auch Eingriffe in das Erbgut von Tieren und Pflanzen oder die Errichtung und Erhaltung alpiner Skigebiete stellen kolonisierende Eingriffe dar. Durch Kolonisierung kann die Bevölkerungsdichte auf einer gegebenen Fläche massiv erhöht werden. Dies zeigt sich im Übergang von Gesellschaften von Jäger*innen und Sammler*innen zu Agrargesellschaften.

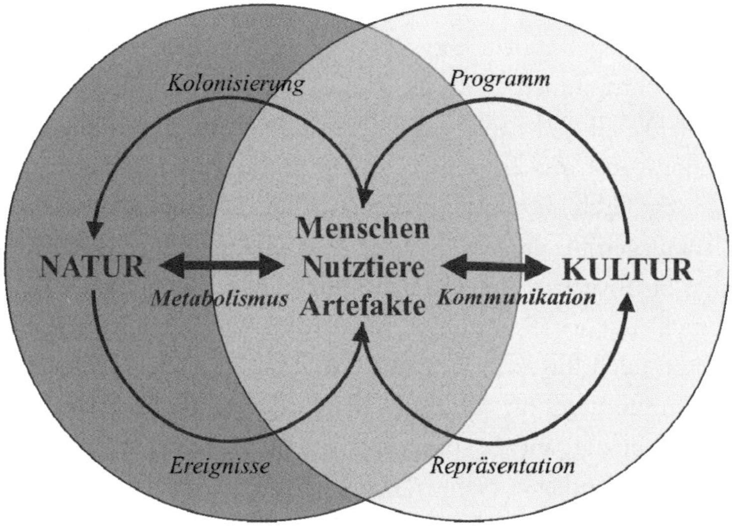

Abbildung 3: Sozialökologisches Modell der Gesellschafts-Natur-Verhältnisse, in denen Menschen, ihre Nutztiere und Artefakte sich sowohl energetisch-materiell als auch sozio-kulturell reproduzieren (müssen). Quelle: Eigene Darstellung.

Wenn wir Gesellschaft analytisch so fassen, dass wir verstehen können, dass sie sich nicht nur sozial, sondern auch biophysisch reproduzieren muss, können wir die unserer gesellschaftlichen Entwicklung gesetzten Grenzen sichtbar machen. Auf einem begrenzten Planeten ist kein unendliches Wachstum möglich; die Nutzbarmachung unserer Umwelt für einige entzieht sie der Nutzung anderer, an anderen Orten oder in der Zukunft, wie die *Fridays for Future*-Bewegung deutlich macht. In dieser Hinsicht unterscheidet sich unsere moderne Industriegesellschaft ganz wesentlich von (nicht-industrialisierten) Agrargesellschaften oder gar von der Subsistenzweise von Jäger*innen und Sammler*innen: Wir müssen uns nicht mit der Nutzung jener Energie begnügen, die durch die laufende Sonneneinstrahlung verfügbar ist (in chemischer Bindung in der Form von Biomasse, in solar angetriebenen Wasser- und Windkreisläufen), sondern greifen auf geologisch konservierte Energiespeicher zu: die fossilen Energieträger Kohle, Erdöl und Erdgas.

4 Aktuelle Herausforderungen – Forschung in Österreich

Unter maßgeblicher Beteiligung des *Instituts für soziale Ökologie* in Wien wurde in internationaler Kooperation ein gemeinsames Werkzeug entwickelt, mit dem der gesellschaftliche Stoffwechsel bemessen werden kann. Die österreichische Forschung leistet wichtige Beiträge bei der Interpretation des mittlerweile vorliegenden Datensatzes (z.B. Giljum et al. 2014; Schaffartzik et al. 2014). Zwischen 1970 und 2017 ist die globale materielle Ressourcennutzung, die Summe aller Materialien, die die Gesellschaft der Natur entnommen hat, um den Faktor 4 angestiegen, von 23 Milliarden Tonnen (Gigatonnen Gt) pro Jahr (a) auf 92 Gt/a (siehe Abbildung 4). Das entspricht im Jahr 2017 durchschnittlich 12 Tonnen pro Kopf der Weltbevölkerung, doppelt so viel wie 1970. Einen Großteil der Masse dieses Ressourcenverbrauchs machen dabei die nicht-metallischen Baurohstoffe aus (Sand und Schotter), die wir brauchen, um Gebäude, Straßen und andere Infrastrukturen zu bauen. Mit diesen Materialien „zementieren" wir unseren hohen Ressourcenkonsum (Krausmann et al. 2017).

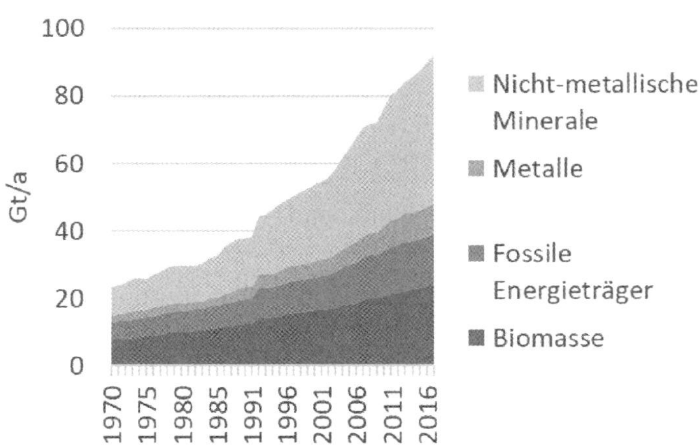

Abbildung 4: Die globale materielle Ressourcennutzung 1970–2017 in Milliarden Tonnen (Gigatonnen Gt) pro Jahr (Gt/a). Quelle der Daten: UNEP (2019).

Diese gewaltigen Materialmassen sind nur zu bewegen, weil die begrenzten erdgeschichtlichen Reserven an Fossilenergie (Torf, Kohle, Erdöl und Erdgas) industriell erschlossen wurden. Deren Verbrennung hat in den letzten 150 Jahren zu einer solchen Anreicherung an CO_2 in der Erdatmosphäre geführt, dass ein Klimakollaps droht. Zugleich hat der selektive Zugriff auf Fossilenergie ein vormals unvorstellbares Maß an globaler sozialer Ungleichheit bewirkt: So verfügen die Menschen in den Industrieländern, die 20% der Weltbevölkerung ausmachen, pro Kopf über hundert Mal mehr Energie, und damit biophysischer Macht, als die ärmsten 20% der Weltbevölkerung.
Unser globaler gesellschaftlicher Stoffwechsel befindet sich in starkem Wachstum und droht sich in seiner Unnachhaltigkeit in die Zukunft einzuschreiben. Dieser Wandel, der aus der sozialökologischen Forschung heraus beschrieben wird, fordert die Umweltsoziologie heraus: in der Beobachtung, in der Problembearbeitung und auch in der wissenschaftlichen Reflexion. Die Soziologie braucht Konzepte und Methoden, mit denen sie unsere Gesellschafts-Natur-Verhältnisse verstehen und Wissen zu ihrer Transformation beitragen kann. Dazu bedarf es interdisziplinärer Zusammenarbeit, mit den Naturwissenschaften und auch mit der Ökonomik und der Politikwissenschaft. Es bedarf auch transdisziplinärer Zusammenarbeit mit jenen, die sich, im Großen oder im Kleinen, für Nachhaltigkeitstransformationen einsetzen, wie es z. B. die *Fridays for Future*-Bewegung tut.

5 Anwendungsbezug

Wir verstehen die Probleme, mit denen wir konfrontiert sind, immer besser. Wir kennen die räumlichen und zeitlichen Dynamiken der Treibhausgasemissionen, wir können Auslagerungen von Ressourcenextraktion entlang der globalen Wertschöpfungsketten verfolgen, einige der Grenzen unseres Planeten rücken in Sichtweite. Doch offensichtlich ist dieses Wissen allein nicht ausreichend, um die Nachhaltigkeitstransformationen, die wir so dringend brauchen, zu gestalten und umzusetzen. Können wir uns gesellschaftlich nicht nachhaltiger reproduzieren? Viele Menschen setzen im Kleinen, in dem Bereich, in dem sie einen Einfluss ausüben können, schon Elemente einer Transformation um. Sie verzichten auf Konsum, sie reisen nicht mit dem Flugzeug, sie bauen ihre eigenen Lebensmittel an oder kaufen aus regionaler, nachhaltiger Produktion, sie recyclen und vermeiden Müll, sie *dumpstern*, sie schaffen Räume, in denen sie mehr Freizeit und Gemeinschaft erfahren und dafür weniger Ressourcen brauchen. Lassen sich diese Prinzipien nicht auf unsere Gesellschaften als Ganze übertragen? Welche strukturellen Hindernisse stehen dem im Weg? Könnten Bezirke, Städte, Länder mehr Raum für Nachhaltigkeit schaffen? Wen müsste man dazu wie überzeugen?

Es gibt akuten Bedarf an umweltsoziologischer und sozialökologischer Kompetenz: in der wissenschaftlichen Forschung und in der öffentlichen Verwaltung und Kommunikation (Medien, Bildung, Marketing). In all diesen Bereichen ist es unerlässlich, über den Tellerrand der Soziologie hinausgeschaut zu haben – in andere wissenschaftliche Disziplinen und Forschungsbereiche, aber auch in die Praxis, in die Kampagnen, Initiativen und Aktionen, mit denen inmitten unserer unnachhaltigen Gesellschaft Nachhaltigkeit gefordert, erprobt und umgesetzt wird.

6 Literatur

a. Einführungsliteratur

Catton, William R./Dunlap, Riley E. (1978): Environmental Sociology: A New Paradigm. In: The American Sociologist, Vol. 13, 41–49.

Fischer-Kowalski, Marina/Haberl, Helmut/Hüttler, Walter/Payer, Harald/Schandl, Heinz/Winiwarter, Verena (1997): Gesellschaftlicher Stoffwechsel und Kolonisierung von Natur – Ein Versuch in Sozialer Ökologie. Amsterdam: G+B Verlag Falkutas.

Godelier, Maurice (1990): Natur, Arbeit, Geschichte. Zu einer universalgeschichtlichen Theorie der Wirtschaftsformen. Hamburg: Junius.

Groß, Matthias (2001): Die Natur der Gesellschaft: Eine Geschichte der Umweltsoziologie. Weinheim/München: Juventa.

Luhmann, Niklas (1986): Ökologische Kommunikation. Opladen: Westdeutscher Verlag.

Martínez-Alier, Joan (2003): The Environmentalism of the Poor: A Study of Ecological Conflicts and Valuation. Edward Elgar Publishing.

b. Weitere zitierte Literatur

Beck, Ulrich (1986): Risikogesellschaft. Auf dem Weg in eine andere Moderne. Frankfurt a. M.: Suhrkamp.

Blühdorn, Ingolfur (2007): Sustaining the unsustainable: Symbolic politics and the politics of simulation. In: Environmental Politics, Vol. 16, 251–275.

Bookchin, Murray (1982): The ecology of freedom: the emergence and dissolution of hierarchy. Palo Alto: Cheshire Books.

Brand, Karl-Werner (1997): Probleme und Potentiale einer Neubestimmung des Projekts der Moderne unter dem Leitbild „Nachhaltige Entwicklung“. Zur Einführung. In: Ders. (Hg.): Nachhaltige Entwicklung: Eine Herausforderung an die Soziologie. Opladen: Leske + Budrich, 9–34.

Duncan, Otis Dudley (1961): From Social System to Ecosystem. In: Sociological Inquiry, Vol. 31, 140–149.

Ehrlich, Paul R. (1968): The Population Bomb. New York: Sierra Club Books.

Ehrlich, Paul R./Ehrlich, Anne H. (2009): The Population Bomb Revisted. In: The Electronic Journal of Sustainable Development, Vol. 1, 63–71.

Fischer-Kowalski, Marina (2015): Social Ecology. In: Wright, James D. (Ed.): International Encyclopedia of the Social & Behavioral Sciences. Oxford: Elsevier, 254–262.

Fleming, Donald (1988): Wurzeln der New-Conservation-Bewegung. In: Sieferle, Rolf Peter (Hg.): Fortschritte der Naturzerstörung. Frankfurt a. M.: Suhrkamp, 216–306.

Giljum, Stefan/Dittrich, Monika/Lieber, Mirko/Lutter, Stephan (2014): Global Patterns of Material Flows and Their Socio-Economic and Environmental Implications: A MFA Study on All Countries World-Wide from 1980 to 2009. In: Resources, Vol. 3 (1), 319–39.

Groß, Matthias (2011): Handbuch Umweltsoziologie. Wiesbaden: VS Verlag für Sozialwissenschaften.

Krausmann, Fridolin/Wiedenhofer, Dominik/Lauk, Christian/Haas, Willi/Tanikawa, Hiroki/Fishman, Tomer/Miatto, Alessio/Schandl, Heinz/Haberl, Helmut (2017): Global Socioeconomic Material Stocks Rise 23-Fold over the 20th Century and Require Half of Annual Resource Use. In: Proceedings of the National Academy of Sciences, Vol. 114 (8), 1880–1885.

Marx, Karl/Engels, Friedrich (1867): Das Kapital, Band I. Berlin (DDR): Dietz Verlag (= Werke).

Meadows, Donella H./Meadows, Dennis L./Randers, Jorgen/Behrens, William W. III (1972): The Limits to Growth: A Report to the Club of Rome (1972). New York: Universe Books.

Mendelson, Joseph (1998): Roundup: The World's Biggest-Selling Herbicide. In: The Ecologist, Vol. 28 (5), 270–275.

Merchant, Carolyn (1980): The Death of Nature: Women, Ecology, and the Scientific Revolution. New York: Harper & Row.

Mies, Maria/Shiva, Vandana (2016): Ökofeminismus: Die Befreiung der Frauen, der Natur und unterdrückter Völker. Neu-Ulm: AG SPAK Bücher.

Moyer, Imogene L. (1990): The Life and Works of Ruth Shonle Cavan: Pioneer Woman in Criminology. In: Journal of Crime and Justice, Vol. 13, 133–158.

Murphy, Raymond (1995): Sociology as If Nature Did Not Matter: An Ecological Critique. In: The British Journal of Sociology, Vol. 46, 688–707.

Næss, Arne (1973): The shallow and the deep, long-range ecology movement. A summary. In: Inquiry, Vol. 16, 95–100.

Payer, Harald/Zangerl-Weisz, Helga (1997): Paradigmenwechsel im Naturschutz? In: Fischer-Kowalski, Marina/Haberl, Helmut/Hüttler, Walter/Payer, Harald/Schandl, Heinz/Winiwarter, Verena (Hg.): Gesellschaftlicher Stoffwechsel und Kolonisierung von Natur. Ein Versuch in Sozialer Ökologie. Amsterdam: Gordon & Breach: Fakultas, 223–240.

Platt, Harold L. (2000): Jane Addams and the Ward Boss Revisited: Class, Politics, and Public Health in Chicago, 1890–1930. In: Environmental History, Vol. 5, 194–222.

Richardson, Barbara (2002): Ellen Swallow Richards: „Humanistic Oekologist", „Applied Sociologist", and the founding of sociology. In: The American Sociologist, Vol. 33, 21–57.

Schaffartzik, Anke/Mayer, Andreas/Gingrich, Simone/Eisenmenger, Nina/Loy, Christian/Krausmann, Fridolin (2014): The Global Metabolic Transition: Regional Patterns and Trends of Global Material Flows, 1950–2010. In: Global Environmental Change, Vol. 26, 87–97.

Steffen, Will/Broadgate, Wendy/Deutsch, Lisa/Gaffney, Owen/Cornelia, Ludwig (2015): The trajectory of the Anthropocene: The Great Acceleration. In: The Anthropocene Review, Vol. 2 (1), 81–98.

UNEP (2019): Natural Resources: Resource Efficiency Indicators. International Resource Panel of the United Nations Environmental Programme (UNEP). URL: http://environmentlive.unep.org/downloader [09.12.2019].

Varma, Roli/Varma, Daya R. (2005): The Bhopal Disaster of 1984. In: Bulletin of Science, Technology & Society, Vol. 25 (1), 37–45.

c. Ausgewählte Fachzeitschriften

Anthropocene Review
Capitalism Nature Socialism
Ecological Economics
Energy Research & Social Science
GAIA
Global Environmental Change
Journal of Industrial Ecology
Journal of Peasant Studies
Nature and Culture
Sustainability Science
Zeitschrift für Umweltpolitik & Umweltrecht

Wirtschaft

Bernhard Kittel und Fabian Kalleitner

1 Einleitung

Wieso sollte man bei der Besichtigung einer Mietwohnung einen Anzug anziehen, bei einer Vorstellung in einer Wohngemeinschaft eher den alten Pullover? Wieso finden Studierende leichter einen Nebenjob über entfernte Bekannte als über eine offizielle Annonce? Wieso bekommen Studierende eher ein Darlehen von einer Tante als von einer Bank? Die drei Fragen beziehen sich auf unterschiedliche Märkte (Wohnungsmarkt, Arbeitsmarkt, Finanzmarkt), verweisen aber alle darauf, dass bei der betreffenden wirtschaftlichen Transaktion mehr im Spiel ist als nur der Tausch Gut gegen Geld.

In allen drei Fällen spielen Erwartungen und Vertrauen für die Einschätzung von Nutzen und Risiko von Handlungen eine große Rolle: Die Vermieterin sucht einen zahlungskräftigen und anständigen Mieter, die Wohngemeinschaft sucht jemanden, der zur schon bestehenden Gruppe passt, der Arbeitgeber sucht eine verlässliche Mitarbeiterin, die Tante hat weniger Bedenken als die Bank, dass eine Studentin der Soziologie nach dem Studium die Schuld abzahlen wird. Die Nutzung bestimmter kultureller Ausdrucksformen wie Auftreten und Kleidung signalisiert die Zugehörigkeit zu einem bestimmten gesellschaftlichen Milieu, aus der die Passung des Wohnungssuchenden auf das gesuchte Profil abgeleitet werden kann. Soziale Beziehungen erzeugen Informationskanäle, die für die Jobsuche genutzt werden können, und dienen als Netzwerk wechselseitiger Verpflichtungen, das integrierend wirkt und Vertrauen fördert.

Der für die Wirtschaftssoziologie entscheidende Punkt an diesen Beispielen ist, dass wirtschaftliche Transaktionen immer in einen sozialen Rahmen „eingebettet“ sind (Granovetter 1985), der den konkreten Verlauf und das Ergebnis einer Transaktion maßgeblich beeinflusst.

2 Historische Entwicklung der Wirtschaftssoziologie

Über Jahrhunderte hinweg war das soziale Zusammenleben in Europa von einer feudal orientierten Gesellschafts- und Wirtschaftsstruktur geprägt. Dass dabei die Sozialstruktur – der Haushalt – ein integraler Bestandteil des wirtschaftlichen

Zusammenlebens war, lässt sich bereits an der Etymologie des Wortes Ökonomie (*οἶκος* „Haus" und *νόμος* „Gesetz") ablesen.
Der schrittweise Wandel zu einer individualistisch geprägten kapitalistischen Wirtschaftsordnung im Zuge der Industrialisierung führte aber dazu, dass die Ökonomie als eigenständige und von anderen gesellschaftlichen Faktoren unabhängige Sozialstruktur betrachtet wurde.
Im Laufe des 19. Jahrhunderts etablierten sich daraufhin zwei grundlegend konträre Positionen, deren Differenz die sozialwissenschaftliche Theoriebildung bis heute prägt und die Ökonomie und die Soziologie weiterhin trennt: Auf der einen Seite modelliert die individualistische Position gesellschaftliche Prozesse als Resultate der Handlungen einzelner Akteure, denen unterstellt wird, ihren eigenen Nutzen zu maximieren. Diese Position stellte die gesellschaftlichen Folgen individueller Handlungen in den Mittelpunkt und wurde zum Kern der modernen Wirtschaftswissenschaften. In einer berühmten Passage aus dem *Wohlstand der Nationen* fasste Adam Smith den Grundgedanken dieses Ansatzes wie folgt zusammen: „Nicht vom Wohlwollen des Metzgers, Brauers und Bäckers erwarten wir das, was wir zum Essen brauchen, sondern davon, daß sie ihre eigenen Interessen wahrnehmen" (Smith 1999 [1789]: 17).
Auf der anderen Seite betrachtet die strukturalistische Position individuelles Handeln als Resultat der gesellschaftlichen Ordnung. Karl Marx postulierte eine dialektische Wechselwirkung zwischen der ökonomischen Basis und dem Überbau der Wertordnungen, markant gefasst im vielzitierten Satz aus dem Vorwort zur *Kritik der Politischen Ökonomie*: „Es ist nicht das Bewußtsein der Menschen, das ihr Sein, sondern umgekehrt ihr gesellschaftliches Sein, das ihr Bewußtsein bestimmt" (Marx 1971 [1859]: 9). Die Produktionsverhältnisse entscheiden über die Klassenzugehörigkeit eines Menschen.
Während die Wirtschaftswissenschaften versuchen, Ökonomie unter der Prämisse einer eigenen Logik des Handelns – individueller Nutzenmaximierung – zu verstehen, bleibt für die Soziologie Wirtschaft stets im Rahmen eines gesamtgesellschaftlichen Zusammenhangs eingebunden. Zentrale Werke der frühen Wirtschaftssoziologie widmen sich daher der Frage, in welchen gesellschaftlichen Kontexten kapitalistische Wirtschaftsformen entstehen konnten und welche Auswirkungen Kapitalismus auf gesellschaftliche Mikro- wie Makrophänomene hat. So behandelt Max Weber in seinem Aufsatz *Die protestantische Ethik und der Geist des Kapitalismus* (Weber 1973 [1904]) die Frage, welcher institutionelle Rahmen für die Entstehung von kapitalistischen Marktbeziehungen entscheidend war. Historisch argumentierend beschreibt er in dieser Studie, wie die asketischen Werte des Protestantismus

die Menschen zu einer sparsamen Lebensweise und einer rationalen Betriebsführung anleiteten, wodurch Kapital akkumuliert wurde, das in die Unternehmen reinvestiert wurde und so eine sich selbst verstärkenden Wirtschaftsdynamik entstand, die etwa bei einem katholischen Verständnis von Erlösung fehlte.

Emile Durkheims Werk *Über soziale Arbeitsteilung* beschäftigt sich unter anderem mit der Frage, welche Auswirkungen der Wandel von einer Subsistenzwirtschaft hin zu einer stärker arbeitsteiligen Wirtschaftsstruktur für das gesellschaftliche Zusammenleben hat. Durkheim geht davon aus, dass die formal stark familiär geprägte „mechanische Solidarität" durch eine von der Arbeitsteilung bestimmte funktionale „organische Solidarität" abgelöst wird (Durkheim 1992 [1902]). Diese Position stellte somit die sozialen Bedingungen des individuellen Handelns in den Mittelpunkt und wurde zum Kerngedanken der modernen Soziologie.

Fragen nach den Auswirkungen des Kapitalismus auf der Makroebene beschäftigen Karl Polanyi in seinem Werk *The Great Transformation.* Darin beschreibt er die politisch induzierte Entstehung von Nationalstaaten und Marktwirtschaften im Laufe des 18. und 19. Jahrhunderts und deren Zusammenführung zur modernen „Marktgesellschaft" als Prozess der zunehmenden „Entbettung" der Wirtschaft aus gesellschaftlichen Bezügen (Polanyi 1978 [1944]). Damit ist gemeint, dass die mit der Industrialisierung einhergehende Einführung von Märkten für „fiktive Güter" dazu führte, dass sich Eigennutzen und Gewinnstreben als dominierendes Motiv in der Wirtschaft gegenüber der Integration in die soziale Ordnung durchgesetzt hat. „Fiktive Güter" sind für Polanyi etwa Land, Arbeit oder Geld, da sie zwar kommodifiziert sind (im Markt als Ware gehandelt werden), aber nicht für den Markt produziert werden.

Der Verselbstständigung der Wirtschaft in der modernen Gesellschaft wird in der Systemtheorie Talcott Parsons' dadurch Rechnung getragen, dass sie als eines von vier funktionalen Teilsystemen der Gesellschaft gedeutet wird (Parsons/Smelser 1957). Für die Gesellschaft realisiert die Wirtschaft die Anpassungsleistung an die soziale und natürliche Umwelt, indem sie durch Produktion und Allokation von Ressourcen auf relative Knappheiten und äußere Einflüsse reagiert und auf diese Weise die materielle Existenz der Gesellschaft sichert. Niklas Luhmann hat diesen Gedanken radikalisiert, indem er die Eigenlogik und Selbstbezogenheit des Wirtschaftssystems betont (Luhmann 1988).

In der Soziologie haben wirtschaftliche Aktivitäten seit den 1980er Jahren als Gegenstand systematischer und empirisch fundierter Forschung an Bedeutung gewonnen (Swedberg 2017). Diese späte Wendung der Soziologie zu wirtschaftlichen Fragen ist im Wesentlichen dadurch bedingt, dass mit der Existenz der Wirtschaftswissenschaften als eigenständiger Disziplin ein übermächtiger Konkurrent Anspruch auf die Deutungshoheit über wirtschaftliche Prozesse stellt. Aber genauso wie die Bildungssoziologie andere Fragen stellt als die Pädagogik, hat sich ein eigenes Forschungsprogramm der Wirtschaftssoziologie entwickelt, das sich von der Ökonomik unterscheidet. Nichtsdestoweniger wurde auch in der Volkswirtschaftslehre, geprägt von den Ergebnissen der Verhaltensökonomik *(behavioral economy)*, das klassische Verständnis vom *homo oeconomicus* stark aufgeweicht, was zukünftige Schnittpunkte für Kooperationen erweitern könnte (Kittel 2015).

3 Fragestellungen und Themenbereiche

Wirtschaft meint all diejenigen menschlichen Aktivitäten, die mit der Produktion, dem Austausch, der Verteilung und dem Verbrauch knapper Güter und Dienstleistungen zusammenhängen (Smelser/Swedberg 2005: 3). Damit umfasst die Wirtschaft die materiellen Grundlagen menschlichen Lebens und eine wesentliche Dimension gesellschaftlichen Zusammenlebens. Die Wirtschaftssoziologie konzentriert sich auf die Beschreibung der Art und Weise, wie wirtschaftliches Handeln durch gesellschaftliche Rahmenbedingungen wie Kultur, Institutionen und soziale Beziehungen beeinflusst wird und welche Folgen wirtschaftliche Entwicklungen für die gesellschaftliche Ordnung haben.

Die Breite der Forschung zur Einbettung wirtschaftlichen Handelns in soziale Kontexte wird im Folgenden anhand der grundlegenden Frage nach Formen der wirtschaftlichen Integration näher beleuchtet. Mit wirtschaftlicher Integration ist die Weise gemeint, in der Gesellschaften durch ihre Versorgung mit materiellen Gütern dauerhaft stabilisiert werden.

Wirtschaftliche Integrationsformen

Karl Polanyi (1979 [1957]: 219) hat analytisch zwischen drei „Formen der Integration" unterschieden, die einer Wirtschaft „Geschlossenheit und Stabilität" verleihen: *Reziprozität*, *Marktaustausch* und *Redistribution*. Sie sind Ausdruck je spezifischer sozialer Beziehungsstrukturen (siehe Tabelle 1).

Tabelle 1: Wirtschaftliche Integrationsformen im gesellschaftlichen Kontext (nach Polanyi 1979 [1957])

Integrationsform	**Beziehungs-struktur**	**Institutionelle Ausprägung**	**Gerechtigkeits-kriterium**
Reziprozität	Symmetrie	Netzwerk/Familie	Bedarf
Marktaustausch	Anonymität	Markt	Leistung
Redistribution	Hierarchie	Staat	Gleichheit

Für *Reziprozität* ist ein Geben und Nehmen zwischen den Beteiligten charakteristisch. Die Tauschpartner*innen betrachten sich wechselseitig als Gleiche und stehen in einer unmittelbaren sozialen Beziehung zueinander. Die Gabe erzeugt beim Empfänger die Verpflichtung zu einer Erwiderung. Die allgemeine Anerkennung dieser Verpflichtung verbindet eine Gesellschaft (Mauss 1968 [1925]). Zum Beispiel könnte die in der Einleitung genannte Tante von ihrer Nichte erwarten, dass diese ihr im Gegenzug zum verliehenen Kredit beim Einkaufen hilft.

Marktaustausch ist der Tausch Güter gegen Güter oder Geld, wobei der Tausch keine sozialen Beziehungen voraussetzt, sondern sich ausschließlich am Preis orientiert. Der Preis bildet sich durch den Vergleich mit anderen Güter- oder Zahlungsangeboten, was den Informationsaustausch fördert, ohne ein zentrales Steuerungsorgan vorauszusetzen (Hayek 1945). Diese Entkoppelung von Handlung und Person führt zu einer massiven Effizienzsteigerung des Austausches, weil er keine in die Zukunft weisende persönliche Verpflichtung erzeugt. Im Beispiel verlangt die Bank die Zahlung von Zinsen, nach Rückzahlung des Kredits sind sämtliche Forderungen getilgt. Voraussetzung für das Funktionieren des anonymen Austausches am Markt ist jedoch die Existenz eines institutionellen Rahmens, der hinreichende Rechtssicherheit schafft, um die durch das Fehlen sozialer Integration hervorgerufene Unsicherheit über das Verhalten des Tauschpartners zu kompensieren (North 1990). Die Bank und die Studentin würden einen Vertrag abschließen, in dem Rechte und Pflichten festgelegt sind, die von beiden Seiten gerichtlich einklagbar sind und notfalls über staatliche Zwangsmaßnahmen durchgesetzt werden.

Redistribution ist schließlich eine Form der Integration, die Ungleichheit innerhalb einer definierten Gruppe ausgleicht, indem die Reicheren den Ärmeren etwas abgeben. Zum Beispiel könnte in der oben angesprochenen finanziellen Notlage der Studentin ein Familienrat entscheiden, dass alle reicheren Familienmitglieder ihr eine bestimmte Geldsumme schenken, damit sie ihr Studium rasch abschließen kann. Da die Gesellschaft insgesamt vom sozialen Frieden profitiert, den Umver-

teilung induziert, aber jeder einzelne Besitzende ungern selbst etwas abgibt, erfordert Redistribution die Existenz einer Zentralgewalt wie den Staat (Scheve/Stasavage 2016).
In den drei Integrationsformen dominieren unterschiedliche Gerechtigkeitsprinzipien. In der philosophischen Diskussion werden in der Regel drei Prinzipien unterschieden: Bedarf, Leistung und Gleichheit (Sen 2009). In auf Reziprozität basierenden persönlichen Beziehungsnetzwerken orientiert sich die Bestimmung dessen, was als gerechter Anteil angesehen wird, am persönlichen Bedarf der Mitglieder. Es ist genau die durch persönliche Bekanntschaft erzeugte Nachvollziehbarkeit der vom Einzelnen behaupteten Bedarfe, die eine Einigung über dieses Kriterium ermöglicht. In der Anonymität des Marktes hingegen zählt die am Markt angebotene Leistung: Der Preis, den ein*e Käufer*in gewillt ist für eine Ware zu zahlen, hängt vom Nutzen ab, den die Ware im Vergleich zu konkurrierenden Angeboten für den*die Käufer*in hat. Die staatliche Organisation der Redistribution orientiert sich am Prinzip der Gleichheit der Bürger*innen, aus dem zum Beispiel ein Mindestmaß an Unterhaltssicherung abgeleitet werden kann.
Die Forschung zu diesen Themen setzt zum einen bei der Frage nach den Wirkmechanismen der Integrationsformen an. Zum anderen werden die Voraussetzungen und Bedingungen, unter denen verschiedene Integrationsformen zum Tragen kommen, sowie die konkreten empirischen Ausprägungen der damit einhergehenden gesellschaftlichen Strukturen untersucht. Diese zwei Perspektiven werden im Folgenden für jede der drei Integrationsformen bezüglich deren Ausgestaltung und Wirkungsweisen an Forschungsbeispielen in unterschiedlichen Märkten näher erläutert.

3.1 Reziprozität

Die allgegenwärtige Existenz von Reziprozität in menschlichen Interaktionen ist eines der profundesten Ergebnisse experimenteller Forschung (Fehr/Gintis 2007; Cook et al. 2013). Menschen neigen dazu, Gleiches mit Gleichem zu vergelten. Bei wechselseitig positiven Erfahrungen entstehen Prozesse zunehmender sozialer Nähe. Andererseits führen negative Erfahrungen mit einer Person dazu, sich selbst nicht kooperativ zu verhalten, was zu einer dauerhaften Entfremdung führen kann. Um beispielsweise nur auf den eigenen Vorteil bedachte Menschen zu bestrafen, sind Menschen bereit, Kosten auf sich zu nehmen.
Negative Reziprozität ist ein zentraler Faktor bei der Etablierung und Geltung von Normen, da sie die Wahrscheinlichkeit der Sanktionierung von abweichendem Ver-

halten erhöht. Dies lässt sich am Beispiel der Nutzung von Gemeinschaftsgütern gut nachvollziehen: Eines der zentralen Probleme der modernen Welt ist die übermäßige Nutzung natürlicher Ressourcen wie Wasser, Rohstoffe oder Fischbestände. Jede*r hat einen Anreiz, die Ressource möglichst intensiv zu nutzen, wodurch die Ressource vernichtet wird und der Gesellschaft die Lebensgrundlage entzogen wird. Experimente haben gezeigt, dass die Möglichkeit, sich gegenseitig für unsoziales Verhalten zu bestrafen, eine wesentliche Grundlage nachhaltigen Wirtschaftens ist (Ostrom et al. 1994). So könnten etwa Kostensteigerungen durch CO2-Steuern helfen, das Kollektivgut Klima zu schützen (Lessenich/Lange 2019). Staatliche Interventionen setzen aber einen politischen Konsens voraus. Hierzu zeigen neuere Studien, dass Vertrauen in politische Institutionen und in die soziale Umgebung entscheidende Einflussfaktoren für die Akzeptanz von klimafreundlicher Politik sind (Smith/Mayer 2018).

Vertrauen spielt für viele reziproke Beziehungen eine zentrale Rolle. Im Alltag finden wirtschaftliche Transaktionen in fluiden, nur zum Teil überschaubaren Kontexten statt, ein Umstand, der letztlich zu einer fundamentalen Unsicherheit der Akteur*innen über die Bedingungen und Wirkungen ihres Handelns führt. Die Einbettung wirtschaftlicher Handlungen in institutionelle, sozialstrukturelle und kulturelle Makrostrukturen reduziert die Komplexität von Entscheidungssituationen, ohne die ihnen innewohnende Unsicherheit jedoch gänzlich aufzuheben (Beckert 2009). Die Erforschung von Netzwerken als Form der gesellschaftlichen Integration, die auf persönlichen, reziproken Beziehungen beruht, war einer der Katalysatoren der Entwicklung der neuen Wirtschaftssoziologie. Zum Beispiel erweisen sich Beziehungen außerhalb des unmittelbaren Freundes- und Bekanntenkreises als außerordentlich nützlich bei der Suche nach einem Arbeitsplatz (Granovetter 1973).

Der Aufbau dauerhafter, auch durch persönliche Kontakte unterfütterter Austauschbeziehungen, in denen die individuelle Gewinnorientierung durch die Berücksichtigung der Bedarfe anderer Akteur*innen begrenzt wird, lässt sich in vielen Bereichen der Wirtschaft beobachten (Mützel 2017). Dies ist das Gemeinsame an so unterschiedlichen Phänomenen wie dem Aufstieg des Silicon Valley zum Zentrum der Halbleiterindustrie, dem Erfolg kleiner, hochgradig spezialisierter und dennoch flexibler Unternehmen in der norditalienischen Bekleidungsindustrie oder der Entstehung des Autoclusters Steiermark. In den *Creative Industries*, wie zum Beispiel der Kultur- und der Werbebranche, sind formale Austauschbeziehungen in der Regel temporär und projektbezogen. Kontinuität wird durch persönliche Netzwerke

geschaffen, über welche der Zugang zu und die Beteiligung an neuen Projekten erworben wird, wobei Reputation eine zentrale Ressource darstellt.
Die Finanzkrise 2008 hat deutlich gezeigt, wie bedeutend Vertrauen für die Stabilität von Finanzmärkten ist. Soziologische Untersuchungen konnten aufzeigen, dass etwa der Wandel von persönlichem zu elektronischem Handel die Transaktionskosten reduzieren kann, aber den Aufbau von Vertrauensbeziehungen zunehmend erschwert (Carruthers/Kim 2011). Der elektronische Wertpapierhandel und die Etablierung von kommodifiziertem Vertrauen durch große Ratingagenturen haben demnach die Bildung von Sozialität und Vertrauen bei der Kreditvergabe in den letzten Jahren stark verändert.

3.2 Marktaustausch

Die experimentelle Ökonomie hat in vielfältiger Weise gezeigt, wie sich die Organisation eines Marktes, Marktstrukturen und Machtverteilungen auf die Preisbildung sowie auf Anpassungsdynamiken auswirken. Ihre Befunde werden heute als Grundlage für die Ausgestaltung von Märkten genutzt. Zum Beispiel beruhen Allokationsmodelle für Nierentransplantationen, Jobmärkte für Jungakademiker*innen sowie Zuteilungssysteme von Schüler*innen und Schulen auf experimentell geprüften Regelwerken (Kagel/Roth 2016).
Institutionen beeinflussen Marktpreise zum Beispiel durch die Setzung von Qualitätsstandards, durch Mindestlöhne oder durch wettbewerbsrechtliche Bestimmungen zur Verhinderung von Monopolen. Besonderes Augenmerk galt in den letzten Jahren den Strukturen des Arbeits- und des Finanzmarktes sowie dem Einfluss kultureller Faktoren auf individuelle Präferenzen (Smelser/Swedberg 2005). Zum Beispiel wird der Preis von Wein durch ästhetische Urteile von Expert*innen bestimmt, an denen sich auch Konsument*innen orientieren (Rössel/Beckert 2013). Religiöse Motive, wie auch heute noch im islamischen Recht, beschränken das Kreditwesen oder begründen Vorbehalte gegenüber monetären Bewertungen, wie zum Beispiel eines Menschenlebens, in Versicherungen (Zelizer 1997).
Auf gesamtgesellschaftlicher Ebene wird die Bedeutung des gesellschaftlichen Kontextes für die Herausbildung spezifischer Koordinationsformen marktwirtschaftlicher Prozesse im *Varieties of Capitalism*-Ansatz beschrieben (Hall/Soskice 2001). Dieser Ansatz versucht, die Diversität kapitalistischer Wirtschaftssysteme zu erfassen und diese zu ordnen. Auf der einen Seite stehen liberale Marktökonomien, wie die USA oder Großbritannien. Hier finanzieren sich Unternehmen vor allem über den Aktienmarkt, Informationen werden über öffentliche Bewertungssyste-

me von *Rating*-Agenturen vermittelt, *Human Resource Management* gestaltet die Beziehungen zwischen Unternehmen und Beschäftigten, die Entlohnungsstruktur ist stark individualisiert und das Ausbildungssystem ist in Schulen organisiert. Das Gegenmodell ist jenes der koordinierten Marktökonomie, deren vorrangige Beispiele Deutschland und Österreich sind. Die Unternehmensfinanzierung beruht stärker auf langfristigen Krediten, die durch Überkreuzbeteiligungen zwischen Unternehmen und Banken informativ abgesichert werden. Ein ausgebautes Betriebsrätewesen und starke Gewerkschaften in einem umfassenden Tarifsystem koordinieren die Beziehungen zwischen Arbeitgeber*innen und Arbeitnehmer*innen und das Ausbildungssystem beruht auf einer Kombination aus Schule und Lehrlingswesen. Im Arbeitsmarkt spielen Institutionen hinsichtlich sozio-kultureller Erwartungshaltungen eine wichtige Rolle bei Anstellungs- und Bewerbungsprozessen. Da die Produktivität eines Individuums für Arbeitgeber*innen nur schwer überprüfbar ist, werden beobachtbare Faktoren wie Familienstand, Geschlecht oder Migrationshintergrund als Signale der Produktivität verwendet, was zu statistischer Diskriminierung führt (Hinz/Abraham 2018). Aktuellere Forschungsergebnisse zeigen aber, dass darüber hinaus auch rollengeprägte Erwartungshaltungen der Betroffenen selbst für Diskriminierungen mitentscheidend sind. Beispielsweise befinden, bei gleicher Produktivität, Männer wie Frauen im Schnitt ein leicht geringeres Gehalt für weibliche im Vergleich zu männlichen Angestellten für fair (Auspurg et al. 2017). Vollständige Information scheint deshalb kein Allheilmittel gegen Diskriminierung zu sein.

3.3 Redistribution

Die Analyse von Redistribution verlagert den Analyseschwerpunkt auf Einigungsprozesse in organisierten Gruppen. Gegenstand der Forschung ist zum einen die Bereitschaft, sich an Redistribution zu beteiligen, und zum anderen der Effekt verschiedener Verfahrens- und Entscheidungsregeln auf das Ausmaß der Umverteilung. Hinsichtlich der Präferenzen deuten experimentelle Befunde darauf hin, dass eine leistungsabhängige Entlohnung in Kombination mit einer Mindestsicherung am ehesten für gerecht befunden wird (Frohlich/Oppenheimer 1993).

Redistribution findet heute primär im Rahmen des Nationalstaates statt. Im System der Arbeitsbeziehungen wird zwischen Arbeitgeber*innen und Gewerkschaften über die Verteilung des erwirtschafteten Gewinns verhandelt. Zwischen den Ländern bestehen erhebliche Unterschiede im Hinblick auf die Organisationsstruktur der Gewerkschaften und Arbeitgeber*innenverbände sowie die Gestaltung der

Tarifbeziehungen (Traxler et al. 2001). Das österreichische System der Sozialpartnerschaft ist ein Koordinationsmodell, bei dem sowohl Gewerkschaften als auch Arbeitgeber*innenverbände in jeweils einem Dachverband integriert sind und Löhne und Gehälter von Branchenverbänden auf sektoraler Ebene verhandelt werden (Tálos/Hinterseer 2019). Dem gegenüber steht das pluralistische Modell angelsächsischer Prägung mit schwachen Gewerkschaften, weitgehend unkoordinierter Aushandlung von Löhnen und Gehältern und geringem Einfluss der Gewerkschaften auf die Rahmengesetzgebung. Im Zuge der zunehmenden Dominanz des Dienstleistungssektors, des Anstiegs des durchschnittlichen Ausbildungsniveaus und der Individualisierung von Beschäftigungsverhältnissen ist ein starker Mitgliedsschwund der Gewerkschaften zu beobachten (Visser 2012).

Als ergänzender Umverteilungsmechanismus wurde im Laufe des 20. Jahrhunderts der Wohlfahrtsstaat eingerichtet. Im engeren Sinn als Sozialstaat zielt dieser auf die Absicherung von Risiken wie Krankheit, Arbeitslosigkeit und Altersarmut durch die Kollektivierung der individuellen Kosten im Rahmen von Versicherungssystemen (Bismarck-Modell) oder steuerfinanzierten Modellen (Beveridge-Modell) (Schmid 2010). Im weiteren Sinn inkludiert er auch die öffentliche Bereitstellung von Dienstleistungen wie ein allgemein zugängliches, kostenloses Schulwesen, dessen Finanzierung aus öffentlichen Mitteln eine Umverteilung impliziert. Unterscheiden lassen sich länderspezifische Ausprägungen des Wohlfahrtsstaates anhand des Ausmaßes, in dem Rechtsansprüche auf Versorgung bestehen, die Betroffene vom Arbeitsmarkt unabhängig machen (Dekommodifizierung) und ihnen den Erhalt ihres gesellschaftlichen Status erlauben (Stratifizierung). In Bezug auf diese zwei Dimensionen lassen sich unterschiedliche Welten des Wohlfahrtskapitalismus unterscheiden (Esping-Andersen 1990): Das hauptsächlich in Skandinavien etablierte *sozialdemokratische Modell* wird durch einen universellen Sozialstaat mit großzügigen öffentlich finanzierten Leistungen und umfassender Betreuung charakterisiert. Der in Kontinentaleuropa beheimatete *konservative Wohlfahrtsstaat* auf der Grundlage von Sozialversicherungssystemen legt großen Wert auf Statuserhalt. Das in der angelsächsischen Welt vorherrschende *liberale Modell* beschränkt sich entsprechend der marktliberalen Ideologie auf eine bedürftigkeitsgeprüfte Minimalabsicherung.

4 Aktuelle Forschung in Österreich

Am *Institut für Soziologie* an der *Karl-Franzens-Universität Graz* stehen wirtschaftssoziologisch insbesondere Themen wie Finanzmärkte und moderner Kapitalismus, Prekarisierung von Arbeit sowie soziale und wirtschaftliche Ungleichheiten, auch im internationalen Vergleich, im Zentrum des Interesses. Das *Institut für Soziologie* der *Alpen-Adria-Universität Klagenfurt* führt Wirtschaftssoziologie als eines der übergreifenden Forschungsthemen des Instituts, wobei vor allem Fragen zu Unternehmertum und Wettbewerb im Zentrum stehen. Zur Transformation industriegesellschaftlicher Ökonomien im Hinblick auf den Wandel von dienstleistungs- und wissensbasierten Arbeits- und Produktionssystemen sowie zum Arbeitsmarktzugang von Jugendlichen wird am *Institut für Soziologie* an der *Johannes-Kepler-Universität Linz* geforscht. Am *Institut für Soziologie* an der *Wirtschaftsuniversität Wien* stehen Institutionen und Organisationen der Wirtschaft, Fragen zu Gender und Karriere sowie die Ideengeschichte der Wirtschaftssoziologie im Fokus. Am *Institut für Soziologie* der *Universität Wien* werden organisations- und arbeitssoziologische Fragen untersucht. Ein Schwerpunkt des *Instituts für Wirtschaftssoziologie* an der *Universität Wien* ist die Arbeitsmarktintegration. In einem EU-Projekt zum Arbeitsmarktzugang von Jugendlichen in Europa wurde etwa aufgezeigt, dass die familiäre Sozialisation neben individuellen Einflussfaktoren und gesellschaftlichen Erwartungen (etwa hinsichtlich Geschlechterrollen) der zentrale Faktor für die subjektive Bedeutung von Arbeit bei Jugendlichen ist (Kittel et al. 2019). Andere Projekte erforschen die Integration von Randgruppen, wie geflüchtete Personen, Arbeitslose oder Personen, die Mindestsicherung beziehen, in den Arbeitsmarkt. Des Weiteren wird in Laborexperimenten zu Fragen der Verteilungsgerechtigkeit geforscht. Außeruniversitär arbeitet vor allem das *Institut für Höhere Studien (IHS)* im Schnittfeld zwischen sozialer Ungleichheit, Bildung, Arbeit und Wirtschaftssoziologie. Die *Forschungs- und Beratungsstelle Arbeitswelt (FORBA)* sowie das *Arbeitsmarktservice* und die *Arbeiterkammer Wien* veröffentlichen regelmäßig Studien zum Arbeitsmarkt, in denen wirtschaftssoziologische Ansätze rezipiert werden.

5 Anwendungsbezug

Das Verständnis der Mechanismen sozialer Interaktion auf Märkten und in Organisationen erlaubt es, Strukturen in einer Weise zu gestalten, die bekannte Dysfunktionalitäten vermeiden. Beispielsweise konnte ein Feldexperiment unter 37.000 arbeitslosen jungen Erwachsenen aufzeigen, dass eine richtige Kombination von angeregter Selbstreflexion und Arbeitsmarktinformation Personen mit niedriger Ausbildung motiviert, rascher eine Anstellung zu finden (Mühlböck et al. 2020). Eine genauere Abstimmung aktiver Arbeitsmarktpolitik auf die Bedürfnisse und die Lebenssituationen junger Erwachsener kann demnach gesamtgesellschaftlich von Nutzen sein.

Wie bei anderen soziologischen Teildisziplinen liegt die Stärke der Wirtschaftssoziologie aber nicht nur in konkreten empirischen Anwendungen, sondern auch im Aufzeigen von Entwicklungen und ihrer gesellschaftlichen Bezüge (Streeck 2009). Über die Beschreibung der Strukturen und Dynamiken moderner Wirtschaftssysteme bietet die Wirtschaftssoziologie Grundlagenwissen zur öffentlichen gesellschaftlichen Selbstreflexion aktueller Entwicklungen.

Empirischer Anwendungsbezug und gesellschaftsdiagnostische Kritik ergänzen sich im Hinblick auf die Erzeugung eines besseren Verständnisses der Funktionsweise unserer heutigen Gesellschaft. Die Wirtschaftssoziologie liefert demnach als Ganzes Erkenntnisse über die gesellschaftlichen Bedingungen und die gesellschaftlichen Folgewirkungen wirtschaftlicher Prozesse, die dazu beitragen können, die politische Frage nach der Wünschbarkeit von Entwicklungen zu beantworten. Insofern leistet sie einen Beitrag zur Selbstkritikfähigkeit der Gesellschaft.

6 Literatur

a. Einführungsliteratur

Braun, Norman/Keuschnigg, Marc/Wolbring, Tobias (2012): Wirtschaftssoziologie. Band 1: Grundzüge, Band 2: Anwendungen. München: Oldenbourg.

Maurer, Andrea (2017): Handbuch der Wirtschaftssoziologie. Wiesbaden: Springer VS.

Portes, Alejandro (2010): Economic Sociology. A Systematic Inquiry. Princeton: Princeton University Press.

Swedberg, Richard (2008): Grundlagen der Wirtschaftssoziologie. Wiesbaden: Verlag für Sozialwissenschaften.

b. Weitere zitierte Literatur

Auspurg, Katrin/Hinz, Thomas/Sauer, Carsten (2017): Why Should Women Get Less? Evidence on the Gender Pay Gap from Multifactorial Survey Experiments. In: American Sociological Review, Vol. 82 (1), 179–210.

Beckert, Jens (2009): Koordination und Verteilung. Zwei Ansätze der Wirtschaftssoziologie. In: Nissen, Sylke/Vobruba, Georg (Hg.): Die Ökonomie der Gesellschaft. Festschrift für Heiner Ganßmann. Wiesbaden: Verlag für Sozialwissenschaften, 17–34.

Carruthers, Bruce G./Kim, Jeong-Chul (2011): The Sociology of Finance. In: Annual Review of Sociology Vol. 37 (1), 239–259.

Cook, Karen S./Cheshire, Coye/Rice, Eric R.W./Nakagawa, Sandra (2013): Social Exchange Theory. In: DeLamater, John/Ward, Amanda (Eds.): Handbook of social psychology. Dordrecht et al.: Springer, 61–88.

Durkheim, Emile (1992 [1902]): Über soziale Arbeitsteilung. Studie über die Organisation höherer Gesellschaften. Frankfurt a. M.: Suhrkamp.

Esping-Andersen, Gøsta (1990): The Three Worlds of Welfare Capitalism. Cambridge: Polity Press.

Fehr, Ernst/Gintis, Herbert (2007): Human Motivation and Social Cooperation. Experimental and Analytical Foundations. In: Annual Review of Sociology, Vol. 33, 43–64.

Frohlich, Norman/Oppenheimer, Joe (1993): Choosing Justice. An Experimental Approach to Ethical Theory. Ewing: University of California Press.

Granovetter, Mark (1973): The Strength of Weak Ties. In: American Journal of Sociology, Vol. 78 (6), 1360–1380.

Granovetter, Mark (1985): Economic Action and Social Structure. The Problem of Embeddedness. In: American Journal of Sociology, Vol. 91 (3), 481–510.

Hall, Peter A./Soskice, David (Eds.) (2001): Varieties of Capitalism. The Institutional Foundations of Comparative Advantage. Cambridge: Cambridge University Press.

Hayek, Friedrich A. (1945): The Use of Knowledge in Society. In: The American Economic Review, Vol. 35 (4), 519–530.

Hinz, Thomas/Abraham, Martin (2018): Theorien des Arbeitsmarktes. In: Abraham, Martin/ Hinz, Thomas (Hg.): Arbeitsmarktsoziologie. Wiesbaden: Springer VS, 9–76.

Kagel, John H./Roth, Alvin E. (2016): The Handbook of Experimental Economics 2. Princeton: Princeton University Press.

Kittel, Bernhard (2015): Experimente in der Wirtschaftssoziologie: Ein Widerspruch? In: Keuschnigg, Marc/Wolbring, Tobias (Hg.): Experimente in den Sozialwissenschaften. Baden-Baden: Nomos, 82–109.

Kittel, Bernhard/Kalleitner, Fabian/Tsakloglou, Panos (2019): The Transmission of Work Centrality within the Family in a Cross-Regional Perspective. In: The ANNALS of the American Academy of Political and Social Science, Vol. 682, 106–124.

Lessenich, Stephan/Lange, Jörg (2019): CO2-Preis Jetzt – sozialverträglich und verursachergerecht. In: Zeitschrift für Wirtschaftspolitik, Jg. 2, H. 68, 141–148.

Luhmann, Niklas (1988): Die Wirtschaft der Gesellschaft. Frankfurt a. M.: Suhrkamp.

Marx, Karl (1971 [1859]): Zur Kritik der Politischen Ökonomie (MEW, Band 13). Berlin: Dietz.

Mauss, Marcel (1968 [1925]): Die Gabe. Die Form und Funktion des Austauschs in archaischen Gesellschaften. Frankfurt a. M.: Suhrkamp.

Mühlböck, Monika/Kalleitner, Fabian/Steiber, Nadia/Kittel, Bernhard (2020): Information, Reflection, and Successful Job Search: A Nudging Experiment. SSRN Scholarly Paper. ID 3576740. Rochester, NY: Social Science Research Network.

Mützel, Sophie (2017): Netzwerkperspektiven in der Wirtschaftssoziologie. In: Maurer, Andrea (Hg.): Handbuch der Wirtschaftssoziologie. Wiesbaden: Verlag für Sozialwissenschaften, 473–499.

North, Douglass C. (1990): Institutions, Institutional Change and Economic Performance. Cambridge: Cambridge University Press.

Ostrom, Elinor/Walker, James/Gardner, Roy (1994): Rules, Games, and Common Pool Resources. Ann Arbor: Michigan University Press.

Parsons, Talcott/Smelser, Neil J. (1957): Economy and Society. A Study in the Integration of Economic and Social Theory. London: Routledge.

Polanyi, Karl (1978 [1944]): The Great Transformation. Politische und ökonomische Ursprünge von Gesellschaften und Wirtschaftssystemen. Frankfurt a. M.: Suhrkamp.

Polanyi, Karl (1979 [1957]): Die Wirtschaft als eingerichteter Prozeß. In: Ders.: Ökonomie und Gesellschaft. Frankfurt a. M.: Suhrkamp, 219–244.

Rössel, Jörg/Beckert, Jens (2013): Quality Classifications in Competition: Price Formation in the German Wine Market. In: Beckert, Jens/Musselin, Christine (Eds.): Constructing quality. The classification of goods in markets. Oxford: Oxford University Press, 288–318.

Scheve, Kenneth F./Stasavage, David (2016): Taxing the Rich. A History of Fiscal Fairness in the United States and Europe. Princeton: Princeton University Press.

Schmid, Josef (2010): Wohlfahrtsstaaten im Vergleich: Soziale Sicherung in Europa: Organisation, Finanzierung, Leistungen und Probleme. Wiesbaden: Springer VS.

Sen, Amartya (2009): The Idea of Justice. Cambridge/Mass: Belknap Press.

Smelser, Neil J./Swedberg, Richard (Eds.) (2005): Handbook of Economic Sociology. Princeton: Princeton University Press.

Smith, Adam (1999 [1789]): Der Wohlstand der Nationen. Eine Untersuchung seiner Natur und seiner Ursachen. München: dtv.

Smith, E. Keith/Mayer, Adam (2018): A Social Trap for the Climate? Collective Action, Trust and Climate Change Risk Perception in 35 Countries. In: Global Environmental Change, Vol. 49, 140–153.

Streeck, Wolfgang (2009): Man weiß es nicht genau. Vom Nutzen der Sozialwissenschaften für die Politik. MPIfG Working Paper.

Swedberg, Richard (2017): Die neue Wirtschaftssoziologie und das Erbe Max Webers. In: Maurer, Andrea (Hg.): Handbuch der Wirtschaftssoziologie. Wiesbaden: Verlag für Sozialwissenschaften, 61–78.

Tálos, Emmerich/Hinterseer, Tobias (2019): Sozialpartnerschaft: ein zentraler politischer Gestaltungsfaktor der Zweiten Republik am Ende? Innsbruck et al.: StudienVerlag.

Traxler, Franz/Blaschke, Sabine/Kittel, Bernhard (2001): National Labour Relations in Internationalized Markets. A Comparative Study of Institutions, Change, and Performance. Oxford: Oxford University Press.

Visser, Jelle (2012): The Rise and Fall of Industrial Unionism. In: Transfer. European Review of Labour and Research, Vol. 18 (2), 129–141.

Weber, Max (1973 [1904]): Die protestantische Ethik und der Geist des Kapitalismus. In: Ders.: Gesammelte Aufsätze zur Religionssoziologie I. Tübingen: J.C B. Mohr, 17–206.

Zelizer, Viviana A. (1997): The Social Meaning of Money. Pin Money, Paychecks, Poor Relief, and Other Currencies. Princeton: Princeton University Press.

c. Ausgewählte Fachzeitschriften

Journal of European Public Policy
Journal of European Social Policy
Journal of Public Economics
Journal of Social Policy
Socioeconomic Review
Wirtschaft und Gesellschaft
Work and Occupations
Work Employment and Society

Wissen

Michaela Pfadenhauer

1 Einleitung

Noch bis vor kurzer Zeit, d.h. bis ins erste Jahrzehnt des 21. Jahrtausends hinein, wurde „Wissensgesellschaft" als passende Diagnose unserer Zeit angesehen. Mit diesem von Lane (1966) geprägten Etikett scheint die Bedeutung von Wissen in und für Gesellschaft besonders augenfällig. Insbesondere aus den Reihen der Wissenssoziologie hat sich aber Kritik an diesem Gesellschafts-Etikett geregt (Tänzler et al. 2006). Denn in den Blick genommen wird damit vor allem Wissen als ökonomisch immer wertvollere Ressource, dies unter Verwendung eines positivistischen Begriffs von Wissen als objektiv gegebener, sichtbarer, gesellschaftlich nützlicher und eben warenförmiger Gegenstand.

Demgegenüber ist für die Wissenssoziologie ein breiter Wissensbegriff kennzeichnend. Seine Breite resultiert zum einen daraus, dass es wissenssoziologisch betrachtet nicht erheblich ist, ob das, was Menschen für Wissen halten, wahr oder falsch ist. Geglaubtes Wissen, Meinungen, Überzeugungen, Weltanschauungen, d.h. das, was man nur vom Hörensagen von der Welt kennt, aber für richtig hält *(= doxa)*, gehört genauso zum Wissensbestand eines Individuums oder einer Gesellschaft wie wahres, d.h. nach den je geltenden gesellschaftlichen Standards bewiesenes Wissen, d.h. das Wissen, das als richtig erkannt wurde *(= episteme)*.

Subjektive und soziale Wissensbestände sind demnach der Gegenstand der Wissenssoziologie. Dies aber nicht in einem additiven, deklarativen Sinne, d.h. im Verstande einer Aufzählung, welche Bestandteile alle dazu gehören. Virulent ist vielmehr die Frage, wie Wissen in einer Gesellschaft aufgeteilt ist, nämlich

a) in *Allgemeinwissen*, das an alle Mitglieder einer Gesellschaft weitergegeben wird (wie Lesen und Schreiben und das Bedienen eines Computers in unserer Zeit, immer weniger aber Kartenlesen, von Fährtenlesen oder der Orientierung an Himmelskörpern ganz abgesehen);
b) in unzählig viele, ja immer mehr *Sonderwissensbestände*, die nur an bestimmte Gesellschaftsmitglieder weitergegeben werden (z.B. Bildung und Erziehung, Buchhaltung, Elektrotechnik, Wissen des diagnostisch-therapeutischen Komplexes u.v.a.m.);
c) in *Nicht-Wissensbestände* (wie z.B. das Nicht-Mehr-Wissen von Reparaturmaßnahmen aller Art, das Noch-Nicht-Wissen für nachhaltige Landwirtschaft, das Nicht-Wissen-Können von Maßnahmen zur Unsterblichkeit, aber auch Rechte

des Nicht-Wissen-Wollens von z. B. eigenen genetischen Dispositionen oder denen des ungeborenen Kindes).

Die Formen dieser Weitergabe (Wissensvermittlung ebenso wie Wissensaneignung) interessieren genauso wie das Verhältnis von Allgemein- und Sonderwissen. Dies deshalb, weil sich Gesellschaftstypen danach unterscheiden lassen: So ist die Zunahme von Sonderwissensbeständen ebenso wie ihr stetig wachsender Umfang typisch für moderne Gesellschaften, in denen der Weiterentwicklung, d. h. der Entfaltung und Systematisierung von Wissen, ebenso wie der Didaktisierung der Wissensweitergabe bis hin zu „lebenslangem Lernen", einem der Schlagworte der sogenannten „Wissensgesellschaft", ein hoher Wert beigemessen wird.
Neben der Ausdifferenzierung von Wissen in der mit der Aufklärung ansetzenden Moderne im analytischen Unterschied zu Gesellschaftstypen mit einer einfacheren Wissensverteilung ist die Herausbildung von Wissen ein großes Aufgabengebiet der Wissenssoziologie. Mit der Frage, wo Wissen herkommt und wie es entsteht, wendet sie sich nicht nur in dem Sinne den individuellen Wissensbeständen zu, dass sie zu klären versucht, wie Einzelne in eine Gesellschaft und deren Wissensbestände sozialisiert werden. Grundsätzlicher, nicht gesellschafts-, sondern sozialtheoretisch betrachtet, geht es darum, die Herkunft von Wissen aus Erfahrung zu erkennen. Dies gilt für jede Form von Wissen, so komplex und theoretisch es zwischenzeitlich ausformuliert sein mag, nicht nur für Alltags- und Allgemeinwissen, dessen Praxisnähe noch sicht- und greifbar ist. Wissen hat einen doppelten lebensweltlichen Bezug: Seine Basis ist zum einen der Sinn, den der bzw. die Einzelne qua Erfahrung mit seinem bzw. ihrem Handeln verbindet. Wissen ist zum anderen aber gewissermaßen die soziale Seite von Sinn, die sich erst in Interaktion mit anderen entwickelt und zu geteilter Bedeutung verstetigt. Dieses Wissen variiert abhängig davon, in welchen „kleinen sozialen Lebenswelten" (B. Luckmann 1970) sich die Handelnden – ganz körperlich verstanden, mit Dingen hantierend – bewegen.
In diesem weiten – Sozialität, Körperlichkeit und Dinglichkeit (Materialität) einschließenden – Verständnis ist Wissen im Alltag allgegenwärtig und gesellschaftlich elementar.

2 Historische Entwicklung der Wissenssoziologie

„Die akademische Disziplin Wissenssoziologie verdankt ihre Entstehung einem wissenschaftlichen Wechselgespräch zwischen Soziologen dreier europäischer Universitäten; sie ist im Austausch zwischen Wien, Paris und Köln entstanden"

(Rosenmayr 1966: 269). Wien kann demnach als Ausgangspunkt für die Wissenssoziologie angesehen werden. Denn 1909 hat der Wiener Philosoph Wilhelm Jerusalem einen Aufsatz mit dem Titel *Soziologie des Erkennens* veröffentlicht. Dieser Aufsatz hat Emile Durkheim ab 1913 zu einer Beschäftigung mit der *Sociologie de la connaissance* in Paris bewogen. Dies hat wiederum Max Scheler (2013 [1924]) in Köln dazu inspiriert, die Wissenssoziologie von Köln aus zur Disziplin aufzubauen.
Neben Max Scheler ist Karl Mannheim ein bis heute sehr prominenter Vertreter der klassischen Wissenssoziologie, die in der „praxeologischen Wissenssoziologie" ihre deutlichsten Spuren hinterlassen hat (Bohnsack 2017). Mit seinem Hauptvortrag *Die Konkurrenz im Gebiete des Geistigen* beim Soziologentag in Zürich rückte Karl Mannheim das Problem von Ideologie ins Zentrum der Aufmerksamkeit nicht nur einer Soziologie des Wissens, sondern der gesamten Soziologie. Die Einsicht, dass Wissen nicht unabhängig und abgehoben, sondern an einen Standort – den Standort dessen nämlich, der etwas sieht, denkt, versteht, d. h. etwas als richtig erkennt, ein Wissen im Sinne einer höheren Einsicht, einer Weisheit gefunden hat – gebunden ist, war die wissenssoziologische Antwort auf die ideologischen Auseinandersetzungen und Totalitarismen in den Zwischenkriegsjahren. Denn damit lässt sich in Bezug auf jegliches Gedankengebäude, sei es noch so groß und mit noch so großen Namen verbunden, d. h. auch für große Ideen, Weltanschauungen, eben: Ideologien, kein Anspruch auf absolute Gültigkeit bzw. eben Wahrheit mehr verbinden. Groß sind diese Ideen nicht, weil sie allgemeingültig bzw. wahr sind, sondern weil sie groß gemacht werden. Dies aber ist eine wichtige wissenssoziologische Frage, mit der sich in Bezug auf die Wissenschaft früh Robert K. Merton (1945) befasst hat. Mit der Aufgabe des Absolutheitsanspruchs von Wissen rückt also die Frage nach der Wirkung von Wissen an die Stelle der von Wahrheit (Dimbath/Keller 2017).
Nicht nur diese klassische Wissenssoziologie Max Schelers und Karl Mannheims, sondern auch die mit dem Sozialkonstruktivismus als Paradigma (Pfadenhauer/Knoblauch 2018) verwobene neuere Wissenssoziologie nimmt in Wien ihren Ausgang. Denn Peter L. Berger und Thomas Luckmann haben ihren *Versuch einer Wissenssoziologie*, wie ihr Werk *The Social Construction of Reality* im Deutschen (1969) untertitelt ist, auf Anregung von Alfred Schütz unternommen. Dieser begründete seine *Methodologie der Sozialwissenschaften* (Schütz 2010) in den Zwischenkriegsjahren in Wien, bevor er 1932 nach Amerika emigrierte. Von ihm schnappten die beiden Anfang der 1960er Jahre in einer Vorlesung an der *New School for Social Research* die eher beiläufig geäußerte Bemerkung auf, dass jede Wissenssoziologie am Alltagswissen und an dessen Grundlagen statt an Ideologien oder den von Max Scheler

(1926) so genannten höheren Wissensformen beginnen muss. Die neuere Wissenssoziologie setzt deshalb an dem Wissen von uns Alltagsmenschen an und erweitert es von geistigen Vorgängen auf körperliche, weil es an Erfahrung und Handeln gebunden ist. Aus diesem Wissen bestehen unsere Wirklichkeitssicht und jede gesellschaftliche Ordnung.

3 Zentrale Fragestellungen

Aus ihrer Einsicht der Relevanz von Wissen für die Wirklichkeitskonstruktion haben Peter L. Berger und Thomas Luckmann (1969) eine Theorie entworfen, die zu den Grundfesten nicht nur der Wissenssoziologie, sondern der Soziologie weltweit gehört. Die soziale Konstruiertheit von Sachverhalten, in der zwangsläufig die Möglichkeit mitgedacht werden muss, dass gesellschaftliche Gegebenheiten auch anders sein könnten, d. h., eben weder gott- noch naturgegeben sind, ist heute über die Grenzen der Soziologie hinaus bekannt. Dies dürfte zum einen mit der Aufnahme dieses Konzepts in den *Gender Studies* (die soziale Konstruktion von Geschlecht) wie in den *Science and Technology Studies* (die soziale Konstruktion von Technik) zu tun haben, aber auch mit der Versozialwissenschaftlichung des Alltags schlechthin. Im Zentrum der Theorie steht der sozialkonstruktivistische Dreisatz „Gesellschaft ist ein menschliches Produkt. Gesellschaft ist eine objektive Wirklichkeit. Der Mensch ist ein gesellschaftliches Produkt" (Berger/Luckmann 1969: 65). Der sich damit von der Sozialtheorie zur Gesellschaftstheorie aufspannende Bogen dieser Allgemeinen Theorie hat zunächst viele empirische Untersuchungen angestoßen. Die Theorie wird inzwischen aber auch insgesamt weiterentwickelt.

3.1 Von der Theorie zur Empirie

Die Autoren verband neben ihrer bis an ihr Lebensende andauernden Freundschaft das Interesse für Religion. Religion ist vielleicht das beste Beispiel dafür, wie sich die aus Handeln erwachsenen, aber als Wissen von Generation zu Generation weitergegebenen Institutionen zu einer Ordnung verfestigen. Diese Ordnung kann Menschen schließlich so übermächtig erscheinen, dass sich ihnen nicht mehr erschließt, dass diese Ordnung nicht gottgegeben, sondern menschengemacht ist, d. h., dass sie das Ergebnis menschlicher Konstruktionsleistungen ist, weshalb der Vorgang der Objektivation tatsächlich bis zur Entfremdung reichen kann. An der über 2000-jährigen Geschichte der Katholischen Kirche zeigt sich aber beispielsweise, dass Konstruktion hier nicht eine einsame individuelle Bewusstseinsaktivität, sondern ein sozio-historischer Prozess ist, der Generationen (Priester und Laien, Kirchenväter und deren Schriften, Dogmen der Unfehlbarkeit, die Kunst der Auslegung, ja die gesamte Theologie) über Jahrhunderte hinweg umfasst. An diese wie an andere Weltreligionen lassen sich aber auch klassisch wissenssoziologische Fragen wie die nach den Korrelationen von Weltanschauungen und sozialen Schichten richten, ebenso wie die nach deren Wahlverwandtschaften z. B. von Kapitalismus und Protestantismus (nicht nur in seiner frühen und besonders strengen Ausprägung des Calvinismus, den Weber zum Gegenstand hatte, sondern in aktuelleren Formen z. B. des Evangelikalismus).

Im Unterschied zur auf die Substanz von Heiligkeit gerichteten Perspektive von Peter L. Berger hat sich Thomas Luckmann mit der Frage nach der Funktion von Religion befasst. Ähnlich funktionalistisch lässt sich jede Alltagsmoral verstehen, die in der Art und Weise mitschwingt, wie wir miteinander reden. So ist z. B. dann, wenn wir auf der Straße oder im Kaffeehaus Alltagsklatsch austauschen, immer eine gehörige Portion Moral beigemischt. Dies gilt aber auch schon für Bruchteile eines Gesprächs, in dem wir jemanden darauf hinweisen, d. h. belehren, dass er oder sie etwas falsch sieht („das musst du anders sehen"). Belehrungen, Klatsch, Predigten (nicht nur in der Kirche, sondern auch elterliche Strafpredigten) werden deshalb als „moralische Gattungen" (Luckmann/Bergmann 1999) bezeichnet. Es handelt sich dabei um kommunikative „Lösungen" für alltäglich wiederkehrende Handlungsprobleme, die feste und zugleich für jeden Menschen leicht wiedererkennbare Formen annehmen. Damit schließt diese sprachsoziologische Forschung „unmittelbar an die wissenssoziologischen Fragestellungen nach der Verfestigung und ‚Institutionalisierung' von Wissen an" (Knoblauch 2014: 50).

In der wissenssoziologischen Forschung galt die Aufmerksamkeit zunächst also der Religion und von dort ausgehend dann der Sprache, weil sie zentral für unsere Wirklichkeitssicht ist. Die sehr detailgenaue empirische Forschung hat immer mehr gezeigt, dass es bei Kommunikation um viel mehr als Sprache, nämlich Nicht-Sprachliches wie Mimik, Gestik, Körperhaltung und -bewegung usw. geht.

3.2 Von der Empirie zur Methode

Im Zuge dieser empirischen Forschung der Wissenssoziologie – von der Religion über das Moralisieren in der Sprache bis hin zu den nicht-sprachlichen Anteilen von Kommunikation – war immer auch die Frage nach geeigneten Methoden präsent, für die Lösungen u. a. in der Ethnomethodologie, Konversationsanalyse und der hermeneutischen Sequenzanalyse gefunden wurden.

Im Austausch über Theoriedifferenzen und Ländergrenzen hinweg entfaltet Hans-Georg Soeffner (1989) diese Gegenstands- und Methodenentwicklung zu einer „Hermeneutischen Wissenssoziologie". Sie ist als „strukturanalytische Handlungstheorie [...] zum einen an der Rekonstruktion derjenigen gesellschaftlichen Wissensbestände interessiert, die den sozialen Akteuren [...] zur Verfügung stehen und deren Handeln in spezifischer Weise orientieren. Zum anderen wird die Bezugnahme sozialer Akteure auf gesellschaftlich bereitgestellte Wissensbestände [...] aus der Sicht eben dieser Akteure analysiert" (Hitzler et al. 2020: 11). Methodologischer Ankerpunkt ist die Hermeneutik, d. h. „das Verstehen der sozialen Praxis aus dem Fremdverstehen der beteiligten Protagonisten heraus", wobei dem Verstehen des Verstehens, d. h. den „Akten der Deutung", der gleiche Stellenwert beigemessen wird wie der „Deutung der Akte" (Hitzler et al. 1999: 10).
Dieses Programm wurde in den 1990er Jahren auf mannigfaltige Weise entfaltet und ausformuliert. Es ist ein Programm, das den die Soziologie kennzeichnenden Gegensatz von Handeln und Struktur durch die Bezugnahme auf Wissen überwindet. Gesellschaftliche Wissensbestände sind einerseits zwar eine das Handeln anleitende Struktur, der aber nicht blind gefolgt wird, sondern die zum einen aus Handeln hervorgeht und zum anderen mit Sinn belegt und (um-)gedeutet wird. In den letzten Jahren hat sich die Hermeneutische Wissenssoziologie den Herausforderungen angenommen, die ihr (a) durch die Neurowissenschaften, (b) durch die *Science and Technology Studies* und (c) durch die Praxistheorie gestellt wurden. Dabei geht es um Fragen (a) der Willens- und Entscheidungsfreiheit, (b) zur Handlungsfähigkeit *(Agency)* von Tier und Technik sowie (c) der Beteiligung von Bewusstsein an menschlichen Praktiken (Poferl/Schröer 2014; Pfadenhauer/Hitzler 2020). Gegen den Vorwurf einer künstlichen Trennung von Geist und Körper belegen wissenssoziologisch entfaltete Konzepte wie „Habitualisierung", „Diskurs", aber auch „Kompetenz" (Kurtz/Pfadenhauer 2010) die Verschmelzung von Wissen und Handeln.

3.3 Von der Empirie zurück zur Theorie

Nach der Auseinandersetzung mit Bourdieu und dessen Habituskonzept wird die Rezeption von Foucault für die Wissenssoziologie folgenreich (etwa Bourdieu 1987; Foucault 1988). Denn mit der Aufnahme des für Foucaults Machttheorie zentralen Diskurs-Begriffes entwickelt sich die Theorie der Wissenssoziologie vor allem auch gesellschaftstheoretisch weiter und bringt methodisch eine spezifisch wissenssoziologische Diskursanalyse hervor (Keller 2005). Die Auseinandersetzung mit poststrukturalistischen Ansätzen vergrößert den Theorie-Radius der Wissenssoziologie und lenkt den Fokus zum einen auf Bereiche unterhalb der Ebene „expliziten Wissens“, zum anderen auf das bisher eher implizite Thema der Macht und schließlich darauf, nicht mehr fraglos von Handlungssubjekten auszugehen, sondern sich mit Subjektivierung als dem Vorgang zu befassen, aus dem Subjekte erst hervorgehen. Dies führt allmählich zu einem Umbau der auch als Sozialkonstruktivismus bezeichneten Theorie der Wissenssoziologie (Berger/Luckmann 1969) zum „Kommunikativen Konstruktivismus“ (Keller et al. 2013).

3.4 Vom Text zum Bild

Es dauerte eine Weile, bis die Transformation des Wissens durch Visualisierung in der Wissenssoziologie ankommt. Informiert durch eine Fülle von Bildtheorien entwickelt sich eine Visuelle Soziologie, aus der hermeneutisch informiert ein Bündel analytischer Herangehensweisen hervorgehen, die über die Rezeptionsästhetik hinausgehend an Aspekten der Wahrnehmung orientiert die Unterschiede zwischen Bild und Text akzentuieren (Breckner et al. 2020). Die Macht der Bilder rückt einerseits Technik, andererseits Medien ins Zentrum – zunächst das Medium Fernsehen, dann alle internetbasierten Medien, mit denen nicht nur die schiere Bilderflut, sondern der rasche Medienwandel und der damit einhergehende Wandel von Kommunikation und Kultur im Verstande eines durch Gegenströme der „De-Mediatisierung“ (Pfadenhauer/Grenz 2017) brüchigen Metaprozesses unabweisbar wird. Die Bedeutung von (häufig medienvermittelter) Kommunikation verschiebt derzeit die Gewichtung von Wissen in der Wissenssoziologie. Denn kommunikatives Handeln gilt nunmehr als Antwort auf die Frage, wie Wirklichkeit entsteht und fortbesteht (Knoblauch 2017). In der Sprache der Theorie sind Institutionen und Legitimationen nicht obsolet, erfahren aber eine Reformulierung und treten dergestalt als Konzepte hinter Diskursen, Mediatisierung und „Kommunikationsmacht“ (Reichertz 2009) zurück.

4 Aktuelle Forschung in Österreich

Aus einer wissenssoziologischen Haltung heraus darf nicht unerwähnt bleiben, dass der vorliegende Beitrag zwar den Ursprung der Wissenssoziologie in Wien erwähnt, nicht aber die Entwicklung der Wissenssoziologie in Österreich ausführt, die Josef Langer (1988: 12) zufolge als „Erkenntnisstrategie“ an den österreichischen Universitäten erst Ende der 1980er Jahre wieder Fuß zu fassen begann. Gleichwohl wäre es falsch, die hier skizzierte neuere Wissenssoziologie als nur deutsche zu begreifen, da wesentliche Linien dieses über die *Sektion Wissenssoziologie* der *Deutschen Gesellschaft für Soziologie* organisierten Diskurses über den gesamten deutschen Sprachraum verlaufen und dieser bis heute dynamische Austausch wesentliche Impulse aus Österreich und der Schweiz und darüber hinaus aus England, aber auch Polen, Italien usw. erfährt.

In Österreich sind Organisationen ein wesentliches Anwendungsfeld der Hermeneutischen Wissenssoziologie, die hier zum einen Impulse aus der Systemtheorie erfahren hat, zum anderen mit der Artefaktanalyse schon früh die Materialisierung von Sinn zum methodisch-empirischen Gegenstand erhoben hat (Froschauer/Lueger 2019; 2015). Diese enge Verbindung von Theorie und Methode ist keineswegs nur ein Kennzeichen der neueren Wissenssoziologie. Sie zeigt sich ebenso bei der klassischen, an Karl Mannheim ansetzenden „praxeologischen Wissenssoziologie" (Bohnsack 2017), die zu einer rekonstruktiven Sozialforschung ausgearbeitet und als Dokumentarische Methode u. a. bei der Analyse des „Bildersturms" auf Social Media-Plattformen Anwendung findet (Przyborski 2018).

Nicht an der rekonstruktiven, sondern an der interpretativen Sozialforschung (Pfadenhauer/Scheibelhofer 2020) orientieren sich diverse Forschungsstränge zu Migration. In dieser wird zum einen die objektive Hermeneutik im Hinblick auf kollektive Identitäten mit dem sozialkonstruktivistischen Ansatz zusammengeführt (Mijić 2018). Im Hinblick auf Arbeitsmigration kommt zum anderen die *Grounded Theory* in der Gestalt der Situationsanalyse nach Adele Clarke zum Einsatz, womit Probleme des Transfers von Sozialversicherungssystemen u. Ä. aufgedeckt werden können (Scheibelhofer et al. 2016). Ebenfalls vor dem Hintergrund von Migrationserfahrungen sind Biografien mit dem Fokus auf Bilder ein dritter Forschungsstrang. Diese Forschung an der Schnittstelle von Visueller Soziologie und Biografieforschung ist der Wissenssoziologie verbunden, speist sich aber aus weiteren Theorie-Quellen, die methodologisch-methodisch zum Ansatz der „Segmentanalyse" zusammengeführt werden (Breckner et al. 2020).

Ebenfalls einen Beitrag zur Migrationsforschung leistet die Untersuchung migrantischen Unternehmertums, in der das hermeneutisch wissenssoziologische Interesse an der Perspektive der Akteur*innen mit einer an Bourdieu gewonnenen Feldtheorie verzahnt wird (Parzer/Astleithner 2018). Für Geschäftsmodelle interessiert sich aber auch jene Forschung, die vom Metaprozess der Mediatisierung ihren Ausgang nimmt und detailreich die zeitlich eng verzahnten Wechselwirkungen der Anwendung von Medientechnik mit kommerziell orientierter Technikentwicklung aufzeigen kann (Grenz 2017). Im Austausch mit der Wissenschafts- und Technikfor-

schung geraten hier Medien-Infrastrukturen in den Blick, womit sich innerhalb der Wissenssoziologie der Akzent auf Materialität verstärkt.
Wissenskulturen werden in der aktuellen Diskussion auch jenseits der Wissenschaftsforschung zum Gegenstand gemacht und konzeptionell weiterentwickelt (Poferl/Keller 2018: 7ff.). Die Wendung hin zu den Prozessen der „eigenen" Wissensproduktion (auch) in den Sozialwissenschaften, die mittlerweile auch disziplinenübergreifend und jenseits der Wissenschaften ein Thema ist, treibt die Popularität des Konzepts weiter an. Parallel zur kommunikativen Wende der Wissenssoziologie nimmt die aktuelle Forschung auch hier das kommunikative Handeln in den Blick, wie es für die Wiener Kreise typisch war, in denen Alfred Schütz verkehrte (Grenz et al. 2020).

5 Anwendungsbezug und gesellschaftliche Relevanz

Gerade dann, wenn man die heutige Gesellschaft nicht als eine Wissensgesellschaft im einleitend erwähnten Verständnis betrachtet, lautet die Quintessenz aus dem Vorhergesagten, dass nicht Geld, sondern Wissen *„makes the world go round"*. Denn aus der Sicht der neueren Wissenssoziologie ist Wissen „die Gewißheit, daß Phänomene wirklich sind und bestimmbare Eigenschaften haben" (Berger/Luckmann 1969: 1). Aus der Perspektive der hermeneutischen Wissenssoziologie formuliert ist Wissen „die Kenntnis von Welt und Wirklichkeit" (Hitzler et al. 2019: 11). Auch mit der Umstellung von sozialem auf kommunikatives Handeln und der Dezentrierung des Subjekts, wie sie im Kommunikativen Konstruktivismus vorgenommen wird, bleibt die Bedeutung von Wissen unbestritten, auch wenn sie anders nicht mehr den Dreh- und Angelpunkt des Theoriegebäudes bildet.
Umgestellt wird hier vielmehr von Wissen auf Handeln, als dessen wirklichkeitskonstruierender Effekt das kommunikative Element erkannt wird. In dem Maße, in dem man die kommunikative Wende in der Wissenssoziologie im Zusammenhang mit der aktuellen gesellschaftlichen Entwicklung sieht, in der die Relevanz von (Medien-)Kommunikation unabweisbar ist, wird verständlich, warum die Gegenwartsgesellschaft statt als Wissensgesellschaft besser als „Kommunikationsgesellschaft" (Knoblauch 2017: 329ff.) beschrieben ist.
Gesellschaftlich relevant wird Wissenssoziologie insbesondere dort, wo Felder – z.B. Organisationen, soziale Milieus, aber auch Berufsgruppen und Professionen – an einer Fremdperspektive auf sich selbst interessiert sind (siehe exemplarisch Antony/Pfadenhauer 2018). Eine solche Fremdperspektive trachtet zu rekonstruieren, mit welchen strukturellen Problemen die Akteur*innen als typische

Feldteilnehmer*innen in diesem Feld konfrontiert sind und welche Handlungsmöglichkeiten zur „Lösung" dieser Probleme sich durch diesen Handlungsrahmen eröffnen oder auch verschließen.

6 Literatur

a. Einführungsliteratur

Berger, Peter L./Luckmann, Thomas (1969): Die gesellschaftliche Konstruktion von Wirklichkeit. Frankfurt a. M.: Fischer.

Bohnsack, Ralf (2017): Praxeologische Wissenssoziologie. Leverkusen: utb/Budrich.

Hitzler, Ronald/Reichertz, Jo/Schröer, Norbert (Hg.) (2020): Kritik der Hermeneutischen Wissenssoziologie. Wiesbaden: Juventa.

Knoblauch, Hubert (2014): Wissenssoziologie. Konstanz: UVK.

Pfadenhauer, Michaela/Knoblauch, Hubert (2018): Social Constructivism as Paradigm? The Legacy of The Social Construction of Reality. London/New York: Routledge.

Pfadenhauer, Michaela/Scheibelhofer, Elisabeth (Hg.) (2020): Interpretative Sozial- und Organisationsforschung. Weinheim: Beltz Juventa.

Soeffner, Hans-Georg (1989): Auslegung des Alltags – Alltag der Auslegung. Frankfurt a. M.: Suhrkamp.

b. Weitere zitierte Literatur

Antony, Alexander/Pfadenhauer, Michaela (2018): Kritischer Journalismus unter Druck. Zur Bedrohung und Verteidigung journalistischer Expertenkompetenz in der medialen Berichterstattung. In: Burzan, Nicole (Hg.): Komplexe Dynamiken globaler und lokaler Entwicklungen. Verhandlungen des 39. Kongresses der Deutschen Gesellschaft für Soziologie in Göttingen 2018. URL: https://publikationen.soziologie.de/index.php/kongressband_2018 [15.06.2020].

Bourdieu, Pierre (1987): Sozialer Sinn. Kritik der theoretischen Vernunft. Frankfurt a. M.: Suhrkamp.

Breckner, Roswitha/Müller, Michael/Raab, Jürgen (2020): Bilder sind Weltgestalter. Drei Standpunkte zu einer Soziologie des Visuellen. In: Hitzler, Ronald/Reichertz, Jo/Schröer, Norbert (Hg.): Kritik der Hermeneutischen Wissenssoziologie. Wiesbaden: Juventa, 352–390.

Dimbath, Oliver/Keller, Reiner (2017): Was ist Wissenssoziologie? Zur Orientierung in einem unübersichtlichen Forschungsgebiet. In: Soziopolis. URL: https://www.soziopolis.de/verstehen/was-tut-die-wissenschaft/artikel/was-ist-wissenssoziologie/ [08.02.2020].

Foucault, Michel (1988): Archäologie des Wissens. Franfurt a. M.: Suhrkamp.

Froschauer, Ulrike/Lueger, Manfred (2015): Vom Alltagswissen zum reflexiven Verständnis. Hermeneutik als Erweiterung des organisationalen Blicks. In: Hitzler, Ronald (Hg.): *Hermeneutik als Lebenspraxis*. Weinheim: Beltz Juventa, 254–265.

Froschauer, Ulrike/Lueger, Manfred (2019): Materialisiertes Wissen: Ein hermeneutischer Blick auf die Organisationswelt. In: Hitzler, Ronald/Reichertz, Jo/Schröer, Norbert (Hg.): Kritik der Hermeneutischen Wissenssoziologie. Wiesbaden: Juventa, 312–325.

Grenz, Tilo (2017): Mediatisierung als Handlungsproblem. Wiesbaden: Springer VS.

Grenz, Tilo/Schlembach, Christopher/Pfadenhauer, Michaela (2020): Kommunikative Wissenskulturen: Ausgangspunkte, empirische und heuristische Perspektiven. In: Grenz, Tilo/Pfadenhauer, Michaela/Schlembach, Christopher (Hg.): Kommunikative Wissenskulturen. Weinheim: Beltz Juventa.

Hitzler, Ronald/Reichertz, Jo/Schröer, Norbert (Hg.) (1999): Hermeneutische Wissenssoziologie. Standpunkte zur Theorie der Interpretation. Konstanz: UVK.

Jerusalem, Wilhelm (1925 [1909]): Soziologie des Erkennens. In: Ders. (Hg.): Gedanken und Denker. Wien: Windpferd, 140–153.

Keller, Reiner (2005): Wissenssoziologische Diskursanalyse. Grundlegung eines Forschungsprogramms. Wiesbaden: Springer VS.

Keller, Reiner/Knoblauch, Hubert/Reichertz, Jo (Hg.) (2013): Kommunikativer Konstruktivismus. Wiesbaden: Springer VS.

Knoblauch, Hubert (2017): Die kommunikative Konstruktion von Wirklichkeit. Wiesbaden: Springer VS.

Kurtz, Thomas/Pfadenhauer, Michaela (Hg.) (2010): Soziologie der Kompetenz. Wiesbaden: Springer VS.

Lane, Robert E. (1966): The decline of politics and ideology in a knowledgeable society. In: American Sociological Review, Vol. 31, 649–662.

Langer, Josef (1988): Allgemeine gesellschaftliche Hintergründe für die Entwicklung der Soziologie in Österreich. In: Langer, Josef (Hg.): Geschichte der österreichischen Soziologie. Wien: Verlag für Gesellschaftskritik, 11–34.

Luckmann, Benita (1970): The small life-worlds of modern man. In: Social Research, Vol. 37, 580–596.

Luckmann, Thomas/Bergmann, Jörg (Hg.) (1999): Kommunikative Konstruktion von Moral. 2 Bände. Wiesbaden: Westdeutscher Verlag.

Merton, Robert. K. (1945): The sociology of knowledge. In: Gurvitch, George/Moore, Wilbert. E. (Eds.): Twentieth Century Sociology. New York: Philosophical Library, 366–405.

Mijić, Ana (2018): Don't Talk About the Elephant: Silence and Ethnic Boundaries in Postwar Bosnia-Herzegowina. In: Human Studies, Vol. 41 (1), 138–156.

Parzer, Michael/Astleithner, Franz (2018): More than just shopping? Ethnic majority consumers and cosmopolitanism in immigrant grocery stores. In: Journal of Ethnic and Migration Studies, Vol. 44 (7), 1117–1135.

Pfadenhauer, Michaela/Hitzler, Ronald (2020): Grenzen der Kommunikation als Grenzen der Wirklichkeitskonstruktion. Bestimmung von den Grenzsituationen technischer/tierischer Begleiter her. In: Reichertz, Jo (Hg.): Grenzen der Kommunikation – Kommunikation an den Grenzen. Weilerswist: Velbrück, 287–301.

Pfadenhauer, Michaela/Grenz, Tilo (Hg.) (2017): De-Mediatisierung. Wiesbaden: Springer VS.

Poferl, Angelika/Keller, Reiner (2018): Soziologie der Wissenskulturen – Wissenskulturen der Soziologie. Eine Einführung. In: Keller, Reiner/Poferl, Angelika (Hg.): Wissenskulturen der Soziologie. Weinheim: Beltz Juventa, 7–17.

Poferl, Angelika/Schröer, Norbert (Hg.) (2014): Wer oder was handelt? Zum Subjektverständnis der hermeneutischen Wissenssoziologie. Wiesbaden: Springer VS.

Przyborski, Aglaja (2018). Bildkommunikation. Qualitative Bild- und Medienforschung. München: De Gruyter.
Reichertz, Jo (2009): Kommunikationsmacht. Was ist Kommunikation und was vermag sie? Und weshalb vermag sie das? Wiesbaden: Springer VS.
Reichertz, Jo/Schröer, Norbert (Hg.) (2003): Hermeneutische Polizeiforschung. Opladen: Leske + Budrich.
Reichertz, Jo/Zaboura, Nadia (Hg.) (2006): Akteur Gehirn – oder das vermeintliche Ende des handelnden Subjekts. Eine Kontroverse. Wiesbaden: Springer VS.
Rosenmayr, Leopold (1966): Vorgeschichte und Entwicklung der Soziologie in Österreich bis 1933. In: Zeitschrift für Nationalökonomie, Jg. 26, H. 1/3, 268–282.
Scheibelhofer, Elisabeth/Holzinger, Clara/Regös, Erika Nóra (2016): Differential discourses on belonging: Social policy experts' conceptions of transnational social security for Hungarian migrants in Austria. Norface: Welfare states futures.
Scheler, Max (2013 [1924]): Versuche zu einer Soziologie des Wissens. Berlin: Duncker & Humblot.
Scheler, Max (1926): Die Wissensformen und die Gesellschaft. Leipzig: Neue-Geist-Verlag.
Schütz, Alfred (2010): Zur Methodologie der Sozialwissenschaften. Alfred Schütz Werkausgabe Band IV. Konstanz: UVK.
Schütz, Alfred/Luckmann, Thomas (2003 [1975]): Strukturen der Lebenswelt. Frankfurt a. M.: Suhrkamp.
Tänzler, Dirk/Knoblauch, Hubert/Soeffner, Hans-Georg (Hg.) (2006): Zur Kritik der Wissensgesellschaft. Konstanz: UVK.

c. Ausgewählte Fachzeitschriften

Forum Qualitative Sozialforschung
Human Studies
International Sociology
Journal of Classical Sociology
Social Epistemology
Symbolic Interaction
Zeitschrift für Diskursforschung
Zeitschrift für Theoretische Soziologie

Wissenschaft

Ulrike Felt und Maximilian Fochler

> The ways in which we know and re-present the world (both nature and society) are inseparable from the ways we choose to live in it. Knowledge and its material embodiments are at once products of social work and constitutive of forms of social life.
>
> (Jasanoff 2004: 2–3)

1 Einleitung

Wissenschaft und Technik sind in den letzten Jahrzehnten nicht nur bis in die letzten Bereiche unserer Arbeits- und Lebenswelten vorgedrungen, sondern auch zu einem zentralen Element politischer und ökonomischer Debatten avanciert. Die früher scheinbar klaren Grenzen zwischen Wissenschaft und anderen gesellschaftlichen Systemen werden zunehmend durchlässig. Zum einen findet eine Verwissenschaftlichung der Gesellschaft statt. Immer häufiger sind wir aufgefordert, Entscheidungen zu treffen, bei denen wissenschaftlich-technisches Wissen bzw. wissenschaftliche Erklärungsmodelle eine wesentliche Rolle spielen. Dies wird besonders in öffentlichen Debatten über Gesundheit, gentechnisch veränderte Pflanzen, Klimawandel oder Energieversorgung und die damit verbundenen Chancen und Risiken deutlich. Zum anderen gewinnen gleichzeitig gesellschaftliche Werteordnungen und Logiken innerhalb der Wissenschaft an Bedeutung. Dies spiegelt sich etwa in einer Ökonomisierung der Diskurse über Universitäten wider – Wertschöpfung, Wissensbilanzen oder Humanressourcen gehören jetzt zum Vokabular, wenn es um die Beschreibung von Forschung geht.

Daher ist es nicht ausreichend, unsere Aufmerksamkeit darauf zu richten, wie Wissenschaft und Technologien unsere Welt verändern. Es gilt auch zu berücksichtigen, wie gesellschaftliche Werte und Normen in die Produktion von Wissen und Technologien einfließen. Die Wissenschafts- und Technikforschung geht davon aus, dass Wissenschaft, Technologien und Gesellschaft sich immer in Wechselwirkung miteinander entwickeln, und spricht daher von Ko-Produktion oder Ko-Evolution (Jasanoff 2004; Nowotny et al. 2001). Wie Wissens- und Gesellschaftsordnungen miteinander verknüpft sind und wessen Werte sowohl in der Wissenschaft als auch der Gesellschaft zum Tragen kommen, rückt daher ins Zentrum des Forschungsinteresses. Damit werden weitverbreitete Ideale, wie die „Objektivität wissenschaft-

lichen Wissens“ (Daston 2001) oder die „Wertfreiheit von Technologien“ (Winner 1980), kritisch hinterfragt.
Für Sozialwissenschaftler*innen ist die Auseinandersetzung mit den vielschichtigen Beziehungen von Wissenschaft, Technologie und Gesellschaft aus zumindest zwei Gründen von Bedeutung: Sozialwissenschaften können dazu beitragen, die Prozesse der Ko-Produktion in ihren unterschiedlichen Ausformungen besser zu verstehen, und bei ihrer Gestaltung mitwirken. Es ist wesentlich, gesellschaftliche und soziale Veränderungen, die das Kerngeschäft sozialwissenschaftlicher Forschung darstellen, auch vor dem Hintergrund ihrer Beziehungen zu wissenschaftlichen und technologischen Entwicklungen neu zu deuten.

2 Eine Kurzgeschichte der Wissenschafts- und Technikforschung

Die Wissenschafts- und Technikforschung wird auch im deutschen Sprachraum oft mit der englischen Fachbezeichnung *Science and Technology Studies (STS)* benannt. Als interdisziplinäres sozialwissenschaftliches Forschungsfeld kann sie auf eine verzweigte Frühgeschichte in der ersten Hälfte des 20. Jahrhunderts verweisen. Neben Philosophie und Geschichtswissenschaft war diese auch von der Soziologie geprägt. So etwa von Max Weber (1972 [1917]) mit seinen Überlegungen zu Wissenschaft als Beruf oder Berufung; von Karl Mannheim (1929), der herausarbeitete, dass menschliches Denken und Erkennen immer von sozialen und historischen Lebenszusammenhängen geformt ist; von Robert Merton (1985 [1942]), der vor allem die soziale Organisation von Wissenschaft und die Bedeutung der Verknüpfung von Wissenschaft und Demokratie betonte.
Die grundlegende Ausrichtung des Feldes fand allerdings erst ab den späten 1960er Jahren statt, als im Rahmen der sozialen Bewegungen – Frauen-, Friedens- und Umweltbewegungen – auch Wissenschaft und die mit ihr verknüpften technologischen Entwicklungen in den kritischen gesellschaftlichen Blick rückten. Mit dem Vordringen von Wissenschaft in viele gesellschaftliche Bereiche war zu diesem Zeitpunkt die Diskrepanz zwischen dem klassischen Bild einer distanzierten, neutralen Wissenschaft und ihrer zunehmenden Verknüpfung mit politischen und ökonomischen Strukturen deutlich geworden. Immer öfter wurde die Frage laut, welchen Nutzen die Gesellschaft aus aufwendigen Forschungsprogrammen ziehen würde und welche potenziell negativen Auswirkungen wissenschaftlich-technischer Fortschritt mit sich bringen könnte.

Vor diesem Hintergrund beginnt die universitäre Institutionalisierung von *STS* – zunächst in den angelsächsischen Ländern, dann in den Niederlanden und in Nordeuropa und schließlich auch in anderen europäischen Staaten. Sehr viel später (mit dem beginnenden 21. Jahrhundert) fasste *STS* im asiatischen Raum Fuß. Ab den 1970er Jahren kam es auch zur Gründung einschlägiger Fachgesellschaften: Die *Sektion Wissenschaftsforschung* der *Deutschen Gesellschaft für Soziologie* wurde 1974 gegründet, die internationale *Society for Social Studies of Science* 1975 und ein Jahr danach die *European Association for the Study of Science and Technology*. 2015 wurde mit *STS Austria* auch eine österreichische Fachgesellschaft gegründet. Außerdem gibt es inzwischen eine ansehnliche Anzahl – überwiegend englischsprachiger – Fachzeitschriften, die stetig zunimmt.

3 Zentrale Forschungsperspektiven

Will man die Wechselwirkungen von Wissenschaft und Gesellschaft analysieren, so bieten sich eine Fülle unterschiedlicher Zugänge an, deren Beschreibung den Rahmen dieses Beitrags sprengen würde. Im Folgenden werden deshalb vier zentrale Themenfelder herausgegriffen und deren Fragen, ihre Relevanz und einige Forschungsergebnisse skizziert: (1) Strukturen kontemporärer Wissenschaft, (2) Wissenschaft als Praxis, (3) Wissen und Werte, (4) Wissenschaft und Demokratie.

3.1 Strukturen kontemporärer Wissenschaft

Wie ist das Wissenschaftssystem aufgebaut, in welche Richtung entwickelt es sich und welchen Einfluss hat dies auf das produzierte Wissen? Diese Frage gilt es zu klären, wenn man heutige Wissenschaft und ihren Platz in unserer Gesellschaft verstehen will.

Institutionen der Wissenschaft

Die Schaffung von wissenschaftlichen Institutionen, d. h. von eigenen Räumen, die nur der Forschung und dem Austausch von Wissen dienen, hatte vor allem das Ziel, Wissenschaft vor direkten gesellschaftlichen Eingriffen, etwa durch Staat und Kirche, zu schützen. Während diese institutionelle Abgrenzung wesentlich zum Erfolg der Wissenschaft beitrug, wirkte sie auch ausgrenzend. Das historisch eindringlichste Beispiel hierfür ist die Geschichte des Ausschlusses von Frauen aus der Wissenschaft. An der *Universität Wien* etwa wurden Frauen erst zwischen 1897 (an der philosophischen Fakultät) und 1946 (an der katholisch-theologischen Fakultät) zum Studium zugelassen. Frauen konnten weder an der Forschung noch an der damit verbundenen Gesellschaftsgestaltung teilnehmen (Schiebinger 1995). Typische Vorstellungen einer wissenschaftlichen Karriere sind auch heute teils männlich geprägt. Ausschluss findet aber oft wesentlich unsichtbarer – etwa entlang sozialer Zugehörigkeit – statt.

Das Wachstum der Wissenschaft führte zu Spezialisierung und ab dem 19. Jahrhundert zur Herausbildung von Disziplinen. Disziplinen definieren relevante Fragen, Methoden und Theorien, an denen sich Wissenschaftler*innen in ihrer Wissensproduktion orientieren (müssen). Sie legen fest, was Qualität bedeutet und wie sich dies in Publikationen niederschlagen muss (Becher/Trowler 2001). Disziplinen sind also sehr mächtige Einheiten des Wissenschaftssystems. „Disziplinierung", so zeigen Forschungen, ist einerseits förderlich für eine rasche Wissenserzeugung und -verbreitung, jedoch gleichzeitig auch hinderlich, wenn komplexe Probleme verschiedene Herangehensweisen zur Lösung benötigen. Daher wird der Ruf nach mehr Integration unterschiedlicher Zugänge quer zu Disziplinen laut. Unter den Schlagwörtern Inter- oder Transdisziplinarität[1] finden bisweilen hitzige Debatten statt, wie das gegenwärtige Wissenschaftssystem offenere Formen der Wissensproduktion zulassen kann, um Antworten auf die großen Herausforderungen wie Nachhaltigkeit, Altern, Klimawandel oder Epidemien liefern zu können (Nowotny et al. 2001).

In den letzten Jahrzehnten wurden die existierenden universitären Strukturen zunehmend hinterfragt, vor allem was ihre Reaktionsfähigkeit auf gesellschaftliche Anforderungen anbelangt. Politische Antwort auf diese Frage war eine Fülle von Reformen in diesem Bereich (siehe etwa die Gesetzesreformen österreichischer Universitäten 1993 und 2002), deren Auswirkungen auf Wissenschaft und Gesellschaft es noch umfassend zu erforschen und zu beurteilen gilt.

Beruf oder Berufung

Im frühen 19. Jahrhundert wurde die Universität zu einem Ort der Verknüpfung von Forschung und Lehre (Humboldtsche Universitätsreform) und Forschung etablierte sich als Beruf. Die in diesem Zusammenhang entstehenden Karrierevorstellungen und -strukturen führten dazu, dass nicht mehr ausschließlich die Fähigkeiten/Kenntnisse Einzelner im Vordergrund standen, sondern es auch um die Erfüllung formaler Einstellungsvoraussetzungen ging. Die Sozialisation in das Wis-

1 Interdisziplinarität beschreibt das Zusammenwirken verschiedener Disziplinen zur Lösung eines Problems. Transdisziplinarität meint das Einbinden von praxisnahen, nicht-wissenschaftlichen Akteur*innen in die Forschung.

senschaftssystem wird dabei als Prozess der Anpassung an die Lebens-, Denk- und Arbeitsstrukturen der Wissenschaft gedacht, die bereits im Studium beginnt und sich dann im Beruf fortsetzt (Merton 1985 [1942]; Bourdieu 1988).
Mit den graduellen Veränderungen der Forschungslandschaft im 20. Jahrhundert wandelte sich wissenschaftliches Arbeiten zunehmend von dem, was von Max Weber als Berufung bezeichnet wurde, hin zu einem Beruf wie viele andere. Dies hat gerade in den letzten Jahren dazu geführt, dass Karriereschemen neu gestaltet, die Anstellungsverhältnisse kurzfristiger und mehr Kontrollmechanismen eingebaut wurden (Felt et al. 2017b). Gleichzeitig hat sich der Beruf „Wissenschaftler*in“ stark aufgefächert und nur ein sehr geringer Prozentsatz der Ausgebildeten bleibt längerfristig im akademischen Kernbereich (geschätzte 3%). Zunehmend finden wir Forscher*innen in sehr unterschiedlichen Berufsfeldern an den Schnittstellen zwischen Wissenschaft und Gesellschaft. Dies wiederum wirft immer wieder Fragen der Ausbildung auf und verlangt ein besseres Verständnis der wissenschaftlichen Arbeitswelten in und außerhalb der akademischen Kerninstitutionen.

Wissenschaftliche Arbeit und ihre Finanzierung

In der zweiten Hälfte des 20. Jahrhunderts wird das extern finanzierte Forschungs*projekt* zum zentralen Organisationselement wissenschaftlichen Arbeitens. Dies hat nachhaltige Folgen für die Wissenschaft auf zumindest drei Ebenen: (1) Wissenschaftliches Arbeiten findet zunehmend in Form von Aneinanderreihungen von Projekten statt, was für (insbesondere junge) Forscher*innen in vielen Fällen das Aneinanderreihen von zeitlich begrenzten Verträgen bedeutet, wobei die Möglichkeit des weiteren wissenschaftlichen Arbeitens immer von der Durchsetzungsfähigkeit im Wettbewerb geprägt ist. (2) Es findet eine Strukturverschiebung statt: Die Zahl der permanenten, institutionell verankerten Stellen wird im Verhältnis zu den temporären Stellen immer geringer. (3) Erkenntnisinteressen müssen immer in Zeithorizonten eines Projektes gerahmt werden, d. h., Wissen muss in maximal drei bis fünf Jahren produziert werden können. Durch diese Form des Arbeitens wird von den Forscher*innen eine gewisse Form des Unternehmertums und der Risikobereitschaft gefordert, was wiederum eine Selektion derer, die in der Forschung bleiben, nicht nur nach wissenschaftlichen Kriterien hervorbringt.
Insgesamt kann man für diesen Bereich festhalten, dass eine Analyse der Veränderungen innerhalb der Institutionen, Karrieren und Fördermöglichkeiten zum einen Aufschluss darüber gibt, welchen Platz Wissenschaft in der heutigen Gesellschaft hat, zum anderen aufzeigt, wie sehr Wissen von den Strukturen, in denen es erzeugt wird, geprägt ist.

3.2 Wissenschaft als Praxis

Was bedeutet Forschen als praktische Aktivität? Wie ist Erkenntnisproduktion im Forschungsalltag sozial organisiert? Wie setzt sich eine Erklärung/Erkenntnis gegenüber anderen durch?

Das Labor als Verhandlungsraum

Ethnografisch geschulte Wissenschaftsforscher*innen begaben sich in den 1970er Jahren erstmals in Laboratorien, um dort die Praxis wissenschaftlichen Arbeitens zu untersuchen (Latour/Woolgar 1979; Knorr-Cetina 1984). Ziel war es, durch detaillierte Beobachtungen Aufschlüsse über die Erzeugung von naturwissenschaftlichen Tatsachen zu erhalten. Das überraschende Ergebnis dieser ersten „Laborstudien" war, dass den Alltag im Labor keine besondere Rationalität auszuzeichnen schien: Wissenschaftliche Logik und „Alltagslogik" schienen erstaunlich ähnlich zu sein. Darüber hinaus waren nahezu alle Dimensionen des Laborgeschehens Gegenstand von Aushandlungsprozessen und nicht rigide festgelegt, wie es eine Annahme von objektiver Forschung suggerieren würde. Verhandelt wurde über das, was es zu (unter)suchen galt, über die möglichen Methoden, über die Interpretation von Daten, darüber, wann Datenmengen ausreichen, um etwas „beweisen" zu können, bis hin zu der Frage, ab wann etwas als „Fakt" gilt.

Diese Laborstudien haben mit Nachdruck gezeigt, dass es, wenn wir Wissenschaft verstehen wollen, nicht mehr nur darum gehen kann, sich mit publizierten Erkenntnissen auseinanderzusetzen, sondern dass es wesentlich ist, den Prozess wissenschaftlichen Arbeitens in all seinen praxisbezogenen, alltäglichen Facetten zu begreifen.

Sichtbarmachen und Erzählen

Im Rahmen der Beschäftigung mit wissenschaftlichen Praktiken wurde insbesondere die Rolle des Sichtbarmachens von Forschungsergebnissen ins Zentrum der Aufmerksamkeit gerückt. Dabei geht es darum, wie Wissenschaft durch Instrumente Spuren von nicht direkt zugänglichen Phänomenen – seien diese in der Natur oder im Sozialen verortet – aufzeichnet und weiter aufbereitet. Da sowohl Forschungspraktiken als auch Kommunikation im Labor zu einem überwiegenden Anteil auf solchen Repräsentationen aufbauen, sind Untersuchungen über die komplexen Beziehungen zwischen den Untersuchungsobjekten und dem Sprechen/Schreiben über sie (Erzählformen von Wissenschaft) bzw. das Erzeugen von Visualisierungen von besonderer Bedeutung. In den letzten Jahren wurde großes Augenmerk

auf Letztere gelenkt, um zu untersuchen, in welchen Prozessen diese hergestellt werden, welche Praxen damit einhergehen und wie visuelle Darstellungen den spezifischen medialen Strukturen angepasst werden. Digitalisierung und Techniken der einfachen Verbreitung von Visualisierungen, wie etwa das Internet, haben in diesem Bereich immer wieder neue Fragen aufgeworfen, insbesondere danach, welchen Stellenwert Bilder in der Wissensproduktion und in der Wissenschaftskommunikation einnehmen (Burri/Dumit 2008). So fanden etwa in den USA hitzige Debatten darüber statt, wie Bilder von menschlichen Gehirnaktivitäten etwa in Gerichtsverfahren Eingang finden, aber auch die Selbst- und Fremdwahrnehmung von Menschen als gesund oder krank verändern können.
Ebenso haben Erzählformen durch eine wachsende und technologisch veränderte mediale Verbreitung von Wissenschaft (z. B. Twitter, Blogs) wieder an Aufmerksamkeit gewonnen.

3.3 Wissenswertes: Wissen und Werte

Die Frage nach den Werten, welche die Forscher*innen und ihre Arbeit leiten, sowie nach den Werten, die durch wissenschaftliches Wissen in der Gesellschaft realisiert werden, ist eine traditionelle Frage der *STS*. Dieses Problemfeld wird in sehr unterschiedlicher Weise aufgegriffen.

Wissen und Technologien sind nicht neutral
Wissenschaftsforscher*innen haben die Objektivität von Wissenschaft und die Neutralität von Technologien kritisch hinterfragt und darauf verwiesen, dass Wissen und Technologien immer bestimmte Werte verwirklichen. Ob der gesunde Durchschnittsmensch mithilfe einer Ansammlung von Daten in der Medizin definiert wird, ob durch Gentests die Grenze zwischen „noch gesund“ und „potenziell krank“ neu gezogen wird, ob mittels Berechnungen im Rahmen von Klimamodellen akzeptable Grenzwerte für Umweltbelastungen festgemacht werden, oder ob ökonomische Modelle dazu herangezogen werden, ein angemessenes gesellschaftliches Handeln zu „berechnen“ – all dies sind Momente, in denen gesellschaftliche Wertestrukturen durch wissenschaftliches Wissen wesentlich mitgestaltet werden. In diesem Zusammenhang hat der Wissenschaftsforscher Theodore Porter (1995) darauf hingewiesen, dass insbesondere unser kulturell eingeübtes Vertrauen in Zahlen (diese werden in vielen Situationen mit Objektivität gleichgesetzt) es erlaubt, eine Logik des Regierens nach Zahlen zu etablieren und damit ganze Bereiche politischen Handelns zu depolitisieren. Diese Entwicklung betrifft auch die

Wissenschaft selbst. Die wachsende Bedeutung, die *Rankings* von Universitäten, Instituten oder Zeitschriften zukommt, oder die Tatsache, dass Qualität immer öfter mit Publikationszahlen und anderen Formen des zählbaren Outputs gleichgesetzt wird, sind nur zwei von vielen Beispielen (Felt et al. 2017b).

Werte als Rahmenbedingungen für Forschung
Welche gesellschaftlichen Werte rahmen heutige Forschung? Mehr denn je und zu einem immer früheren Zeitpunkt in der Wissensproduktion sind Forscher*innen aufgefordert, die Frage nach dem Nutzen und den potenziellen Anwendungen ihrer Forschung zu stellen. Oft wird schon im Stadium der Ideenfindung erwartet, über mögliche praktische Umsetzungen nachzudenken. So verändert die Frage nach der in vielen Kontexten recht kurzfristig gedachten gesellschaftlichen Relevanz von Forschung auch die Forschung selbst (Stengers 1998).
Gesellschaftliche Wertefragen kommen genauso in den Regulierungen der Forschung zum Tragen: An welchen Lebewesen und unter welchen Voraussetzungen darf geforscht werden? Wie müssen Menschen und ihre Daten durch Ethikkommissionen und verschiedene Maßnahmen im Rahmen der Forschung geschützt werden? Hier verweist die *STS* auf die gesellschaftlich sehr unterschiedlichen Wertesysteme in einer globalen Wissenschaft. Sind etwa embryonale Stammzelltherapien, Leihmutterschaft oder genetisch veränderte Pflanzen in einem Land zugelassen, während sie in anderen verboten sind, erzeugt dies völlig neue rechtliche, ethische und politische Spannungen.

Gute wissenschaftliche Praxis und Betrug
Wie steht es um die Werte, die das wissenschaftliche Arbeiten selbst leiten? Gerade der Anstieg von großen wissenschaftlichen Betrugsfällen in den letzten Jahren hat auf Schwachstellen in der Qualitätssicherung verwiesen sowie auf den wachsenden Druck, dem Wissenschaftler*innen ausgesetzt sind. Wettbewerb, Zeitdruck, der zunehmende Exzellenzdiskurs, ebenso wie die Tatsache, dass Wissenschaft stetig mehr versprechen muss, um ihre gesellschaftliche Sonderstellung halten zu können, führen dazu, dass die Grenzen ethischen Handelns immer wieder überschritten werden. Während man vor einigen Jahrzehnten noch auf den impliziten Ehrenkodex der Wissenschaft verwies, hat heute jede Universität formalisierte Regeln der guten wissenschaftlichen Praxis. Darüber hinaus leben wir in einer Gesellschaft, in der wissenschaftlich-technische Expertisen eine immer bedeutendere Rolle in politischen und rechtlichen Entscheidungen spielen und folglich der Druck von interessierten Parteien auf Expert*innen wächst. Die Rolle von verharmlosenden

Gutachten zu den Gesundheitsfolgen von Tabak, um nur ein Beispiel zu nennen, hat die Grenzüberschreitungen in Sachen Forschungsethik deutlich gemacht.

3.4 Wissenschaft und Demokratie

Insbesondere seit dem Zweiten Weltkrieg werden demokratiepolitische Fragen in Zusammenhang mit Wissenschaft und Technologie immer wieder aufgegriffen. Das Zerstörungspotenzial technologischer Innovationen war durch den Abwurf der Atombomben sichtbarer denn je geworden. Aber auch Probleme im Bereich friedlicher technologischer Entwicklungen – Kernkraftwerksunfälle, gesundheitliche Folgen von Medikamenten, Verseuchung der Umwelt durch Chemikalien – haben Zweifel an einer naiven Fortschrittsideologie aufgeworfen.

Wissenschaft und Entscheidung

Welche Rolle spielen Wissenschaft und Technik in nationalstaatlichen Entscheidungsprozessen? Wie sind nationalstaatliche Selbstverständnisse mit wissenschaftlich-technischen Entwicklungen verknüpft? Und wieso verlaufen Debatten in verschiedenen Ländern so unterschiedlich, obwohl es sich doch angeblich um „ein und dasselbe Problem" handelt? Die demokratiepolitisch bedeutungsvollen Diskussionen rund um die Nutzung der Atomenergie in Österreich (Stichwort: Volksabstimmung zum Kernkraftwerk Zwentendorf 1978) wie auch jene um die „grüne Gentechnik", also die genetische Manipulation von Pflanzen in den 1990er Jahren, sind zwei herausragende Beispiele, wie eng der Umgang mit Technologien und das nationale demokratiepolitische Selbstverständnis miteinander verknüpft sein können. In beiden Fällen hat sich Österreich klar gegen diese Technologien positioniert, was eine starke identitätsbildende Funktion hatte und bei vielen Bürger*innen ein spezifisches Verständnis von Österreich hervorbrachte (Felt 2015).
Im Fall der Ablehnung von Technologien werden immer wieder Anschuldigungen einer latent vorhandenen Technophobie ausgesprochen, gekoppelt mit der Besorgnis, dass Innovationen, von denen sich bestimmte Interessengruppen Nutzen versprechen, nicht realisiert werden können. Diese Debatten verweisen auf die komplexen und gesellschaftspolitisch höchst relevanten Beziehungen zwischen wissenschaftlich-technischen Entwicklungen und demokratischen Entscheidungsfindungsprozessen. Sowohl Kernenergie als auch „grüne Gentechnik" stehen nicht nur für wissenschaftlich-technische Innovationen, sondern sind zum Symbol einer bis dahin unbekannten Mobilisierung der Bevölkerung und einer partizipativen Entscheidungsfindung geworden.

In diesem Kontext ist es wesentlich, darauf hinzuweisen, dass die angesprochenen Technologien in verschiedenen Ländern sehr unterschiedlich diskutiert wurden. Aus sozialwissenschaftlicher Sicht gilt es, die jeweiligen komplexen Abwägungs- und Einschätzungsprozesse sowie ihre Einbettung in politische und soziale Strukturen zu verstehen.

Während wir auf die fortschrittskritischen Stimmen verwiesen haben, sieht man derzeit in der Forschungspolitik stärker denn je eine Gleichsetzung von technowissenschaftlichem mit gesellschaftlichem Fortschritt. Zukunft wird zu einem zentralen Objekt des politischen Diskurses, und Innovationen sollen einen wesentlichen Beitrag leisten, diese Zukunft zu realisieren. Nachdem gerade politische Kreise die Lösung für gesellschaftliche und insbesondere ökonomische Probleme immer stärker in dem Vorantreiben von Innovation sehen, wird die Frage des demokratischen Gestaltungsraumes in wissenschaftlich-technischen Fragen immer dringlicher.

Wissenschaftskommunikation

In Zusammenhang mit einer wachsenden Bedeutung von Wissenschaft und Technologie für gesellschaftlichen Fortschritt sehen wir auch ein Ansteigen der Aktivitäten im Bereich der Wissenschaftskommunikation (Felt/Davies 2020), ebenso wie die Schaffung neuer Zielöffentlichkeiten (etwa Kinder und Jugendliche). Wissenschaftliche Magazine, die „Lange Nacht der Forschung", Kinderuniversitäten, spezifische Internetportale und vieles mehr sind Indizien für eine gesteigerte Aufmerksamkeit, die Wissenschaft und ihren Anwendungen geschenkt wird bzw. werden soll. Dabei stellt sich die Frage, welche Informationen und Geschichten über Wissenschaft gesellschaftlich verbreitet werden sollen und mit welchem Ziel. Geht es um eine kritische Auseinandersetzung mit den Wechselwirkungen von Wissenschaft und Gesellschaft oder geht es darum, eine bestimmte Form des Fortschrittsdenkens gesellschaftlich zu verankern, oder darum, potenzielle zukünftige Forscher*innen neugierig zu machen? Wird die Realität wissenschaftlichen Arbeitens vermittelt oder werden eher unterhaltsame und beeindruckende Performances geliefert? Werden die Unsicherheiten wissenschaftlicher Erkenntnisproduktion thematisiert oder eher eine Wissenschaft gezeigt, die eindeutige Lösungen produziert? Kurz gesagt: Findet das Lernen über Wissenschaft im Rahmen aufklärerisch orientierter und expertenzentrierter Kommunikation statt oder geht es eher um offene Interaktion und Austausch zwischen Forscher*innen und Bürger*innen?

Zahlreiche Analysen der letzten Jahre haben deutlich gemacht, dass es bei Wissenschaftskommunikation nicht nur um eine vereinfachte Vermittlung komplexer wissenschaftlicher Inhalte geht (Felt/Davies 2020) und dass mehr Kommunikation nicht automatisch zu mehr Vertrauen führt. Vielmehr wurde deutlich, dass Menschen wissenschaftliches Wissen durch die sozialen Beziehungen, in denen es vermittelt wird, erfahren, dass sie es interpretieren und in bestehende Wissenskontexte einordnen, und dass es dabei immer auch mit persönlichem Wissen in Beziehung gesetzt wird. Es können somit grundlegende Widersprüche zwischen den unterschiedlichen Wissensformen entstehen, die sich dann etwa in einer Ablehnung wissenschaftlicher Erklärungsmuster und Handlungsanleitungen widerspiegeln (Irwin/Wynne 1996). Es wird immer wesentlicher, zu verstehen, wie Menschen zu Einschätzungen von Wissenschaft und Technik gelangen und welche persönlichen und kulturellen Ressourcen sie hierzu heranziehen. Nur durch ein solches Verständnis wird es möglich sein, entsprechende Räume der gesellschaftlichen Auseinandersetzung mit Wissenschaft und Technik zu entwickeln.

4 Aktuelle Forschung in Österreich

In Österreich begann sich *STS* relativ spät zu etablieren. Heute ist *STS* in Österreich an mehreren Institutionen verankert: an der *Universität Wien (Institut für Wissenschafts- und Technikforschung)*, an der *Universität Klagenfurt (Institut für Technik- und Wissenschaftsforschung)*, in design- und technologieorientierter Ausrichtung an der *Technischen Universität Wien* sowie in außeruniversitären Einrichtungen durch Forscher*innengruppen, etwa am *Austrian Institute of Technology*, am *Institut für Höhere Studien* oder am *Institut für Technikfolgenabschätzung*[2]. An den universitären Standorten (Wien und Klagenfurt) werden Ausbildungen auf Master- und Doktoratsebene angeboten. Darüber hinaus tragen auch immer mehr Forschende aus anderen Disziplinen zum interdisziplinären Diskurs in *STS* bei.
Welche Forschungsfelder sind in *STS* in Österreich besonders ausgeprägt anzutreffen? Diese Frage soll mit einer beispielhaften Auswahl beantwortet werden.

4.1 Governance und Partizipation

In den letzten beiden Jahrzehnten ist die Frage, wie Gesellschaften mit neuen wissenschaftlich-technischen Entwicklungen umgehen, zu einem zentralen Thema der Forschung geworden. Der Begriff *Governance* soll zum Ausdruck bringen, dass an der Steuerung und Regelung von wissenschaftlich-technischen Entwicklungen nicht nur der Staat *(government)*, sondern auch andere gesellschaftliche Akteur*innen

2 Für einen Überblick siehe: http://www.sts-austria.org/members-institutions/.

beteiligt sind/sein sollten, die über formelle und informelle Netzwerke in Entscheidungsprozesse eingebunden werden (sollten). Auch die Erprobung neuer Formen der gesellschaftlichen Partizipation und ihrer Passform mit der existierenden politischen Kultur spielt dabei eine wichtige Rolle. Konkret geht es darum, Wissensbildungs- und Entscheidungsstrukturen in Wissenschaft und Gesellschaft neu zu denken und zum Teil in Form von Interventionen an ihrer (Weiter-)Entwicklung mitzuwirken. Diese Fragen werden in Österreich für eine Vielzahl an Themen erforscht, die sich von neuen Entwicklungen in der Medizin über Bio- und Nanotechnologien bis hin zu Fragen von Umwelt und Klima erstrecken. Ländervergleichende Zugänge sind hier von großer Bedeutung.
Zusätzlich zu diesen Ansätzen, die sich oft mit nationalen Gesellschaften als Ganzes beschäftigen, interessiert sich die Forschung in Österreich auch immer stärker dafür, wie Individuen, soziale Gruppen und Organisationen mit neuen wissenschaftlich-technischen Entwicklungen umgehen. In diesem Bereich hat sich vor allem die Digitalisierung vieler Bereiche der Lebens- und Arbeitswelt als reichhaltiges und wichtiges Forschungsthema entwickelt. Ein wichtiger Schwerpunkt ist hier der Umgang mit Gesundheitsdaten und Gesundheitsinformationen.

4.2 Wissenschaftskommunikation

Nachdem Wissenschaft auch in Österreich immer eindrücklicher aufgefordert wird, ihre Leistungen öffentlich darzustellen – es wird von der „Medialisierung" der Wissenschaft gesprochen – ist die Wissenschaftskommunikation zu einem bedeutenden Forschungsthema geworden. Hierbei werden vor allem verschiedene Formen der Kommunikation untersucht, Modelle des Lernens und Erfahrens von Wissenschaft reflektiert oder bestimmte Formate evaluiert. Es geht darum, besser zu verstehen, wie sich Menschen wissenschaftliches Wissen aneignen, welche Rolle dabei kultureller Kontext und soziale Interaktionen spielen, und wie dieses Wissen mit eigenen Erfahrungen und Wissensformen in Beziehung gesetzt wird. Mit unterschiedlichen qualitativen Methoden wird in diesem Bereich erforscht, wie wissenschaftliches Wissen in Gesellschaften eingebracht und dort aufgenommen wird und welche Vorstellungen von Wissenschaft und deren Bedeutung dadurch entstehen bzw. sich durchsetzen. Dabei wird nicht aus den Augen verloren, dass sich eine solche Intensivierung der Kommunikation auch auf die Selbstwahrnehmung der Wissenschaft auswirkt.

4.3 Forschungs- und Wissenskulturen

Ein wichtiger Schwerpunkt ist auch die Analyse unterschiedlicher, sich verändernder Praxen und Kulturen wissenschaftlicher Wissensproduktion (Knorr-Cetina 2002) im österreichischen Kontext ebenso wie im internationalen Vergleich. Geforscht wird zu Interdisziplinarität, zu den Auswirkungen der veränderten Arbeitsbedingungen in der Wissenschaft auf die Wissensproduktion, zu den Wegen wissenschaftlichen Wissens in die Gesellschaft sowie zur Beziehung der institutionellen Bewertung der Qualität von Forschung zur Forschungspraxis.
Bei all diesen Themen geht es darum, die strukturellen Veränderungen auf ihre konkreten lokalen Auswirkungen auf das Leben und Arbeiten in der Wissenschaft hin zu untersuchen. Dabei werden auch verschiedene Umfelder, in denen Wissen produziert wird (Universitäten, Forschungsinstitute, Unternehmen), verglichen.
Wichtige rezente Forschungsthemen sind auch die gesellschaftliche Verantwortung der Wissenschaft und ihre Bedeutung in der alltäglichen Forschung sowie Fragen der wissenschaftlichen Integrität und der guten wissenschaftlichen Praxis.
Wenn man den Begriff Wissenskultur weiter fasst, gilt es auch zu erforschen, wie soziale Gruppen, die sich um eine bestimmte Problemlage versammeln, gemeinsam Wissen produzieren, das bisweilen in einem Spannungsverhältnis zu wissenschaftlichem Wissen steht. Hier wären etwa Patient*innenorganisationen oder Bürger*inneninitiativen zu nennen, in denen oft detailliertes Wissen vorhanden ist, welches im wissenschaftlichen Feld wenig wahrgenommen wird. Wie dieses Wissen entsteht, wie es mit anderen Wissensformen zusammenwirkt und wie sich daraus Lösungsansätze oder spezifische Umgangsformen mit Problemen entwickeln, steht im Zentrum der Forschung.

5 Anwendungsbezug

Es gibt eine ganze Reihe von Anwendungsbereichen, in denen *STS* eine Rolle spielt: wissenschaftliche Politikberatung; Arbeit im Bereich einer kritischen Wissenschaftskommunikation, in der Möglichkeiten und Grenzen von wissenschaftlichem Wissen thematisiert werden; Entwicklung von praktischen Modellen gesellschaftlicher Partizipation bei wissenschaftlich-technischen Entscheidungen und die Begleitung solcher Prozesse; Mitwirkung im Bereich der Evaluationsforschung, des Forschungsmanagements und vieles mehr.
In einer Gesellschaft, in der Wissenschaft eine so zentrale Rolle einnimmt, ist ein detailliertes Wissen über Entwicklungsprozesse in der Wissenschaft und über die

Wechselwirkungen von Wissenschaft, Technik und Gesellschaft eine zentrale Voraussetzung geworden.

6 Literatur

a. Einführungsliteratur

Felt, Ulrike/Fouché, Rayvon/Miller, Clark A./Smith-Doerr, Laurel (2017a): The Handbook of Science and Technology Studies. Cambridge/Mass.: MIT Press.

Felt, Ulrike/Nowotny, Helga/Taschwer, Klaus (1995): Wissenschaftsforschung. Eine Einführung. Frankfurt a. M.: Campus.

Maasen, Sabine/Kaiser, Mario/Reinhart, Martin/Sutter, Barbara (2012): Handbuch Wissenschaftssoziologie. Wiesbaden: VS Verlag für Sozialwissenschaften.

Sismondo, Sergio (2009): An Introduction to Science and Technology Studies. Malden, Mass.: Wiley-Blackwell.

b. Weitere zitierte Literatur

Becher, Tony/Trowler, Paul R. (2001): Academic Tribes and Territories. Intellectual Enquiry and the Cultures of Disciplines. Milton Keynes: Open University Press.

Bourdieu, Pierre (1988): Homo Academicus. Frankfurt a. M.: Suhrkamp.

Burri, Regula V./Dumit, Joseph (2008): Social Studies of Scientific Imaging and Visualisation. In: Hackett, Edward J./Amsterdamska, Olga/Lynch, Michael/Wajcman, Judy (Eds.): The Handbook of Science and Technology Studies. Cambridge, Mass.: MIT Press, 297–317.

Daston, Lorraine (2001): Wunder, Beweise und Tatsachen. Zur Geschichte der Rationalität. Frankfurt a. M.: Fischer Taschenbuch Verlag.

Felt, Ulrike (2015): Keeping Technologies Out. Sociotechnical Imaginaries and the Formation of Austria's Technopolitical Identity. In: Jasanoff, Sheila/Kim, Sang-Hyun (Eds.): Dreamscapes of Modernity: Sociotechnical Imaginaries and the Fabrication of Power. Chicago: Chicago University Press, 103–125.

Felt, Ulrike/Davies, Sarah R. (2020): Exploring Science Communication – A Science and Technology Studies Approach. Los Angeles: Sage.

Felt, Ulrike/Fochler, Maximilian/Müller, Ruth/Nowotny, Helga (2017b): Was ist, was soll eine Universität sein? *Imaginaries* von gestern und morgen. In: Rat für Forschung und Technologieentwicklung (Hg.): Zukunft und Aufgaben der Hochschulen. Digitalisierung – Internationalisierung – Differenzierung. Wien: LIT-Verlag, 25–45.

Irwin, Alan/Wynne, Brian (Eds.) (1996): Misunderstanding Science? The Public Reconstruction of Science and Technology. Cambridge: Cambridge University Press.

Jasanoff, Sheila (Ed.) (2004): States of Knowledge. The Co-Production of Science and the Social Order. London: Routledge.

Knorr-Cetina, Karin (1984): Die Fabrikation von Erkenntnis. Zur Anthropologie der Naturwissenschaft. Frankfurt a. M.: Suhrkamp.

Knorr-Cetina, Karin (2002): Wissenskulturen. Ein Vergleich naturwissenschaftlicher Wissensformen. Frankfurt a. M.: Suhrkamp.

Latour, Bruno/Woolgar, Steve (1979): Laboratory Life. The Social Construction of Scientific Facts. Beverly Hills: Sage.

Mannheim, Karl (1929): Utopie und Ideologie. Bonn: Cohen.

Merton, Robert K. (1985 [1942]): Entwicklung und Wandel von Forschungsinteressen. Aufsätze zur Wissenschaftssoziologie. Frankfurt a. M.: Suhrkamp.

Nowotny, Helga/Scott, Peter/Gibbons, Michael (2001): Re-Thinking Science. Knowledge and the Public in an Age of Uncertainty. Cambridge: Polity Press.

Porter, Theodore M. (1995): Trust in Numbers: The Pursuit of Objectivity in Science and Public Life. Princeton: Princeton University Press.

Schiebinger, Londa (1995): Am Busen der Natur. Erkenntnis und Geschlecht in den Anfängen der Wissenschaft. Stuttgart: Klett-Cotta.

Stengers, Isabelle (1998): Wem dient die Wissenschaft? München: Gerling Verlag.

Weber, Max (1972 [1917]): Wissenschaft als Beruf. In: Ders.: Schriften zur Wissenschaftslehre. Tübingen: Mohr, 582–592.

Winner, Langdon (1980): Do Artifacts Have Politics? In: Daedalus, Vol. 109 (1), 121–136.

c. Ausgewählte Fachzeitschriften

BioSocieties
Engaging Science, Technology, and Society
Minerva
New Genetics and Society
Public Understanding of Science
Research Policy
Science and Public Policy
Science as Culture
Science Communication
Science, Technology & Human Values
Science & Technology Studies
Social Studies of Science

Autor*innenverzeichnis

Bock, Lisa: Studienassistentin am Institut für Soziologie der Universität Wien

Bordone, Valeria: Assistenzprofessorin am Institut für Soziologie der Universität Wien

Breckner, Roswitha: Assoziierte Professorin am Institut für Soziologie der Universität Wien

Dannecker, Petra: Universitätsprofessorin für Entwicklungssoziologie am Institut für Internationale Entwicklung der Universität Wien

Felt, Ulrike: Universitätsprofessorin für Wissenschafts- und Technikforschung am Institut für Wissenschafts- und Technikforschung der Universität Wien

Fischer-Kowalski, Marina: emer. Universitätsprofessorin für Soziale Ökologie am Institut für Soziale Ökologie, Universität für Bodenkultur Wien, und Universitätsdozentin für Soziologie an der Universität Wien

Flecker, Jörg: Universitätsprofessor für Allgemeine Soziologie am Institut für Soziologie der Universität Wien

Flicker, Eva: a.o. Universitätsprofessorin am Institut für Soziologie der Universität Wien

Fochler, Maximilian: Assoziierter Professor am Institut für Wissenschafts- und Technikforschung der Universität Wien

Forster, Rudolf: a.o. Universitätsprofessor i.R., Institut für Soziologie der Universität Wien

Froschauer, Ulrike: a.o. Universitätsprofessorin am Institut für Soziologie der Universität Wien

Fuchs, Walter: Wissenschaftlicher Mitarbeiter/Senior Researcher am IRKS – Institut für Rechts- und Kriminalsoziologie in Wien und Lehrbeauftragter am Institut für Soziologie der Universität Wien

Gallistl, Vera: Universitätsassistentin am Institut für Soziologie der Universität Wien

Grenz, Tilo: Universitätsassistent am Institut für Soziologie der Universität Wien

Kalleitner, Fabian: Universitätsassistent am Institut für Wirtschaftssoziologie der Universität Wien

Kazepov, Yuri: Universitätsprofessor für Internationale Stadtsoziologie und Vergleichende Sozialpolitik am Institut für Soziologie der Universität Wien

Kittel, Bernhard: Universitätsprofessor für Wirtschaftssoziologie am Institut für Wirtschaftssoziologie der Universität Wien

Kolland, Franz: a.o. Universitätsprofessor i.R., Institut für Soziologie der Universität Wien

Krajic, Karl: Privatdozent am Institut für Soziologie der Universität Wien; Projektleiter bei FORBA – Forschungs- und Beratungsstelle Arbeitswelt, Wien; Lehrbeauftragter an der Karl Landsteiner Privatuniversität für Gesundheitswissenschaften und der Ferdinand Porsche FernFH

Lehner, Nikolaus: Lehrbeauftragter am Institut für Soziologie der Universität Wien und Psychotherapeut

Mocca, Elisabetta: Universitätsassistentin am Institut für Soziologie der Universität Wien

Parzer, Michael: Assistenzprofessor am Institut für Soziologie der Universität Wien

Pfadenhauer, Michaela: Universitätsprofessorin für Kultur und Wissen am Institut für Soziologie der Universität Wien

Reinprecht, Christoph: a.o. Universitätsprofessor am Institut für Soziologie der Universität Wien

Schaffartzik, Anke: Senior Scientist am Institut für Soziale Ökologie, Universität für Bodenkultur Wien

Scheibelhofer, Elisabeth: Assoziierte Professorin am Institut für Soziologie der Universität Wien

Stummvoll, Günter: Stadt- und Kriminalsoziologe, Researcher am European Centre for Social Welfare Policy and Research, Wien und Lehrbeauftragter am Institut für Soziologie der Universität Wien sowie an der Donau-Universität Krems

Verwiebe, Roland: Universitätsprofessor für Sozialstrukturanalyse und soziale Ungleichheit an der wirtschafts- und sozialwissenschaftlichen Fakultät der Universität Potsdam

Wiesböck, Laura: Universitätsassistentin am Institut für Soziologie der Universität Wien

Zartler, Ulrike: Assoziierte Professorin am Institut für Soziologie der Universität Wien